# 海のシルクロードとコリア

張　允植

雄山閣

# 序文

全　浩天

ドイツの地質学者・リヒトホーフェンが、一八七七年に命名した「シルクロード（絹の道）」について、今日まで発表、出版された著作、学術論文、紀行文などじつに多い。しかし、朝鮮と関わっての論述はまことに少ない。そればかりか、「海のシルクロード」とされる海上の道もよく知られていない。知られていない海のシルクロードとは、どのように形成されていったのであろうか。さらに考えてみたいのは、知られていない海のシルクロードと朝鮮の関わりである。八～九世紀の東アジアの情勢を考えてみれば、陸のシルクロードが衰え、代わって海のシルクロードが形成されて行くのが必然であった。造船技術と航海術の進歩と発展は海上輸送の速さと安全を保証するものであったのである。

外国人で最初の中国についての旅行記を書いたのは慈覚大師の法号を持つ円仁《えんにん》である。この『円仁日記』は不朽の名作とされ、10年間の旅行日程にしたがって簡潔に記されている。この日記に表現された唐に在住する新羅人の居住領域は極めて広大であった。山東半島には新羅所があり、とりわけ、蜜州は揚州などに炭を供給した在炭船の根拠地であった。他方、長江と准水《じゅんすい》を結ぶ大運河の要塞であり楚州《そしゅう》などにも新羅坊があった。特に楚州は新羅船九隻と新羅人暗海者六〇余人を動員できる海運組織の中心であった。中国最大の貿易中心地である新羅坊の存在下と思われ、新羅の貿易商人がいたし新羅船を建造する船大工の大集団が活躍していた。蘇州は長江と杭州湾を連結する江南運河最大の要塞であるので当然のことながら新羅坊が存在していた。ここに住む在唐新羅人は唐の法律によって居住が許可された小数民族の一つであった。

八、九世紀山東半島と長江の下流沿岸、南中国の沿岸に新羅人たちが居住して新羅人の集落を形成していた。このような集落を新羅坊などと呼んでいた。新羅の人々が最も大挙居住していた地域は山東半島である。山島半島は朝鮮半島と最も近いところに位置している。このため、新羅の人々が最も多く居住、定着していた地域である。従って新羅、唐、日本の三国貿易は、この地域を中心に行われた。東アジアにおいて最も古く、優れた航海記録といえば円仁の日記であろう。そこには精密な航海日誌が収められている。この『円仁日記』によって新羅坊や新羅所について知ることが出来る。これによれば、楚州と連水県には新羅坊があり、交通の重要地域として新羅の人々の勢力が形成されたのである。在唐の新羅人は、当時の東アジアの海上貿易を展開しながら揚子江沿岸と山東半島、さらには日本近海まで勢力を拡大していったのである。

海のシルクロードとコリア／目次

# 写真、図表一覧

# 海のシルクロードとコリア

# 第一章　古地図に見る世界とコリア

## 第一節　世界をゆるがした地図

### （一）「混一彊理歴代国都之図《こんいつきょうりれきだいこくとのず》」

ソウル大学の奎章閣には約六千余種の地図がある。奎章閣以外の国内外の数多くの図書館にも相当量の地図がある。

朝鮮の古地図は世界各国のなかでも相対的優秀であり、芸術的であるというのが世界地図学者たちの共通の評価である。

朝鮮王朝は国の初めから国家次元の地図製作事業を活発に推進して、類例がない隆盛期をなした。日本では「地図編修センター李氏朝鮮」（『絵地図の世界像』応地利明著、岩波新書）と言われている。

一八世紀末～一九世紀初の学者　洪奭周は奎章閣に所蔵地図を紹介する文章で「わが国の地理誌は中国に比較して疎略であるが、地図の詳しさは中国より先んじている」と語った。朝鮮王朝最初の地図製作事業は、李詹の「三国図」と一四〇二年、李薈、李茂、金士衡によって製作され、権近の跋文が記されている地図で、「混一彊歴代国都之図である。歴史的地図として、内外の学者たちの話題となっている。

日本では杉山正明氏が最近の著書（『世界史を変貌させたモンゴル—時代史のデッサン』杉山正明著・角川叢

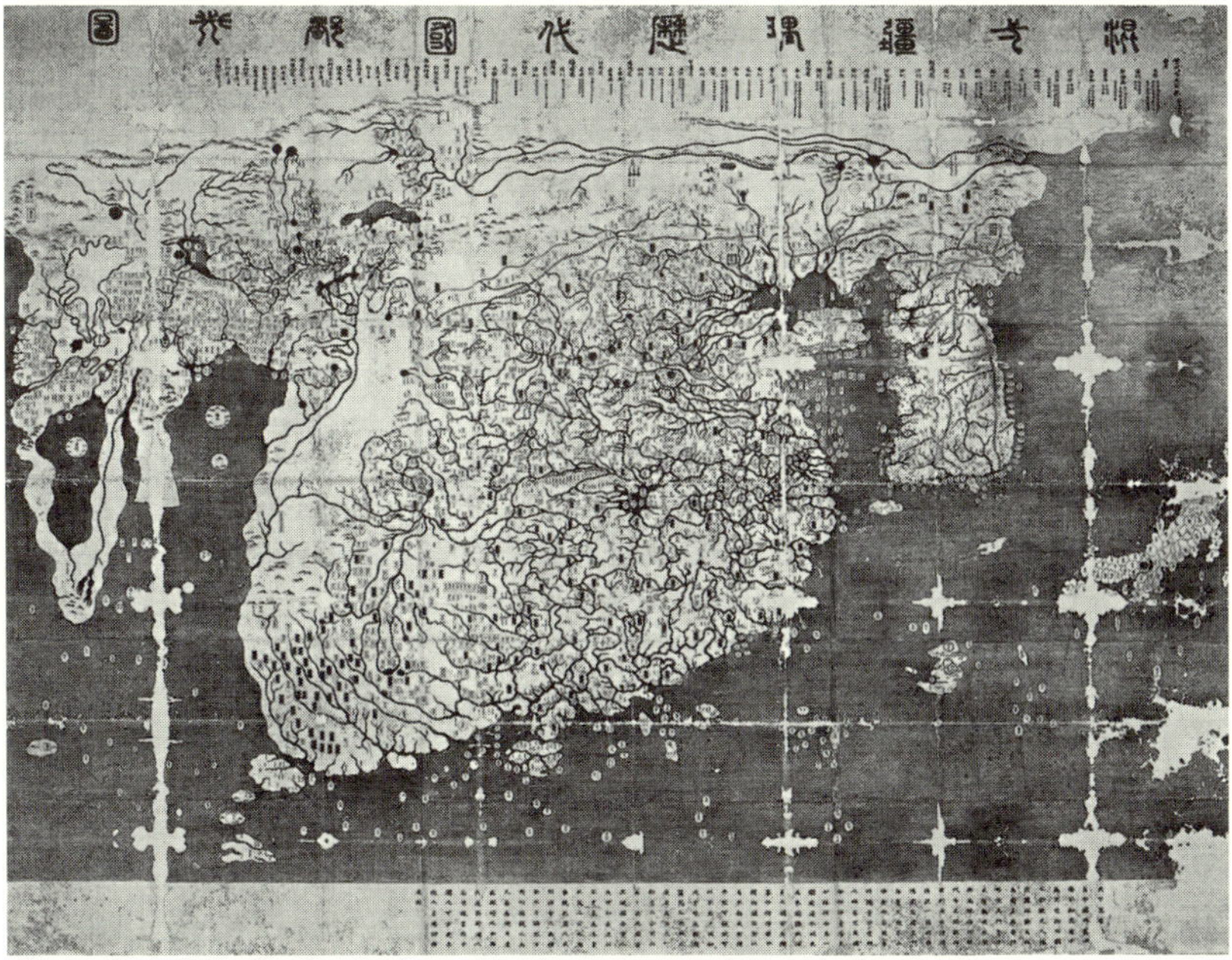

（地図１－１）「混一彊理歴代国都之図」（龍谷大学大宮図書館蔵）

書一三、第一章）のなかで、この「歴代地図」について、「史上最初のアフロ・ユーラシア地図。気宇壮大な一枚図」として紹介している。

「気宇壮大な一枚図　ここに地図がある。『混一疆理歴代国都之図』という。いまのところ、現在、京都の龍谷大学図書館に蔵されているものが、よく知られている。この地図は、もともと西本願寺の大谷家が所有していた。いわゆる文禄の役ののち、豊臣秀吉が西本願寺に賜与したとも、かの大谷光瑞が明治のはじめに朝鮮半島で購入したともいわれる。いずれにしても、朝鮮半島がかかわる。だが、その入手の経緯は、おそらくは、あとのほうだろう。もとより、龍谷大学は、西本願寺につながる。

　これとは別に、九州は島原市の本光寺に、龍谷大学所蔵図よりもふた回りくらい大きさのものが蔵されていることが、近年、知られるようになってきた。本光寺所蔵のタイトルは、『混一疆理歴代国都堕図』としらされる。……本光寺図の出現の意義は、まことに大きい。ちなみに、本光寺は旧嶋原藩の松平氏歴世の菩提寺である。龍谷大学図と本光寺図とは、サイズは別として、ともかくも、ともに気宇壮大な一枚図である。

龍谷大学図のは、絹の生地に描かれ、大きさは縦一五〇cm、横一六三cm。いっぽう、本光寺図は、厚手の紙に描かれ、大きさは縦二二〇cm、横はおよそ二八〇cm。とはいえ、肝心の地図の基本となる骨格やかたち、だいたいの内容において、両図は、大きく変わらない。

地図の下方にしるされる地図作成についての漢文による跋文も誤写にもとづくと、おもわれる多少の文字の異同はあるものの、おなじものである。ほぼ同一の地図といっていい。共通の祖本というか、原本があり、それに遡ることは、疑いない。

というものの、ただし、図中の地形・地名などを、逐一かつ仔細に検討すると、ときに微妙に、ときには激しく、ことなる点がある。また、とくに、われが日本列島の姿やその方向、琉球のありようなど、随分とちがうところがある。つまり両図それぞれに、地図としても、そこに盛られたデータとしても〝オリジナル〟な意味があるといってもいい。さらに、龍谷大学図のあくまでも「写し」として、京都大学文学部に所蔵されるものがひとつ、おなじく韓国はソウルの仁村記念館に蔵されるものがひとつ、あわせてふたつの彩色模写図がある。京大図は、一九一〇年の模写。創生まもない京都帝国大学の教授で、はじめて龍谷図を紹介するとともに、この地図の多面にわたる意義をまことに見事に指摘した地理学者・地質学者の小川啄治（貝塚秀樹・湯川秀樹・小川環樹ら兄弟の父）の依頼によって製作された。韓国の仁村記念館図は、さらにもっとあとの模写である。こちらの両図は、「写し」であるから、〝オリジナル〟の意味は、ふつう薄いようにおもえる。ところが、龍谷大学原図は絹地に記入された文字が歳月の経過とともにすでにかなり薄らいで、判読に苦しむこともすくなくない。つまり、実際に分析・検討しようとすると、地名の文字、地形の描線ともに鮮明な京都大学図と仁村記念館図は、まことに役に立つ。いわば、有用さにおいて、両図はそれなりの意味をもつ。

以上をとりまとめて、『混一彊理歴代国都之図』には、いまのところ、「原典」として二系統、実際の参照用・検討用としてのものをふくめれば四種があるといっていいかもしれない。さて、そのいずれ地図を見ようとも、そこに描かれた内容は、尋常ならざるものに満ちている。なんとなしに、私たちの頭のなかに共通して、存在する「ある種の通念」を、いとも簡単にうちこわし、吹き飛ばす。衝撃とでもいっていいなにかを、見るものにあたえずにはおかない。それとともに、さまざまな興味と想念、そして探究心をかきたててくれる」。


「陸と海のアフロ・ユーラシア世界……それにしても、海にぐるりと取りかこまれたアフリカ大陸なのだ。そうした知見は、いったいいつからかなのか。たとえば、バルトロメウ・ディアスがアフリカ東方海上にまで流され、結果として、いわゆる喜望峰をふくむアフリカ南端を確認したのは、一四八八年のことであった。しかし、この地図は、単純にそれより古い。しかも、東アジアでつくられた地図である。東アジア発の地図に、海に囲繞されたアフリカが描かれる。そうした単純な事実は、やはり驚きをさそう。ふりかえってそもそもアフリカのみならず、この地図の画面の多くを占める大地そのものが、東・南・西の三方を海に囲まれた姿で描かれている。ユーラシアとアフリカという陸地は、海岸をめぐらしていることを、きちんとわかっている。もちろん、海のうえに浮かんだ大地という考え方は、古代ギリシャや仏教世界観など、古くから脈々とある。人によっては、プレトマイオスなどの地図が示す「環海」の観念が、イスラム世界を介して、この地図に投影されたというむきも、あるいはあるかもしれない。

だが、もしそうであれば、北に海をめぐらしていなければならない。ところが、北極海については、その存在をそれとして認識していないことを、逆にこの地図は明示している。つまり、アフリカの姿などもそうであるが、プレトマイオスの地図などのちがいは、一目瞭然たるものがある。この場合、思索や理念ではなく、事実として、わかっているのである。しかも、その海といえば、陸地のまわりをちまちまと薄っぺらく取り巻いているどころでない。

この地図全体を見渡すと、アフリカを小脇にかかえたようなユーラシアの巨大さ、とりわけ地図の上方、すなわち北へとひたすらつづくかのような、内陸・北方のはるけき広がりが印象深いが、それと同時に、その大地の南方に、とくに東西に大きく広がる海原の果てしなきにも、目を奪われる。この地図の主題は、陸と海といってもいい。

単なる陸地だけに関心のそそがれた「世界図」ではない。陸と海の両方で構成されたアフロ・ユーラシア世界の地図なのである。そうした明確な認識と視線が、ここにはある」。

上記指摘の「混一疆理歴代国都之図」の具体的な内容、特徴について、すでに先覚たちが、深く研究されていた学問的業績を踏まえ、たどりながら、この地図が放つインパクトを〝さまざまな興味と想念〟を掻きたてながら探究してみたい。

韓国の作家　徐鉉佑氏の論文「古地図に見る世界とコリア」(『月刊 統一評論』二〇〇七年七月~〇八年三月、九回連載、(その三)) によると、最近になって鄭和艦隊の大航海が世界的な関心事として浮上した決定的な契機は、イギリスの歴史学者（イギリス退役将校）―キャビン・メンジース（Gavin Mezies）の研究発表によるとした。

メンジースは二〇〇一年、イギリス王立地理学会のシンポジウム、その翌年に出版され世界的なベストセラーになった著書『一四二一―中国が新大陸を発見した年』（邦題・松本剛史訳）で、明・永楽帝時期の鄭和艦隊が西洋の大航海時代よりはるか先に、世界一周の大航海を行ったという研究結果を発表した（鄭和艦隊が一四二一年三月から一四二三年一〇月にかけて世界一周の大航海を行ったというもの）。

「メンジースは一四年間にわたって世界各地の二〇〇余の図書館、博物館、そして鄭和艦隊の足跡が残されている各地を訪れて調査している。実は鄭和艦隊による世界一周大航海にかんしては、メンジース以前にも一九七〇年代から同様の主張が発表されていたが、西洋中心の学界では関心がもたれてこなかった。

メンジースの主張が世界的な関心事となったのには理由がある。

メンジースは名の知られた学者ではなかったが、イギリス海軍の将校、潜水艦艦長出身であり、世界各地を直接、航海した経験が豊富な人物であったからだ。

メンジースは航海に関する知識が豊富で、季節ごとの世界の海の流れ、風の特性を熟知していることはもちろん、過去の航海術（鄭和艦隊は星の位置を測定して船の位置を計る六分儀を使用して航海した）、地図製作術をよく知る人物だ。

メンジースは中世ヨーロッパの地図は鄭和艦隊の大航海の産物だと主張し、いくつかの地図を例に上げて、どの季節に、どの時間に、どの方向に航海して地図を製作したのか、また当時の海の状態まで具体的に説明している。彼の説得力ある主張は世界的に関心を呼び、彼の主張を支持する研究結果がその後、次々に登場している。テレビでも関連プログラムが放映され、ハリウッドでは彼の著作を映画化する映画制作権をすでに手に入れたという。」

しかし徐鉉佑氏からみるとき、メンジースの著書の内容にはすばらしいものがあるが、決定的な問題点があると感じたという。

「それはほとんどの西洋人がそうであるように、東洋と中国を区分して見られないという点だ。つまり東洋の文化成果は、みな中国のものだという認識をしている。西洋人一般の死角から抜け出せないでいるということだ。」

そのような問題点はあるものの、メンジースは鄭和艦隊による大航海以前の東洋の地理知識を説明しながら、その重要な根拠として朝鮮で製作された地図を上げている。その地図とは先述した「混一彊理歴代国都之図」である。

「この地図は一四〇二年（太宗二年）に李薈、李茂、金士衡によって製作され、権近の跋文が記されている地図で、一般的には「混一彊理国」と呼ばれている。「混一彊理歴代国都之図」を見てみると、当時の中国の「識方世界観」（文明化された世界という意味）がよく表現されていることが分かる。

中国と朝鮮を相対的に大きく描いているのに比べ、アフリカ、ヨーロッパは相対的に小さく描かれているからだ。またインドは描かれていない。この地図の驚くべき点は、メンジースが注目しているように、アフリカ大陸の東西の海岸とヨーロッパ一帯が描かれているという点だ。この地図に描かれているアフリカを見てみると、経緯度の比率が正確でないものの、東西の海岸の輪郭がはっきりと描かれている。主にアフリカの地名が三五余箇所、ヨーロッパの地名が一〇〇余カ所も記されている。

李朝建国から一〇年目に製作された地図に、アフリカとヨーロッパの情報がこの程度でも記されているということは、当時の朝鮮の、世界に関する知識水準の高さを示しており、海洋国家としての高麗を知る上で示唆するところも多いということができる。」

「混一彊理歴代国都之図」は一九九二年、コロンブスの最初のアメリカ大陸への航海五〇〇周年を記念する行事で脚光をあび、またメンジース著書でアフリカが描かれている世界最初の地図として紹介されている。

しかしメンジースは「世界最初」としているが、徐鉉佑氏はそうではないという。そして「大明混一図」をとりあげている。

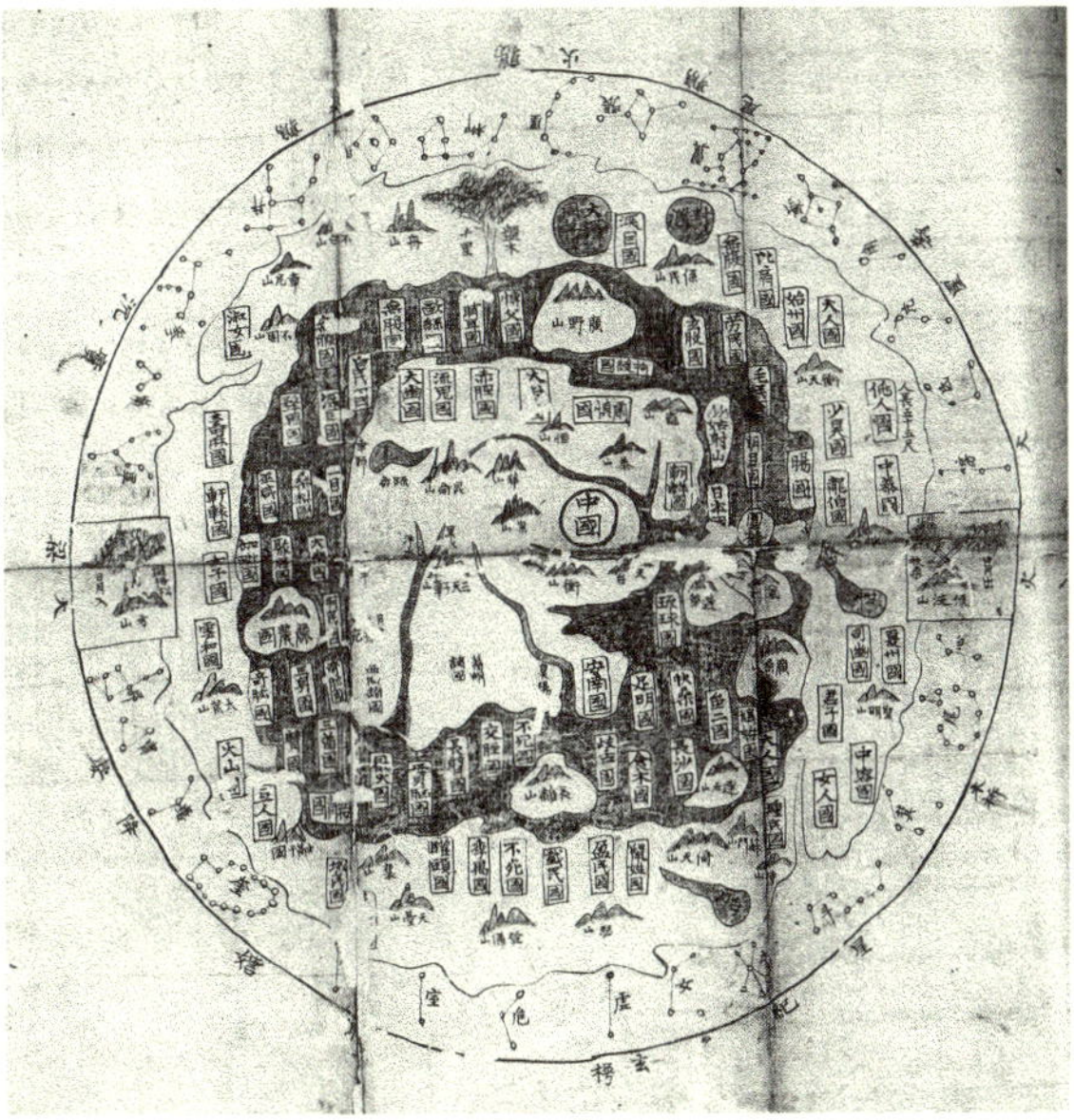

（地図１－２）「天下図」

「アフリカを描いた世界最初の地図は中国・明代初期（一三八九年）に製作された「大明混一図」である。この地図は一見、朝鮮の「混一疆理歴代国都之図」と似ており、当時の地図製作における気風であった「中国中心の天下」がよく表れている。しかし朝鮮が相対的に小さいなど、細部を見ると「混一疆理歴代国都之図」と明らかに違う地図であることが分かる。ここで「混一疆理歴代国都之図」と「大明混一図」の関係についてみよう。

これまでの学界では「混一疆理歴代国都之図」は「大明混一図」を参照して製作されたものだと説明されてきた。しかし「混一疆理歴代国都之図」に記されている権近の跋文と権近の文集『陽村集』には、中国・元の李択民の「声教廣被図」（一三三〇？）と僧侶・清濬の「歴代諸王混一疆理図」を参照し、朝鮮と日本の部分を補強して作成したとはっきりと記されている。にもかかわらず「大明混一図」を参照したとされてきたのは、二つの地図の類以性からである。」

残念なことに権近の跋文にある「声教廣被図」と「歴代諸王混一疆理図」は現存しない。しかし徐鉉佑氏の推定では「混一疆理歴代国都之図」と「大明混一図」の類以性からして、おそらく元のふたつの地図及び「大明混一図」に与えた原本地図が他にあると思われるという。また「混一疆理歴代国都之図」に高麗中期の文人である李奎報の『東国李相国集』で言及されている「華夷図」、そして『高麗史』に記録されている羅興儒の「高麗と中国が描かれた地図」などの地図情報が反映されていると思われるという。元代のふたつの地図も、高麗の地図も、のちに詳しく述べる「天下諸蕃識貢図」の製作者と同様のアイデンデンティをもつ集団が生み出したものと確信しているという。

いまひとつの古地図を探って見たい。

その地図は「天下図」という名の地図で、同じ種類の地図がおそらく一〇〇以上は存在していると思われるものだ。

それはほとんど朝鮮のものであり李朝中期まで朝鮮で大流行した世界観が描かれた地図ということができる。「天下図」を見ると、アジア、ヨーロッパ、アフリカが中心に描かれ、その外郭をひとつにつながった大陸が取り囲んでいるのが分かる。

中世の世界観が反映されている地図であることが分かるが問題はこの間、学界では地図に描かれている外郭の大陸が想像の産物であるとみてきたことである。

しかし最近、東洋では早くから太平洋や大西洋の存在を知っていたのではないかという説が登場している。「天下図」のひとつが二〇〇五年五月にチャルロッテ・リズ（C harlotte. H. Rees）というアメリカ人女性研究者によってアメリカ議会図書館に紹介され、講演会が開かれたことがある。講演の内容は「中世の東洋では西洋よりも先んじて世界を把握していた」という内容であった。リズが紹介した地図は、いまは故人となった彼女の父親であるヘンドン・ハリス（Hendon M. Harris）博士が一九七二年にソウルのある骨董品商店で購入したものだという。

韓国の博物館などでこの種の「天下図」は、よく目にすることができる。地図に見られるように、わたしたちの祖先が早くからアフリカ大陸を知っていたということ、そして何を根拠に大洋を越えたところの大陸を想定して地図に描いたのかなどなど、さまざまな思いが頭の中をめぐる。

下記「天下諸蕃識貢図」は、これから述べる「天下全総図」の祖本地図である。この古地図は、明代前半一四一八年当時の世界の地理知識が描かれている。驚くことには現在、わたしたちが目にする世界地図の地形が、ほとんど描がかれているということであった。一四一八年といえば、コロンブスがアメリカ大陸に向けての最初の航海に出発したときよりも七四年も前でことは、一言でいって衝撃であり驚愕である。

## （二）「天下全與総図」

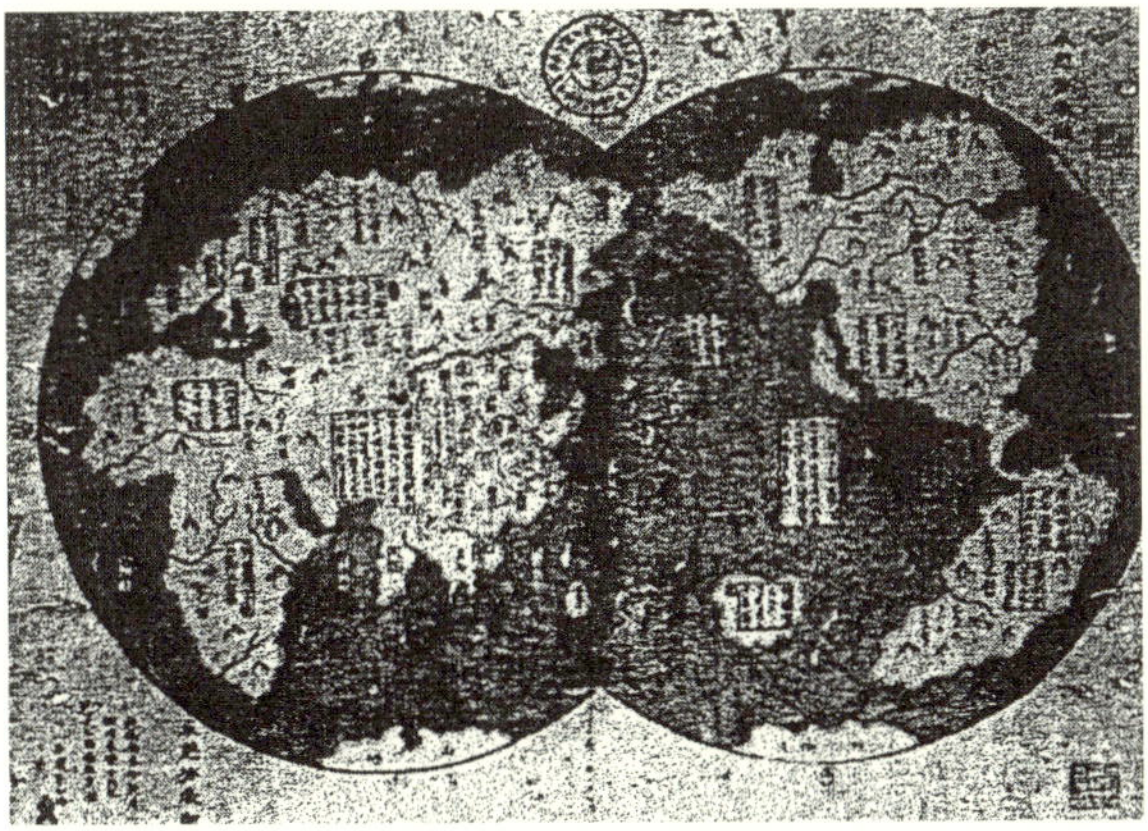
（地図１－３）「天下全與総図」

徐鉉佑氏の論文「古地図に見る世界とコリア（（その一））」を見ると、二〇〇六年一月中旬、『世界日報』に掲載された短い記事によれば、その日、世界歴史を書き直さなければならないかも知れないほどの古地図一枚がイギリス・ロンドンで公開されることになっていたという。その記事は、古地図が一四一八年当時の世界の地理知識が描かれている中世・中国の地図で、驚くことに現在、わたしたちが目にする世界地図の地形がほとんど描かれているということであった。一四一八年といえば、コロンブスがアメリカ大陸に向けての最初航海に出発したときよりも七四年も前である。しかも朝鮮半島を中心に描かれている「天下全與総図」を誰がいったい描いたのか？謎は深まるばかりだ。この地図の公開が、一年前（二〇〇五年）に中国で国家的に繰り広げられた歴史上、有名な鄭和提督の最初の航海から六〇〇周年を記念する行事の延長線上で出てきたものであるが、世界的に権威ある雑誌『エコノミスト』によって公開された。

「天下全與総図」は二〇〇六年一般公開直後から世界的に関心が寄

せられており、地図の真偽論争も活発だ。この地図は公開と同時に、ニュージーランドのワイカト大学に分析を委託させ、その分析の結果が公表された。放射線炭素年代測定と質量スペクタクル法によって出された結果は、地図製作に使用されている紙とインクは一七～一八世紀のものというものであった。（紙については、地図が公開された直後に竹の繊維で作られたものであることが判明した。）

「天下全輿総図」は、劉剛（Liu Gang）という名の中国人法律家が、二〇〇一年、上海の古書店で、五〇〇ドルで購入したという問題の「天下全輿総図」には写真で見るとおり、現在、わたしたちが手にして見ることのできる世界地図がほとんど描かれている。

余白に書かれているト書によれば、この図の製作年度は清国中期の一七六三年、そして一四一八年に製作された「天下諸蕃識貢図」という原本地図を筆写したものであるという。

これが事実であれば、まさしく世界史を新しく書き直さなければならないことになる。

コロンブスによるアメリカ大陸への航海、それに始まるいわゆる大航海時代が西洋に与えたさまざまな「最初」というタイトルはみな返納しなければならない。

徐鉉佑氏は次のように強調する。

「歴史を振り返って見るならば、独善主義中世ヨーロッパの拡張、それに基づき展開された産業革命、そして近代帝国主義を生んだ彼らの傲慢と独善、暴力は、その底辺にコロンブスに象徴される歴史上「最初」という、優越観念が置かれていることを知ることはむずかしいことではない。果たして西洋社会の歴史上「最初」という認識は正しいのか。」

「天下全輿総図」はそれを否認するもうひとつの強力な証拠だと考える。そして「天下全輿総図」はわが民族の歴史と驚くほどの連関性をもっている。

## 南極大陸

イギリス・ＢＢＣは「天下全輿総図」の公開にあたって短くコメントしているが、その核心はこうだ。

「一四一八年の原本地図が存在していたということは、地図を描いた者（「天下全輿総図」の製作者）の主張にすぎない」

ひとことでいって、疑わしということだ。むろん現在、原本地図が存在したという証拠はない。しかし原本が存在したというのは「天下全輿総図」製作者の主張に過ぎないというＢＢＣのコメントに同意することはできない。「天下全輿総図」公開当時、ＢＢＣは、この地図が一七六三年に製作されたという点については否定的ではなかった。

「天下全輿総図」に描かれた内容には南極が描かれており、それがこの地図の真実性に大きな疑問を投げかけている。

世界史の常識では、南極大陸は、一八二〇年一月三〇日、Ｆ・Ｇ・ベルリンスガウウゼン（一七七八～一八五二）が率いるロシア海軍探検隊が初めて南極大陸の一部を、その三日後の一月三〇日にイギリス海軍のブランスフィールド（一七八五～一八五二）が率いる探検隊が今日の南極半島を目撃したことにより、南極大陸の存在が人々に知られるようになったことになっている。いま南極大陸に残る、ベルリンスガウゼン海、ピョートル一世島、アレクサンドル一世島などの名称はこのときのロシア艦隊によって、ブランスフィールド海峡、ブランスフィールド盆地などの名称はイギリス探検隊によって命名されたものだ。一八二〇年に始めてその存在が確認された南極大陸が、一七六三年に製作された「天下全輿総図」に描かれていることをどう見るべきか。この南極大陸が描かれたことをもって、「天下全輿総図」が一七六三年に製作されたのではなく、一九世紀以後に製作された偽作であることが明らかだと考える人は多いだろう。果たしてそうだろうか？

これまでも中世ヨーロッパで制作された少なくない世界地図に南極大陸が描かれていることが知られている。ピリ・レイス（Piri Reis）オスマントルコの地図（一五一三）、オロンテウス・フィナエス（Oronteus Finaeus）フランスの地図（一五三一）、ハジー・アマド（Hadji Ahmed）オスマントルコの地図（一五五九）、ジエラダス・メルカトル（Geradys Mercator）オランダの地図（一五六九）、フィリップアシューフランスの地図（一七八七）などがその代表的ものだが、これらの地図に描かれた南極大陸の一部の地域は、誰かが実際に探査しなければとうてい知りようのないほどに詳細に描かれている。

歴史上の定説、それに反するこれらの地図の存在。このテーマで世界的なベストセラー作家となったのが『神々の指紋』の作者であるグラハム・ハンコック（Graham Hancock）だ。ハンコックの『神々の指紋』は南極大陸が描かれているこれらの地図の話からはじまる。ハンコックの主張と結論はつぎのようなものだ。

「このような南極大陸の地図は、製作された当時の文化、技術、数学的能力などの、全般的文明水準とまったく符合しない。現人類がそのような水準の地図を製作する能力に達したのは、ジョン・ハリソンによって経度測定器具であるクロメーターが発明された一八世紀以後である。……またこれらの地図が、より早い時期の他の地図を筆写あるいは参照したという、これまでの状況証拠からみるとき、地図の起源は人類の記憶から断絶された遠い昔に存在した未知文明の産物である。」

ハンコックの主張から確認できる一つの事実は、彼が論理の前提としている南極大陸の地図が、彼の主張するとおりに、それ以前の地図に起源を置いているという点だ。

では、ハンコックが著書で紹介している中世ヨーロッパの世界地図の起源も大きな謎である。なおハンコックが言及している中世ヨーロッパの世界地図の話をとおして、わたしたちはただ（一九世紀以前の）地図上に南極大陸が描かれているからと、その地図を無条件に偽作と断定することはできないということを知る。

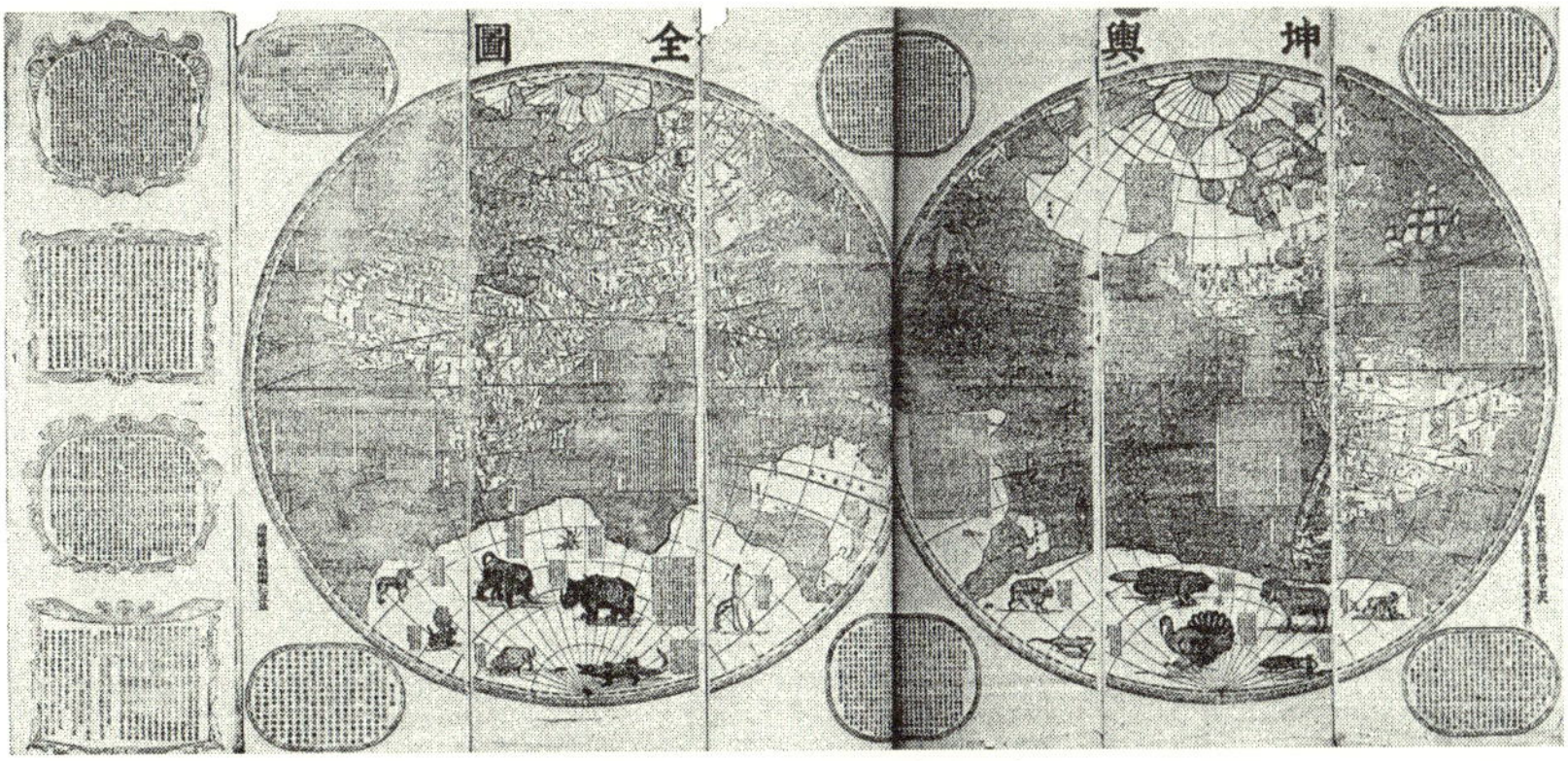


（地図１－４）「坤輿全図」全図」

## カリフォルニア島？

つぎに「天下全輿総図」に描かれている北アメリカ大陸に目を移してみよう。

現在のワシントン州、オレゴン州、カリフォルニア州一帯がアメリカ本土から離れて、ひとつの島として描かれていることに気づかれるであろう。

便宜上、この島を「カリフォルニア島」と呼ぶことにしよう。

徐鉉佑氏は「天下全輿総図」の価値を評価をする上で、この「カリフォルニア島」は重要だと考えるという。

「天下全輿総図」は一七六三年に製作されたという。そうであるならば、地図上の「カリフォルニア島」は、けっして想像の産物ではなく、また実際に「天下全輿総図」が一七六三年に製作されたことを示す証拠となりえるその根拠として「カリフォルニア島」が南極大陸と同様に、中世ヨーロッパの世界地図、そして朝鮮で製作された地図に、描かれていることをあげている。

ここに紹介する地図は、みな一九世紀に刊行された地図で、「坤與全図」（八四頁）は「天下全輿総図」が一七六三年に製作されたことを示す証拠となる地図だ。

河百源の「満国全図」は、一六世紀後半と一七世紀初に中国で活動したイエズス会の神父であるマテオ・リッチ（Matteo Ricci、一五五二～一六一〇、イタリア）の「坤與満国全図」、ギウルリオ・アレニ（Giulio　Aleni 一五八二〜一六四九、イタリア）の『万国全図』の影響を受けて制作された地図であり、内容はこれといった違いはない。

河百源（一七八一〜一八四四、李朝後期の実学者）の「満国全図」（八〇頁）を見ると分かるように、そこには現在のオーストラリア大陸、そして南極大陸が位置する空間が未知の領域（空白）とされている。

南極大陸が描かれている「天下全輿総図」や中世ヨーロッパの世界地図よりも後世になって製作されたものであるにもかかわらず、南半球部分は明らかに遅れをとっている地図となっている。

次に朝鮮で製作された「坤輿全図」をみてみよう。

「坤輿全図」はその形式から異なっている。

つまり、世界をふたつの円として分けた両半球形地図となっている。

また、「満国全図」が未知の領域としている南半球に南極大陸とともに、オーストラリア大陸がはっきりと描かれている。

次の違いは「坤輿全図」の北アメリカ大陸の西海岸一帯に目を向けると分かる。そこに描かれている島が目に入ったとき、「天下全輿総図」に描かれている「カリフォルニア島」が描かれている。

## （三）「坤輿全図」と「地球前後図」

「天下全輿総図」に描かれている南極大陸と「カリフォルニア島」という、ふたつの「特徴」から「天下全輿総図」が実際に一七六三年に製作したものかどうかを検討してみたい。このふたつの「特徴」は「天下全輿総図」だけではなく、一八六〇年に　製作された朝鮮版「坤輿全図」、そして今回、紹介する同じく朝鮮で製作され「地球前後図」にもある。この古地図は通称「地球前後図」と呼ばれている。八三四年に崔漢綺（一八〇三〜一八七九、李朝後期の実学者）と金正浩（李朝後期の地理学者）によって製作された木版本の世界地図だ。「地球前図」と「地球後図」からなり、現存している。

木版本の世界地図としては、韓国でもっとも古いものであり、また南極大陸が描かれている東洋の世界地図としてもっとも古いものだ。「地球前後図」が注目されるのは、それが球形地図であり高度の数学的方法が反映されている点、そして何よりも南極大陸と「カリフォルニア島」が描かれている点からである。

「地球前後図」に描かれている「カリフォルニア島」こそが「地球前後図」の起源を推察する重な糸口である。徐鉉佑氏はふたつの結論を下している。ひとつは「カリフォルニア島」を描いている地図が、みな同一の地図にその起源を置いている証拠だという点、いまひとつは「カリフォルニア島」地図の最初の製作者が実際にそこを探査し、そのときに「半島」を「島」と誤認したということだ。現在まで知られていない最初の「カリフォルニア島」地図製作者は、メキシコ西海岸にそって航海中にカリフォルニア半島への入り口を確認する。

その後、カリフォルニア半島の西海岸にそって北上して現在のバンクーバー付近の海岸に達して、そこにある海峡を発見する。彼はその海峡が、先に確認したカリフォルニア半島の内海とつづいていると誤認したため、地図にそこを大きな島―カリフォルニア島を描いた。そうだとしても、ではいったい最初に北米西海岸を航海し、地図を製作したのか？　はたして誰が地図上に最初に南極大陸と「カリフォルニア島」を描いたのか？

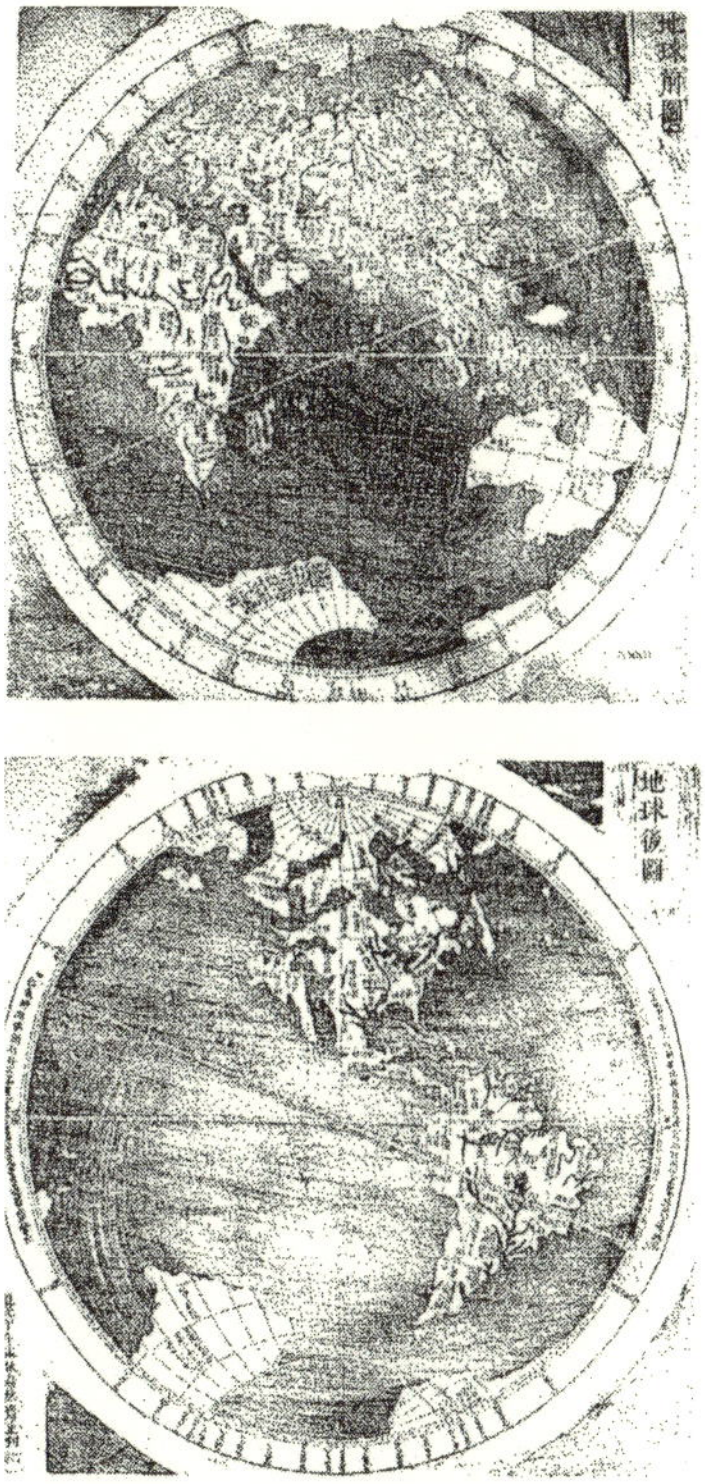

（地図１－５）「地球前後図」

「天下全輿総図」が投げかけている数々の疑問を解く上で「天下全輿総図」が西洋の影響を受けているとしても、南極大陸と「カリフォルニア島」問題では、東洋独自の起源にはじまるのではないかという仮説を立てた。その根拠としてオーストラリア大陸の「発見」

を上げることができる。現在、わたしたちが手にする百科事典には、オーストラリア大陸の存在が最初に知られたのは、一六〇六年、オランダのW・ジャンセン（一五七〇～一六三〇）が率いる探検隊によってであると書かれている。

しかし、実際にはそれ以前に書かれた中国の『山海経』や『隋書』にカンガルーのことが記されていることからして、ジャンセン探検隊によるとする百科事典の情報は、あくまでも西洋の観点からのものに過ぎない。

現在まで「天下全與総図」が一七六三年に製作されたことを否定する証拠はどこにもない。仮に「天下全與総図」が実際に一四一八年に製作された「天下諸蕃識貢」をモデルに筆写されたものであれば、「天下諸蕃識貢」は南極大陸と「カリフォルニア島」が描かれているもっとも古い世界地図となる。このことは次のような結論に達する。

最初の地図を残した者が最初の探検、あるいは航海者であり、これまでの証拠からみるとき、彼らは東洋人であることは間違いない。そして彼らによって収集された地理学上の情報がヨーロッパに伝えられたのである。この観点から問題を見てこそ、中世ヨーロッパ地図学上のすべての疑問が解明される。この結論について、荒唐無稽だと考える読者もいるであろう。しかしはたして荒唐無稽であろうか？

## （四）世界中心―朝鮮半島

「天下全與総図」に関する論議の最後として、その地図上のもっとも重要な核心的特徴を上げてみたい。「天下全與総図」の中央部分には南北に引かれている垂直線がどこを通っているのか確認してみると、それはひと目で分かる。驚くことに中央の垂直線は朝鮮半島に引かれている。

マテオ・リッチの「坤與国全図」（一六〇二）やギウリオ・アルレニの「萬国全図」を見てみると、その地図の中心経線は太平洋上に引かれている。

しかし「天下全與総図」の中央には南北に引かれている垂直線は折ったときについた線と見るには、線の太さ

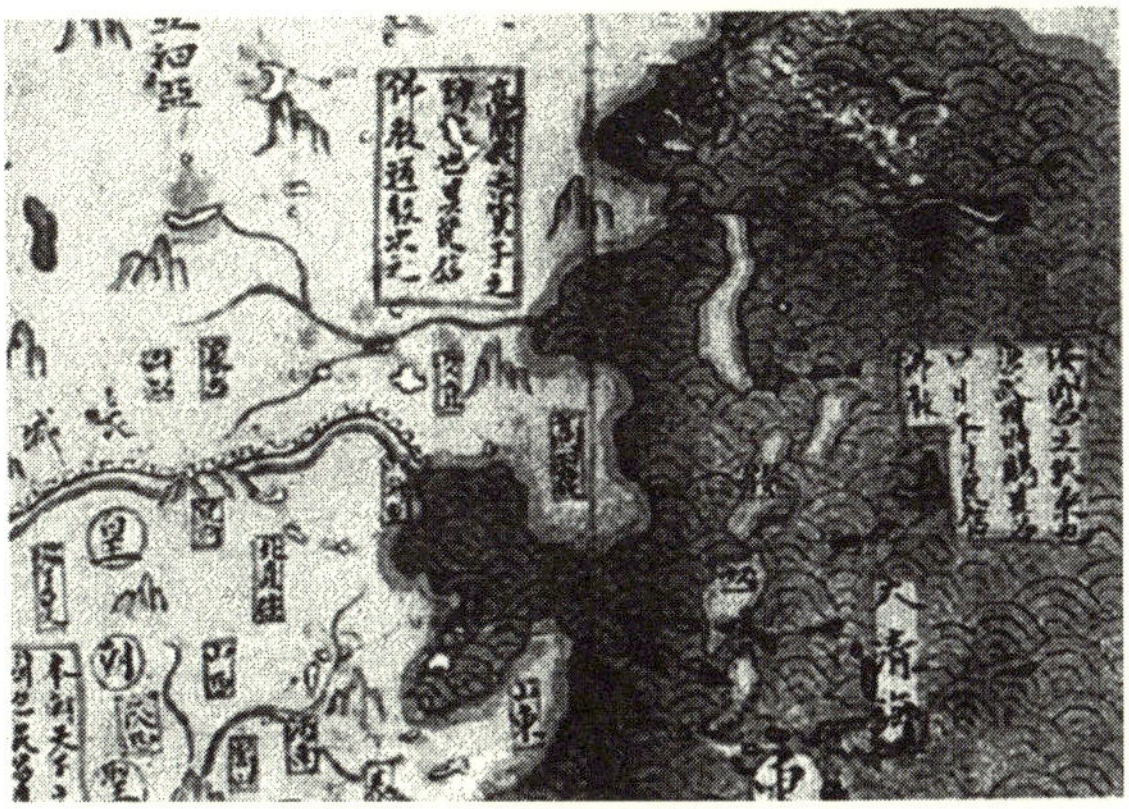

（地図１－６）「天下全輿総図」中心部

がそぐわない。

この地図が一四一八年に製作された地図の模写図であることが明らかにされるならば朝鮮半島を貫通している垂直線は偶然のものではない。この垂直線を偶然の産物と考えた場合、一四一八年当時の中国的思考方式、価値観、世界観からしてこのような地図が存在しないことになる。当時の中国で製作された地図の場合、先に述べたような「識方世界」観から当然、地図の中心は、例えば明の場合にはその首都があった現在の南京、そして新しい首都として建設中の北京であるべきだ。しかしこの垂直線は、朝鮮半島が（世界の）中心であることを表すために意図的に引かれた線であり、朝鮮半島子午線を強調する一種の地図上の経線であると考えている。

「天下全輿総図」はふたつの円が重なった形で製作されている。よく見ると、問題の垂直線はふたつの円が重なる部分（接点）からややずれて引かれている。しかも朝鮮半島上には「高麗」と記されており、地図上の中心を表す垂直線が記されていることが分かる。

なお詳しく見てみると、「高麗」という文字は四角形の線で囲まれており、垂直線はその縦の線と平行してきされていることが分かる。明らかに「天下全輿総図」の中心は朝鮮半島だ。そしてそこが中心であることを強調するために垂直線が記されているのであり、垂直線はそのための以外のなにものでもない。「天下全輿総図」の原本である一四一八年に制作された地図にすでに記されていたのか、あるいは一七六三年の模写時に原本地図の中心をあらためて強調するために記されたのか分からないが、朝鮮半島を中心としていることは勘違いなく、それは意図的なものである。

「天下全輿総図」をめぐっては国際的論争がつづいている。

地図の分析結果出る前まで論争の焦点は一七六三年というその製作年代をめぐってのものであった。つまり「天下全輿総図」が実際に一七六三年に製作されたことが確認されるならば、それは一四一八年に製作された原本地図の存在を認めることにつながるからだ。真偽論争での代表的人物は、アメリカのワシントン州にある新大陸発見研究所のグナー・トンプソン（Gunnar Thompson）博士と、シンガポール国立大学東アジア研究所のゲオフ・ワーデ（Geoff Wade）博士で、前者は、地図は本物という立場、後者は偽作という立場である。トンプソン博士は人類学博士、古地図研究家と知られ、新大陸への航海に関する謎を研究した著書を多く出版している。

彼は最近になって、世界的に関心を呼んでいる中国（明）の鄭和艦隊のアメリカ大陸発見と世界一周説、そして元のフビライ皇帝のモンゴル艦隊によるアメリカ大陸発見説などを唱えている。彼は「天下全輿総図」を中世ヨーロッパおよび元時代に製作された地図と比較研究し、「天下全輿総図」こそが、中世ヨーロッパで製作された世界地図の起源であると主張している。

「天下全輿総図」については二〇〇六年三月、ニュージランドのワイカト大学による分析結果が公開された後、一四一八年の原本地図の存在については依然として疑問が呈されているが、「天下全輿総図」の制作年代などに関する論争は一段落ついているようだ。

先に紹介した「天下全輿総図」は偽作とするワーデ博士の主張だが、ワーデ博士は偽造とする根拠として、「天下全輿総図」の原本地図が制作されたとする当時の中国のどの地図にも地球が球形であるということは反映されておらず、それは球形を表現できる数学的知識がなかったからだと主張してい
この主張に対して、当時の朝鮮の文化水準の観点から徐鉉佑氏はこう主張していう。

「『朝鮮王朝実録』の「世宗実録」には、当代最高の数学者であり理論天文学者と評価されている李純之（?～一四六五）が当時の都である漢城（ソウル）の緯度を「北緯三八度強」と世宗王に報告したという内

容が記されている。「強」とは近接しているという意味である。わたしたちは現在のソウルの緯度が三七度三四分であることを知っている。当時の観測、計算の水準から誤差が生じているのであろうか？　彼が残した『七政算内篇』と『七政算外篇』を分析してみると、その差は誤差ではないことが分かる。『七政算内篇』*は天球を三六五・二五度に分け、方位を三六五・二五度、一度を一〇〇分率としているのに比べ、アラビア科学を取り入れている『七政算外篇』は現在のように天球を三六〇度に分けて方位を三六〇度、一度を六〇分率としている。現在のソウルの緯度である三七度三四分を、天球を三六五・二五度として計算すると三七・九一となる。まさに李純之が報告した三八度強となるのである。彼は正確に緯度を計算しているのだ。彼はまた天球周期を現在のそれと、小数点以下六ケタまで正確に一致する計算を残している。」

このように当時の朝鮮の科学水準は西洋に比べて一〇〇余年以上も先んじていたことになる。ただ球形の地図が存在していないと、当時の東洋の科学水準を低く見ることはできない。「天下全輿総図」こそが、そのことの地図学上の証拠であると確信している。

註＊『七政算』朝鮮世宗二四年（一四四二）に編纂された暦書　李純之・金淡が王命を受けて編纂した。内編と外編で構成されている。高麗後期、元の『授時暦』と明の『大統暦』が入ってきたが、わが国の実情に合わず『七政算内篇』を発行する。内編は中国式という意味で元の『授時暦』の原理と方法を理解しやすく解説したものであり、外編はアラビアの『回回暦』を研究して開設したものである。以後朝鮮時代暦書の基本になった。中国の暦書が北京を基準で測定した結果を使用した反面、『七政算内篇』は漢陽（現在のソウル）を基準にして冬至と夏至後の日出没時刻と夜昼の長さを観測値を記録するなど、わが国の位置から天体運動を計算できる体系を完成して、中国・アラビアに続いて世界最高水準の天文学を成就した。『新たに書いた国史辞典』、教文社、一九九九）

## （五）「天下全與総図」と鄭和艦隊

前回、科学的分析の結果、「天下全與総図」の製作に使用されている紙とインクが一七～一八世紀のものであること、そして世界地図である「天下全與総図」の中心に朝鮮半島が描かれている。

詳しく見ると、「高麗」という文字は四角形の線で囲まれており、垂直線はその縦の線と平行して記されている。ここから「高麗」という文字が先に地図上に記され、垂直線はそれに重ならないように記されていることが分かる。

つまり原本製作者の精神的根源であり母胎であったということだ。製作者のアイデンティティーは「高麗」にあるということである。

「天下全與総図」の原本地図である一四一八年に製作された「天下諸蕃識貢図」は「貢図」と名付けられているように、航海の結果に関する報告形式の地図である。

であるならば、原本地図の製作者が直接的、間接的に海、航海と関連した人物であることが推察される。そうでなければ原本地図に描かれている情報に接することができないからだ。彼が実際に航海に参加した人物とみる方がはるかに自然であろう。

ところで「天下諸番識貢図」は中国・明時代第三代皇帝・成祖代に、朝廷に献上された地図である。成祖代の年号である永楽一六年とある卜書き（説明文）がそれを表している。つまり「天下諸蕃識貢図」の製作者は明で暮らし、活動していたことになる。

ここで私たちはある歴史的事実を思い起こすことになる。

明・永楽時代の有名な鄭和は艦隊を率いて一四〇五～一四三三年間に七回の大航海を行っ人物だ。その航海の舞台はインド全域にわたり、現在の南アフリカ海域まで航海したとされている。

最近になって鄭和のこの大航海があらためて世界的に大きな関心事となっているが、その理由はこの大航海の範囲がインド洋の全域にとどまらす、大西洋をこえてアメリカ大陸と南極大陸まで航海したという主張が登場しているからだ。

それらの主張はけっして荒唐無稽なものとすることができない「証拠」に基づくもので、仮にそれが事実として立証されるならば、世界史は書き改められなければならないということになる。「鄭和大船団」による大航海は、コロンブス（アメリカ大陸への航海）、ヴァスコ・ダ・ガマ（南アフリカ喜望峰からインド到達）、マゼラン（世界一周航路）の時期よりもはるかに早い時期のものであり、西洋のいわゆる大航海時代は、東洋の大航海の成果に基づいたものと結論づけられる可能性が高いからだ。「天下全輿総図」に注目する理由はまさにこの点にある。つまりこの地図が鄭和艦隊による大航海（世界一周）を立証する強力な証拠になるからだ。

そしてより重要な関心事は「天下全輿総図」の原本地図である「天下諸蕃識貢図」の製作者と鄭和艦隊との関係だ。つまり彼は鄭和艦隊においてどのような存在であったか、どのようにして航海の成果を示す地図の製作にたずさわったのかという問題だ。

鄭和の大航海は、明の前期海乱が小康状態であった時期に断行された。この大航海は世界史的意味の大航海であった。しかし海禁政策下において断行された疑惑の大航海でもあった。

クーデターによって政権を掌握した第三代成宗が、一説には「靖難の変」* （一三八九～一四〇二）の兵火のなかで没したとされているが、宮廷を脱出した第二代恵帝建文（一三九九～一四〇二）を探すために船団を派遣したという記録が伝わっている。

註＊一三九八年（洪武三一年）閏五月、太祖がなくなると、即位した孫允炆の建武帝（在位一三九八～一四〇二）と燕王の間に、皇位をめぐる骨肉の四年間の争い末に燕王が勝利して即位、成祖永楽帝（一四〇三～一四二三）となる）

この大航海は、海運発展へと連携することができなかった一過性ハプニングとして終わってしまったが、問題はこの時の海運力は誰の海運力であったかということだ。

この点に関して大航海に参加していた鞏珍の『西洋蕃国史』序文によれば、「出航の際、福建・広東・浙江にて船乗りを迎えた、彼らの中には、火者（船長）という航海経験者たちを船長に迎え、針経（羅針盤）図式として任務を遂行する」とした。

ほかに張変の『東西洋考』序文をみると「船乗りたちは昔から航海に針経（羅針盤）を使用するが、全部卑俗な慣習であるから変説（翻訳）すること容易ならず（皆俚俗未易辦）、私はこれを抄訳（翻訳）して文章にした」とした。このように航法書は、たとえ漢字を利用しているが漢文でない異邦人たちの記録である。このことからも鄭和艦隊の大航海のこの時は果たして誰の海運力であったのか記録から窺うことができる。福建・広東・浙江など各地から船乗りを迎え、彼らの中から航海経験豊かな火者（船長）を迎え、針経（羅針盤）図式として任務を遂行すると記している。彼らが針経（羅針盤）図式として任務を遂行したという。当然、地図製作にたずさわった有力な者たちもいたはずである。

彼らは「天下全輿総図」の中心を朝鮮半島に置き、そしてそこが中心であることを強調するために垂直線が垂直に貫通され「高麗」と記した。

つまり原本「天下諸蕃識貢図」製作者の精神的根源であり母胎である彼らのアイデンティティーは「高麗」にあるということである。彼ら製作者は明で暮らし、活動した在明高麗人であったということである。

## 第二節　一七世紀初　朝鮮での地図制作における時代的傾向

朝鮮で製作された「地球前後図」や「坤輿全図」など、当時の地図製作における時代的傾向をみてみよう。まず東洋における地理概念の大きな流れを知る必要がある。その流れは一七世紀を起点として、それ以前の時代と大きく変わっている。

考証学的傾向が登場するからだ。

一七世紀初は東洋社会と西洋社会の接触が始まった時期であり、中国の歴史を見るならば明王朝から清王朝への交替期であった。

それ以前の時期は伝統的ということができ、中華思想の強い影響から地図の製作においても「職方世界」観念が支配していた時期であった。「職方世界」とはひとことで言えば「文明化された世界」という意味で、まさしく中国中心の天下観が支配していた　それにより地図の製作においても中国を過大されて描かれていた。

一七世紀初は明から清への交替、すなわち漢族による支配が崩れる時期であり、その一方で西洋人、とくにイエズス会士の中国進出が本格化するにしたがって中国人の既存の世界観に大変換がもたらされた時期でもあった。いわゆる中国版ルネッサンスともいえる考証学の開化の時期であった。考証学の開化は、厳格な証拠に基づき、実証的に論じる近代科学の開化であった。そのような当時の時代的傾向は地図の製作においても革命的転換をもたらした。

## 第三節　嘉靖海乱（一五四八〜六五）

三〇〇年間の明代海乱において、最高のクライマックスは方・張（方国鎮・張士誠）集団の嘉靖海乱（一五四八〜六五）であった。一八年の間におよそ六一四件が勃発した。年平均三四件であった。狂乱の時代であった。

海民たちがどれほど虐殺され、どれほど脱出したのか、ただ無言の海だけが知っているだけである。

この時点で明国において稀有なことが起きる。嘉靖海乱が過ぎて、これまでほとんど見られなかった造船と航海に関する文献が急に溢れ出だしたのだ。

即ち『龍江船廠志』（一五三三）をはじめ『註解刀鞭』（一五六三）・『海運新考』（一五七八）・『三才図会』（一六〇九）・『武備志』（一六二一）などを経て『天工開物』（一六三七）に至る造船術が一応総整理された。造船術に関する文献は嘉靖海乱以後である。もちろんこの以前にも船舶に関する文献が全然なかったということはない。北宋代『高麗図経』に船舶に関する記録はなくはないが実は短編的であった。

なお唐代李筌の『太白陰経』（七五八）と北宋代、曾公亮の『武経総要』（一〇四四）があるが、これはどちらかといえば中国伝来の軍船を記録しただけで、民間の海船建造に関するものではない。

一方で航海術に関する文献もやはり嘉靖海乱以後になってやっと本格的に登場する。出版年度がほとんど確実ではないが『道経』・『海道経』・『羅経針簿』・『鐵譜』・『順風相送』・『指南正法』・『海道方程』・『海道経書』・『四海指南』・『海航秘訣』・『海航全書』等々専門的な航法書など全部が、嘉靖海乱以後である明末清初に急にあふれ出たのである。以上の検討を総合して見ると、嘉靖海乱時から造船書と航海法が急激に溢れ出てきたのは、この時に至って航海術が急に発展したのではなく、実は嘉靖海乱の大虐殺と追放などで、海民たちが消滅されつつあったからである。

元来、海民たちの造船術と航海術は、父親を見習い、船を造り、父親に従い航海しながら伝受される家族共同体的ノウ・ハウであるので別に文献を出す必要がない。

かりにこれらに関する記録があったとしても、家族ないし集団内部の秘伝にされるだけである。そうしたことが、海民が消滅され、中国人が自ら船を造り、中国人自ら航海をするようになり、急に造船書・航海書が必要になったはずである。

海民でなければ学ぶ方法がなかったのである。

結局嘉靖海乱の際、造船書と航法書が突然に出現したのは、舟山民族の全滅にともなう反動現象であり、かれらの造船術と航海術が文献として中国人たちに伝受された技術移転であった。

このような現象を中国学者たちは俗に「海運発展の結果」と見る。とくに、前期海乱小康状態であった時期に断行された鄭和の大航海を大変な矜持誇りとした。だが、このような文献のノウ・ハウは、舟山群島を拠点にして大航海時代を築き上た在中百済海民たちが、先祖代々一五〇〇年にわたり引き継いで、発展させてきた貴重な代物である。

このことは重要な関心事であった「天下全輿総図」の原本地図である「天下諸蕃識貢図」の製作者と鄭和艦隊との関係も、つまりかれたちが鄭和艦隊においてどのような存在であったのか、どのようにして航海の成果を示す地図の製作にたずさわったのかという謎の解明であり、またその問題の証明であり、その回答になるだろう。

つまり「天下諸番識貢図」製作者の精神的根源であり母胎であったアイデンティティーは「高麗」にあるということである。

まさに在明（中国進出新羅人）コリア人たちである。

# 第二章　海のシルクロード

## 第一節　東西の交流

古代から東西の交流は草原とかオアシスの陸路だけでなく、海路を通じて行われていた。中世に至り、造船術と航海術が発達とともに海路を通じて東西交流はなお一層、活発に展開した。特にアラブ・イスラムたちが地中海から西太平洋にいたる広い海上において、商業活動を積極的に展開することによって、海路の役割と用途は前例なく高まった。このような時代的流れは朝鮮半島および日本列島にもその余波がおよんだ。

海のシルクロードとは、オアシス路の南側にある海の道であるということから由来する歴史的、地理的名称であり、その内容と包括範囲は時代の流れとともに変化してきた。ひとことでいえば海路とは、古代から近代にいたるまで地中海から紅海とアラビア海を経て、インド洋と西太平洋にいたる広闊な海上における交流と交易がおこなわれた海の道である。中世にいたるまでこの海路を通じて東方の絹、漆器、陶磁器、香料、茶などが西方に大量に運ばれた。そしてこの道は一名「陶磁器の道」、「香料の道」、「紙の道」とも呼ばれた。

それまでの海路の西端はローマであり、東端は中国の東南海岸と見るのが通説となっており、その包括海域は地中海、紅海、インド洋、中国南海（西太平洋）で、東西航路の航海路の総距離は、約一万五千㎞（三万七五〇〇里）と推算できる。

## （一）八～九世紀東アジアの情勢

かつて駐日大使であったE・O・ライシャワー博士は、一九五五年に英文『唐代中国へ　円仁の旅』を発表している。（日本語訳『円仁　唐代中国への旅―『入唐求法巡礼行記』の研究―』田村完誓訳、講談社学術文庫）彼はその第一章「九世紀の中国」のなかで次のように述べている。

「西洋では、ローマ帝国の古典的な統一がひとたび崩れると、再び元に戻ることがなかった。中国では、ローマの穏やかな崩壊に並行して、三世紀から四世紀にかけて漢帝国の急速な崩壊が見られるが、それから以後は、歴史の道は東と西とでは異なるのである。

六世紀の後半、中国人は早くも古代の政治的統一を復元することに成功した。六一八年から九〇七年にいたる華やかな唐の王朝時代を現出し、中国は新しい高度の政治的・文化的発展を遂げた。唐の帝国は以前にも増して大きく繁栄し、良く統治された。

試験制度による官吏登雇制度が確立し、それ以来一千年間、次々に中国を支配した王朝の典型的な官僚制度が確立された。……そして国内貿易および陸路・水路による国際貿易は急速に発展を遂げ、目覚しい経済成を示した。文化の面についてもこの時代は実りの多い時期であった。印刷術はこの時代のこの分野における著しい例である。なんとなれば、唐代の後半、中国で発達した印刷術は、西欧の人たちがそれを夢に描いていた数世紀前に実現していたからだ」

上記のようなライシャワー教授の指摘以外に、唐ではすでに鋳造した銅銭を貨幣に利用した貨幣経済が達成されていた。

円仁の日記によれば当時、銅銭を鋳造する原料である銅の不足を懸念して時々銅禁令を下しており、多様な工業も発達して、鉄の原料不足を解消するための鉄禁令も下した。

また海岸地方の各都市では海外貿易が盛行して、外国の商人たちが列をなして、探して来るだけでなく、このような都市にかれらの商館を設置して、外国商人たちが常駐しながら貿易を遂行するようにしたのだ。

このような要因を勘案すると、唐代の中国の沿岸部では、すでに農耕社会から商業社会に移行していたと思われる。西洋においてこのような社会が形成されたのは一六世紀以後、大航海時代が開幕してからのことであるといえる。

中国は政治、経済、社会、文化など、多方面で西洋帝国よりもすくなくとも六～七百年先んじており、当時の世界において、最も燦爛とした文明を謳歌していた時代である。

## 中国文明の発展の原動力

中国が世界で最も早く近代国家を建設することができ、建設した近代国家がたとえ易姓革命の過程を幾度も経て、今日まで継続持続できたのはなぜだろうか。

交通史的観点から見ると、まずはいち早く大運河を建設して、黄河と楊子江をはじめ、幾多の河をたがいに連結することによって内陸水路交通体制を完成して、広大な中国全域に産出する文物を中央に集中することができるようにした。

他の一つは、中国は早くから朝貢貿易体制を確立して、中国周辺の数十カ国の国家や地域から朝貢形式でもって、文物を輸入するだけでなく、このように吸収した文物を中国の巨大な溶鉱炉の中に入れて、新たな文化を創出して官貿易体制を発展させたのだ。

朝貢貿易体制は、中国の数千年にわたる歴史上最も特徴的現象の一つだといえるが、この朝貢貿易は中央権力が弱くなると民間貿易へと発展することもあった。

朝貢貿易が成功的に行われ、朝貢諸国が政治的、経済的に利益を得るようになると、中国の周辺諸国家は、先を争い中国に朝貢使節団を送り込むようになった。中国はかれらをすべて受け入れた。初期には国境に直接隣接した近郊の国家に限定されていたが、このような朝貢貿易のメリットが広く知れわたり、朝貢国は遠方の国々まで拡大し、唐代中葉になると、インドおよび中東一帯の国々まで朝貢隊列に合流するようになる。この朝貢使節たちが往来していた交通路の中で、西域諸国の使節が往来して自然に形成された交通路の一つがまさにシルクロードである。

## (二) 海上シルクロードの形成と東西交易の定着

### 陸上シルクロード衰退

中国は北と西と南の三方を高い山や広大な砂漠に囲まれ、東の一方だけが海に向かって開いている。そのこともあって、中国は大陸国家と考えられ、中国の人々も自他ともに海洋民族とは認められてこなかった。しかし、華中から華南にかけての沿岸地方は良港に恵まれ、古くから海外に進出する人が少なくなかった。

中国人の海外進出の歴史は、遠く戦国時代にさかのぼり、漢の武帝(在位、紀元前一四〇～前八七)の時代には、漢の使節が黄支国(インド東岸南部)や已程不国(スリランカ?)を歴訪したといわれている。

当時、漢の商船隊(在漢百済人)は、除聞(広東省徐聞県)、合浦(広西省合浦県)で準備をととのえ、沿岸ぞいに、ベトナム・タイ・マレー半島を経て南下し、マラッカ海峡を北上してビルマに到着したのち、さらに海岸の沿いに航海をつづけて、黄支国(インド、東岸南部)や已程不国に赴いたのである。

また、大秦王　安敦、つまりローマ皇帝マルクス＝アウレウス＝アントニヌスの使節と称する者が、一六六年に海路来朝し、後漢の宮廷に象牙・犀角・(さいかく)瑇瑁(たいまい)を献上したことは、よく知られている。彼は公的使節と称した商人であったが、中国への道を海上に求めたローマの商人は、彼一人にとどまらなかった。

さらに呉の孫権(在位二二二～五二)は、朱応・康泰を南海の百数十カ国につかわしたといわれ、陸路インドへ求法の旅に出た。東晋の僧法顕も、四一二年に、師子国（セイロン）から邪婆提国（ジャワ、或いはスマトラ）を経て、中国に帰航している。百済聖王代（五二三～五五三）の僧侶謙益は航路を利用して中印度に入り仏経を得て帰国している。これらの史実は、中国から西方諸国に通じる海上の交通路が、古くから利用されていたことを窺わせる。とはいえ、当時の東西交通路は、いわゆるシルクロードが幹線であった。山脈や砂漠をこえる陸上の交通によって、中国は西方諸国とつながりをもち、漢から唐にいたる時期、中国の諸王朝は、この交通路をできるだけ遠くまで支配しようと西域経営に努力したのである。かくして、陸のシルクロードの交通は、はなやかりし頃、その街道に位置して繁栄を誇った町々も、砂漠の中に埋没して、その所在すら知る者がなくなってしまった。そればかりではない。町々の湮滅とともに、その文化と歴史はいうまでもなく、東西を結ぶ交通路の存在そのものまでが忘れ去られてしまったのである。

それから人々の記憶によみがえってくるのは、二〇世紀の初頭以後のことであり、その間、約一千年の歳月が必要であった。

## 海上シルクロードの登場

唐代末、ことに八世紀の頃から、陸のシルクロードは次第に重要性を減じ、かわって海上の交通がさかんになってくる。

唐朝の西域に対する支配力が低下したのは確かであるが、造船技術や航海術の進歩にともなって、海上輸送が安全かつ迅速に行われるようになったからである。「上に飛鳥なく、下に走獣なく、四顧茫々として行く所を知らず、ただ日を視て東西を知り、人骨を望んで行路の標識とした」と記されるような苦難をともなう陸の交通路は、治安の悪化とともに、捨てて顧みられなくなった。

「朝鮮出身の有名になった人物の中には、唐の王朝の歴史の中に、公の伝記を書き加えられるほどの人物もあり、その最たる者は高仙芝である。パーミルとヒンドゥークシ山脈を越えて、インダス河上流地域に到り、中国の大君主に敵対する中央アジア連合軍から問題を起こしがちなチベット人および西方より侵略してくるアラビア人たちを離背させることに、努力して成功するのである。

この遠征は、時には一万五千ないし一万六千フィートの高原を越え、二千マイル以上の砂漠地帯を横切り、中国勢力のお膝許から遠く離れた山々を征服して、史上最大の驚くべき軍事上の離れ技を演じたのである。」（拙書『古代シルクロードと朝鮮』「高仙芝とシルクロード」参照、雄山閣）。

高仙芝の名声にとって残念なことには、彼はまた、七五一年、中国を遠く離れた中央アジアの一大山脈地帯、現在、トリキスタンにあるタラスで（カルルク族の裏切りのため）アラビア人たちに打ち負かされた将軍としても知られている。

これもまた歴史の重要な日付の一つであった。というのは、これは中国の勢力が永く衰え始める兆しであり、中央アジア地帯をモハメット教徒たちが征服する前奏曲となったからである。

「それまではこの地方は中国の皇帝の領土であり、精神的には仏陀の教えが支配した国土であったのである。」（ライシャワー、『前掲書』）

ライシャワー教授はまさに、この高仙芝将軍の敗戦が、唐朝の西域に対する支配権弱化の原因であると指摘している。

海上シルクロードが定着したのは、八世紀前後と見なければならないだろう。

隋が中国を再統一した後、中国は統一国家の面貌を再び整うことができた。しかし、隋が対高句麗との四次にわたる戦争で敗北し、衰退して短命に終わり、唐朝（六一八～九〇七）に引き継がれるが、唐朝初期も新羅と連合して百済や高句麗を滅亡させた結果、政治的安定と経済的繁栄を同時に成就して、後世の史家たちが「貞観之治」と呼称した、中国古代の黄金時代を謳歌することになる。

しかし、唐代初期には、政治的安定のための朝貢貿易を加して、私貿易を許可しなかった。このことは当時、中国社会が農耕社会の初期の段階で、農耕社会の定着に、妨害となる商業や貿易を奨励するのは、国家経済政策としては望ましくないと見ていたからである。

唐が、私貿易をある程度盛行するようになったのは、安史の乱（七五五～六三）以後、中央政府の地方行政掌握力が弱くなり、地方勢力が跋扈し始めた頃からである。

この頃には農業の発達がほぼ定着段階に達して、この土台の上に工業が急速に発展するようになり、農工業の発展は、必然的に商業の発展をもたらすからだ。

このような政治的、経済的背景を前提として、海上シルクロードが登場し、私貿易が盛行するようになった。海上シルクロードが八世紀から定着した学説は、ここから派生したといえよう。

## 海上シルクロードの利用と貿易規模の変化

唐代末以後、長安を起点とする陸のシルクロードにかわって、広州や泉州を起点とする海のシルクロードが東西交通の幹線となり、その交通量は急速に増大した。しかも、海上の輸送力は、陸上のそれにくらべると、問題にならないほど大きい。

それはまず、船と駱駝の差である。ある人の概算によると、駱駝一頭は三〇〇kgくらいの荷物をのせるから、三〇頭からなるキャラバンの輸送力は、九千kg程度ということになる。これに対し、当時の商船は、現在の一千トンクラスに相当し、六〇～七〇万kgの貨物を搭載することができたという。

つまり、商船一隻は、駱駝二千頭に匹敵したわけで、海のシルクロードは、陸のシルクロードにくらべて、はるかに大量の物資を運ぶことができた。航海の安全が保証されるのであれば、海上輸送の優位はあきらかであった。（寺田孝信著『中国の大航海者—鄭和』、清水書院、一九八四）。交易規模が拡大し、交易対象貨物も値段が安く運送が容易な貨物から、陶磁器、銅銭など、多様な商品を対象とすることになった。

とくに海上シルクロードの発達は、中国の陶磁器工業の発達とともに、中国を西方世界に知らしめる上で大きな契機を整えた。

当時、中国の輸出品は、金・銀・銅銭・陶磁器・絹織物を主とし、輸入品は香料・珠玉・象牙・犀角などであった。

輸入品のなかで、もっとも珍重され、需要の大きかったのは香料であり、政府はこれを専売品として、民間の自由な売買を許さなかった。これに対して、輸出品のうち、とくに注目されるのが、銅銭と陶磁器である。

## 陶磁器と工業の発達

唐以降、古い伝統をもつ絹織物とともに、新しい商品として、唐三彩が象徴する陶磁器が登場する。すなわち、唐代には農業・工業をはじめ、鉱業など、あらゆる部門の産業が飛躍的な発展をとげた。その原因の一つとして、火力利用の進歩があげられるが、具体的にいえば、石炭の使用であった。石炭を燃料にすることによって、陶磁器生産は質・量ともに長足の進歩をとげ、そして、前述のような海上交通の発達は、重量があり、壊れやすくもあった陶磁器の輸出量を急速に増加させた。対外貿易の活況が、また陶磁器の生産活動を刺激した。

中国の陶磁器は、朝鮮や日本はもとより、東南アジアの全域において発見されている。それのみか、アフリカ大陸の東海岸からエジプトにまで、その分布は広がっているのである。ことに、八～九世紀の唐末期から、一四～一五世紀の元末・明初にかけての中国産の陶磁器が、インド・セイロン以西、東アフリカ以東の地だけで、七〇ヶ所以上の遺跡から発見されたことが知られている。いうまでもなく、海上の交通路を通ってこれらの地にもたらされたものである。

世界各地域の支配階級に属する人々は、この中国の陶磁器の所有を熱望していたので、この需要をまかなうために、商人たちは船舶で中国に列をなして探してきたのだ。

海上シルクロードの一つの中心的港であったと推定される明州（現在の寧波）の近郊に、唐代の陶磁器生産の中心地の一つである越州窯（在唐百済人居住地）があった。

「明州港」は唐、五代、両宋および元代の四時代の間、中国の最も著名な東方大港であって、世界に解放された貿易港口であった。その主要な輸出品の一つが青磁器である。

第一期から第三期まで、外国に輸出した越窯のおもな製品が玉壁底碗、大環底碗執壷などである。

この三期間の製品のなかに玉壁底碗、大環底碗、扁帯状把的執壷など青磁がふくまれているが、これらが張保皐の遺跡跡から出土した青磁器と一致した。

世界各地で出土した貿易陶磁器は、浙江、寧波、上林湖（在唐百済人居住地）などで生産した青磁器、例をあげれば、玉壁底碗、大環底碗と同じもので、九世紀以降はエジプトに輸出されており、近くは日本と朝鮮半島でも出土している。

張保皐の遺跡で出土した玉壁底碗の初期の種類は、中唐晩期の産品であるが、唐に輸出されており、近くは日本と朝鮮半島でも出土している。

張保皐大使が活動した時期と絡み合う。

釉薬を全部塗って碗内に支焼印痕がないこのような製品は、匣鉢（蓋付）で焼いて作ったものであり、その生産時期は唐代中期、後期である。（莞島文化院編『張保皐の研究』、一九八五）

上述したように、中国・浙東と朝鮮の莞島の二ヵ所で出土した陶磁器が驚くほど似通い、一致している事実は、九世紀を前後して張保皐麾下の船隊が浙東沿岸地区に航海してきていたし、当地の越窯で生産された青磁器を莞島の青海鎮に持参したことを物語る。莞島文化院で一九八五年に出版された『張保皐の新研究』という報告書には、この地域で大量に「高麗青磁期の原型は中国の陶磁器、いわば浙江省地域の名産である越州窯の青磁器である。ゆえに張保皐の貿易船はまさに直接、明州に行っていたはずである」と主張している。（『前掲書』）。

この問題と関連して、張保皐と高麗青磁器との関連する可能性について学界の意見がある。我々がつねに、わが歴史上最も高貴な傑作芸術品の一つとして自慢する高麗青磁器は、いままで高麗時代の芸術品であると思っていた。しかし、張保皐の活動本拠地であった莞島地域の康津に、大きな陶窯地があり、莞島の張保皐遺跡地の発掘の結果、出土された陶磁器類などが、中国唐代の越州窯で生産された陶磁器と瓜二つであるという事実は、何を意味するのかという点である。もちろん莞島で出土した陶磁器は、越州窯の陶磁器を輸入したものもあるかも知れないが、当時のいろいろな状況からみて、新羅との輸入超過による貿易摩擦の緩和のためのひとつの対策として、張保皐が唐から陶工と技術を輸入して、康津窯で生産した可能性も排除することはできない。

シルクロードという言葉は、一九世紀の末に、ドイツの地質学者リヒトホーフェンが名付けて以来、人々のロマンをかきたててきたが、八世紀以後、海上の交通が東西貿易の幹線となると、それは、まさしく「陶磁器の道」であったのである。

## （三） 八〜九世紀　在唐新羅人

古代から中国東部、海岸地域と朝鮮半島ならびに東北地方（現在の遼寧、吉林、黒龍江）は渤海と黄海の沿岸につながっており、自然環境も似ており、人も文化交流もおおいに盛んであった。中国人が朝鮮半島に移住する場合もあり、朝鮮半島から中国東部海岸地域に移住する場合もあった。

元朔元年（前一二八）、濊君の南閭が（朝鮮の）右渠（ウコ）王（ワン）に反逆して、二八万人を率いて、遼東郡に服属した（『後漢書』「濊伝」）

中国の隋朝時代、隋文帝と隋煬帝は前後、四次にわたり高句麗を大挙侵攻したが、戦死や、帰還者以外にも、多くの水軍の残兵たちが高句麗領土に残留することになった。

その中の多くの人々がそこに定着した。この時期、朝鮮に居住した華橋を二分すると、ひとつは平和的な移住民であり、もうひとつは戦争のために、流落した隋の兵士たちであった。『資治通鑑』（第一八一巻）の記載によれば、六一二年に隋煬帝が高句麗に進攻した時、「九軍が遼河をわたるが、およそ三〇万五千であった。戻る時、遼東省に至ると、わずか二千七百名であった。」

六六二年、唐高宗が、高句麗栄留王に、隋の軍卒を送り返すことを要求すると、高句麗王は礼意をもって送り返したのが、前後一万名にもなった。以上で、高句麗に脱落した隋の軍卒がいかに多かったか予想することができる。唐朝が建国以降、唐と新羅はともに六四五年、六四七年、六四八年にわたり、三回も高句麗に進攻した。この三回の戦争中に敗戦して多くの唐の軍卒が高句麗の地に脱落した。その後、唐と新羅連合軍は前後して、百済と高句麗を滅亡させた。六六三年、百済・倭連合軍は、新羅・唐連合軍と白村江で最後の大海戦のあと、百済は歴史のなかに消えた。高句麗もまた六七一年、最後まで抵抗した安市城降伏を最後に運命が尽きる。

唐と新羅は、戦後処理問題―新たに獲得した領土分割をめぐり敵対関係になる。新羅は高句麗、百済の海洋能力を吸収、水軍を動員して唐の水軍を撃破し、唐軍を完全に逐出するのに遂に成功した。その結果、唐が新羅に大同江以南の領土の管轄権を認定した。唐が百済と高句麗の旧領土から撤退し、旧高句麗に設けた安東都護府を遼東城に移した時に、多くの人々の全部が、一挙に撤退することができなかった。

そして、唐の官僚や役夫、守卒ならびに家族たちが、その地に居留するようになり唐朝時期、朝鮮華僑が最も大きい構成部分になった。（楊照全、孫玉梅著『朝鮮華僑史』）

隋・唐以前にも、各種の原因で中国人が朝鮮に多く移住してきた事実は疑問視できない。同じように、いろいろな朝鮮半島の人々が中国の東部沿岸地帯に渡って行くようになった。

三世紀、魏、蜀、呉など三国が対立していた時期、百済が中国の東部地域に攻め入ったことがある。まさに魏が柳州子史、楽浪太守と朔方太守とともに高句麗を攻めたとき、百済の古尓王一三年（二四六）に、その機会を狙って海をわたり、その背後を攻めた。

「魏の柳州子史母丘剣が楽浪太守劉茂、朔方太守王遵とともに高句麗を攻めたので、王のいない隙を狙って左将真忠をよこして、楽浪の辺境とその住民を攻め取る。」（『三国史記』「百済本記高尓王一三年」）

「百済は本来、高句麗とともに遼東の東側一千余里に共にいたが、その後、高句麗は遼東を侵略して所有する、百済は遼西を侵略して所有したが、百済が治めた所を陳平群陳平県とした。」（『宋書』「百済伝」）

このように遼西百済は、歴代中国の正史記録を通じて約三〇〇年間の歴史が伝わっている以上、彼たちの存在をなお疑問視する余地はない。しかし、彼らは軍事的な〝兵勢之徒〟であって、貿易集団ではない。ゆえに百済が滅びると、君主であった扶餘崇をはじめとして百済軍自体が消滅してしまった。したがって彼らによっても百済滅亡以後、東アジア海域を自由奔放に航海していた在唐新羅人たちのルーツであるといえない。

## 第二節　中国に進出した海上勢力

百済の「西側境界は海を渡り越州」であった。『元和郡県志』巻二六条によれば、後漢順帝の時、浙江西側呉郡、東側が会稽郡であって、隋国の時、会稽を越州に改称（六〇五）した。そして唐代中葉である開元二六年（七三八）に越州武県を分離して明州とした。したがって百済滅亡（六六〇）以前の越州は明州を含む浙江省東部地域であった。

このことは百済の領土が越州と接した土地がまさに越州前海に所在する舟山群島である。

（「百済国……西渡海至越州　南渡海至倭国　北渡海至高（句）麗」『旧唐書』巻一九九「百済伝」）

（「百済……西界越州　南倭北高（句）麗　皆踰海乃至」『新唐書』巻二二〇「百済伝」）

ここが百済滅亡後以後に「新羅藩」と称していて、ここに航海していたアラブ商人たちが「新羅群島」と呼んだ。結局百済の領土が越州に接しいたという『新・旧唐書』の記録は、舟山群島が百済領土であったことを語る画期的な記録である。であれば百済人たちがいつ舟山群島に進出したのか？　その根拠は、まさに百済が滅亡（六六〇）したその年に死亡した張楚金が著述した『翰苑』（六六〇）である。この本は現在亡失して、唯その一部だけが日本九州の天満宮に伝わっており、〝天下の孤本〟と言われている貴重な史料である。この本の「三韓傳」に次のような記録がある。要約すると次ようである。

「三韓の境界に沿って鯷壑があり、その領土は鰲波（鰲子山）に接している。魏略に語るには……鯷壑は東鯷人（東済人）たちが居住する」

海中州（島）であり鰲波（鰲子山）と共に海にいる（鯷壑東鯷人　居海中州）。したがって鯷壑という島の名は東鯷人が居住することで始まったのである。そして西暦一〇〇年頃に著作された『漢書』巻二八「地理誌」にも「会稽海の外に東鯷人が二〇余国に分立して毎年来献する」と東鯷人に言及している。ここの会稽が越州であり、越州の海の外に人が住むことができる所は唯一舟山群島しかない。

そして、歴史上最初に東鯷人を記録した『漢書』は西暦一〇〇年頃に著作されたものである。したがって東鯷人（百済人）の進出時期は西暦一〇〇年以前である。かたや『隋書』巻八一「百済傳」によれば「建国初から百家済海として国号を百済とした」と記録している。

ここで海上国家を象徴する「百済」は、温祚百済ではなく、沸流百済である。『百済本記』においても温祚側国号は「十済」であったとなっている。結局百済は、温祚百済一つだけでなく、沸流が建てたもう一つの百済があった。これが中日文献だけに記載された海外百済であり、帯方故地で建国（紀元前一八年）して彌鄒忽（前七年）を経て熊津に遷都（後一八年）した沸流百済である。ここでおよそ四〇〇年間存続していて、三九六年、高句麗広開土王の侵攻によって滅亡して、この時に熊津を脱出した最後の応神王が建てた亡命政権がまさに日本国家の起源である。沸流百済の建国年度は、紀元前一八年であるので、結局、鯷壑（舟山群島）の三韓の東鯷人たちは即、朝鮮半島の百済人であったのであり、彼らの進出時期はおよそ紀元前後、いわば前漢末ないし後漢初となる。そして『旧唐書』巻一九九「百済伝」に「百済国の……西側に海を渡り越州にいたり、南側に海を渡り倭国にいたり、北側境界は高句麗でありすべて海を渡った」とした。百済人たちが黄海を渡り遼西、南海を渡り越州そして玄界灘を渡り倭国に進出したとした。

このように見ると『漢書』「地理誌」と『隋書』「百済傳」、『翰苑』及び『百済本記』のすべての記録が矛盾なく一つに連結できる。紀元前後に舟山群島に三韓の百済人たちが登場したという事実は驚異的な出来事であった言わざるを得ない。

さて、安禄山の反乱（七七五年）とともに、唐を大きく揺るがす事件である百済勢の袁晃の乱（挙兵）があった。九世紀、反乱の後裔たちは、東アジアの海上貿易を支配するほどの力を蓄積し、唐の滅亡期に淅江地域を中心にした独自の王国を建国する。その王国が中国の歴史上で最高の自由貿易国家であり、当代の中国漢族王朝によって、東夷系国家とされた呉越国であった。舟山群島を拠点に起こった袁晃の反乱は二〇余万兵力が動員された大規模の反乱で、袁晃は自らを皇帝と称して元号も寶勝とした。

これは当時の唐の皇帝・粛宗代の年号である寶応に対抗したものだ。つまり唐を倒すという意思の表現であり、その挙兵の規模や性格からして、単なる地方における反乱ではなかった。袁晃の基盤が淅東地方の海上勢力であり、淅東地方はかっての百済の海外領土であった。袁晃の反乱の意味は大きいものがある。つまり袁晃の反乱は、百済を滅ぼした唐にたいする復讐であり、百済再建の試みであった可能性が強いからである。

「高句麗と百済は全盛の時には、強い軍人が一百萬であって、南側では呉と越に進攻し、北では燕、齊、魯等の地域をゆるがして中国の大きい巨賊となり、隋の皇帝が勢力を失ったのは遼東を征伐したためである。」（『三国史記』巻四六「崔致遠伝」）〈地図二―三〉「沸流百済の疆域図」参照のこと）

# 第三節　高句麗・百済の遺民たち

**「百済遺民」**

統一新羅は宿命的鎖国国家であった。したがって統一新羅の人々が中国に進取したという今までの定説には、これを立証する根拠が存在しない。よって在唐新羅人のルーツは新羅人でない百済・高句麗人から探すしかない。まず六六〇年に滅亡した百済人から追跡してみる。

『新・旧唐書』によれば、百済を滅亡させた唐の蘇定方は公州に熊津都督府を設置して、百済の義慈王と太子隆・王子考仁および将軍五八名を唐京に押送した。この時、押送された百済遺民は『百済本記』に一二八〇七名となっている。

百済を征服した唐は、遺民たちの抵抗をなだめるために、圧送していった百済太子扶餘隆を熊津都督府として送り込んだが、その時期は新羅文武王を鶏林大都督に任命した文武王三年（六六三）四月頃であった。そして翌年八月、唐は公州、就利山―鷰尾山にて文武王と扶餘隆を対座させて、白馬の血を口に含み平和を誓約したいわゆる「白馬而盟」を採決した。しかし白馬而盟は文武王の復讐欲をかえって刺激した。実際に文武王は六七〇年七月を期して熊津都督府に対する全面的攻撃を加え、翌年文武王十一年（六七一）七月に公州に隣接した扶餘に所夫里州を設置した。これで朝鮮半島から唐軍の追放とともに熊津都督府に二度と再び登場しなかった。

にもかかわらず五年後、「熊津都督府を建安故城に移すときに、すでに徐州―江蘇省彭城と兗州―山東省曲府に移住させていた百済戸口をすべて建安に移住させた」（『資治通鑑』巻二〇二、儀鳳元年（六七六）二月條）。つまり福建省建安に再移住させたのである。そして、扶餘隆を熊津都督に再任命した。

その結果、福建省の人口が爆発的に増加して，隋の時代（三八一～六一七）には、わずか一万四千二十戸に過ぎ

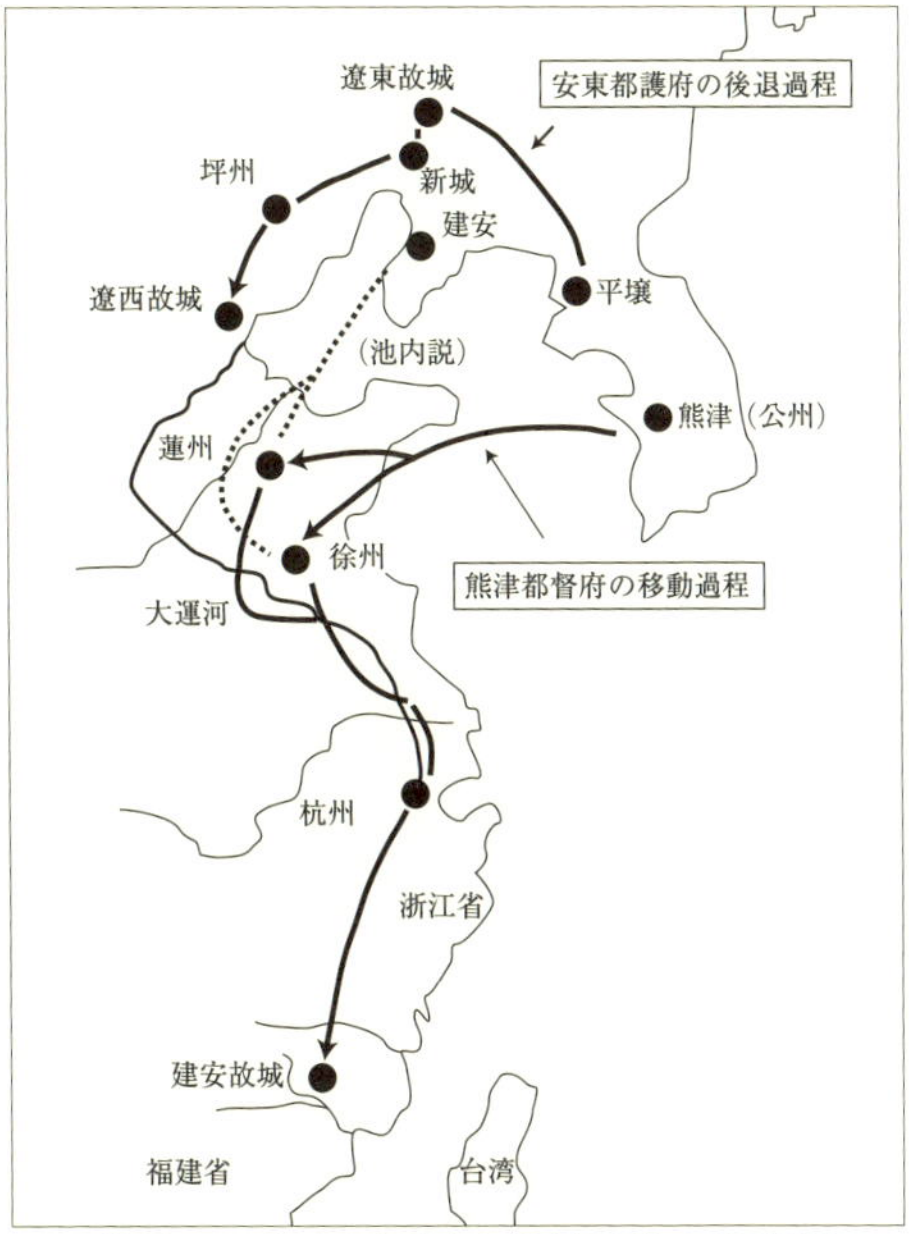


〈地図２－１〉 安東都護府と熊津都督府の移動過程

なかったが、唐のルネッサンス時期、開元年間には一五万九千戸に、約一〇倍以上に増加した。ところで、唐末期になると福建省では大きな変化が起こり始めた。百済遺民たちによって発掘・開発された銀鉱に対する噂が漸次中国全域に拡散して、いわゆるシルバーラッシュが発生したのだ。その結果、唐末期から北宋中葉（九六〇～一一二六）まで、福建省の人口は、再び爆発的増加推勢があらわれ、約十一倍に膨れ上がった。そこで彼ら北方漢族たちが、自分たちが支配民族であることを盾にして、百済遺民たちが数百年間、血と汗で開発した銀鉱地域の土地を組織的に占有した。

その結果、福建省内陸に定着していた百済遺民たちは漢族たちに漸次、沿岸部に押し出され、唐末から宋代に至り、海上活動をして生計を立てざるを得なくなかった。宋代、高麗を来往または還国した宋商の過半数はまさに福建省の閩人たちである。『宋史』巻一「高麗伝」に記載されているように、「(高麗) 王城に数百名づつきていた華人たちは閩人たちが多く商船で来た」とした。彼たちがまさに福建省に圧送されて行った熊津都督府の百済遺民たちであると思われる。実際に夫餘隆を始祖とする扶餘氏は、高麗代中国から帰還したと伝わっている。ただ彼たちが海に進出したのは宋国の時であり、唐後半に在唐新羅人として活躍したとは思えない。

『円仁日記』にも彼らの痕跡は全然、表れていなかった。唐代後半の福建省は、まだ海上活動の舞台ではなかった。ゆえに福建省に移住した百済遺民はたとえ在中居民であったとしても唐時代活動した在唐新羅人の直接的ルーツではないという結果になる。

## 「高句麗遺民」

隋・唐が侵攻した七〇年戦争（五九八〜六六八）を通じて、その時々散発的に圧送され連れ去れた高句麗人は記録されものただけでも一〇余万に達するが、押送されて行ったところはほとんどわからない。

『旧唐書』巻五「高宗本記」総章元年（六六八）九月條に、平壌城を掌握した唐軍は安東都督府を設置して、宝蔵王をはじめ「高句麗戸口二万八千二百余万・車一〇八〇乗・牛三三〇〇頭・馬二九〇〇頭・駱駝六〇頭」を圧送した。文献ごとに記録が違うが、正確において定評のある『資治通鑑』の三万八千二〇〇戸も無視する資料ではないと思われる。

その根拠として『新羅本記』文武王八年九月二一日條に、唐「李英公李勣は高句麗宝蔵王と王子福男、徳男と大臣等二〇万余を連行して唐に戻る時、角干（一等官）金仁門と大阿飡（六等官）助州は李英公に付き従い仁泰、義福、藪世、興元がともに随行した」とした。

新羅側将軍たちが唐軍の手先になり高句麗人たちを引率したので、彼らの言うところの「二〇余万」は唐側の資料でなく、新羅将軍たちが引率過程で把握した数字であるはずだ。ゆえに唐側資料が戸数とした反面、新羅側は人員数をもって把握していたといえる。

ここで二〇余万人が何戸であるのか疑問であるが、文武王六年十二月に高句麗、淵蓋蘇文の弟、淵淨土が十二個城邑から七六三戸の三五四三人を引率して新羅に投降したが、一戸当り平均四・六人であった。これを基準とすると『新羅本記』の二〇万人は、およそ四万戸になり『資治通鑑』の三万八千二〇〇戸に接近する。多分これが妥当な総数であったはずだ。

そして一戸当り、平均四・六人を基準とすると『通傳』の二万八千三〇〇戸はおよそ十四万人になる。これから推して十四万人は戸数で把握され民間人であり、二〇万から十四万を引くと六万人が高句麗軍人たちであったと思われる。

唐は高句麗遺民を移住するに当り、かれらをいったん山東半島の萊州―掖懸と遼西の営州―朝陽市にそれぞれ集結させた。隋・唐帝国の高句麗侵攻の時、前者が海上基地であり、後者が陸上基地であった。したがって萊州に集結された人員は海路で、営州に集結された人員は陸路で移動したと思われる。

彼らの移住地域に関して『旧唐書』巻五「高宗本記（五）」総章二年（六六九）五月庚子條に、「彼らを分けて江淮以南・山南・并州・京西諸州の空閑処に安置した」とした。この記録が最も詳細である。『資治通鑑』巻二〇一、総章二年（六六九）四月條にも、ほぼ同じ内容を記載しているが〝貧弱な者はそのまま留まるようにして安東（平壌）を守るようにした〟とある。力のある健壮な者たちはほとんど圧送されたことを知ることができる。高句麗滅亡の時、唐の地方制度は『旧唐書』巻三七「地理誌」に記録された十道制であった。ここに高句麗遺民たちの移動経路と移住地域を表示したのが次ぎの〈地図一－二〉である。

**江淮以南**－江淮は長江と淮水地域であり、その南側で未開発地域であれば、およそ安微省南部ないし、鄱陽湖を中心とした江西省北部と推定される。水路で移動したことになる。

**山南**－ここは山南道であり、長江上流四川省一帯である。

四川省人たちは朝鮮人ほどに唐辛子を好む。四川省料理のなかに朝鮮料理とまったく同じものがる。例えば四川泡采－キムチ・怪味鶏塊－若鶏白熟（参鶏湯の一種）・譚豆花－醤豆腐などがあり、特にトウモロコシで造った老酒はわが国の濁酒－マッコリを連想させる。

最近、四川省西側の雲南省の山里に、朝鮮人の専売特許であるチゲをはじめ、竹篭・竹骨扇子・飴・農楽踊りならびに朝鮮語の残存形態が続々と確認（『中央日報』「アジア一〇万里」、一九九五）されている。無数の政治的激変により四川省一帯から再び山岳地帯である雲南省に脱出した様子である。

**并州**－ここは河東道太原であり、栄州から陸路北京と太行山脈をこえて移動したと見られる。儀鳳年間（六七六～六七八）に、高句麗を背信した泉男生を并州都督に任命したのは、実はこの地域に高句麗遺民と関連があると推測できる。

**京西諸州**－ここは并州（太原）から再び唐の首都を過ぎてシルクロードが貫通する朧右道であり、現在の甘粛

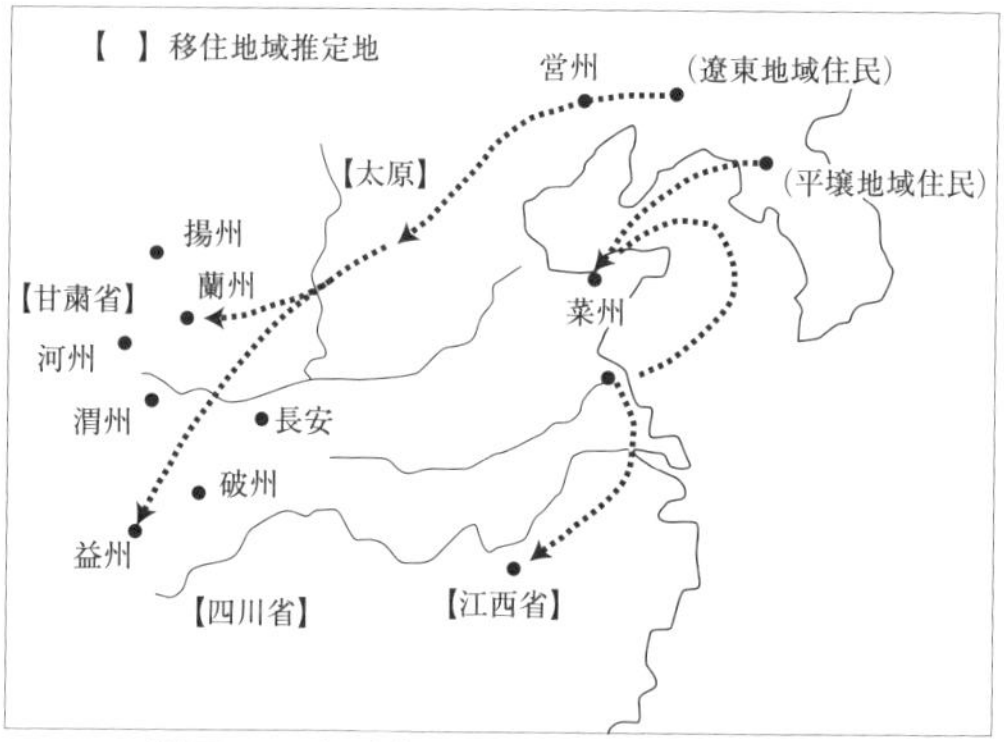

〈地図２－２〉高句麗遺民の移動径路と定着地域

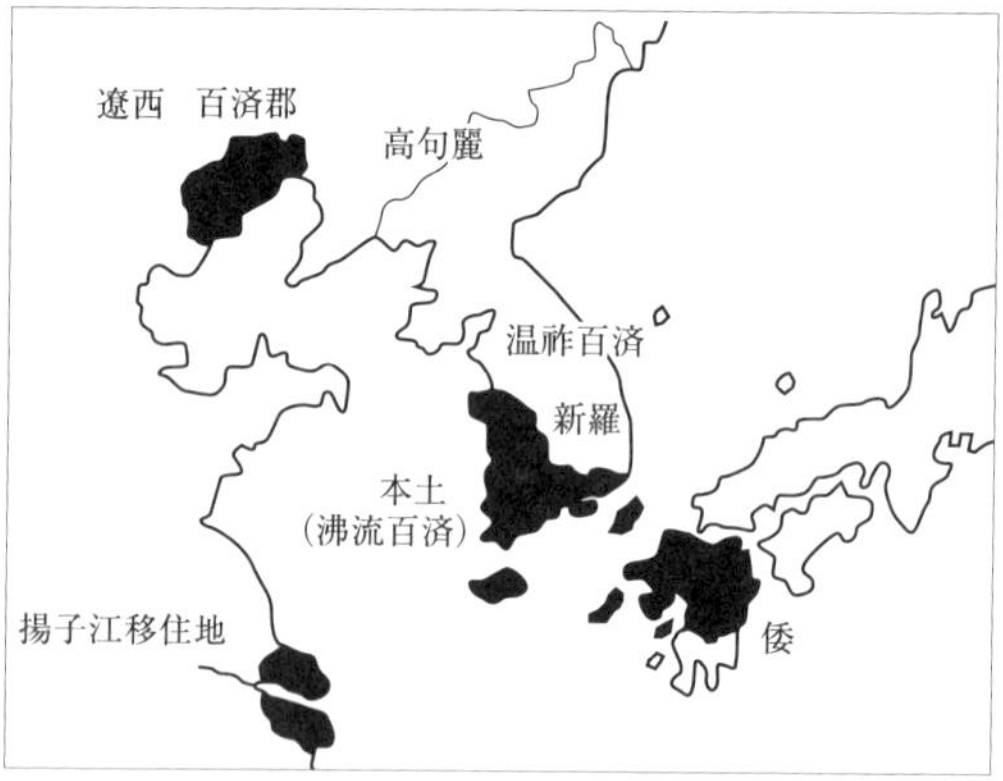

〈地図２－３〉沸流百済の疆域図

省一帯である。

『旧唐書』巻四三「職官誌」をみると、唐の中心地である「關内道の團錬兵は、泰州・成洲・岷州・渭州・河州・蘭州の六州から差出した高麗および羌兵」とした。この六州がまさにシルクロードの入口であり、團錬兵とは賦役を免除する条件で春・夏に帰農して、秋と冬に徴集される半農半兵の守備兵力である。天保六年（七四七）に歴史上最初に一万名の兵力を引率して、パーミル高原を越え西域を開拓した高仙芝*は、元来父親の高句麗の遺将、高舎鶏の功労で二〇才の時、遊撃将軍になった高句麗人二世であり、かれは河西節度使まで歴任した。この河西はいわば朧右道凉州である。唐は北方民族ないし吐蕃族の侵入を防ぐために、長安西側に勇敢な高句麗人を配置して守備兵力に活用した。

註＊拙著『古代シルクロードと朝鮮』「第四章　高仙芝」参照、二〇〇四、雄山閣）

結局高麗人二〇万名が移住したのは中国の内陸奥地であった。ゆえに彼らが海上活動に従事した在唐新羅人たちのルーツになれなかったことは明らかである。したがって百済遺民たちの境遇のように、高句麗遺民にとっても在唐新羅人のルーツが明らかにすることは出来ない。（金聖昊著『中国進出百済人の海上活動一五〇〇年』一巻、一九九六、マルグンソリ）

このように大陸に引っ張って来られた遺民たちは各地に離散して暮らした。彼らは自身たちが願うと願わずとも、出身国と関係なく皆が新羅人として生きていかざるを得なかった。いわゆる在唐新羅人たちは、時に唐に抵抗しながら独立性を維持するために涙ぐむ努力もした。

遼西地方の営州で立ち上がった高句麗遺民たちは、大祚栄に従って唐を脱出、途中で激しい戦闘を勝利に導きながら大行軍の末、高句麗の元領土の大地に帰還した。そして六九八年、高句麗を継承して「震国」という名で建国する。七一二年、国号を「渤海」とした。

一方では、山東地方でも高句麗の栄光を再現しようとした動きがあった。栄州で成長した李正己は高句麗が滅びて百年になる頃、七六一年末、遼西で二万の軍隊を引率して山東に移住した。八世紀後半、唐をゆるがした安禄山の乱（七五五～七六三）が起こり、その後、唐の朝廷は地方にたいする統制力を急激に失っていった。そのため、九世紀に武寧軍が設置されるまでは、危機状態がつづいた。

いわゆる藩鎮（唐の節度使が治める地方）跋扈の時期（七六五～八一九年）といわれるこの時期は、地方の軍鎮責任者である各地の節度使（地方長官）らが朝廷に対して公然と反旗をひるがえす地方軍閥割拠の時期であった。

ここで注目すべきことは、この時期、もっとも強い力を持っていた藩鎮が、高句麗遺民出身の部将、李正己が治めていた平盧淄青であった。淄青は現在の山東半島を中心に一三州の広い領域を掌握した後に国号を「斉」とし、四代―五十四年間にわたって唐から自立した。

唐からすればあくまでも藩鎮であったが、斎は唐の都である長安へとつづく大運河を含めた交通の要路を掌握し、唐の皇帝、徳宗（在位七七九～八〇五）が一時、都を離れて身を避ける事態まで生じた。

それだけ斎の存在は唐からすれば、目に刺さった棘のようなものであった。

唐の朝廷は斎を懐柔するために、数回にわたって官位を下賜している。

「平盧淄青観察使兼海運押渤海新羅両藩使」、「饒陽郡王」などはその代表的なものだ。「平盧淄青観察使兼海運押渤海新羅両藩使」の官位は、唐によって斎が平定されたあとに、新任の平盧淄青節度使がそのまま受け継ぐが、張保皐はこのような時代背景の中で、一時は黄海の交易権を独占した淄青の海運力を受け継いだと推定される。


唐の朝廷による武寧軍の設置は、まさしく平盧淄青に対抗するためであった。ここで注目されるのは、武寧軍の「武寧」とは、百済の武寧王を意味しているのではないかということだ。武寧という軍鎮の名称こそが当時、中国大陸に暮らしていた百済系遺民を糾合する上で、もっとも適切な名称でなかったかと考えられる。武寧王（四六二～五二三年、二五代、在位五〇一～五二三年）は百済全盛期の王である。

そして武寧軍の設置は、高句麗系である平盧淄青に対抗するもので、それは唐の伝統的な政策である羈縻政策、つまり互いに争わせる政策の一環であったと判断される。

「憲徳王十一年七月に唐の軍州節度使　李使道が反逆すると、唐の皇帝・憲宗は討伐のため揚州節度使・趙恭を送り、わが国の兵馬も徴発したので、王はこの勅旨を受けて順天軍将軍―金雄元に命じて甲平三万人率いて支援した」（『三国史記』「新羅本記」憲徳王條）

これは、これまでわが国の歴史で注目されなかった新羅軍の大派兵に関する記録である。

憲徳王十一年は淄青が滅亡した年である八一九年であり、李使道は李正己の孫であり、淄青の最後の王であった。

この記録から、唐朝廷の淄青征伐に三万もの新羅軍が動員されたということ、淄青の滅亡に新羅軍が大きな役割を果たしたことが推測される。また、唐の政策をあらためて確認できる。新羅軍による淄青討伐は、武寧軍の設置と同じ意図からいわゆる羈麻政策で互いに争わせたといえる。当時の東北アジアの勢力構図を見るならば、新羅と唐の同盟が一方にあり、渤海と淄青の同盟が一方にあって対立していた。

唐朝廷が淄青の討伐に新羅軍を引き入れたことを見るとき、武寧軍設置の意図も同様であったと確認できる。武寧軍が大陸の百済勢力を糾合したものであるといういまひとつの根拠としては、大陸百済勢力のなかに、遼西百済の滅亡とともに散らばって、徐州あたりに南下した残存勢力の存在をあげることができるかも知れない。先述した三世紀、魏、蜀、呉等三国に対立していた時期、百済が中国の東部地域に攻め入って遼西を占領し、遼西地域を約三〇〇年間治めていたが、彼たちは軍事的な「兵勢之徒」であって、貿易集団ではなかった。ゆえに百済が滅亡すると、百済郡自体が永久に消滅してしまった。ゆえに彼たちも、百済滅亡以後も東アジア海域を縫っていた在唐新羅人たちのルーツでないと思える。

淄青滅亡後の唐の記録によれば「山東地域の風俗があまりに異なるため、官吏を派遣して礼俗を教育した」(『新唐書』)「野蛮の風俗で暮らしているので、教化しなければならない」(『華令』)とある。これらの記録を見ると、淄青は漢族と生活文化が異なっていたことが分かる。それは淄青の支配勢力のアイデンティティーを探る端緒となる。

淄青の中心地域である山東地域は、古代の中国人が東夷と呼んだところであり、わが民族と関連した遺跡、遺物、風俗、説話などが多いところだ。ゆえに淄青の滅亡当時まで、山東地域は漢族よりも東夷の文化的要素が強かったところであり、それが支配勢力の基盤であった可能性が強い。

特異なことは、淄青に関する中国側のほとんどの記録には、彼らの異民族に対する一般的な呼称である胡人でなく、高句麗人であると表現されていることだ。それは淄青の支配集団が保っていたアイデンティティーの反映であったのであろう。

## 第四節　八～九世紀当時、唐に居住する在唐新羅人の構成

新羅・唐連合軍以来一時期、唐と新羅は戦後処理問題―新たに獲得した領土分割をめぐり敵対関係になるが、六七六年唐軍の技伐浦上陸作戦を粉砕し、新羅は唐軍を完全に逐出することに成功した。八〇余年にわたる東アジア地中海国際大戦が完全に幕を閉じた瞬間である。

今や東アジアは唐を中心に一つの巨大な世界として誕生した。大国を中心に力の均衡が成り立ち、殺伐とした戦争のかわりに平和が訪れ、交易も活発になった。その結果、唐の経済は急速度に、成長し、各地方間の交易も活性化した。

また、他人種を果敢に受け入れる世界化した国家として、シルクロードを通じて東西に、海を通じて南北貿易が活発に行われた。ところがこの物流体系に限界があった。

陸のシルクロードの隊商たちは、西方の物品を長安まで運び、一方で、ペルシャ商人たちが掌握していた海のシルクロードは、帆船の終着点が中国の南方限界線である広州、または寧波、揚州であった。

このような状況のもとに、南側の揚州と北方の長安をつなぐ、すなわち南方の物品を長安またはさらに北方に、西方の貨物を江南から運ぶ物流網が難問であった。両端を結ぶ中間の経路と物流を担う商人たちが切実に求められた。このことが唐の経済がなお一層発展の飛躍する上で、大きな阻害となり難関となっていた。

このような状況のもと、唐の経済界に彗星のごとくあらわれた人たちが、他ならぬ百済が滅亡したが、古代から越州に進出し海上民族として存続していた舟山群島東鯷人（百済）たちであった。彼らこそ世界貿易、のちに

大航海時代の先駆を担う在唐新羅人であった。

三国統一以前に中国に進出した百済勢力について、北宋太宗が高麗成宗に送った「冊封文」（九八四）に在中居民たちを「百済之民」だとした。この点こそ、在中居民の民族的ルーツが百済人たちであることを立証する重要な端緒となる。そして『旧唐書』巻一九九「百済傳」に「百済国は……西側に海を渡り越州に至り、南側に海を渡り倭国に至り、北側には海を越えて高句麗に至る」とした。同じく『新唐書』巻二〇〇「百済傳」にも「百済の……西側境界は越州であり、南側境界は倭、北側境界は高句麗でみな海を渡る」とした。以上のように、中国側正史記録において信頼性が高い『新・旧唐書』どちらも海外進出が記録されている。これらの記録は比較的に正確なもので否定しようにも否定する根拠がない。

ところで唐に居住していた在唐新羅人であるという曖昧模糊とした名の彼らは、どのようにして発生したのか、またその正体はなんであったのかさらに探ってみたい。

唐に居住する新羅人たちの構成の特徴は大きく二つに区分できる。その一つは当時、唐と新羅は軍事同盟を結び、朝鮮半島を統一した後、最も緊密な外交関係を維持していたので、このような外交関係を利用して、少なくない新羅人たちが、朝貢使節、留学生、求法僧等、主に両国間の政治的、文化的な交流のために唐に来て、そこでいろいろな理由で長期間滞在する場合に、唐の国内で社会的に上層階級に属する身分として居住していた人々がいる。彼たちが主として従事した職業を見ると、唐の中央政府の高級官僚、軍人、留学生、求法僧等である。例えば新羅の留学生の中から賓貢科（科挙試験）に合格した者は唐末までに五八名おり、五代の時期には三二名が合格した。

彼らは合格後、唐の官職に就き官僚として活躍した。なかには崔致遠のように入唐六年目の一八歳で、科挙に合格して様々な官職を歴任しながらも、詩人として、文章家としての名を馳せる者もあった。中国でも彼の声望は高く、著書も多数のこされている。

西安の小雁塔を建てた義浄の著書『大唐西域求法高僧伝』は、中国からインドへ求法の旅にでた五四名の僧侶の伝記である。

その記述のなかで玄照大師ついて、「彼は長期間、天竺国で求法し、学名が高い」と紹介している。そのほか、西域に赴いた僧侶には、恵業、恵泰、玄泰、求泰、求本、恵輪、玄遊と、名が伝わらない二人の法師をあげられている。この階級に属する人々の中の一部の人たちは、高句麗、百済が滅亡したあと、多くの唐の中央と地方政府中で著しい業績を残した人も少なくない。

唐の西域地方を平定した高句麗遺将、高舎鶏の息子―高仙芝将軍とか、当時強勢な吐蕃（現在のチベット）、燕然（現在の外モンゴル）勢を平定した百済の遺将、黒歯常之、現在の山東半島一帯で一時期いわば独立王国を建設した李正己などの人々である。

高仙芝将軍や李正己将軍とは別に、張保皐と鄭年たちは、どちらかといえばこの階層に属する代表的な人物だといえる。このようにその出身成分を異にする在唐新羅人たちの二つの集団は、その居住地域も違いがあった。上流階級に属する人々は、当時、唐の首都であった長安をはじめとして内陸地帯主に定着した。居住する形態も、新羅坊や新羅村のような共同居住区を形成するのと違い、唐の人々とたがいに混居する形態のほうが多かったと窺える。

円仁の日記をはじめ、当時の史書記録によく見られる新羅院とか新羅山と同じような地名とか、新羅僧など新羅人と関連する故事などが伝えられたことから見て、唐の人々と混居して住みながらもある程度の独自性を維持していたと思われる。

先ほど述べた別の一つの階層である、朝鮮半島の統一以前、古代から中国に居住する在唐新羅人たちは、明州（現在の寧波）から北側に長く東北海岸地帯と江淮地区（淮河と大運河を連結する交通の要衝）と、登州地方（現在の山東半島一帯）など、海岸地帯と運河の両岸地域に共同居住区を形成して一種の共同体を形成して住んでいた。

高句麗・百済の遺民たちは、第二節に記載した。

新羅人の在唐活動領域を見れば、だいたい帰義、徐、泗、海、登、蜜、青、淄、莱、兗、金、江、台、楚、揚、池、宣州と京兆、及び成都など一九箇所の州と府である。

このように在唐新羅人が唐社会で独自の社会を構成することができた背景には、唐の伝統的な政策である「羈縻（きび）政策」があった。「羈縻政策」は異民族に対する間接統制政策で、異民族で異民族を管理する政策のことである。

これは唐建国の初期、太祖（李淵）の「華夷観」（中華と異民族のこと）に由来するものだ。太祖・李淵は隋王室から王位を禅譲され唐を建国したが、太祖李淵は隋王室とともに、その由来が鮮卑族の拓抜氏にあり、そのことから「華夷」を大きく区分しなかったといえる。その後、則天武后の即位後に、異民族に対する政策の幅はより広がり、高句麗の滅亡後には、高句麗の最後の王であった宝蔵王（?～六二一年、二八代、在位六四二～六六八年）を遼東主都督朝鮮王に封じ、またその息子の高徳武を遼東都督に封じて、高句麗の移民たちを統治させたのも、唐の「羈縻政策」のひとつの例といえる。

このことから、新羅所などの設置が「羈縻政策」の延長線上にあることを確認することができる。また、在唐新羅人についての記述がない中国の史書が、張保皐に関しては記述している理由も推測することが出来る。張保皐が武寧軍の将軍として活躍し、また清海鎮を治めたからだ。（『新唐書』は、『樊川文集』の記述を引用して、張保皐が神武王を擁立した後に新羅の宰相となったと記録している）。つまり唐の朝廷の視点からは、張保皐は唐の官吏として功を上げた人物ということになる。唐は中国の歴代の王朝の中でももっとも「開放的」な王朝であった。そしてそのことが、力動的な海として原動力になったと見ている。

しかし、唐の没落後、列国時代を経て登場した趙匡胤の宋（北宋・九六〇～一一二七、南宋・一一二七～一二七九）建国により、漢族による中華主義が急激に台頭し、それを継承した明は海との断絶を宣言する。また同時代に誕生した李氏朝鮮は高麗の重商主義を放棄し、自ら進んで明主導の中華秩序に組み込まれる道を進んだ。

# 第五節　櫓・櫂・羅針盤を開発した百済人たち

## 百済船と中国船は互いに違っていた

櫓・櫂　沸流百済は、紀元前一八年から広開土王の急襲を受けた三九六年まで、およそ四百年存続した、もうひとつの古代国家であった。この国がまさに「建国初から百家が済海した故に国号を百済とした」という元来の百済である。「百済」という国名自体が海上国家を象徴する。彼らの海外進出は倭国進出・遼西進出・越州進出であった。

このなかで遼西進出は軍事目的であり、倭国進出は多数（二二ヶ所）の檐魯*のなかの任那（釜山）で遂行していた領土の拡張、そして越州進出は、沸流百済人たちの民族移動次元で展開された商業的進出であった。かたや北九州の邪馬台国は二六九年を期して消滅となり、また遼西百済郡も沸流百済滅亡以後、温祚百済に移管していたが、温祚百済滅亡（六六〇）により、やはり消滅してしまった。

註＊檐魯とは百済時代地方特殊行政区域の名称。朝鮮半島、中国、日本、東南アジア、オセアニアに至る二二ヶ所の檐魯があり、王族を派遣した。漢城時代から熊津時代まで施行され、泗沘（餘州・現在の扶余）遷都を前後して地方組織を五方一郡体制に整備しながら吸収された（新たに書いた国史事典、教文社、一九九九）後述の航海日記で檐魯分布地図を紹介する。

百済滅亡後、後日まで海上民族として存続していた百済人は、越州進出に限られ、『漢書』「地理誌」は、彼たちを会稽（船山群島）東鯷人とした。

ところで、東鯷人たちは、一体どんな船舶で進出したのか、船舶こそ海上民族それ自体である。百済人たちが舟山群島に進出したからには、彼たちが乗って行った船舶が究明されなければならない。しかし、紀元初の船舶に関する記録は、すべて中国文献に記録されていて、中国船か百済船か区分が難しい。しかしながら、これを選別する方法が全然ないことはない。今日、われわれは船舶にあまりにも慣れすぎたあまりに、すべてには当然、櫓が使用されていたように思う。ところが櫓には元来、文明圏的次元で、互いに異なる二種類の櫓がある。そのひとつはわれわれが俗に知っている韓国櫓であり、もうひとつは遊園地などで遊具として使用されているボートの櫓である。

朝鮮櫓とボートの櫓は、全部同一な船舶の推進道具であるが、機能面では別個の存在である。すなわちボートの櫓は、一雙、二雙または、多くの双を左右対称に装着されており、ボートに座り引っ張る反作用でもって船を前進させる。このような櫓は元来、「櫓」（노・ノ）といわず、「櫂」（도・ド）」言われ、これを使用した船舶を「櫂船」といわれた。ギリシャ・ローマ時代にローマ軍団は多くの奴隷を酷使しながら運行していた船舶が大型ボートに該当する櫂船である。

ところが、朝鮮の櫓は船一艘にひとつ、または幾つかの櫓を装着したとしても、左右対称ではない。そして竿の長さが、たいそう長いながら、腰が若干中腰にかがみながら漕ぐように弾性が与えられ、握り手を前後に動かしながら腕で押して引っ張ると、水中の櫓先がくるくると回転しながら発生するスクリュウ作業によって船が前進する。このように櫂と櫓はこの作用が全然違う。以前、欧州人の眼目で、中国の科学技術を全面的に整理して、『中国の科学と文明』を著作した英国のJ・ニダム氏は「巧妙な櫓」の世界史的な意味を次のように興味深く指摘した。

「櫓は英国海軍で大変注目された。一七四二年、スルプ船舶に一組の中国式（朝鮮式）櫓を装着して、実験したという海軍省の文書がある。櫓に似たものが一七九〇年スタンホプ（Stanhope）の第三船に関する海事発明の中に記録されている。AMBI-Navigator or Vibratior とした。……メクリガ（McGregor）は、中国のスクリュウ・プロペラがヨーロッパに伝来されて、一七八〇年にブヒイ（Beaufoy）海軍大佐がこれを見たと話しており、これから三〇年後に、ベルヌイ（Bernoulli）は外輪車より、スクリュウのほうが立派ではないかと反問するにいたった。スクリュウ推進の着眼には、どのような形態であれ、櫓が役割を果たしたのである。」（Joseph　Needham、坂本賢三等訳、『中国の科学と文明』「第十一巻　航海技術篇」二九八頁、思索社、一九八一）

いわば、英国海軍が現代船舶のスクリュウを開発した最初の発想は、櫓先の回転作用に着眼されたものであった。朝鮮の櫓は、たとえ野暮ったく厄介なほど不恰好であるが、現代船舶に必須不可欠であるスクリュウの祖先である。人類文明の重要な文化遺産でないはずがなかった。であれば、J・ニダム氏の主張のように、櫓が中国式なのか。中国の文献では、北宋時代著作された『太平御覧』（九八二）巻七七一「舟部篇」に、船舶に関する多くの古典などの記録が整理されている。即ち「檝」條を見ると、孔子（紀元前五五一〜四七九）以前に著作された『詩経』に「檜檝松舟」とある。老松で檝・楫（즙・かい、かじ）を作り、松で舟を造ったのである。そして『書経』と『淮南子』などの上古文献などは、終始一貫、櫓を「檝（즙）である」として、〝접〟としても発音した。今は「檝（즙）」として使う。そのうちに最初の漢字辞典である『説文解字』（紀元後一〇〇年）に至って、「檝《かじ》（즙）」を「棹《さお》（도）」とした。これが今の「櫂《かい》（도）」である。このように中国船の推進具は、古代からボート式の「檝（즙）」、「檝（접）」、「棹（도）」であった。場合によっては、小さいものは「檝（접）」、大きいものは「櫂（도）」として区別するが、その機能は同一である。

櫓は一世紀頃に初めて登場する。紀元後一〇〇年頃、著作された『釋名』「釋船第二五」に至り、初めて「舟の横にあるのが櫓といい、膂（려・リョ）ともした。膂を利用してこそはじめて舟が行く」とした。これが、櫓に関する歴史上最初の記録であり、櫓以外に艪《ロ》・擄《ロ》などにも表記された。

まさにこの点に着眼したJ・ニダム氏は「櫓（노・ノ）がいつからあったのか確実ではないが、後漢（二五〜

二二〇）時に遡及するようだ」と推論した。またほかには「一世紀に自動反転式（スクリュウ式）推進式櫓が発明され、中国に広く使用されたが、西洋では全然使用されなかった」として、中国人たちが一世紀から櫓を発明したと見なされた。しかしながらとんでもない話である。前に引用した『釋名』の文章を見れば、櫓の機能を説明しただけで、まだ櫓が船舶用具として定義されていない状態であった。

櫓が急に登場した一世紀という時期は、すでに指摘したように、百済人たちが舟山群島に進出して、会稽東鯷人として呼ばれたまさにこの時であった。櫓と百済人（東鯷人）の登場時期が一世紀と言う時点にて同時に表れる。これは早速に、百済人たちが、中国の伝統的な櫂船とは全然違う櫓船に乗って進出したことを物語るものである。そして『説文解字』を見ても「櫓は大きな盾」（櫓、大盾也）とあっただけであり、六世紀に著作された『玉篇』にも「櫓は城を守御する望楼」（櫓、城上守禦望楼也）となっている。清国康煕年間（一六六二〜一七二二）に著作された『正字通』にやっと「船舶の櫓は棹（さお）から借用されたし、世間では櫓に改作された」となっている。しかし実は櫓が棹に借用されたのではなく、反対に船乗りたちの言語であった櫓を表記したのである。結局、櫓が、元来の中国語ではなく、異邦人たちが使用していた外来語であったのだ。ゆえに、櫓は中国語に対して、異邦人たちの方言であったのだ。

結局、J・ニダム氏は櫓の出現を一世紀頃であることを正確に指摘しながらも、櫓が船乗りたちの外来語であったという点と、百済人たちが、一世紀に舟山群島に進出した事実を知ることができなかったために、櫓が百済人たちのものであることまでは気付かなかったといえよう。この点を立証するひとつの事件記録がある。

「呉の孫権が即位直前であった二一九年、曹操に追われた劉備は、諸葛孔明の天下三分の計に従い蜀の地に入り、漢中王に即位してこの時、関羽は蜀の入口である荊州の長江沿岸に、斥侯兵を配置して烽燧を設置して守備に臨んだ。すると孫権の部下であった呂蒙が精兵を隠して、乗船させた船舶を「白衣をして櫓を漕ぐようにして」（使白衣揺櫓）敵陣に接近して、川辺の斥侯兵からひとつひとつ除去した後、放心していた関羽将を生け捕りした、有名なエピソードが「三国誌」に伝わっている。ここで呂蒙が櫓を漕がした「白衣」がまさに朝鮮人が自慢してやまない白衣民族である。（『魏誌』扶余伝に「衣尚白」、『隋書』新羅伝に「服色尚素」、『宋史』高麗伝に「本国士女服尚素」とした）」（崔南善著『朝鮮常識』「風俗篇」一〇七頁、東明社、一九四七）

そしてかれらの「揺櫓」がまさに「櫓」を漕ぐことである。

いわば、呂蒙は蜀軍の視線をだますために、中国伝来の軍船である櫂船を使用せず、白衣の百済人たちの漕ぐ櫓船に兵力を隠して侵入し、関羽将を生け捕りにしたのだ。櫓船が白衣民族の船型であることを立証する最も確実な記録である。

参考までに楊雄（前五三〜後一八）の『方言』は多くの地方の方言を収集したもので、方言として「櫂（도）」を「槳（장）」とした。しかし「槳」は船乗りたちが使用する棹を「장대（槳竿）」であり、元来の中国語では「嵩（숭）」とした。このことから推すと、楊雄の方言として採録した「槳」も実は朝鮮語の「장대（槳竿）」から基づくものと推測される。一方で、櫓とともに船舶の方向をきめる「키（柂《かじ》）」も問題になる。

すなわち、紀元前に著作された中国の上古文献には、船舶の方向調節用器具を「축（舳）」としていたが、「櫓」を最初に記録した『釋名』（後一〇〇）「釋船第二五」に至って「船尾を치（柂）」（其尾曰柂也）とした。これが最初に言及された「키」「타」（舵（かじ）・柁（かじ））である。

この文献記録を根拠して、J・ニダム氏は、中国に柂が最初に登場した時期も「紀元一〜二世紀」であるとみなした。この時まで、中国船は大きい櫂を船尾に装着した船尾大櫂が利用されていたという。このように、櫓と柂の登場時期が同じであることは注目すべき事項である。

櫂船の場合、左右どちらかに櫂を停めるかによって、方向が左右されるが、櫓船の場合は、櫓だけでは方向を捉えることが不便であるので柂が別に必要であった。ゆえに櫓と柂がみな一世紀に、ともに登場したことは、これらが不可分の関係であることを意味する。

J・ニダム氏が指摘したように、ギリシャ・ローマをはじめとするバイキング船も、中国の船のように、桅を使用出来なかったために、かれらの活動範囲は、せいぜい地中海とヨーロッパ北部、北海沿岸を抜け出すことができなかったという。

そのうちに、アジアから桅を導入した一二世紀以後になり、はじめて海の潮流を横切る横断航法が導入されることによって、アフリカ廻航、大西洋横断、世界一周などの大航海が次々と可能になった。同時に帆の登場時期は確実ではないが、『円仁日記』に「新羅船一艘が白い帆を吊るしている」（「新羅船一隻懸白帆」、開成四年五月二五日）と記載している。このことから推すと、櫓・桅とともに帆も使用されたことが確実視される。

結局、紀元前の時期に、百済人たちが朝鮮半島から鯷壑（舟山群島）に渡るとすれば、東アジア（黄海・東支那海）を横断しなければならならない、そうするとなれば、ヨーロッパの地中海とか北海沿岸とは異なり、荒い黒潮の流れを横断しなければならなかった。

ゆえに百済船は櫓・桅ならびに、帆をすべて具備した海船であったという結論になる。

これに比べ、人力で櫂を漕いでゆく中国式櫂型船舶は、原則的に江水に従ってて運行する江船であり、これらの船舶がよしんば海に出たとしても、陸地を見渡し運行する沿岸航海だけが可能で、横断航海には不適切である。ゆえに桅は最初から発達しなかったという結果になる。結局のところ百済船は〈櫓・帆・桅〉の三要素をすべて具備した櫓型海船であったのに対して、中国の船は内陸水運用として開発された櫂型江船であった。

このような中国船の構造を見ると、中国は、たとえ古代の文明国家であったけれども、水運はたかが内陸舟運に過ぎなかったし、海とは別に関係がなかったという話になる。

このような事実は、櫓型海船と櫂型江船が、海に囲まれた朝鮮半島と、海に関係なかった中国文明との違いから始まったという点で興味深い事実といえるが、もう少し具体的に検討してみる必要がある。

## 羅針盤

羅針盤は中国人たちが自慢する世界的発明品のひとつである。しかし、中国の伝統的である船舶は、明国時代にも櫂型江船であった。江・河と運河には航法は必要でない。航法は必要でない内陸水運において、羅針盤がなぜ必要なのか。それこそ疑問である。なおかつ二百年余も展開された、唐後半の対日貿易において、新羅船はあっても、唐船は一度も記録されたことがない。

五代と宋時代も中国内で活動していた海民たちを、中国の天子自身が「長淮茂族」であり「漲海雄藩」そして「百済之民」とした。

「長淮」は長江―淮水であり、「漲海」はまさに広東省一帯の南中国海沿岸であるためだ。

宋で海船を建造して、または対外交易に従事していた宋商の大部分は、在宋高麗人たちであった。そうであれば羅針盤は、誰が開発したのか。内陸水運にこだわった中国人たちが開発したのか。それとも艪型海船で、対外貿易に従事していた百済系海民たちが開発したのか。答えはあまりにも明白である。

明代後半に著作された『東西洋考』「凡例条」に、張変は、次のように語る。「船乗りたちは、昔から航海に関する針経（羅針盤）を持っているが、すべて俚俗（民間風俗）であり、変説すること容易でない。私はこれを簡略に稍訳（翻訳）してこの文書を書く」とした。

このように羅針盤を利用した針経記録は、たとえ漢字が利用されていても、中国語で書いたのではなく、彼らなりの記録したものを翻訳しなければならなったのである。

それだけでなく、清国の黄叔敬の『臺海使墭塞録』「詳説」によれば、船乗りたちが海ごとに、秘本を保管してきたが、これを洋吏とした」（舟子各洋皆有秘本　名曰洋吏）とある。ここの「洋吏」こそが羅針盤を利用した針経航法（方向・航程距離・水深・対景図）書である。

このように、針経書が船乗りたちによって秘伝されてきたために、中国人たちは、このような存在すら知っていたはずもなく、たとえ知ったとしても、異邦人の方言であるがために、学問しか知らなかった中国人たちが針経書を読んだわけもなく、航法を必要としていなかった中国人たちが、あえて航法書を読んでみようとするわけもなかったはずであり、やはり、航海もしていなかった中国人たちが、羅針盤を開発したという道理もない。このわけ、あのわけ、残るわけは、なんのわけもない。

一方では、ペルシャー語・アラブ語では、羅針盤の方位を「Khann」とするが、これは福建語で羅針盤の針を称したものだ。ところが中国語では、「침」はただ「침（針）」というだけで「Khann」という語源に全然連結されない。かたや『高麗図経』は羅針盤を「지남부침（指南浮針）」とした。最初の羅針盤は、木片ないし葦の片隅に、磁石針を載せて水のうえに浮かしたので、「부침（浮針）」という名が発生したのだ。これを推してみると、「Khann」は、韓国語で針の形である「가는（Khann—細長）」から由来した語彙であるようだ。

ここで福建語であれば、無条件、中国のひとつの方言のように思うが、昔、熊津都督府（六六〇年百済が滅亡。唐が現在の公州に設置した地方最高軍事行政区）が移転されていた所である。宋国の時に、数百名ずつ高麗松都に滞在しながら「蜜試」により、スカウトされた閩人たちが、ほかならぬ福建省の人々である。ゆえに福建語は朝鮮語に驚くほどに身近い親縁関係がある。そのひとつに、中国語でJINとして発音する金が、福建語では正確にKIMである。福建語は암（暗—AM）・담（淡—TAM）・금（今—KUM）などように、中国語から喪失した、m字音（ㅁ음）が依然、生きて残っているという点で朝鮮語と共通である。

これ以外にもこのような言語的対応は、相当量に達する。

門外漢が見ても、決して偶然でないように思える。すでに言及したように中国東岸全域に、分布されていた海民たちは、沙民（海辺民）であったし、彼らは元来の漢族でなく、異邦人たちであったがゆえに、彼らの言語が朝鮮語に連結できるのは決して偶然ではない。結局、中国海運史は、船舶の発達からみても、航海術の発達から見ても、または言語的連携性から見ても、羅針盤の発明を中国人たちに連結させようとしても連結させるにはなんらのつなぐ輪がない。羅針盤を必要としていた人間たちは、茫々大海において、天を仰いで注意深く、周囲を見回していた船乗りたちである。　羅針盤こそ櫓・梔とともに舟山海民たちが、発明して後世に残した海洋文化の金字塔であり精華である。（金聖昊『前掲書』参照）。

## 第六節　舟山群島の海路暦程

一五〇〇年間、歴史の裏街道を歩んだ舟山海民の海路暦程は、一言で言うならば、舟山群島に進出したことから始まり、舟山群島の喪失によって終幕を告げた〝茨の歴史〟であった。

この間に、王朝が変わるたびに在中橋民と舟山群島にたいする呼称が変遷した。

紀元前後に櫓型海船に白い帆をなびかせて、舟山群島に進出した百済人を『漢書』「地理誌」は、会稽東鯷人とし、『漢苑』はかれらの舟山群島を三韓（朝鮮半島）の領土である鯷壑とした。にもかかわらず、この事実を隠蔽するために『後漢書』と『呉誌』は会稽東治人または会稽東県人として変造したのだ。三韓の歴史的実体は二つの百済（馬韓・弁韓）と新羅（辰韓）であった。一つは温祚百済、もう一つは沸流百済。

この以後、かれらは南北時代の時、江左百済蕃、隋・唐初期は、呉越人、そして百済滅亡以後に成立された呉越国は、朝鮮半島の高句麗とともに皆、居民たちの国家であった。

このことによって後唐と北宋は、呉越太祖を夷王と呼称し、または高麗王を長淮茂族・張海雄藩・百済之民など在中居民と同族であることを冊封文に明示した。

そのうちに、中国経済の退潮以後、在中居民は南宋時は、閩浙奸商、元の時は蛮子、そして明の時は倭夷として指目されて、全面的破壊対象に転落した。このような居民たちの試練によって、舟山群島の運命も浮沈の憂き目を歩むことになった。即ち、漢の時代は鯷壑、呉の時代は亶州として呼ばれたが、南北時代に梁武帝が普陀院を設置し、普陀島という地名が成立したが、隋・唐帝国前半までも、舟山群島は依然百済領であったことが

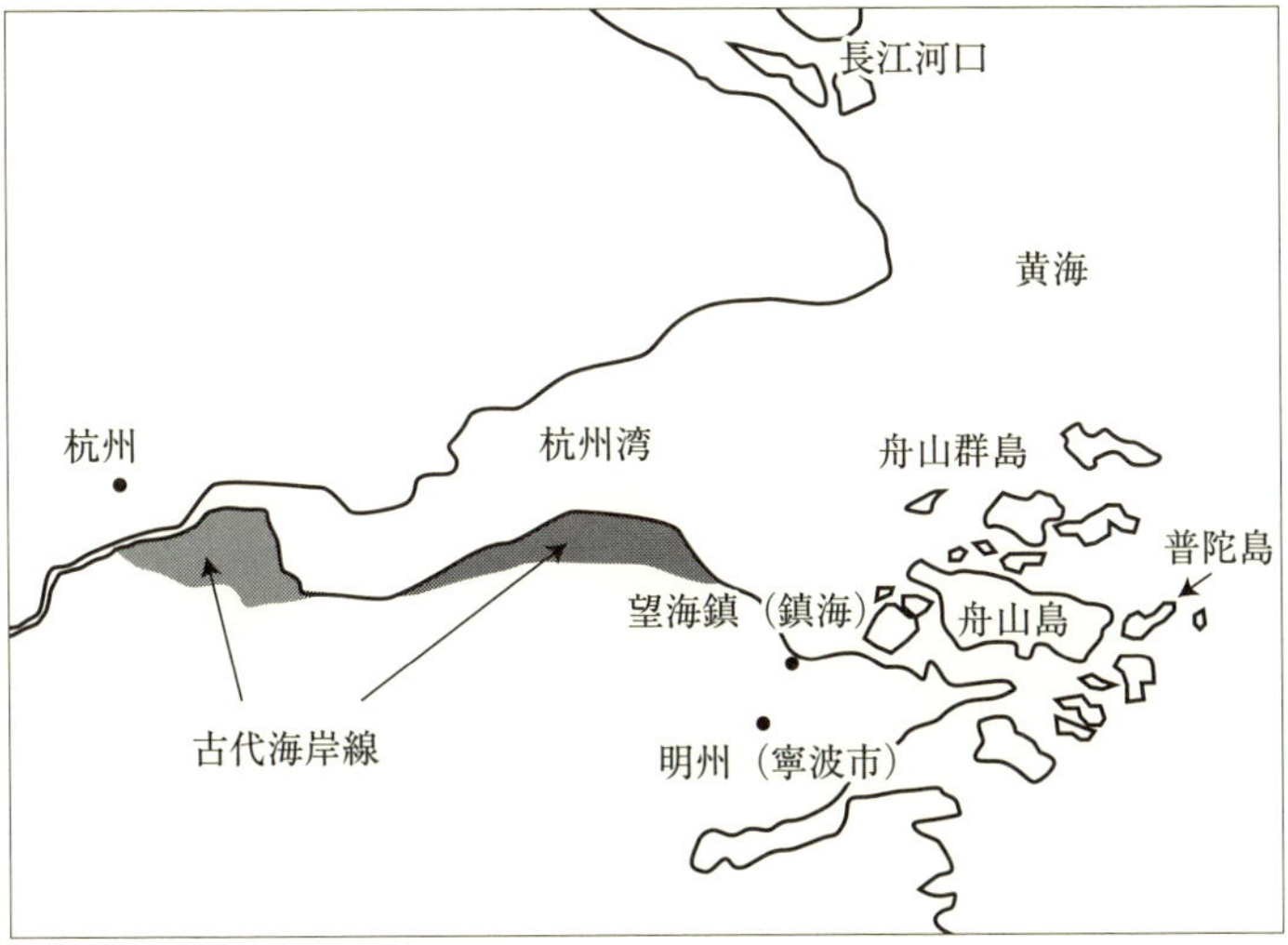


〈地図２－４〉明州望海鎮東側と舟山群島

（表２－５） 在中居民の時代別呼称と舟山群島の変遷

| 年　代 | 居民呼称 | 舟山群島 | 関連文献 |
|---|---|---|---|
| 前漢末（紀元前後） | 会稽東鯷人 | 鯷　壑 | 「漢書」・「韓苑」 |
| 後漢（25 ～ 200） | 会稽東冶人 | 〃 | 「後漢書」 |
| 呉（222 ～ 280） | 会稽東県人 | 亶州 | 「呉誌」 |
| 西晋（283） | 福建省　新羅県 | 〃 | 「晋書」・「宋書」 |
| 南北時代（317 ～ 589） | 江左　百済藩 | 普陀島 | 「周書」・「高麗図経」 |
| 隋（589 ～ 618） | 呉越人 | 〃 | 「隋書」 |
| 唐（660 以前） | 百済人 | 百済領 | 「新・旧唐書」 |
| 唐（738 ～ 763） | ↓ | 翁山県 | 「唐会要」 |
| 唐永泰元年（765） | 新羅人 | 新羅藩 | 「唐会要」 |
| 唐嵯峨 14 年（819） | 新羅人 | 新羅藩 | 「唐会要」 |
| 呉越国（907 ～ 978） | 呉越国 | 翁山区県 | 「五代史」・「十国春秋」 |
| 後唐（923 ～ 936） | 長淮茂族・漲海雄藩 | — | 「五代史」・「高麗史」 |
| 北宋（960 ～ 1126） | 長淮茂族・百済之民 | — | 「宋史」・「高麗史」 |
| 南宋（1127 ～ 1279） | 閩淅奸商 | 昌国県 | 「清流天文分野之書」 |
| 元（1271 ～ 1368） | 蛮子 | 昌国州（昇格） | 「東坡全集」・「宋史」 |
| 明（1368 ～ 1644） | 倭夷 | – | 「明太祖実録」 |
| 清順治 13（1656） | — | 清　占領 | 「大清一統志」 |
| 清康熙 20 年（1688） | — | 定海県 | |

『新・旧唐書』に皆、記載されている。

百済滅亡後、広州、市舶使（七一四）の設置で、自由貿易が開始され、唐は舟山群島を占領して翁山県を設置したが、袁晁を始とする住民たちの抵抗によって、二六年の限定で閉鎖され、永泰元年（七六五）に新羅藩を公認され、原和一四年（八一九）新羅所（文登県）・新羅坊（楚州・漣水県）を設置と同時に、新羅藩も新たに再公認されたのだ。

この結果、ここを通過していたアラブ貿易商たちは、舟山群島を六つの島による新羅群島と呼んだ。

そして北宋・熙寧（一〇七三）以後、ここが昌国・昌国県・昌国州に変遷したが、実は自治形態であった。明太祖洪武二十年（一三八七）に閉鎖されたが、正規に中国領土に編入されたのは、清の康熙二十年（一六八一）であった。従って中国進出百済人たちの一五〇〇年史において、舟山群島が正規の中国の領土であったのは、翁山県（七三八～七六三）に設置されていた唐の二六年間だけである。

かえりみれば、巨大な中国大陸において、舟山群島ほど凄切として、険難な逆境を千五百年にもわたり、踏み留まった地方は他に存在しなかったはずだ。舟山群島の歴史こそ、海民たちの暦史そのものである。しかしながらも、舟山群島普陀島が、中国の四大仏教聖地の中のひとつであることを推して考えてみると、仏様も少し意地悪過ぎるようだ。なんでことさら血の海に点綴された普陀島が、慈悲を施す仏様の聖地でなければならなかったのか皮肉な話である。イスラエルの地がローマ帝国による対決をしたように、一握りにならない舟山群島海民たちも、やはり一五〇〇年間、中国大陸と相対していたのだ。

彼らが舟山群島を中心とし一五〇〇年間も耐えたことは、奇跡のような出来事であると言わざるを得ない。このような原動力は、果たしてなんであったのか。
（一）それは一言で言うならば、強力な国家形態でなく、反対に舟山群島の数多い島嶼をそれぞれ、ひとつづつ占めていた分散勢力であったからである。
（二）他の理由は中国自体の海運不在により、かれらの役割がある程度、必要であったという点である。海外に往来する櫓型海船はかれらの独占物であった。実例として、かれらを蛮子と差別しながらも「以夷制夷」の対象にしていたフビライでさえ、自由貿易を廃止して「官自具船制」を構想しながらも、官務役船を運営する担当者は、蕃人すなわち彼らを雇用することにした点からも確認できる。

(三) さらにすべての王朝が、かれらを正規の中国人として取り扱いせず、海運に従事する海外居民として認定して、船舶の建造と中国国内において、居住の自由を許用した点も、もうひとつの大きい理由となる。実例として『隋書』「文帝本記」開皇一八年(五九八)正月条に「呉越人たちは往年の弊習により所在地で私的に大船を建造する」とした。ここで言及した「所在之処」は、どんな所でも彼らが居住する所を語る。

このことから唐時代は、彼らの居住地を固定するために新羅坊・新羅所を設置して、ここに任命された居民出身の大使が「新羅人戸を……担当」(勾当……新羅人戸)するようにしたが、だからといって、これはあくまでも居民の管轄であったのだが、中国戸籍に正規に編入したことを意味するものではなった。

「私造大船」する自由があった。唐時代、張保皐は個人的船舶を所有(開成四年六月七日)しており、なお自由に船舶を建造(大中一一二月条)することができた。

かれらが中国の戸籍に正規に編入されたのは、明太相が舟山群島を撃破した直後である。『明史』巻九一「兵誌(三)」洪武四年(一三七一)一二月条に、舟山群島と浙江省沿岸の十一万戸を衛軍に編入された時から始まる。しかしながら、船舶建造は依然止めることができなかった。

実例として『明世宗実録』嘉靖三四年(一五五五)五月壬寅条に、「たとえ倭夷と称するが、実は大部分が編戸された民であり……近来、福建省漳州と泉州の海岸に居住する住民たちは、それぞれ巨船を建造する(各造巨舟)」となっている。海民たちが、ほぼ掃滅されていた嘉靖末までも海民たちの船舶建造は、依然継続していたのだ。

結局、彼らの住むところは、つまり船であり、船が至るところであり、移動するまで落地生根していた自由海民たちであった。

彼らが、よしんば呉越国を建て、高麗を創建したとしても、これはなお例外的であった彼らの文化は陸地の地上文化ではなく、彼ら固有の発明品である櫓と柁と羅針盤、そして櫓型海船として象徴される海の船舶文化であった。

彼らは、まるで「草を追い放牧して、居無常処して穹廬（テント）を家にする」（『三国史』「烏丸伝」）という北方遊牧民の生活となんら違いはない。ただ大草原が大海であり、穹廬（テント）と馬が船に替わっただけである。彼ら以前、高麗の天才詩人、李奎報は、彼の一首の高律詩に「舟は水の上の役馬」（舟是水上駅）と吟じた。彼らは馬の代わりに舟に乗った騎船民族であった。城郭と宮殿などは、かえってわずらわしい不要之物であったはずだ。そうでありながらも、ひとつの焦点がないわけではなかった。それがまさに、かれらの「青社＝社稷」であった舟山群島・普陀島であった。一五〇〇年におよび継続された、彼らの海上活動こそが世界史跡であった。

地中海にギリシャ・ローマ船舶、そして中東地域にアラブ貿易船が活動したように、東アジア海域には舟山海民たちの櫓型海船が、一五〇〇年間も白い帆をなびかせて横行した。

彼らの波乱万丈な海路曆程は、貿易活動と造船能力、そして巨大な歴代中国王朝と相対して闘争してきた王者の貫禄からして、比べてみると北ヨーロッパに限定されたバイキングの歴史はむしろ無色させるものがある。

彼たちが、たとえ表札もなく、海上民族として跡をくらましたが、彼らの発明した櫓と柁と羅針盤は、現代海運の道を開いただけではなく、朝中日三国を一つの文明圏に結束させた海の主人公であり、朝中日三国の古代海運の後ろ盾として海の支柱の役割を果たした。

以前、E・O・ライシャワー氏は「世界の東の果てに位する比較的危険な水域において、コリア（中国進出百済人）たちは、西の果ての穏やかな地中海沿岸の商人たちがその周辺領域に対して果たしたと同様の役割を演ずることができたのである。これは十分に考慮されなければならない歴史的な意義を持つ東西の対応事実」と喝破した。決して誇張された話ではない。王朝史の影で隠くされてきた海の歴史を取り戻さなければならない。（金聖昊著『中国進出百済人の海上活動一五〇〇年』参照）

# 第三章　中国海運を主導した在唐新羅人たち

## 第一節　『円仁日記』の在唐新羅人たち

### （一）その謎

八・九世紀の東アジア世界は、高度の唐政治制度と文化を主軸として、新羅・渤海および日本が互いに往来しながら一つの文明圏として昇華された歴史上稀な黄金時代であった。今日の朝中日三国が漢字文化に確立されたのも、この時期の文化遺産であると言っても決して過言ではない。まさにこの時期に統一新羅がどの国よりも並外れの海運力を土台に東アジア海運を主導したということが、今日まで学界を支配してきた国際的通念である。実例として、わが国最初に海洋関係論文を発表した金祥基氏は「新羅人の海外発展は実に後人を驚かせたのだ……張保皐は黄海を中心に朝鮮海峡の海上権を掌握する一面、海外新羅人の背景であったし、一方で東アジア海上の覇者として貿易・交通において飛躍的発展を遂行した」とした。（金祥基「古代の貿易形態と羅末の海上発展に取して（下）」、『震檀学報』第二巻、一九三五）

アメリカの著名な東洋史学者で、六〇年代初に駐日大使を歴任したE・O・ライシャワー氏も「中国東北部と新羅、そして日本間の貿易は大部分、新羅の手中に掌握された」として、なお「極東における制海権を朝鮮人が握っていた日は実際にはやがて限りがあるが、ともかく円仁の時代には新羅人の人々が世界のこの部分における海上をなお支配していたのである」（前掲書）と喝破した。

中国社会科学院・歴史研究所副所長、熊徳基氏も「唐という……特に新羅との往来が最も多く、山東の登州には新羅館、文登県に新羅所、そして淮河下流の楚州などに新羅坊をそれぞれ設置して宿泊と貿易に便利を図るようにした」（熊徳基「唐王朝の形成と特徴」）、江上波夫編『遣唐使時代の日本と中国』、小学館、一九八二）と披露した。

おなじく日本の日野氏も「新羅の隆昌は唐末期二〇〇余年も継続して、この間に新羅は、海商に大きく発展して渤海とともに、それ以上に活躍して、東支那海を制覇した」（「新羅末三国の定立と対大陸海上交通貿易」『朝鮮学報』一九五五）。

一方で、李基東氏も新羅は「海外進出と交易活動面において、一つの新紀元を成立させた。朝鮮の歴史上、民間の海外活動がこのように活気が充ちた時代は探すことができない」（李基東「張保皐と彼の海上王国」、『張保皐の新研究』、莞島文化院、一九八五）と力説した。新羅が海上国家という点は、国境と理念を超越した国際的通念でり、同じく異口同声であって、これに対して、どの誰もがあえて疑問を提起してこなかった。すなわち新羅が海上国家であったという見解は、上記引用文で知るように、すべて新羅が民間貿易であったという前提のもとに主張した見解などである。

しかし、申瀅植氏が発表した「新羅の対外関係」を見ると、三国統一以後、新羅の唐との往来回数は、七世紀に七回、八世紀に八三回、そして一〇世紀に五回に把握されたが、それらはすべて外交的朝貢であるだけで、民間貿易は、たとえ一件たりとも記録されたことがない。（申瀅植「新羅の対外関係」、『新羅史』、梨花女子大学校出版部、一九八五）。

もちろん朝貢の場合も、往来する使臣の便に物資が交易できるので朝貢貿易であるといえるが、しかし、これはどこまでも外交的往来に付随する不等価交換であり、等価交換を前提とする商人たちの民間貿易とは根本的に違う。朝貢だけでは海上国家とはいえない。海上国家といえば、当然民間貿易がなくてはならない。

しかし、新羅一〇〇〇年の歴史を通じて新羅の商人が海外に出た記録もなく、同じく海外の貿易商が新羅に来た記録も全然探すことができなかった。なおさら張保皐が貿易をしたという事実さえ記録されなかった。記録が抜け落ちることもあるが、だからといって真に海上国家であったならば、一〇〇〇年の間にたとえ一件たりとも民間貿易の記録がされていないはずがない。新羅史によれば新羅こそ民間貿易が全無であり、完全な意味での貿易不毛国である。にもかかわらず、どうして新羅を海上国家といえようか。

新羅を海上国家と見た根拠の一つは、八三八年から八四七年まで一〇年間、唐を旅行しながら書いた円仁僧侶（七九四〜八六七）の日記に基づくものだ。ここに記載された新羅人たちを統一新羅時に渡って行った「第一世代新羅人」（小野、『入唐巡礼行記』四巻、法蔵館、一九七四）として見てきて、金祥基氏も唐「元和十一年（八一九）新羅に飢饉が発生、新羅人一七〇人が物乞に浙東（浙江省）に来た」という『旧唐書』巻一九九「新羅伝」の記録に基づき、在唐新羅人は九世紀初に唐に移住したと推定した。

同じくこの時期に、唐に売られて行った新羅奴婢が在唐新羅人の起源であるという見解もある。（蒲生京子「新羅末期の張保皐の擡頭と反乱」、『朝鮮史研究会論文集　第一七集』）

そうであれば、九世紀初に唐に物乞にきた可哀想なボート・ピープルと新羅奴婢たちが、移住一世代も過ぎていないのに、なじめない異国の地で、東アジア海域を制覇する程度の海上勢力に急速に浮上することができようか？

船と航海術だけあれば、すぐに民間貿易が可能であるかのように思われるが、実はそうではない。民間貿易が成立するには、制度的に士農工商の分化によって商人集団がなければならないし、同じく民間資本ないし産業資本が蓄積されなければならない。

しかし、統一新羅という社会をどんなに高く評価したとしても、その社会的基礎は、まだ共同体的村落経済を脱皮できない物々交換段階であって、貨幣さえ発行できないだけでなく、個々人の身分も、まだ士農工商へと分化されていなかったし、同じく社会的財力も支配層と寺刹に独占され、民間資本も成立できない社会経済的黎明期であった。同時に新羅領土内で自由に活動できる海民集団も、その存在そのもの自体が全然、知らされていない。

このような状況で民間貿易が成立できないことは言うまでもない。

新羅史に民間貿易が全然記録されていないのは、至極当然な現実実態の反映である。新羅史に民間貿易がありえないことをいまだに気付かずに来たのには、驚きを禁じえない。

これからことは次第に明らかになっていくが、張保皐も唐で貿易活動をしていて新羅に来たのであって、反対に、新羅で貿易していて唐に進出したのではない。

要するに新羅史には、在唐新羅人たちの民間貿易に結びつく歴史の連結の輪が全無である。いままでの学説は『円仁日記』に「新羅人」として記載されていたので、無条件に彼らを統一新羅時に渡って行った「第一世代新羅人」として見ただけであり、同時に彼らが貿易をしていたので、新羅においても貿易活動があったと信じただけである。したがって在唐新羅人を「第一世代新羅人」と見て、おなじく彼らが統一新羅を海上国家として見てきた今までの説は、実はなんら論証を経ずにして、設定した希望事項であるだけで、実証的に検証された結果では決してない。結局『円仁日記』に記載された在唐新羅人たちが誰であるか、新羅史において究明する問題ではない。

それよりもまずは、『円仁日記』の記載された在唐新羅人たちが、どのような存在であるかを先に究明した後に、彼たちが果たして新羅史に連結できるのか、事後的に詰めて見なければならない。この過程で張保皐に対する、今までの先入観が『円仁日記』の内容と如何に違うのかについて驚愕せざるをえなくなるだろう。

## 『円仁日記』

この本の公式の題名は『慈覚大師入唐求法巡礼記』(全)(仏書刊行会、東京、一九一五)であり、この本に対する翻訳書と解説書はすでに多くの国で多様に刊行れている。かつて、駐日大使であったE・O・ライシャワー博士は、一九五五年に英文『円仁—唐代中国への旅』を発表している（ライシャワー、『前掲書』）。

円仁は、日本で初めて慈覚大師という法号を授かった天台宗の第三代の座主として、大乗仏教の開拓者であるが、彼が今日、歴史的人物として評価されているのは、まさに不朽の名作として残した彼の日記のお陰である。唐に設置された新羅坊・新羅所をはじめとする張保皐の赤山法華院創建と、彼をはじめとする在唐新羅人たちの貿易活動は、ひとえに『円仁日記』を通じてのみ知ることが出来る。円仁の日記は在唐新羅人たちの歴史的存在と彼らの偉大な海運活動を今日に伝える最大のよりどころである。率直に言ならば、『円仁日記』がなかったならば、在唐新羅人たちの海運活動は永遠のベールに隠されてしまったことは明らかである。

一方で『円仁日記』は、東アジア世界を西洋に最初に紹介したマルコ・ポーロ（一二五四〜一三二四）の『東方見聞録』よりもおよそ四〇〇年も先んじて外国人が記録した最初の中国旅行記録である。

これを初めて翻訳したE・O・ライシャワー氏は、次のように語る。


「ヴェニスの商人マルコ・ポーロは、文盲で無学な者であり、東洋の文化を全然知らずして、仏教文化を偶像崇拝に恥部した西洋の戎であったが、円仁は中国文化と仏教教理を伝授した当代、第一級の知識人であった。彼は、マルコ・ポーロよりも、もっと立派な遍歴の業績を残し……変化に富む経験を日々克明に記録したもので世界的にも珍しいユニークな文献」


として激賞された。

ここには唐の文献に記載されていない中国内部の根掘り葉掘りと、社会実情が旅行体験を通じて至極詳細であり、リアルに記録されていて唐代第一級の資料として公認されている。

特に新羅人によって主導された唐の海運を記録した唯一無二の文献という点で、画期的な意味を持っている。

中国側の唐の時代、文献記録が如何に膨大であったとしても、『円仁日記』に次ぐ海運関係文献は、事実上存

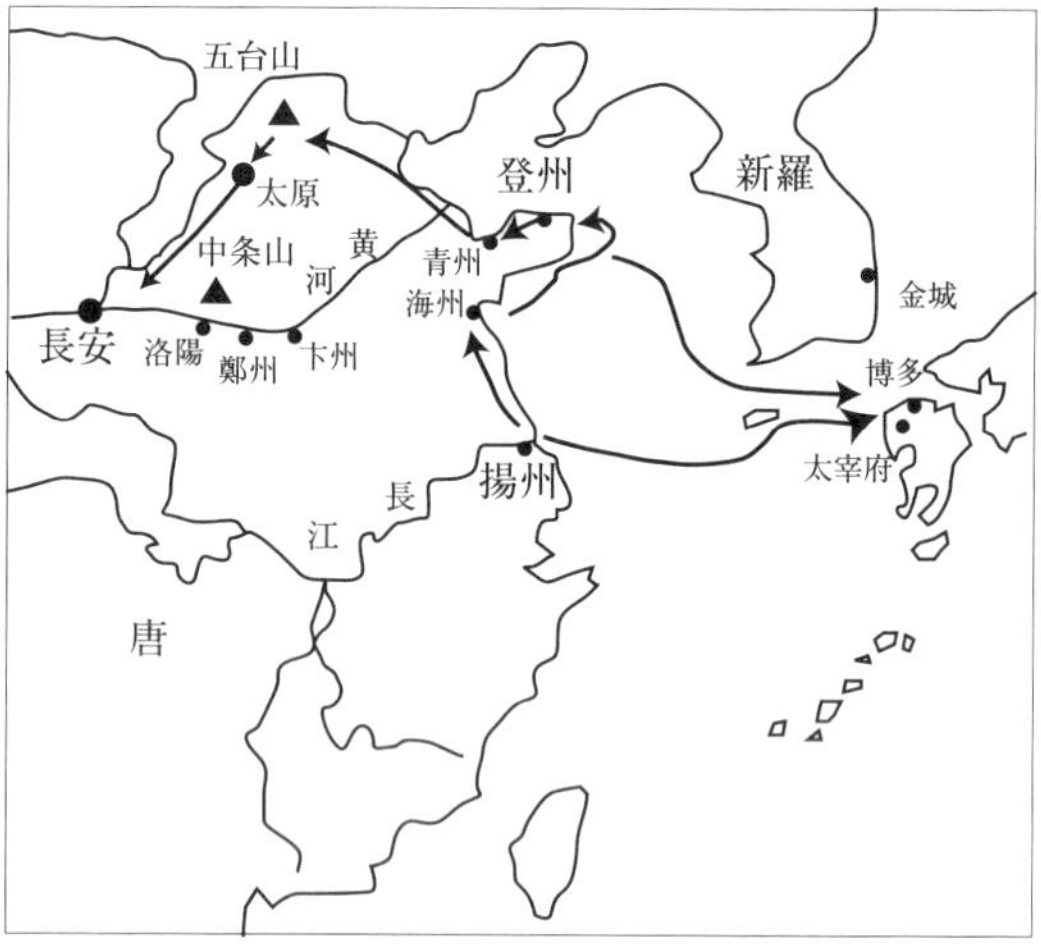


〈地図３－１〉円仁の入唐求法旅行経路

在しない。総四篇に構成された『円仁日記』の内容は、一〇年間の旅行日程に従い、およそ一四段落に区画される。記録の形式は一日一件の簡潔なメモ形式であり、一日分の記録がおよそ一つの事件に該当する。

八三八年六月一三日から八四七年一二月十四日まで、総九年六月の間に記録した回数は五九五件で、月平均五・二回であり、新羅人に関する記録は九二件である。この数字は全体の一五・五%で、決して少ない分量ではない。しかし円仁は意図的に新羅人を記録したのではない。以前、今西龍氏が指摘したように「円仁は新羅人に関する見聞を記録する意志がなく、ただ自身の身辺に関係する事件だけを記録」しただけである。

にもかかわらず一四段階旅定において、新羅人に関する記録がない場合は、彼が初めて唐に上陸して揚州に向かっていた二段階目と、五台山から長安までの七・八段階目だけである。このように一四段階旅程中、およそ一一段階にわたって新羅人たちと出会っていることは、つまり新羅人の分布範囲が至極広大であったことを語るものである。従って円仁の旅行は、一言で言うならば、新羅人たちの手から新羅人の手に引き継がれ移る一種のリレーの棒と似ている。円仁が行き先ごとに、新羅人たちの暖かい保護と身にしみる世話になったことを、ところどころで言及している。

円仁が新羅人と出会ったのは、実は逢うために逢ったのではない。彼は元来、請学僧（短期留学）の目的で入唐したのだが、唐から滞在許可を受理されずに帰国船に搭乗するしかなかった。そこで円仁は勇ましくも三人の従者をともなって、帰国船から離脱して、山東半島の南端の連運港近辺の宿城村に潜入したが、現地住民の密告で逮捕され、再び帰国船に圧送された。そうするうちに張保皐が創建した山東半島文登県法華院に寄食するようになって、初めて新羅所の斡旋で中国仏教の北方聖地である五台山と唐の長安まで巡礼することができた。なおさらに長安では、仏教を不法化した会昌廃佛（八四一～八四六）に直面して、四年八月も抑留され還俗までされる厄運を受けた。長安からやっと放免され、楚州と漣水県、新羅坊を経由して法華院に再び戻る。彼は陸路、運河と海路などを経て〈赤山―五台山―長安―楚州―赤山〉を完全に一周する過程で江蘇・山東・河北・山西・陝西・河南・安徽省の七省を踏査しており、赤山法華院から再び楚州までもう一度、往復することによって、始めて一〇年ぶりに帰国することができた。

円仁が入唐した時期に、恵萼と同じ日本僧侶は、わずか一年の間に南側の天台宗と北側の五台山を順調に旅行したにもかかわらず、唯一円仁だけが悪運に悪運が重なった凄まじい不運の人であった。

しかしこのような悪運の旅行は、決して無駄な苦行ではなかった。

円仁は、不法滞在を敢行するしかなかった自身の悪運のために新羅人たちに出逢うことができた。このことが契機となり、新羅人たちの海上活動が、彼の日記に収録されることによって、張保皐をはじめとする新羅人たちの姿が今日に伝わったということは、苦難に満ちた円仁の求法歴程によって、始まったことによる神仏の奇跡といえる。

## 新羅訳語

唐三〇〇年の間、日本が唐に正規の使臣を派遣したのは一二回であった。この時の船舶が日本文献には、終始遣唐船として記録されてきたが『円仁日記』には「朝貢船」とした。

当時の日本は、海が遠く隔てられ絶海孤島であったので、唐が冊封国にする対象ではなかったが、唐に朝貢して同じく唐から官位を叙授（開成四年二月二六日）されるのは、冊封国であった新羅や渤海となんら違うところはない。円仁が乗船していた船舶は最後の第一二次遣唐船であった。

当初の遣唐船は一回に二艘派遣していたが、第七回遣唐船（七一七）から一回に四艘派遣して、難破の危険を分散した。円仁の入唐時もやはり四艘であったが、出航時にすでに二艘が難破して、二艘だけで入唐するようになった。

八三八年六月一三日、九州博多港からその前の海、志賀島に一端移って、六月二二日、北東風を背にして出帆して七日目になる二八日長江（楊子江）河口の白水に至る。長江の泥水で海の水が白色に見える海域である。

この時に円仁が乗船した第一船の〝新羅訳語〟金正南が「揚州掘港は通過が難しいと聞いていたが、だだいま白水を越えたので掘港を通過したようだ」（承和五年六月二八日）と推測した。しかしこの直後、台風に遭い長江下口の砂山に座礁して、困難を経て揚州　海陵県に漂着すると、「第二船の新羅訳語　朴正長が金正南に書信を送付」（開成三年八月一〇日）してきた。一方で、帰国時にも新羅訳語、道玄が乗船した。このように日本から中国に向かう遣唐船に新羅訳語が配置されていた。とすると、日本側の遣唐船に、なぜ「新羅訳語」が乗船したのか？　小野氏は「朝鮮半島に不意に漂着するとか、または当時の中国沿岸地方に新羅人が活動していたので、その交渉のために通訳が必要」のために新羅訳語を配置したとして、新羅訳語をまるで新羅語通訳のように見た。しかし実はそうではない。

日本の当時の法令集『延喜式』巻三〇（九二七）「入諸藩使條」を見ると、新羅に派遣していた船舶には、新羅訳語を配置せず、唯一唐に派遣していた遣唐船にだけに、新羅訳語と新羅水手即ち新羅水夫を配置した。このことは新羅訳語が新羅語通訳ではなく、実は日本語―中国語通訳であることを語るものである。従って遣唐船に乗船して、中国語を自由に語ることができる在唐新羅人であったという結果となる。そして一〇等級に構成された遣唐船乗船要員において、新羅訳語（六等級）に対する報酬は、絹四匹、綿二〇屯、布一三反であり、新羅水夫（一〇等級）にたいする報酬は、綿四屯と布二反のほかに衣服が別当に支給された。このように在唐新羅人たちが、日本政府の船舶要員として採用されたことは、いわゆる彼たちが国際的海上集団であったこを立証する決定的な根拠である。

日本政府がいつ頃から新羅訳語を雇用したのか記録されていないが、遣唐船は六三〇年に開始された直後は朝鮮半島を経由していたが、新羅が統一以後海路を封鎖したために、第六次遣唐船は、琉球航路に就き、あらたに第一〇次遣唐船（七七七）からは中国に直行する明州航路に転換された。そして『延喜式』に琉球列島の一つの島である奄美訳語と新羅訳語が水案内者として規定されたことからおして、琉球航路が利用された第六次遣唐船（七〇二）から奄美訳語が採用され、明州航路が利用された第一〇次遣唐船（七七七）から新羅訳語が採用されたようだ。明州航路についてはのちに再論するとして、『新唐書』巻二二〇「日本伝」に「新羅が海道を塞さいだので、明州と越州から朝貢する」として、結局、円仁の乗船した第一二次遣唐船も、長江下口の白水を過ぎて明州に向かっていたが、不慮の台風に遭遇して長江下口北岸の海陵県に漂着したようである。

**揚州**―当時、広州とともに唐の二大貿易港であり、西洋航路*貿易の終着点でもある。

この二つの州では、中近東の貿易商人たちが集団居住する社会が形成されていた。揚州は海外各地からくる外交使節団たちが、唐の首都である長安に旅行する最初の関門であり、ここで外交使節団たちは入出手続をすると同時に、使節団一行中、長安に行く人々と、商品を統制、調整する機能を遂行した。

円仁が随行していた日本の朝貢使節団一行も、ここで節度使の統制下、許容範囲内でだけで長安に旅行することができた。円仁本人は旅行許可を拒絶されたために、予定していた天台山に求法の旅ができず、使節団が長安を往復していた七ヶ月間、揚州に留まった。

註＊中国の航海学会編『中国航海史』によればインド、アラビア、ペルシャ地域と往来していた航路を西洋航路と指称、現在の東南アジア地域航路を南海航路、そして日本、朝鮮半島及びその以北の航路を東洋航路として分類していた。

ライシャワー氏はこれと関連してとても重要な示唆をしている。

「中近東の貿易商たちは、揚州より東北方面に行かなかったと思われる。そのかわりにその地点において、新羅人（在唐新羅人）たちは、世界の東の果てと知られるところまで、貿易の足を伸ばしていた。円仁が我々にしらしめてくれたところによると、中国東北部、新羅そして日本間貿易は、大部分が新羅出身者（在唐新羅人）たちによって掌握されていたと思う。この世界の東の果てに位置する比較的危険な海域において、新羅人たちは、西の果ての比較的に平穏な地中海沿岸においてその周辺領域で行われているような役割を果たしていたのである」

実際、ライシャワー教授の指摘したように揚州以北地域の黄海海上貿易は、江淮地区と山東半島一帯に居座って定着した新羅人たちによって掌握されているために、中近東地域のイスラム商人とか、日本人商人たちが犯すことができなかったと思う。現在では海上シルクロードで、もっともっと広く知れ渡った中国の西洋航路が、海上シルクロードの幹線だとすれば、地中海と黄海の貿易のネットワークは、この幹線で交易された物品を実消費地に連結する支線の役割を果たしていたので、当時、新羅人たちの黄海海上活動は世界史の重要な一部分を担っていたといえる。

揚州は、各地域から来る貿易商品を、当時核心的地域であった長安と洛陽等、そして揚州以北地域に配送する機能を持つ、主要物流中心地であった。

なおこの江淮地区一帯は、対日交易や対朝鮮半島交易も活発に行われていた。上記のように黄海海上貿易の排他的管轄権は、登州地方を管理する平盧節度使の権利であったといえるが、唐末に藩鎮の跋扈とともに中央政府の地方藩鎮に対する統制力が大変弱くなってしまった。平盧節度使の黄海海上貿易独占は法的に保証するだけで、実際には他の地域でも活発に貿易が行われていたのだ。しかし楚州や蓮水県がある江淮地区を中心に行われる黄海海上貿易も結果的には、登州地方を中間寄港地にしなければならないので、平盧節度使の統制下にあるとみなければならない。また新羅人たちはこの江・淮地区に定着しながら黄海の海上貿易だけでなく、沿岸貿易や運河と河を利用する内需として運送分野においても積極的に役割を果たしていたのである。（ライシャワー、『前掲書』）

## 海運集団

円仁一行が唐に上陸した以後、日本大使は長安を往復していて、七ヶ月間、円仁一行は継続して最大の貿易中心地である揚州に滞在していた。ここで円仁は、あまたの事柄を体験した。

円仁に「新羅人、王請が探してきて挨拶を交わした」王請は貿易をするために、日本を往来していた新羅人貿易商で「日本語をかなり上手」（開成四年一月八日）対日貿易業者であった。

一方で日本大使の帰国出国地が楚州に決まると、〝新羅訳語〟金昌男は、帰国船を段取りするために、楚州に先に行って新羅船九艘を傭船したあと、これを修理するために揚州から都匠（技師）、番匠（櫂木工）・船工（木工）・鍛工（鍛冶屋）など三六人を募集（開成四年一月四日）して行く。

日本から乗ってきた遣唐船二艘のうち一艘が難破したので、破棄して残る一艘だけで帰国することになったが、性能があまりにも落ちるので、日本大使一行は、新羅船九艘を傭船して帰国した。

船工たちの民族成分は明示されていないが、新羅訳語金昌男の要請で新羅船を修理したのであり、やはり在唐新羅人たちは、自分たちの船舶を自ら建造（会昌七年二月條）していたので、三六人の船工たちは、やはり新羅船建造が専門化された在唐新羅人たちであることが確実視される。このことは、つまり揚州に在唐新羅人たちの大規模造船集団が居住していたこと物語る。

そして楚州で帰国船団を構成するにあたり、傭船した「九艘に……新羅人暗海者六〇余人を雇用して船舶ごとに七名、六名または五名ずつ分乗」（開成四年三月一七日）させた。

この「新羅人暗海者」こそは、字そのままの海路を暗記している、当代の一等航海士たちである。一時に六〇名の暗海者が雇用されたことから見て、労賃形態に分化された大規模の船員集団があったことが確認される。ここで言及された雇用とは、再び雇用するという意味であり、入唐時に日本で雇用した新羅人暗海者を楚州にて交替した。

**楚州**ー（現在の連運港市宿城）は、淮河の下流に位置しており、南北大運河と交差する楚州は中国大陸南北を連結する最大の水路要衝であり、交通の中心地であった。南から揚州を経て運河に入ることができ、東南地区まで通じることができる。北側には板清から黄河に入ることができ、洛陽と長安二つの地域を連結する。東側は淮水に寄り沿い海に入ることができ、日本と新羅に行くことができる重要な位置にある。朝鮮半島とは海を挟んだ対岸にあり、この海域にて活躍する新羅人たちが集中的に居住していて、経済活動、航海の重要拠点であった。特にここは中国とその東側にあった隣接する国々との貿易において、重要な基地の一つであった。

円仁の記録によれば、八四五年（会昌五年）三月七日、円仁は「密州諸城県・大朱山・鮫馬浦から炭を積んで楚州にむかう新羅人陳忠の船に出会う」。八四七年六月十八日、「武寧軍、新羅坊の王可昌の船に乗って乳山に行った」。このように、楚州は在唐新羅人居住区域を新羅坊として、坊内には新羅商人、船主、船員、訳語など各種職業を持つ人々がいたのである。そして淮水河口の連水県にも、もう一つの新羅坊があった。

**蜜州**ー大殊山一帯にも新羅人村落があったことを下記の事実から窺える。風波により破壊された日本の朝貢使の船舶に雇用された新羅船員たちが、蜜州の東側沿岸　大珠山驕馬浦に行って修理するように提案した。（『円仁日記』、開成四年四月）

円仁の苦行は、唐朝廷が彼の留学許可をしなかったことから始まった。

何回にもわたる折衝にもかかわらず、最後まで彼の入唐は許可されなかった。このことで当惑した円仁は、楚州新羅坊の新羅訳語、劉信言に「砂金二大両と大阪産のベルト一つを送付」（開成四年三月二二日）した。すると翌日、劉信言は即刻、純茶一〇斤と松の実を持参した。このように新羅坊にも新羅訳語が居た。この時に円仁は自身の不法滞在を劉信言と相談したようだ。

そして仕方なく、一旦帰国船に乗船した円仁は、船上で新羅訳語、金昌男と後日を共謀した。この時円仁は、蜜州（山東南部）に到着したら人家に留まって、朝貢船（大使一行）が出発したあと、山の中に隠れていて、天台山と長安に行くと言った。このことで大使もこの共謀を反対しなかった。（開成四年四月五日）、むしろ二〇大両の金を路資として賜与して、彼の不法滞在を後押しした。

京都・平安京に遷都（七九四）した当時の日本朝廷は、従来の小乗仏教を清算して、新しい政治 イデオロギーとして大乗仏教に手を貸したので、新しい経典を求める日本僧侶たちの入唐求法は、その時代の歴史的流行であった。ゆえに大使として円仁の不法滞在を積極的に支援するしかなかった。

やっと蜜州で下船した円仁一行は、折り良く前を通る船一艘に出会う。彼らが言うには「我々は蜜州から来て船に炭を積んで楚州に行く。見たところ新羅人で人員は一〇名」（開成四年四月五日）とした。この船は蜜州で生産された炭を、大都市地である楚州と揚州に搬出される新羅人たちの載炭船であった。

このように在唐新羅人たちは、中国内交易にも参加していて、このような商権の掌握は決して一朝一夕に達成されるのではない。

円仁は新羅人の案内で峠を越えて、現在の漣運港近郊に宿城村の新羅人宅を探して行き、一泊を要請した。まさにこの時、ここの村老であった唐人、王良書が「和尚がここに到着して、新羅人を自称しているが、その言葉が新羅語でもなく、唐の言葉でもない」（開成四年四月五日）と見抜いて告発され、円仁一行は唐の官憲に逮捕、日本側帰国船に圧送された。

新羅語や唐語を両方話せることによって、はじめて在唐新羅人だといえるが、円仁はどちらかの言葉ができなかったので密入者としてただちに見抜かれてしまった。言語がすなわち在唐新羅人たちの社会的身分証であった。外国人に対する規制がいかに厳格であったか実感できる。したがって唐を自由に出入することができた「新羅人」たちは、唐に居住しながら唐語と新羅語をすべて駆使することができた在唐新羅人たちであった。

円仁は新たに出会った載炭船の新羅人を荷役に雇用して北上していたが、卲天浦海岸に停泊していた日本側帰国船に強制的に乗船（開成四年四月八日）させられた。この船舶にも新羅訳語兼新羅僧侶であった道玄が乗船していた。円仁は卲天浦から再び乳山浦に到達した時に、新たな一つの呆れ返る光景を目撃した。いわば「新羅人三〇余名が馬とロバに乗ってきて、言うには引き潮時に押衙（新羅官吏）と会う予定であったが、彼らはすでに来ているとした。この連中の一人が言うには、昨日、撈山から来たとした……すこしして押衙が新羅船に、乗船して来て下船すると、丘に娘子たちが多く集まっていた」（開成四年四月二六日）とした。

この「娘子」を今西龍氏は「遊女」とみた。しかし中国語の娘子は、遊女以外に妻または夫人に対する号称でもある。

そして新羅人たちが昨日出発していた撈山（海抜一一五〇ｍ）は、青島市北側海岸にそびえる航海目標物として、円仁の帰国船も、実はここから出発する予定（大中元年六月九日）であった。このことから推してみると、「昨日撈山からロバと馬に乗ってきた新羅人三〇余名」は海外に出ていて、撈山に帰還した船員であることを知ることができたし、彼らの入国を審査するために新羅所、押衙が現場に来た光景であった。

したがって海岸に集まっていた新羅人娘子たちは、航海者たちの帰郷を歓迎するために出迎えにきた航海者の妻たち、あるいは家族たちであるはずである。結局、円仁は海外から帰国した在唐新羅人たちがに入国審査を受ける光景を目撃したのである。

ここで「新羅訳語道玄に自分がここに滞在できるように、可否を打診させてみると、それから可になった」（開成四年四月二九日）という消息を受けた。五月一日、新羅人・卲村勾当・王訓が経営する商店で食料を購入しながら、ここに「留まる意志を書いて、新羅商人孫清から林大使宅に送付」（開成四年五月一六日）した。この林大使がまさに文登県に所在していた新羅所の責任者である。

このように円仁は、揚州から山東半島東端の文登県に来るまでの過程において、新羅人貿易商と造船集団・暗海者・新羅訳語・炭商人・商人・娘子など、多様な職業に従事する数多くの新羅人たちを行く所々で目撃し、また協力を得たのだった。彼らは海運活動を中心として、機能的に分化された、巨大であり、組織的な海運集団であった。彼らは広大な地域に散在した新羅坊・新羅所を根拠にして、自由に活気ある生活を営為しており、ボート・ピープルないし新羅の奴婢として渡って行った「移民第一世代」の困難な群像を全く探し出すことができなかった。このように職業的に分化されていた居民社会が果たして移民一世代でもって形成することが出来ようか?

## 居民社会

文登県、赤山浦に到着した円仁は、すぐに法華院に向った。ここは現在、山東省栄成市、西車脚河村であり、海抜三四四 mである尺山中腹に所在する。ここがまさに円仁の密入国を可能にした神仏の予定地であった。ここに到着した円仁は第一声を下記のように書いている。

「赤山は純然たる岩石がそびえた処であり、青寧県　赤山村である。山の裏に寺があり、その名は赤山法華院である。本来張保皐が建てた。長期間、所有していた莊田によって食糧を充当してきて、莊田で一年間の収穫の米は五百石である。

冬と夏に講論し、冬には法華経を、夏には八巻金光明経を年長者が講論する。南北に岩の丘があり、泉水が寺院の広場を横切って、西から東に流れる。東側に海が見えて、南西側に遠く開いている。北側は連峰で壁を成し、ただ西南側隅が傾斜している。今は新羅訳語であり押衙である張詠、林大使、新羅訳語である張詠である王訓（邵天勾当）たちが全的に管理する」（開成四年六月七日）

短い文章であるが赤山法華院の自然景観と、建立者、寺院規模など管理状況が至極簡明に要約されている。青寧郷の赤山村は、最も規模が大きい新羅坊の一つで、張保皐大使が建てた法華院は、この時期、張保皐が青海鎮大使として新羅にいたために、張保皐大使の麾下の新羅所・林大使と新羅訳語・張詠、そして邵天勾当・王訓によって共同で管轄されていた。

新羅僧侶が三〇名もいたという。

円仁一行は、八三九年二月二一日、揚州を立ち、その年六月七日に赤山法華院に到着して、ひと冬を過ごした。円仁が書いた日記に、法華会を催すときに参席した新羅人が「集会をもつ男女が昨日は二五〇名、今日は二〇〇名であった」とある。いかに新羅人社会の規模が大きかったかが分かる。

彼らは民族の言語と習慣をそのまま保存しており、仏事活動においても民族言語と習慣をそのまま守っていた。はなはだしくは生活の風俗のなかで典型的な例をあげれば、毎年八月一五日に寺で、スジェビ（水餃子）と餅など食べ物を並べて、盆祭りを慶祝した。

このような名節は他の国にはなく新羅だけにあったという。

ところで、ここで円仁は、在唐新羅人たちが記念する八月一五日を、秋夕ではなく、新羅が渤海との戦争の勝利を記念する日であると語っていたという。新羅・聖徳王三二年七月、渤海―靺鞨連合軍が海を渡り、山東半島の登州を侵攻したことがあった。そこで新羅は唐の援軍要請によって、咸鏡道方面に出兵したことがあった。しかし秋夕は円仁が知っていたように、戦勝記念日ではなく、『新羅本記』に記録されているように、儒理王（紀元後二八年）頃から、新穀を祖先に捧げた茶禮から由来した。にもかかわらず、在唐新羅人のなかでも知識人部類の法華院僧侶たちが、新羅人であれば当然知っているはずの秋夕の由来も知らなかったという。

新羅が三国を統一する前までは、高句麗、百済、新羅三国の名はそれぞれ違っていた。中国の歴代文献によると、高句麗は十月に天に祭祀して、祝宴を施して楽しく飲食する風俗があった。百済の場合は、四中之月といい正月と四月、そして七月と十月はそれぞれ天と五帝に祭祀して楽しく遊んだ。最後に新羅だけは八月一五日を秋夕名節として、新穀を祖先に捧げ、祭祀して楽しく遊んだ風俗をもっていた。

このように在唐新羅人たちは、新羅人と違う海上百済人としての正体性を維持していた。在唐新羅人に対するこのような正体性と、彼らに対する正確な位相の把握は、これから取り扱う張保皐の波乱万丈の人生を理解するうえで、大変重要な端緒となる。

赤山村は、張保皐海上貿易活動の中国における基地だけでなく、同じく在唐新羅人の心臓部でもあった。そして赤山に立てた法華院は、在唐新羅人の精神的支柱でもあった。

円仁は、ここの僧侶である聖林和尚の勧告にしたがって、当初の目標であった南側の天台山巡礼を放棄して、北方の五台山巡礼に方向を変更（開成四年七月二三日）した。法華院には日本語を語れる李信恵がいた。彼は日本に八年間も滞在していて、天長元年（八二四）に日本に行っていた張保皐にともなって赤山浦に帰還した僧侶（会昌五年九月二二日）であった。円仁は、赤山法花院に留まっている間、張保皐の交関船（貿易船）二艘を率いてきた崔暈十二朗と対面（開成四年六月二八日）しており、彼が揚州から物資を調達して戻る時、張保皐に手紙を送付（開成五年二月一七日）して、自分の帰国の際、助力をあらんことを頼んでいた。

また、彼は渤海の交関船が来たという消息（開成四年八月一三日）も聞いている。

このように赤山浦こそは、在唐新羅人たちの活動していた民間貿易のセンターであった。

赤華法華院で越冬した円仁は、翌年春である八四〇年二月二〇日に、新羅訳語・張詠の斡旋で、臨時パスポートを段取りして、登州と青洲を順次移動して、二ヶ月ぶりの四月二八日に五台山中腹が遠く望める地点に至り、「ひざまずいて礼拝を行い……不覚流涙」（開成五年四月二八日）する感激の瞬間を体験する。

五台山巡礼を終えて、長安に到着した時に、彼は、折悪しく強行された会昌背仏（八四一～八四六）によって、ほぼ五年間も還俗状態で抑留された。彼が長安に捕らわれていた八四二年五月二五日に、円仁とともに入唐して、中国の南部の天台山に行ていた円載の弟子、仁済が二通の書信を持参した。その中の一通は、楚州新羅坊の劉信言が送ったものである。その内容によれば、日本大使一行を帰国させた六〇余名の新羅人暗海者たちは、昨年秋に帰還したし、日本の恵萼和尚が、五台山巡礼を終えて、天台山に向かいながら今年春に帰国するというので船便を段取りしたが、彼は明州から李隣徳四朗の船で帰国したので、彼が預けていた物品と経典などを別当の船便の帰国船で送付するつもりであること、そして日本朝廷が、円仁路用に送った砂金二四少両が陶中二朗の船便で到着していて、現在自分が保管していることを通報（会昌二年五月二五日）してきたのである。

円仁は黄河上流の長安に遠く離れているにもかかわらず、楚州新羅坊の仲介によって故国の消息と、唐日間の海運情報に接することができたし、特に楚州新羅坊は日本朝廷と円仁との間で、一種の杞憂業務までも遂行していた。

円仁が、長安に滞在中に出逢ったもう一人の恩人は、検校国子祭酒—従三品であった新羅人、李元佐であった。円仁は李元佐に「出逢って過ごした二年ほどのあいだに、よしみが厚くなり、旅がらすの暮らしの不足を、すべて助けてくれた……長安に滞在している間、くいぶち（食扶持）と覆うもの（衣服）を手助け、相助すること慇懃であった」（会昌五年五月一四日）とした。李元佐は相当な高位職であったのに、新羅に全然知られていない人物であるということは、高句麗系または百済遺民の後裔であるように思われる。

彼たちが離別の時、李元佐は円仁の古着の法衣を納めながら、成仏を祈ること誓って、路銭を惜しまなかった。旅立つ円仁に伴い城外五里まで同行して、ある客店（宿屋）で一夜をともに明かして過ごし、互いの別れをいつまでも名残惜しむ李元佐の切ない友愛を円仁は涙ぐんで叙述（会昌五年五月一五日）した。

国籍を超越した古代人たちの暖かい人情味をおぼろげながらうかがえる。

長安を去った円仁は、六年ぶりに再び楚州新羅坊に到着すると、大使に昇進した従来の新羅訳語　劉信言は、再び旅立つ円仁を「自宅に留まるようにして約三日間、休息」（会昌五年七月五日）させた。

遠路の旅で疲れ切った円仁のみすぼらしい体たらくは、ひどいものであった。劉信言は、追放中である円仁を楚州から帰国させようとしたが許可がされなかったので、山東半島内陸を横断して、千三百里の距離の登州、文登県赤山浦に再び行く。

彼が長安に行っていた七年の間に、従来の新羅訳語・張泳も大使に昇進していて、会昌廃仏によって、法華院も閉鎖されたが、この地の新羅人たちは、円仁を「すぐに気づいて歓喜し挨拶が慇懃であった」

ここで円仁は、また一頻りの試練を経なければならなかった。

張泳大使が円仁を帰国させるために、船一艘を建造（大中元年閏三月一〇日）したが、ちょうど新羅に向かっていた唐の使節団にその船を提供しなかったということを密告されて、円仁の赤山浦出航が全面禁止（大中元年三月一〇日）された。ゆえに円仁は、折り良く中国南部の明州から神御井の船舶が日本に向かうという消息を聞いて、この船に乗船するために、一七反の木綿で新羅人鄭客の馬車を借りて乗車して、赤山浦を出発（大中元年閏三月一〇日）した。そして再び蜜州・橋馬浦から新羅人・陳忠の在炭船を木綿五匹で傭船（大中元年閏三月一七日）して、楚州新羅坊に行く。

三度目の楚州訪問である。

この時、長江南側の蘇州の新羅坊大使から新たな消息が入ってきた。いわば「唐人江長と新羅人金子白・欽良暉・金珍などが蘇州から出発して山東半島・莱州撈山に行き、渡日するので円仁は南行しないで、撈山で待機せよ」（大中元年六月九日）という知らせがきた。

この船は、元来貿易をするために広州に行っていた春一朗が、神一朗を乗せて日本に行く予定であったが、彼たちが明州・張支信（張支朗）の船舶ですでに帰国（大中元年六月九日）したために、円仁一行が乗船することができたのである。よって円仁は、再び楚州・新羅坊所属の王可昌の船（大中元年六月一八日）に乗って赤山浦に向かった。八四七年九月三日明け方、帰国の途について赤山浦から金珍の船に乗って、出航一六日目の九月一八日に博多港に帰還した。九年六ヶ月ぶりの帰還であった。

円仁は即刻、官庫から「絹八〇匹と綿花二百屯を借用して、船員四四人に冬服を支給して、食料として米一〇石を送付」（承和一四年一〇月六日）した。朝廷からも金珍など四十四人の船員に別当の下賜があった。

以上の出来事を検討してみると、中国大陸が広いと言われるが、海運に携わる在唐新羅人たちには、大して広いとはいえない。

『円仁日記』に登場する人物たちの活動範囲は、中国の最南端の広州から、明州・蘇州・揚州・楚州・漣水県ならびに山東半島の文登県・赤山浦まで、それこそ長い中国東岸全域をほぼカバーしていたのだ。

そして、円仁は赤山浦で明州の神御井が日本に向かっているという消息を聞いて、金珍は蘇州で赤山浦の円仁が帰国するという事実を知っていた。

楚州新羅坊の劉御井は、中国東岸全域に渡って、時々刻々と変化する海運情報を即座に収集して、各地に配分する海運情報の中心センターであった。同時に日本朝廷とも密接な関係を保ち、人物と船便の往来、そして金銭の預託までも担当していた。

推測するに、遠洋船が海外に出入りするごとに、その事実を経由地全域に先に通報して、船便の利用範囲を極大化していたことが確実である。在唐新羅人たちの海運組織は、張保皐のような特定した個人によって運用されていたのではない。各地域に設置された新羅坊・新羅所に基礎をおいた巨大な海運体系が一つの慣行として動いていたいたのである。

にもかかわらずこのような海運関係が、唐文献には全然記録されなかった。

実例として、近世中国の文学者であった羅振玉（八六六～九四〇）は、彼の雪堂校刊『群書敍録』の下巻において、いわゆる唐代海運十一例を各種記録から探し出したが、これらはすべて海戦または食糧輸送に関するものだけで、民間貿易に関してまったく一件もない。しかも、在唐新羅人たちの貿易港であった赤山浦に関しても、全然記録されていない。このように唐の文献などが民間貿易を記録しなかったのは、いわば当時の民間貿易が、在唐新羅人たちの民族的独占産業として運用されたことを反証するものであると思われる。

このように見ることによって、はじめて記録を残すことで有名な中国人たちが、ただ一つ民間貿易に関しては記録を残さなかった理由が解明できる。

結局、在唐新羅人たちの社会組織は、言語的・信仰的共同社会を基層として、唐の人たちが極度に忌避していた海上分野に特化された職業的利益社会であった。彼らは自ら存立できる経済的海運集団を維持しながら、唐貿易を代行したのである。

## 貿易商たち

『円仁日記』に表れた在唐新羅人たちの居住領域は、至極広範囲であった。まず山東半島から見ると、登州・文登県の新羅所をはじめとして、これ以外にも乳山浦・邵天浦・宿城町などがあり、特に蜜州は、楚州と揚州などに炭を供給していた在炭船の本拠地であった。

一方で長江と淮水を連結する大運河の水路要衝である楚州と漣水県にも新羅坊がある。楚州は、新羅船九艘と暗海者六〇余人を一時に動員できる海運組織の中心センターであり、淮水河口の漣水県新羅坊に関しては、別に記録されていないが、張保皐が没落したあと、彼の交換船を運用していた崔運十次郎がここで勤務（会昌五年七月九日）していた。

中国最大の貿易中心地である揚州には、新羅坊の存在が言及されていないが、新羅人貿易商・王清がいたし、また新羅船を建造していた船大工集団があった。張保皐の交換船を引率していた崔運十次郎も揚州で物資を調達していた。円仁の法華院で滞在していた時に、日本僧侶聖恵法師は、揚州から新羅人王宗を使い手として円仁に派遣（会昌六年四月二七日）したこともあった。揚州にもう一つの新羅坊があったことが確実視できる。

次に蘇州に注目すべきだ。

円仁を帰国させた金珍の船舶に蘇州船籍があり、この船に上船していた貿易商のなかで唐人は江長だけで、船主であった金珍をはじめとして、金子白と飲良暉は全部新羅人であった。

同時に、日本側の『唐房行履録』（大中九年（八五四）條）を見ると、円仁の後輩であり、日本天台宗第五代座主であった円珍が入唐する時に、蘇州・徐公直の家に投宿していて、徐公直という人物は『行暦抄』大中一〇年（八五六）五月十七日條に「蘇州徐押衙」と記録されている。この押衙は中国管理であるかもしれないが、そうであれば外国人を投宿させることはない。

このことから推して、円珍を我が家に投宿させた徐押衙は、おそらく蘇州新羅坊の大使か、または新羅訳語であったと推測できる。

蘇州は長江と杭州湾を連結する江南運河最大の要衝の地であるので、ここには当然、新羅坊が存在していたと推測できる。

最後に、新羅人貿易商が最も多く集中していたところは、驚くことに江蘇省杭州湾に所在する明州（寧波市）であった。

ここでは張支信をはじめ、李隣徳四郎・神御井・神一郎・春大郎・陶中二郎などの民族成分を検討する必要がある。

まず張支信をみると、彼は日本側文献に張友信として記載されたこともあるが、実は支と友が混同された同一人物（小野、『前掲書』巻四）である。

彼は八四四年七月（『続日本後紀』）、八四七年六月（『安祥寺資財帳』）、八六二年七月（『入唐五家傳』）、並びに八六四年八月（『日本三代実録』）にそれぞれ日本を往来している。

しかも日本に来て、船舶一艘を建造して明州まで七日間で航破した明州航路最大のベテランであり、彼の貿易活動は、赤山法華院を根拠にしていた張保皐を遥か凌いだ。『日本三代実録』貞観六年八月一三日條によると、張支信は、舟山群島普陀島の観音寺の留まっていた大唐通事（唐語の通訳）であったので、張支信はいわば貿易商兼通訳をしていた在唐新羅訳語であったことがわかる。中国語通訳こそ在唐新羅人たちの固有職種である。

張支信については別にコラム「張保皐と張支信の活動」の欄で詳しく紹介したい。

かたや神御井は、日本人として記載された唯一の人物（大中元年閏三月一〇日）で、小野氏は日本の「大神氏が変形」（小野、『前掲書』巻四）されていると見ていた。しかし『日本記略』寛平五年（八九三）三月三日條に「新羅法師、神言が漂着した」したとして、新羅人に神氏がいたということは、彼らが新羅人であることは明らかである。

次に春大朗に関して、『高麗史』太祖三年（九二〇）正月條に、太祖王建の部下の中に「朗中、春譲」がいたことから推しても、春大朗もやはり新羅人であることが確実である。

李隣徳四郎と陶中二郎の場合は、中国式名前に「四郎」または「二朗」のように日本風の人称語尾が添付されている。張保皐の部下であった崔暈十二朗もこの形式である。自存心の強い中国人が日本風の人称語尾を使用するはずがない。

この系統の名前は、日本を度々往来していた親日系の新羅人であったはずである。結局、在唐新羅人たちの自治機構は、『円仁日記』に記載された文登県と漣水県、並びに楚州だけでなく、少なくとも新羅人貿易商たちが活動していた揚州と蘇州、および明州にもあったことがほぼ確実視される。『円仁日記』に登場した一四名の貿易商のなかで、揚州の張カクジェと蘇州の姜チャンを除外した残る一二名は全部在唐新羅人である。

## 両称国籍

在唐新羅人たちの国籍表記は、不思議なことに二重国籍現象が表れる。

円仁は自分を帰国させた船舶に「唐人、江長と新羅人、金子白・欽良暉・金珍」が（大中元年六月九日）乗船したとして、金珍を新羅人として記録したにもかかわらず、日本に到着してからは「唐客金珍」（承和一四年十一月九日）として金珍を唐人として記録した。

このような現象は、単に金珍にだけではない。上記の引用文に欽良暉が新羅人となっているが、『智證大師傳』には「仁寿二年閏八月に大唐国商人、欽良暉が交換船できた」として大唐国人になっている。

在唐新羅人を「新羅人」として、また「唐人」だともした。

これに対して小野氏は「貿易業者が時によっては、国籍を任意に自称した例」（小野『前掲書』巻四）として、在唐新羅人たちが二重国籍を使用しているように主張した。

ところが『円仁日記』に記載された金珍の場合は、金珍が自称したのではなく、彼とともに帰国した円仁自身が記載したのである。在唐新羅人たちの国籍が二つに表記されたのには理由がある。即ち『日本三代実録』貞観一八年三月十日條によれば、九州博多港の前に所在する植嘉嶋を「海中に位置して隣接地域と風俗が違う。大唐新羅人であれ、本国の遣唐使であれ、誰であろうとこの島を経由せざるをえない」とした。このように対日交易に従事していた新羅人たちを「大唐新羅人」とした。

この「大唐」は居住地を意味するものであり、「新羅人」は民族成分を語るものである。ゆえに「大唐人」と呼ばれることもあり、「新羅」と呼ばれた両称国籍の在中僑胞たちであった。

結局、「大唐新羅人」という表記こそ、対日貿易に従事していた新羅人たちが朝鮮半島の新羅人ではなく、中国にで暮らしていた在唐新羅人であることを立証する決定的な根拠である。

そして『円仁日記』に記載された文登県新羅所大使の任務中の一つは、「文登県内の新羅人たちの戸口を担当」(会昌五年八月二七日)することになっている。このような行政行為は、唐制度と連結しなければ、決して達成することはできない。

唐代の時、海外居民は典客署にて管掌した。『旧唐書』巻四四「職官誌」に規定されたその任務は、「四夷として帰化した在藩者の人名とその員数を管掌する」とした。多分この規定を根拠として管内の新羅人たちを把握しているはずである。

このような場合、唐国内に居住する在唐新羅人たちは典客署において管掌していた「帰化した在藩者」として把握されている。

円仁が宿城村に潜入して、現地住民の申告で即刻圧送されたが、在唐新羅人たちは全然そうでなかった。この例を見ても「帰化した在藩者」(在唐新羅人)と密入国(円仁)とはステイタスが全然、違っていたことが分かる。

在唐新羅人たちは唐の法令によって中国内居住が許容されていた少数民族であった。

上記引用した『日本三代実録』に「在唐新羅人であれ、本国の遣唐使であれ、植嘉嶋を経由せざるをえなかった」としたのは、即ち対日貿易に従事していた貿易商は、全部在唐新羅人であったことを前提とした口振りである。ゆえに対日貿易に従事していた商人たちが、たとえ「唐商」に記録されていても、その実態は大部分が在唐新羅人であったという結果となる。にもかかわらず現在まで、中日史学界では「新羅人」として記載された場合、すべて羅日間貿易として看做して除外し、「唐人」の場合は、無条件に唐の貿易商として看做したことによって、唐日間貿易を主として唐商の手中に掌握されていた（武安隆『遣唐使』、黒龍江出版社、ハルピン、一九八五）とか、または「ほとんど唐の商船に限定された」（来宮泰彦『日華文化交流史』、富山房、一九九五）と見てきた。呆れ返ってものも言えないということは、このことである。

日本を往来した民間貿易商は「在唐新羅人」たちがその主流であった。中国商人もなかったわけではないが、それは例外的な存在であった。このような事実は『円仁日記』に記載された一四名の貿易商中、本当の唐商は二名だけで、他の一二名は全部、在唐新羅人たちであることで確認できる。羅唐間貿易を主導した勢力は、どこまでも両称国籍の在唐新羅人たちである。

## 新羅海域封鎖

在唐新羅人たちは対日貿易に従事することで、日本語に堪能な人がざらにいた。はなはだしくは、日本政府が在唐新羅人たちを新羅訳語として雇用する程であった。これに反して、新羅を往来した在唐新羅人は、唯一張保皐とかれの部下、崔運十二郎だけである。従って張保皐に関してはあとで検討されるが、彼を除外すると、新羅を往来した在唐新羅人は全然いなかった。それだけでなく『円仁日記』開成四年（八三九）四月二日に、日本大使一行が新羅船九艘に分乗して帰国の途に就いた時に、一人の水夫が山東半島・大珠山から出航すると告げると、第二船の日本人船長が即刻反対した。

その理由として「大珠山は新羅の西側であるので、万一、大珠山から発進して……西風とか北西風、または西南風に出くわすと賊境に定着」することになるからだという。

この頃、青海鎮（八二八〜八五一）が存続していた時期であるにもかかわらず、日本外交官たちは新羅船に乗船していながら、新羅海域を「賊境」であるとして近接を恐れた。結局、青海鎮が存続していても、新羅海岸は自由海域ではなかった。

かたや円仁も、八四七年、新羅人である金珍の船舶を利用して帰国したが、この時もやはり青海鎮は存続していた時である。

彼たちが朝鮮半島西南端の全羅南道、丘草島（巨次島）に寄着した時、幼ない田植一名と武州太守（全南知事）の家僕兼鷹狩二名が船に来て言うには「国は太平である。去る四月、対馬百姓六名が釣りをしていて、この島に漂着してきて、武州官衙が捕えて行った。即時の放免を要請したが、いまだ詔勅がおりず、彼らはいま、武州に監禁され、本国送還を待っている間に、六名中一人が病死した」（大中元年九月五日）と語った。

このように当時の新羅は、釣りをしていて漂着してきた哀れな漁夫たちでさえも、逮捕・監禁して、獄死までさせた具合であった。

この消息を伝え聞いた航海者たちは、驚くあまりどうすることもできなかった。この時、船上での出来事を円仁は、次のように記録している。


「悪い消息を聞いて大変驚愕したが、風がなく離脱することができなかった。船員たちは鏡を海に投げながら天に発願しながら、風が起きることを祈った。僧侶たちは香を炊き、この島の土地と大人小人神などに念仏しながら、全員が本国に行けるように祈願した。また、大人小人神に金剛経百巻を轉して、五更（午前三時から五時）に風もないのに出発した」（大中元年九月八日）

乗船員たちの当惑している姿がありありとわかる。円仁だけでなく、在唐新羅人たちまでも、驚きは同じである。金珍を始めとする在唐新羅人たちも、逮捕対象から例外ではなかった。莞島、青海島の存在は彼らの自由航海にまったく助けとならなかったのだ。

いままで我々は、莞島、青海鎮を、まるで新羅が海上国家であることを立証する不滅の根拠として看做してきたが、実はそうではなかったのだ。青海鎮の存在に関係なく、西南海岸は在唐新羅人でさえ往来することが出来ない禁断の海域であった。

莞島、青海鎮に対する我々の先入観が、いかに実際の記録内容と隔たりがあるかを実感させる。そうであれば、新羅側は何故に在唐新羅人たちの往来さえ禁止したのか。

このことを通じて、在唐新羅人たちが、統一新羅時に渡っていった「第一世代　新羅人」ではなかったことを知ることができ、このように在唐新羅人たちは、新羅人と違う海上百済人としての正体性を維持していた。

在唐新羅人に対するこのような正体性と、彼らに対する正確な位相の把握は、これから取り扱う張保皐の波乱万丈の人生を理解するうえで大変重要な端緒となる。

ところで、在唐新羅人たちは、新羅人でないにのに何故新羅人と呼んだのか。やや矛盾しているように思われるが、円仁の時は、百済も高句麗も滅亡して、朝鮮半島の唯一の同族国家は新羅であったので、民族の名称として、新羅人として名乗るしかなかった。

このことは日帝時、ハワイに移住した居民たちを日本居民とせず、光復後、新たに建国した大韓民国の居民として呼ぶ境遇と同じ脈略に通じる。

結局、在唐新羅人たちは新羅人であれば知らないはずのない、「秋夕の由来」も知らなかった非新羅人たちであった。

ゆえに新羅が朝鮮半島を席巻した後は、祖国の地どころかその海域までも通過することが難しかったのである。『円仁日記』に在唐新羅人たちが「新羅人」として記載されているので、無条件に統一新羅人と見てきた今までの学界の定説が、如何に実際に附合しないか実感することになる。このような過ちは、『円仁日記』に記載された「新羅人」たちが、果たして誰であったのかを追及できなかったことからくる、当然の結果である。

## （二）新羅坊・新羅所は唐の地方官制であった

### 自治機構

『円仁日記』では、山東省の文登県自治機構を新羅坊としている。楚州と漣水県の場合は、新羅所となっている。しかし唐文献には、このような機構が全然記載されていないので、中国側一部学者たちは、自治機構の存在を疑問視する。これとは反対に、わが国の史学界では、新羅人たちが設置した任意の機構と見てきた。

しかし、新羅坊・新羅所があったのか、または新羅人たちが設置したのかという焦点から脱落した考えである。円仁が、直接奇宿していたところなので、実際にあったことは疑問の余地がない。そして新羅坊・新羅所が存在していた以上、唐の社会制度に連結されていたはずだ。従って新羅坊・新羅所と唐の社会制度との関係が究明されて、はじめて新羅（坊）蕃・新羅所の存在が客観化される。このような視角からまず注目されることがある。

唐の中葉に、市舶使（税関）が設置された広州には、外国人たちの自治機構である広州蕃坊というのがあった。北宋時、著作された朱彧の『萍州可談』巻二には、広州蕃坊に関して次のような記録がある。

「海外の多くの国の人々が居住するところには蕃長（外国人の頭）一人が蕃坊公事を担当して、外国商人を出迎えるのは、すべて蕃官（外国人官吏）がこれを担当した」。

このことが「後世の領事制度ならびに治外法権制度の萠芽」（藤田豊八「宋代の市舶使及び市舶條例」『東洋学報』、第七巻第二号、一九一七）であったとした。

ここに言及された広州蕃坊の「蕃長がまさに新羅所・新羅坊の戸口を管轄していた大使職に該当して、また外国商人を管轄していた蕃官」が、円仁を世話した新羅訳語に該当する。広州蕃坊と新羅所・新羅坊の組織と機能は互いに対応する。

ここで藤田氏が、広州蕃坊を治外法権の萠芽と見たことは定説になっている。（金光洙「張保皐の政治史的位置」『張保皐の新研究』、莞島文化院、一九八五）

しかしこの見解は、二〇世紀初、日本を含む世界列強が中国大陸を分割して設置した租界地を、正当化するための帝国主義的イデオロギーの所産ではないかと疑う。

なぜならば、広州蕃坊も、新羅所・新羅坊も、彼らの構成員は外国人身分ではなく、すでに典客署が管轄していた「帰化した在藩者」であったからだ。したがって彼たちに、たとえ自治権を許容したとしても、このことは、どこまでも唐の統治手段の延長として許容されたことで、治外法権的特権を付与するための自治では決してなかったという結果になる。この点は多くの側面で確認できる。

『旧唐書』巻四七「食貨誌」武徳五年（六二四）條に規定された地方組織の一般原則を見れば、「都会地には、坊を設置して田舎に村を設置する」としている。ここで「坊」というのは都会地において「周囲に塀垣をめぐらした区域」となっている。すなわちブロックを語る。『唐六典』によれば「五千人置総官」とある。唐時代の地方建官制によれば「百戸で里を形成、五つの里で郷なし、二つの首都と州県の管内区域には坊とし、郊外を村として区別する」（『旧唐書』「職官志」）とある。総官とか押衙の下に訳語、傳旨*などの職員を置いた。

註＊賞罰に関する勅旨を伝える

いわゆる「坊」とは、唐の時代、県の下に属する特殊な行政区域であるようだ。坊と村は同級の行政区域で、都市の場合に坊という名で呼ばれ、農村は村と呼ばれた。例をあげれば、当時、碁盤の目のように形成された長安街道は、全部、坊で区分されて、一つの坊は、東西約五〇〇ｍ、南北は三〇〇ｍであった。ゆえに一つの坊の範囲は結構広く、一五万平方mに達する。これに対して文登県新羅所は、たとえ文登県庁所在地にあるが、ここに所属する新羅人たちは、県庁所在地でない赤山浦と乳山浦、および卲村など海岸地域に広範囲に散在されており、なおさら彼らは一つの村落（ブロック）を形成していたのではなく、唐の人々と混在することによって、地域観念とは関係のない「所」という名称を使用したようだ。従って都会地に設置された新羅坊を対象にした対地機構である反面、田舎に設置された新羅所は、個々人を対象にした一つの対人機構であったという結果となる。

結局新羅坊と新羅所の相違は偶然ではなく、唐の地方組織の一般原則に正確に対応する。

従って新羅坊・新羅所は、新羅人たちを管轄するために設置された唐の地方制度の一環であり、決して外国人に許容した治外法権的な特別機構とか、任意の機構でなかったこと語る。

かたや『円仁日記』には、新羅所・新羅坊責任者を大使とした。これに対して大使という称号は「大人という唐人たちの尊称」（小野『前掲書』巻四）から始まったとした。いうならば大使という称号は、正規の官命でないということだ。しかし、とんでもない話である。

円仁一行が海陵県に初めて上陸した時に、彼らを出迎えた唐の官吏を「海陵鎮大使　劉晩」として、大使という称号が官名に使用された。唐の基本法典である『大唐六典』巻五「兵部條」にも「およそすべての軍陣の大使と副使以上はすべて傔人（侍従）を率いる」（凡諸軍鎮大使副使皆有傔人）となっており、彼らの任期は四年制（四年一替）であった。大使とは、州都督部に直轄された軍陣級責任者に該当する正規の官名が付与されていた。

自治機構の行政組織は、大使の下に新羅訳語の他に専使・傳旨（賞罰に関する勅旨を伝える）と、荷役である團頭および事務所（会昌五・九・二二）が設置、または連絡責（会昌五年九月二二日）と専用船舶（大中元年六月一八日）も保有していた。場合によっては戦士を専知官（会昌五年七月九日）とした。

自治機構の行政任務は、管轄区域内新羅人たちの戸口を管轄（会間五年八月二七日）して、商税の徴収とともに居民たちの出入国事務（開成四年四月二六日）を管掌する。円仁の帰国前に、文登県新羅所を訪ねたとき「大使宅に公客が絶えない」（会昌五年九月二二日）としたことから推して、大使の職責が大変忙しいことが分かる。

要するに『円仁日記』に記載された新羅坊・新羅所の組織と機能は、唐の地方制度の延長であり、ここの責任者であった大使は正規の官名であったので、これは唐国政府によって任命されたことは明らかである。結局、新羅坊・新羅所がたとえ在唐新羅人たちの自治機構であったしても、彼ら自ら組織した任意団体でなく、自治形式で在唐新羅人たちを管轄していた軍陣級の唐の地方機構である。

## 新羅坊の形成とその分布

多くの学者たちの研究によれば、新羅坊とは唐代から存在していた辺坊制度（唐国の管制区域）の一種の形式である。唐代の開放政策によって、唐時代、多くの外国人たちが中国の沿海とか、水運とともに、産業が比較的に発達した地区に集まって生活した。

たとえばアラブ、ペルシャ人々が、広州、揚州、明州、蘇州一帯に居住した。

ところで、中国に居住する外国人の中では新羅人の数が最も多かった。

このような外国人たちは、自らの言語と生活習慣を保ちながら蟄居地区を形成していたのだが、新羅坊はその中の一つである。唐朝では、居民たちの生活風習と、商業上の便利を図るために「蕃坊」というような外国人が蟄居する特殊な地区を設置したのである。

中国学者、楊喜の著書『中国古代航海史』に「唐、宋時に外国居民を「蕃客」と呼び、彼らが居住する地域を「蕃坊」とよんだ。もし蕃坊で輸入品を販売する店舗を開くと「蕃市」とよんだ。よって広州、青州、明州、海州にはすべてこのような外国人が居住する「蕃坊」があった。蕃坊内の在唐外国人たちは、自民族の伝統的風俗を保全すること以外に一定の自治権も享有した。外国人内部の事件は蕃坊内で自民族の規定により、処理することができた。在唐新羅人たちは「新羅坊」、「勾当新羅所」という新羅人を管理する専門機構があって「押衙」、「大使」、「総官」などと呼ばれる蕃坊自治機関の責任者の官職名称があった。官職名も所が変われば別の名称となるが、主に（江・淮）一帯の新羅蕃坊責任者を総官と呼ばれ、山東半島一帯は「押衙」または「大使」と呼ばれた。

そのほか総官とか押衙の下に訳語、傳棟官等の職員をおいた。

従来、張保皐の青海鎮大使の「大使」という官職名には諸説があったが、新羅には大使と呼ばれる官職名はない。したがってこの呼称は新羅朝廷が与えたのではなく、上記「大使」という呼称は、唐の蕃坊の責任者に与えられた官職名からきたものであることは前述した。

ここで総官とはどういう職であるかを探ってみると、在唐新羅人たちの規模を予想するのに参考になると思われる。

八～九世紀、中国の山東半島と、長江と准河の下流沿岸、および大運河沿岸と南中国沿海岸に、新羅人たちが多く居住して新羅人村落を形成した。沿海地区のなかでも、山東半島の何箇所と、長江と准河の下流沿岸、および大運河沿岸の揚州、楚州、漣水等の地に、新羅人たちが最も多く集中していた。このような所を新羅坊・新羅所と呼ばれた。

**山東半島**―新羅人たちが最も多く定着していた地域である。山東半島は朝鮮半島と地理的に最も近い位置にある。黄海を一直線につなぐ海上交通の要衝地であるので、黄海海上貿易を遂行するには大変便利な地政学的条件が備わっており、羅・唐・日三国間の貿易がおもにこの地域を中心に行われていた。唐の後半期には、ここが黄海海上貿易を独占的に遂行できるように政府から許可された法定港であった。

円仁は彼の日記にこの法定港を「極海之処、地極之処」と表現している。ここは一時期、李正己勢力が支配していた地域であり、なお黄海海上貿易を排他的に管轄していた「海運押新羅渤海両藩使」の管轄区域でもあった。張保皐をはじめ新羅人たちの最も中心的な貿易拠点である。

**登州**―山東半島東端に位置し、新羅と海を挟み正面に向い合っている。古代から中国と朝鮮半島の海上交通の発着、中間寄航基地である。円仁の日記によれば、登州牟平県の陶村、邵村、長淮浦、乳山浦、文登県の赤山村、劉村には全部在唐新羅人村落がある。

文登県、青寧郷の赤山村は最も規模が大きい新羅坊の一つで、ここに張保皐大使が立てた赤山法華院には年五百石の田荘があり、張保皐大使の麾下に張詠、林大使、王訓など三名がこの赤山法華院と田荘を専門経営していた。新羅僧侶が四十名もいたという。

円仁一行は、八三九年二月二一日、揚州を立ち、その年六月七日に赤山法華院に到着して、ひと冬を過ごした。円仁が書いた日記に、法華会を催すときに参席した新羅人が「集会をもつ男女が昨日は二五〇名、今日は二百名であった」とある。いかに新羅人社会の規模が大きかったかが分かる。彼たちは民族の言語と習慣をそのまま保存しており、仏事活動においても民族言語と習慣をそのまま守っていた。

赤山村は、張保皐海上貿易活動の中国における基地だけでなく、同じく在唐新羅人の心臓部でもあった。そして赤山に立てた法華院は在唐新羅人の精神的支柱でもあった。

円仁の日記によれば、登州牟平県の陶村、邵村浦、長淮浦、乳山浦、文登県の張保皐村、劉村に全部在唐新羅人村落がある。

登州は唐と新羅が交流するのに重要な港である。『元和郡県図志』巻一一に、登州は「西側に海まで四里で中国から新羅に行く大路である」と記録されている。新羅官方使節団が大量に中国に来る時に、すべて登州から上陸した。登州城内に「新羅館」があった。円仁は、開成五年三月二日、日記に「登州都督府城の南側街道の東側に新羅館があった」と記録している。

**萊州**－（現在の推坊、青島一帯）は、円仁の記録によれば、この地、墨県南升家荘には在唐新羅人の村落があった。『唐会要』には永慶元年（八二一）三月、平櫨節度使薛平は次のように上奏した。「海賊たちが新羅の良民を拉致して登州、萊州界ならびに多くの海路を通じて奴婢として売っていた」海賊がここで新羅人を売買活動していたのだ。

**蜜州**ー大殊山一帯にも新羅人村落があったことを下記の事実から窺える。風波により破壊された日本の朝貢使の船舶を雇用された新羅船員たちが、蜜州の東側沿岸、大珠山驕馬浦に行って修理するように提案した（『円仁日記』、開成四年四月）。蜜州（現在の青島）では、円仁が二度も蜜州在唐新羅人の船舶に乗船した。最初は開成四年（八三九）四月、円仁が海州海岸で新羅船隊と出会ったが、その船の水夫が「われらは蜜州北で船に炭を積んで楚州に行く。新羅人で十余名であった」とした。「新羅人鄭客の車を雇用して海沿いに蜜州に船で行く」「一七日、朝蜜州諸城県大殊山駮馬浦に炭を積んで、楚州にいく新羅人陳忠の船に出会ったが、船賃はシルク五匹で決まった」という。このことを推測してみると、蜜州一帯に在唐新羅人が炭を焼く仕事に従事していること、そして蜜州と楚州間を行き来しながら炭運送業に従事していたことを知る。（『円仁日記』開成五年（八四〇）三月二日條）

**江淮地区**ー次に新羅人が多く定着していたところは揚州、海州、楚州、および蓮水県一帯で、江淮地区とも呼ぶ。『円仁日記』によれば、楚州と蓮水県に新羅坊があり、中国経済の大動脈を形成する卞河、淮河と大運河が互いに交差する地点である。当時の首都であった長安（西安）に、江南の諸物産を補給する交通の要衝地として、新羅人たちの商業や海運業など主に運送関連業務に従事することで、ここを中心に新羅人の勢力が形成された。張保皐と鄭年が武寧軍に在職している時に、この地域で新羅人勢力と関連した活動をしていたようだ。また、揚州は張保皐が活動していた当時が最も繁盛していた国際都市のひとつでもあり、国際貿易が活発に行われていた。

**揚州**ー揚州は当時、広州とともに唐の二大貿易港であり、西洋航路（七七頁、註参照）貿易の終着点でもある。この二つの州は、中近東の貿易商人たちが集団居住する社会が形成されていた。揚州は海外各地から来る外交使節団たちが唐の首都である長安に旅行する最初の関門であり、ここで外交使節たちは入出国手続きすると同時に使節団一行中、長安に行く人々と商品を統制、調整する機能を遂行した。円仁が随行していた日本の朝貢使節団一行もここで節度使の統制下、許容範囲内でだけで長安に旅行することができた。円仁本人は節度使が旅行許可を拒絶したために、予定していた天台山に求法の旅ができずに揚州にそのまま留まった。他の東南アジアや中近東地域から来る朝貢使節団も、揚州に来れば入国手続きをしなければならなかった。

現在では、海上シルクロードで、もっとも広く知れ渡った中国の西洋航路が、海上シルクロードの幹線だとすれば、地中海と黄海の貿易のネットワークは、この幹線で交易された物品を実消費地に連結する支線の役割を果たしていたので、当時、新羅人たちの黄海海上活動は世界史の重要な一部分を担っていたといえる。

揚州は各地域から来る貿易商品を、当時、核心的地域であった長安と洛陽等の地、そして揚州以北地域に配送する機能を持つ主要物流中心地であった。

なおこの江淮地区一帯は、対日交易や対朝鮮半島交易も活発に行われていた。上記のように黄海海上貿易の排他的管轄権は、登州地方を管理する平盧節度使の権利であったといえるが、唐末に藩鎮の跋扈とともに中央政府の地方藩鎮に対する統制力が大変弱くなってしまった。平盧節度使の黄海海上貿易独占は法的に保証するだけで、実際には他の地域でも活発に貿易が行われていたのだ。しかし楚州や蓮水県がある江淮地区を中心に行われる黄海海上貿易も、結果的には登州地方を中間寄港地にしなければならないので、平盧節度使の統制下にあるとみなければならない。また新羅人たちはこの江・淮地区に定着しながら黄海の海上貿易だけでなく、沿岸貿易や運河と河を利用する内需としての運送分野においても積極的な役割を果たしていたのである。（ライシャワー教授『唐代中国の旅』）

**海州**―東海県、宿城村には新羅人の住宅がある。『円仁日記』によれば「開成四年三月二九日……申時に海州管轄区域の東海県、東海山東側の湾に停泊した。……四月五日泥道を過ぎて申時に宿城村、新羅人住宅に行き、しばし休息した」と記録されている。

宿城村に在唐人の集団居住があったということが分かった。

海州は平盧節度使であった李正己の管轄地域であった。そして、北に交通の要衝の地といえると互いに境界を同じくしている。この泗州の漣水県は、武寧軍の管轄区域であって、張保皐と鄭年がまさにこの漣水県で活動した可能性が高い。この点を勘案すると、この地域で両側が対置状況下で李正己の反乱勢力とこれを平定する武寧軍節度使傘下の張保皐が、何らかの連携があった可能性があり、またその背後に、両地域に集団居住していた多くの新羅人社会とも深い関係を持つ可能性もありうると思われる。

**楚州**—（現在の連運港市宿城）は、淮河の下流の位置しており、運河の交通の中心地であった。南から揚州を経て河に入ることができ、東南地区まで通じることができる。北側には板清から黄河に入ることができるし、洛陽と長安、二つの地域を連結する。東側は淮水に寄り添い海に入ることができ、日本と新羅に行くことができる重要な位置にある。朝鮮半島と海を挟んで対岸にあり、この海域にて活躍する新羅人にとっては、ここは彼らの居住、経済活動、航海の重要拠点であった。特にここは中国とその東側にあった近接する国々との貿易において、重要な基地の一つであった。

円仁の記録によれば、かれが開成四年（八三九）三月一七日、日本遣唐使船隊が、帰国準備をする時に「本国の船員以外に航海に熟練した新羅人六〇余名を雇用して各船に七名、六名、五名を配置した」。そして会昌五年（八四五）三月七日、円仁は「密州諸城県　大朱山　鮫馬浦から炭を積んで楚州にむかう新羅人　陳忠の船に出会う」、八四七年六月一八日、円仁は「武寧軍、新羅坊の王可昌の船に乗って乳山に行った」。このように楚州、在唐新羅人居住区域を新羅坊として、坊内には新羅商人、船主、船員、訳語など各種職業を持つ人々がいたのである。

**泗州漣水県**―唐代、泗州とその管轄下の漣水県は、徐州武寧軍節度使の管轄範囲内に入っていた。武寧軍は張保皐が軍の小将として過ごしていた所である。徐州武寧軍の強勢の力にあずかり、漣水県の地政学的重要性が急浮上した。徐州武寧軍から漣水県は最も東側にあるが、武寧軍から唯一に海と連結された県である。

開成四年（八三九）、日本の藤原常嗣使節団が唐から帰国する時に、新羅人訳語・金正南の引導のもとに揚州から出発して運河をたどり、北上して楚州に到着後に淮河をたどり、漣水県から黄河に進入した。広明二年、漣水県に新羅坊が設置されていた。円仁は会昌五年七月九日に漣水県に到着して新羅坊に入った。「新羅坊の人々は尊重しなかった」。開成四年三月二五日、円仁は「漣水県南側、淮水に停泊した。第一線の水手と梢工が下船したのだが（終日）戻らなかったために、船がここで停泊したまま動くことができなかった」ということは、楚州から一〇〇里離れた漣水県でも、在唐新羅人の数が楚州とほぼ変わらなかったと思われる。日本の朝貢使節団が楚州で雇用した六〇余名の新羅船員の中には、一部分漣水県で下船して、家とか友人に遠洋航海に赴くと別れの挨拶しに行ったのだが、その中に水手、梢工がいたことは当地にも船主、水手、梢工、そして商人がいたことが推測できる。

唐代、在唐新羅人の共同居住した新羅坊は、楚州、泗州　漣水県二つの城市だけで見ることができた。その中、楚州では唯一に県城内に新羅坊が設置されていた。小さい県城内に典型的な新羅人共同居住区を設置して、在唐新羅人を集団居住するようにしたのだ。これは外国との交流が頻繁であった唐時代にも稀なことである。事実上、新羅坊がある漣水県と楚州、二ヶ所は互いに密接な連結関係があった。地理上距離を見れば、漣水県は泗州から一六〇里離れており、徐州とは七五〇里、楚州とは六〇里しか離れておらず、二つの城はどちらも淮水の下流にあり、楚州から船に乗り、半日であれば漣水県に到着することができ交通が便利である。また、すべての新羅人が中国に来る航路上の要衝地の位置にあり、新羅人が航海して楚州に行くとなれば必ず漣水県を経由しなければならない。

**明州、杭州、蘇州等　江南一帯**–円仁が行ったことがないので、円仁の日記には記載がない。当時大商人であった張支信をはじめとする商人たちの対日交易が多かった所で、五代の時、臺州に新羅坊があり、新羅礁（舟山半島の菩陀島）、新羅、新羅厳等、新羅関連地名が多く、宋代には高麗との交易が主としてここで行われた。海上シルクロードの最も北部の交易港であった。この一帯が海上シルクロードと黄海海上貿易の中継地であった。このほかに明州以南地域、特に泉州と広州等、唐代の海上シルクロード拠点港に新羅人たちの集団居住がある。泉州近郊に新羅鎮という地名があったという（泉州海外交通博物館長の話）。この地域も昔、新羅人たちが定着していたことを推測することができる。

ところで、八一九年、藩鎮跋扈が終息すると、財政難にあえぐ唐朝廷は大々的に地方制度を整備する過程で、当時、行商の大部分を占めていた新羅人たちから税金を徴収するために、かれらを一定の地域に縛っておく必要があった。そこで楚州、漣水等の都市に新羅坊というブロックを設定して、在唐新羅人たちの居住を限定させた。そして、文登県の赤山浦と乳山浦、卲村など海岸村落地域に散らばって住んでいる在唐新羅人に対しては新羅所という機構を設置して、そこで彼らに対する税金を徴収するようにした。

もちろん新羅所は、州都督の直属管轄下にある自治機構である。

## 第二節　租庸調

「租庸調」—唐時代の徴収制度。「租」は田税であり、「庸」は人頭税、そして「調」は戸別税である。

ところで「租庸調」システムがまともに履行するためには、まず田籍と戸籍が定期的に正確に把握しなければならない。ところがこのような田籍と戸籍の調査は玄宗末期から始まった安氏の乱と藩鎮跋扈期間はおこなわれなかった。その結果、当時、唐の財源である「租庸調」システムは完全に崩壊状態であった。当時の状況を『新唐書』「殖貨誌」につぎのような記録がある。

「租庸調は、人口数を根本にするにもかかわらず、開元（七一三～四一）以降、国の戸籍が長い期間、手直すことができず、百姓たちが戦出するとか、戦乱で死亡して、全土に売買され、以前の記録が違うようになった。そこに国家予算が節約できない状況で、安史の乱と藩鎮跋扈することによって、国家財政は日に窮乏して、租庸調税法は崩れてしまった」。

このような「租庸調」システムが崩壊すると、蕃鎮跋扈が進行中である七八〇年、当時宰相であった楊炎は、徳宗（七七九～七八四）に建議して「両税珐」という徴収制度を施行した。両税珐は従来、六～十月の間に徴収していた各種税金を、夏の収穫期である六月と、秋穀収穫期である一月に分けて徴収する制度で、細目は三種類に区別された。

まず田税は、家戸には主客の区別をせず、現住所に戸籍を作って税金を払うようにした。そして戸税は年齢に関係なく、貧富の差で徴収した。最後に商品取引の税金は、一所に居住しない行商に対しては所在地の州、県が1／30を課税するとした。このように両税珐は、以前の「租庸調」の均等主義の原則を放棄して、財産所有の程度にあわせて税金を払う現実的徴収制度であった。

ところで新たに設けられた税制の税率が、元来1／30以外に取引商品に対して売貫あたり、二〇文づつ徴収する関商買銭と、竹、木、茶、螺鈿漆器などに賦加されていた1／10の常平本銭など、各種細目が追加された。しかし、住居地が定まっていない行商に税金を払わせることは簡単なことではない。税金徴収時期に商人たちが他郷に移れば、いくらでも脱税することができるし、海外にでも出てしまえば税金徴収は不可能である。そのようなわけで、蕃鎮跋扈によって治安が崩壊した状況で成された穆行商にたいする両税珐は、徴収と脱税を取り囲む終わりのない悪循環の反復であった。

## 第三節　舟山群島は新羅藩であった。

ところで『円仁日記』によれば、在唐新羅人たちが楚州と文登県にだけ居たのではなかった。円仁は帰国船を確保するために、杭州湾沿岸の明州に向かっていたが、うんざりした漂流をやっと終えた。途中で帰国船に出会い、明州まで行かなかったが、彼の日記に記録された貿易商のなかで、およそ半分の六名が、舟山郡島近郊の明州で活躍していた貿易商たちであった。かれらが、まさに杭州湾沿岸に位置する舟山郡島の「新羅藩」に根拠をおく在唐新羅人たちである。『円仁日記』に記載された「新羅人」は誰かという突拍子な疑問に足元を捉えられ、どうしようもなく五年間も茫々大海を彷徨しながら、幸いにも舟山群島に漂着したことで救援を得る事ができた。その結果、偶然にも興味深い事実を見ることができた。即ち韓・中・日どの国の王朝史を問わず領土だけが重用視され、海は、領土外に見捨てられた世界であったという点である。

「領海」の観念がなかった。したがって韓・中・日の三国中、どの国も専門的な海上集団が記録されていない。まさにこのような歴史の死角地帯である海を、あえて生きる基盤とした民族があった。それがまさしく中国進出百済人即、舟山群島海民である。

八一九年、藩鎮跋扈が終息すると、大々的な地方制度が整備される過程で、浙江省東部の明州地域を管轄していた節度観察使、薛戎が穆宗（八二〇～八二四）に挙げた稟議をみると、新羅藩にたいする言及する題目がある。

「今當道望海鎮　去明州七十里　俯臨大海　東興新羅日本諸藩接界　請拠文属明州　許之」（『唐疎要』巻七八、「諸事事雑録」（上）、元和十四年八月條）

（今わが道の望海鎮は明州から七十余里離れており、海を望むところに位置しているが、東の新羅、日本諸藩が互いに境界を接し、文書で明州に属しないと請願してきたので、これを許可した）。

望海鎮は現在の鎮海であり、明州は現在の寧波だ。海の東方の新羅、日本の諸藩がある舟山群島のことだ。これにより張保皐が活躍した時期の舟山群島は、唐の統治権の外にあったことが分かる。いわゆる一種の治外法権地帯であった。

中国の伝統的な華夷観から「蕃」は皇帝の統治以外の地域、つまり外国を指す言葉だ。その反対に統治権内の外国人居住地は「藩坊」として区分した。たとえば当時、唐の揚州と明州にアラビア人とペルシャ人が数万人も居住していたが、その地は「藩坊」と呼ばれていた。それが当時の唐の一般的な慣例であった。新羅坊の場合、蕃坊に属するといえるが、新羅藩坊としたのは、当時の在唐新羅人が外国人でなく唐の「国籍」所有者であったからだと考えられる。

唐の朝廷が、舟山群島を明州に帰属しないという請願を許可した理由は何であったのかといえば、それは舟山群島の歴史にあった。歴史的に、舟山群島が中国の歴代王朝の統治領域に入ったのは唐の玄宗（唐第六代皇帝）代に舟山群島に翁山県を設置した七三八年のことだ。これが舟山群島に設置された歴史上はじめての行政機構であり、その時から舟山群島ではそれまでの名前だけの統治から実質的な統治がはじまった。しかし翁山県は二十六年目に廃止された。その理由は舟山群島を拠点に起こった袁晁の反乱（挙兵）であった。

袁晁の反乱は二〇万余の兵力が動員された大規模な反乱で、袁晁は自らを皇帝と称して元号も「寶勝」とした。これは当時の唐の皇帝・粛宗代の年号である「寶鷹」に対抗したものだ。

つまり唐を倒すという意思の表現であり、その挙兵の規模や性格からして、単純な地方における反乱でなかった。

中国史ではあまり大きく扱われていないが、袁晁の反乱の意味は大きいとみている。それは袁晁の基盤が浙東地方の海上勢力にあり、浙東地方はかつての百済の海外領土であったからだ。つまり袁晁の反乱は、百済を滅ぼした唐に対する復讐であり、百済再建の試みであった可能性が強いのだ。

この反乱事件は、安禄山の反乱（七五五）などの反乱とともに、唐を大きく揺るがす事件であった。このような歴史的背景が、唐の朝廷が舟山群島の明州への不帰属を求める請願を受け入れた要因として作用したものとみる。のちに（九世紀）反乱の後裔たちは東アジアの海上貿易を支配するほどの力を蓄積し、唐の滅亡期には浙東地域を中心にした独自の王国を建設する。

その王国が、中国の歴史上で最高の自由貿易国家であり、当代の中国漢族王朝によって東夷系国家とされた「呉越国」であった。後百済、甄萱（八六七〜八三六）はすでに呉越国に使臣を送っている。『三国史記』に浙江省杭州湾奥にある呉越国と九百年に初めて交渉したと記している。九二七年、呉越国使臣が後百済にきて高麗と仲良く過ごすことを勧告することもあった。当時、海をはさんで国際秩序の再編過程が、大変活発になっていたことを物語っている。

このように、当時海上百済人たちは、自分たちの本国である百済が滅亡して、朝鮮半島が新羅によって統一されると、どうしようもなく「在唐新羅人」という名で自身たちの正体性を維持していたのだ。そしてかれらは舟山群島の「新羅藩」を根拠地にして、自身たちの活動領域を漸次、山東半島文登県と蘇州にまで拡大することによって、当時の中国としては、彼らの地域に、彼らの自治機構である新羅藩とか新羅所を整備させた。

# 第四章　在唐新羅人航海寺刹と八〜九世紀東アジアの三大貿易港

## 第一節　航海寺刹

法華院のような同じ航海寺刹は、ただ文登県だけにあったのではない。

このような航海寺刹は文登県の赤山浦とともに、当時、東アジア海上交易の三大拠点である舟山群島と日本の九州博多港にもあった。

舟山群島のなかの一つである普陀島は南北六・四km、東西に最も広い所は四・三km、最も高い山が海抜二九一・二mという小さい島である。

しかし、普陀島は中国仏教・観音信仰の産室であり、舟山群島の中心だ。普陀島という島名と観音信仰はインド南部の普陀落迦山に由来するもので、観音信仰は航海および海洋文化と密接な関連がある。

普陀島の不肯去観音院もそうだが、島や海岸に位置している観音寺院は、本来、航海の安全を祈願するための寺院である。

普済寺・法雨寺・慧済寺など三大寺刹をはじめ仏教遺跡が集中しており、今日、中国四大聖地のなかの一つである。中国が自慢する四四箇所、風景地区のなかの一つである。

そのうえに冬期は、揚子江の流れる水が南下して海水が濁っているが、藍色黒潮暖流が北上する夏には、水が清く海水浴と避暑地としても有名である。

そのほか四百種類の維菅束植物と、世界的稀木、楠木と黒松が森をなし、普陀島は言われている通りの東支那海の黒真珠である。ところで、この普陀島南端に、一町歩余りの大きさで新羅礁と呼ばれる島がある。その島の上に潮音窟が位置している。

潮音窟という観音院の観音像の底下に一〇〇mの庵窟の空洞があり、波頭が波打つごとに、仏像の台座の底盤まで押し寄せてくる波頭の音と吹き上げる霧が、壮観をなすことから由来したという。

そして島の中央に法華寺という寺刹があるが、その寺の裏山に上皇峰がある。

ところで、普陀島の地名は、偶然というにはあまりにも多くの面で莞島、清海鎮の地名などに一致する。まず張保皐の説話が伝えられる将島の昔の名は助音島であり、普陀島の最も高い山が上皇山である。そして上皇山の麓に張保皐が創建した法華寺地があり、法華寺山の向こうに観音岩がある。

かたや日本九州博多港はまさに円仁が出発した港である。ところで、当時、日本の対外出入港であった博多港から東に五三㎞ほど離れてところに、現在、香春神社がある。香春神社は遠賀川上流の内陸に位置しているが、事実は古代日本で瀬戸内海に連結できる要衝の地であった。この「かわら」とよばれた香春神社が、当時、博多港近郊に建てられた航海寺刹である神造寺の後である。

〈香春神社〉の記録によれば、神助寺は七一三年創建したとある。この時期は、唐が対外貿易を許可した現在の税関に該当する市舶使を広州に設置（七一四年）時期と一致するところから、在唐新羅人たちが日本と交易をしながら、ここ博多港に創建した航海寺刹と推定される。

このように航海寺刹は文登県の赤山浦とともに、舟山群島の普陀島と九州博多港にもあった。そして山東半島文登県の赤山浦と舟山群島の普陀島と、九州博多港は、当時東アジア海上交易の三大拠点であった。

【東アジア古代貿易の三個の拠点】

| 居留地 | 出航地 | 航海寺刹 |
| --- | --- | --- |
| 舟山群島…新羅藩 | 普陀島 | 観音院 |
| 山東半島…新羅所 | 赤山浦 | 法華院 |
| 日本九州…鎮西 | 博多 | 神造寺 |

（地図４－１）アジア三角航路

この三地点を連結したのが、他ならぬ東アジア古代海上貿易の三角貿易航路であった。

ただ例外的に山東半島の北側の位置する登州航路があった。しかしこの航路は、新羅と渤海の中国との外交ルートとして利用され、在唐新羅人の貿易航路としては利用していなかった。

ここで赤山浦と博多連結したのが、赤山航路であり、普陀島と博多連結したのが明州航路である。張保皐の拠点であった青海鎮・莞島は、赤山浦と博多港につながる中間地点に該当する。

最後に普陀島と赤山浦をつなぐ航路があるが、興味が深いのは、普陀島と赤山浦は、海岸で連結されたのではなく、山東半島南部沿岸と江・淮運河と江南運河で連結されていた。

このルートを東岸水路と呼ぶことにして、三角航路を一旦整理すると次の〈地図〉と同じになる。地図に表示した三角航路において、注目すべき点は東岸水路である。

ちらっと見ると、山東半島と明州の間には海で連結された航路があったように見えるが、帆船を利用していた古代海運ではそうではなかった。長江（揚子江）と淮水の間にある蘇北沿岸は、長江と淮河に流れ込んだ土砂が堆積され、数十箇所に砂土盛が集中した最大の難航地域である。

以前刊行された『中国沿岸水路地』にあるように、蘇北沿岸はおよそ三〇余のところに、沈没船と水中障害物、浅瀬が蹲る魔の遭難地域として警告されていた。

そこで唐は、蘇北沿岸の難航地域を迂回するために、東岸水路を開発して、東岸水路の両端である明州と赤山浦に対外出入港を開設したのだ。

元来、この東岸水路は、隋の楊帝が高句麗への侵攻準備をして、南方の食料を北方に輸送するために建設したものだった。

ところが唐になって、隋の楊帝が建設した大運河は、このような蘇北沿岸難航地域を迂回するための水路に有用に活用されているのだ。

蘇北沿岸の自然的制約を克服しながら、内陸水運と海外航路を絶妙に、結合した国土開発計画の見事な傑作品になる。（金聖昊著『前掲書』）

## 第二節　朝鮮人と世界貿易

東アジア地中海の巨大海商、在唐新羅人について、駐日大使であったＥ・Ｏ・ライシャワー博士は（『前掲書』（日本語訳）「第八章　中国における朝鮮人」）で次のように書いている。

「円仁が大陸で会った朝鮮人たちは、世界史の新しいそしてより劇的な歩みに参加していたといえよう。すなわち、彼ら世界海上貿易の初期の段階に加担しつつあったのである。

現在では、すべてこれらは空輸の時代となりつつあるが、なおかつ、それは我々が住む世界貿易の同じ時代の始まりであったに違いないのである」（同書）

「ペルシャ人とアラビア人は、急速に成長しつつあった海洋貿易の先端をになう人々であったと思われる。そしておそらくさらに数世紀後に、人間が海を支配するようになる重要な発明が中国の昔の物語からヒントを得て出現した。すなわち、羅針盤の誕生である。しかしながら、中近東の貿易商人たちがはるばるインドを越えて、あるいは南回りに陸路ヒマラヤ国境を辿り、遠く中国沿岸に到着してもたらしたところの貿易こそ、唐の豊かな繁栄の礎となったのだ。

かくて、中国人の役割は最初には受身であった。唐代の比べることのできない繁栄がなかったならば、円仁の時代にすでに早くも世界貿易が誕生し、そのような偉大な役割を演ずることとはならなかったであろう。他方において、七世紀から一三世紀にかけて中国に起こった驚くべき経済的および文化的成長は、おそらく、この外国貿易なしには実現されることができなかったであろう」（同書）

「中国の朝鮮人貿易業者の間にあっては、円仁は世界貿易の主流には直接出会わなかったけれども、しかし、その重要な側面に遭遇しているのである。中近東の貿易商人たちは、揚州より東や北へは足を延ばさなかったと思われる。

その代わりに、この地点において朝鮮人たちは、ここを拠点として知られるかぎりの世界の東の果てまで貿易の足を延ばしたのである。円仁が我々に告げるところによれば、中国の東部、朝鮮及び日本は大部分新羅出身の人々の手によって販路の対象とされていたと思われる。ここに世界の東の果てに位する比較的危険な水域において、朝鮮人たちは、西の果ての穏やかな地中海沿岸の商人たちがその周辺領域に対して果たしたと同様の役割を演ずることができたのである。これは十分に考慮されなければならない歴史的な意義を持つ〈東西の対応〉事実であるけれども、その時代に関する標準的な歴史の教科書にも、これらの資料に基づく現代の書物も、この点についてなんら実質的な注意が払われていないのである」(同書)

ライシャワー教授は、このように在唐新羅人たちの海上貿易活動における活躍ぶりを評価して、彼らは世界海上貿易の初期の段階にすでに加担しつつあり、おそらく最も興味深い重要な役割を演じていたことを十分に考慮されなければならないと同時に、歴史的な意義を持つ〈東西の対応〉の事実を、その時代に関する標準的な歴史教科書にも、これらの資料に基づく現代の書物にも、このことを実質的に反映すべきであると強調する。しかしながらこれらの出来事が文献や歴史教科書に反映されたのは、一一世紀もあとの、二〇世紀後半になってからである。海洋史で象徴的人物といえる在唐新羅人である張保皐でさえ、彼が歴史上の英雄として登場した時期は、ごく最近の一九七〇年代初めになってようやく韓国の歴史教科書で主要人物として浮上したのである。

## 第三節　張保皐と張支信

黄海を横断し、朝鮮半島の南海沿岸を経て日本の九州に至る赤山航路を支配した張保皐、そして明州と普陀島から東シナ海にわたり、日本の九州に至る明州航路の達人であった張支信、日本の資料には張支信の海運力とともに当時、渤海船団の活動範囲が広東にまで及んでいたこと伝えている。舟山群島を拠点としていた張支信の活動領域は、フィリピン、ボルネオ、マラッカ海峡など東南アジア一帯にまで及んでいたとみられる。その地域はすでに数百年前から百済人船団の活動舞台であっことを考えると間違いないと思われる。

張支信の活動範囲は東南アジア一帯にとどまらず、インド洋からアラビア海を経てアフリカ東海岸にまで達していたかも知れない。「ワクワク」と呼ばれた極東系の船員たちが、象牙を求めて東アフリカを往来したというアラブの記録もある。

張保皐が黄海の支配者であったとすれば、張支信は東アジア海の支配者であったということだ。『円仁日記』によれば、新羅の内部事情が山東の赤山法華院まで伝えられるまで一〇日とかからなかったという。そのような情報伝達のスピードには驚くほかないが、在唐新羅人のネットワークはそのような情報伝達スピード能力に基づき、当時の東アジア海の交易を主導することができたのだ。

また別の日本の記録を見るならば、当時の在唐新羅人による明州航路の平均航海日数は六~七日であった。しかし張支信は、二回にわたって三~四日の航海日数で日本に到着したと伝えられている。日数は現代の航海日数に比べても遜色のないものだ。

このように、張支信は、張保皐を凌駕する人物であったにもかかわらず、歴史上で大きく扱われていない。その理由は、張支信が張保皐と違い、唐や新羅から独立した位置にいたからだ。つまり唐の「羈縻政策」外に存在したことにより、異民族である彼にたいして、後代の中国の史家たちが注目することがなかったからである。

(徐鉉佑『前掲論文』参照)

# 第五章　在唐新羅人の対日貿易二〇〇年史

## 第一節　三角航路と日本内居民社会

### 指定港・九州鎮西

在唐新羅人たちの分布は、たんに中国沿岸だけに限定されなかった。

九州鎮西―彼らは円仁が日本を出発する時に利用した九州地域の博多港に位置する、現在の福岡県香春町近くの鎮西（現在、佐賀県松浦郡鎮西町、東松浦半島北部の町）という処に、集団居住生活しながら日本民間人と区別された生活をしていた。

『続日本後記』承和四年一二月一一日条を見ると、円仁の先師であり日本天台宗の開創者であった最澄は、第十一次遣唐船（八〇四）で入唐するに先立ち、九州のある寺刹に来て次のように安全航海を発願した。「大宰府管轄である豊前国田河郡に香春岑神がある……年暦年間（七八二～八〇五）に唐に向かう僧侶、最澄が自からこの山に来て、平得渡海を神力に発願しながら山の下にある神造寺のため仏経を読んだ」とある。

よって「平得渡海」を発願していた神造寺はまさに航海寺刹であり、ここに建立されていた香春岑神は、一名香春明神と呼ばれる巫俗的土俗神である。これはおそらく安全航海を守護する海神であったようである。

このことから最澄だけでなく、円仁も唐から帰国した直後、「香春明神のために仏経一千巻を伝」（承和一四年一二月一二日）えた。ほかにも円仁の後輩であった円珍も、入唐前にここで法華経と仁王経を読経したとい

（写真５－１）香春神社（筆者撮影）

う。ここが現在、福岡県田川郡香春町に所在する香春神社である。先ほどの引用文よれば、航海寺刹であった香春神社は神造寺の後身に該当する。

香春神社は、日本の対外出入港である博多港から東側五三kmほど離れた遠賀川上流の内陸であるが、実は瀬戸内海に連結する古代の交通要衝である。

ところで、香春神社の建立者ははたして誰であるのか。これに関して、古代地理誌である『豊前国風土記』によれば、「田川郡香春郷は昔、新羅の神が自ら渡来して河原に定着することによって、名づけられ鹿春郷神とした」とする。

ここで言及した鹿春郷神が、香春神社を指称したものだ。よって鹿春郷神社と同じ香春神社の前身である神造寺は、まさにここに最初に定着した新羅人たちが創建した寺刹であったことが分かる。「香春神社の歴史年表」によれば、寺刹創建年度が和銅六年（七一三）となっている。唐が対外貿易を許容したのは、広州・市舶使を設置した七一四年となっているので、この時期に新羅人たちが河原地域に定着（七一三年）した時と合致する。このことは、在唐新羅人たちの対日交易が始まってすぐに神造寺が創建されたことを物語る。博多港は山東半島文登県赤山浦、舟山群島の普陀島とともに、当時、東アジアの三大貿易港の中の一つであった。

このように在唐新羅人たちは、当時、東アジアの海上貿易を主導して、揚子江沿岸と山東半島、そして日本と揚子江以南地域まで、自身たちの領域を拡大して、海上百済の後裔として自身たちの正体性を維持していたのだ。

次に舟山群島と清海鎮の位置関係から、舟山群島の相対的重要性をみてみよう。舟山群島は抗州湾の入口に位置しており、普陀島は中国仏経・観音信仰の産室であり、舟山群島の中心だ。普陀島という島名と、観音信仰は、インド南部の普陀落迦山に由来するもので、観音信仰は航海および海洋文化と密接な関連がある。普陀島の不肯去観音院もそうだが、島や海岸に位置している観音寺院は、本来、航海の安全を祈願するための寺院である。張支信は当時、普陀島と観音寺を活動の拠点としていた。

彼が根拠地とした舟山群島は、東中国海沿岸に位置しており、明州や揚子江に近い。当時、明州と揚州はアラビアおよびペルシャとの交易の接点に位置していた。

また青磁の集散地として、縫製技術が高いところとして有名であった。中国の歴代の皇帝、そして現代になってからは毛沢東、周恩来の専任裁縫士は、みなこの地方から排出している。彼ら裁縫士の名声は「紅輩」という名で現代まで伝えられている。

おそらく張支信はこれらの生産品を東南アジア、インド、ペルシャ、アラビアに輸出したであろう。これに対して張保皐は相対的に大きな湾に過ぎない黄海を舞台に、山東半島と日本を結ぶ航路での活躍にとどまっている。またその期間は一三年間にすぎなかった。

張支信は舟山群島の政治的性格が物語っているように、独立的な立場でその活動が自由であった。一方、張保皐の拠点であった清海鎮は新羅の政変に加担し、自ら擁立した新羅朝廷との葛藤の末に暗殺されたことも、その制約性を物語っている。

## 対日貿易の展開（七三二〜八六八）

羅日関係—新羅が朝鮮半島を統一（六六八）して、約六〇余年が過ぎた七三二年ごろから新羅人たちの対日貿易がはじまった。

これに関する記録は『日本書紀』（七二〇）以後の文献『続日本紀』（七九七）・『日本後紀』（八四〇）・『続日

本後紀』（八六九）・『日本文徳天皇実録』（八七九）・並びに『日本三代実録』（九〇一）を包括したいわゆる〈六国史〉（以上、佐伯有清編『増補六国史』（朝日新聞社、名著普及会）と、私選文献『日本紀略』などに収録されている。これらの記録を皆あわせると相当な量になる。

『円仁日記』は円仁が唐旅行時に書いた一〇年間の記録であるが、〈六国史〉は日本に来た新羅人たちを日本政府が書いた二〇〇年間の記録である。今まで史学界では〈六国史〉の記録がまるで『円仁日記』の付属資料のごとく思ってきたが、実は正反対である。在唐新羅人に関する『円仁日記』は〈六国史〉の一部分にすぎない。

ここで〈六国史〉を利用しようとすれば、交通整理が必要である。なぜならば、在唐新羅人と新羅側使臣が混同されて記録されているからである。学界ではこの二つをひっくるめて統一新羅人と見てきたが実はそうではない。これは『円仁日記』が記録された在唐新羅人は統一新羅人でないのと同じである。

まずは在唐新羅人たちの日本往来が始まった七三三年以後に表れた新羅商人と、新羅使臣の記録を整理して見る。

新羅商人と唐商は行動を共にしているので、一括引用、全期間を便宜上、交易段階（七三八〜八六八）と海乱段階（八六九〜九〇七）を合わせて計三七件、その内、帰化一二件、貿易一九件、その他六件である。

新羅唐人の来往は、全期間にわたって継続したが、新羅使臣の来往は八一四年を最後に中断する。まず新羅使臣の来往から見ると異常な現像が表れている。日本政府は新羅使臣が来るごとに、「放還」させた。「放還」とは正規の使臣として迎えず、九州でそのまま退けられた。その回数は（七三三〜八一四）十一回もある。

このようになったのは理由がある。いわば『三国史記』「新羅本記」によれば、実聖王元年（四〇二）に王弟、未斯欣が人質で日本に捕れられたが、朴堤上によって救出（四一八）されたが、どうであれ王弟が人質で捕らわれたたことは屈辱外交を意味する。

当時の新羅は、まだ月城（慶州の）谷間でかろうじて国を維持していた小さな弱小国であった。その以後、日本の文献には、新羅側が「進調」または「進貢」したことに記録された。

朝貢よりは弱い意味であるが、ともかく日本側の政治的優位を前提とした表現である。このような新羅側の進調は三国統一以後にも継続していたが、七八三年、新羅が唐の要請で渤海を攻撃した代価として、貝江（大同江）以南の黄海道領土を下賜（七三三）され、渤海に対する優位が確保された翌年から、日本に対する態度が突然変った。（田村圓澄『大宰府探求』、吉川弘文館、一九九〇）。即ち、新羅側が従来の進調を「土毛（土産品）」または「国信物（国家先物）」に格下して、また大使の職級を下げて日本と対等な外交路線を標榜すると、これに反発した日本側は上記したように新羅使臣を「放還」（追放）するようになったのだ。

そのうちに『日本紀略』延暦一八年（七七九）五月二九日に、日本政府は「新羅に使臣派遣を停止」（停遣新羅使）する断行措置を取る。

そして弘仁五年（八一四）五月九日に「新羅王子が来ると、万一渤海の例に従い朝貢する意思があれば、隣り付き合すると要求したのに対して回答しなったので、日本側は還る食糧を与えて還却」させた。

これでもって羅日間の外交関係は終息した。結局新羅側の強盛を嫌悪した日本側の外交路線により、羅日外交は八一四年を期して完全に断絶してしまった。かたや「新羅本記」には、新羅使臣の派遣を一件も記録せずに、ただ日本使臣だけが来たことになっている。

結局、羅日関係が「九世紀以後になって正常化した」という申ヨン植の主張は「新羅本記」にだけを依存したことによる錯覚である。

九世紀になっても、新羅も日本も互いに使臣を送ることはなかった。外交的凍土の時代であった。

**「買新羅物解」（古文書・購入希望品目リスト）**

上記したように、八一四年を期して羅日外交が断絶したにもかかわらず、新羅人たちの日本帰化と対日貿易は少しも影響を受けずに依然として継続された。ややもすると矛盾したように見えるが、〈六国史〉の記録された新羅商人と新羅使臣は、全然異なる存在であった。

前者は在唐新羅人であり、後者は統一新羅人であった。従って羅日外交の断絶に関係なしに在唐新羅人たちの対日貿易は継続されたのである。

新羅商人と新羅使臣をすべて統一新羅人として見てきた史学界の通説は、まさに『円仁日記』の新羅人を統一新羅人と錯覚したのと軌道をともにする。

ところがここにまた一つのハプニングが勃発した。

いわゆる奈良の正倉院に「鳥毛立女屏風」が伝わってきた。これを修理中、これに添付された内紙に、計二六件の「買新羅物解」という古文書が発見された。これは五等官以上の官僚たちが新羅人たちから購入する物品を大蔵省に提出した一種の購入希望品目のリストである。

文書の作成日時は天平四年六月一五日を最初に、同一六日、一七日、二〇日まで連続している。ここに記載された物品は、香料・薬物・顔料・染料・金属・各種器物及び食糧など大変多様であり、中国南部、東南アジア、中東ならびにアフリカ出産品などとともに、人参を含むいろんな薬物、松の実、佐波利製の鋺・盤・氈など新羅特産物が包含されている。

このことから推して「買新羅物解」に記載された品目などは、新羅に入ってきた海外品目と、新羅で産出した品目などが一括されていることがわかる。従って「買新羅物解」こそは、新羅側が対日貿易を展開した最も明白な根拠にみえる。

しかしここに注目する事実がある。いわば「買新羅物解」が作成されたのは、ただ七五二年だけであり、一回だけの文書である。

この文書が作成されたのは、この年にあった「大仏事件」である。

『続日本紀』天平勝宝四年（七五二）三月二二日條を見ると、「新羅王子と阿飡（五等官）金泰廉を工曹大使として、金暄と王子護送者金弼言など七百名余人が、七艘の船に乗って来着」した。

歴史上その類例を見ることができなかった大規模使節団であった。

当時、新羅王子がマンモス使節団を引率して日本に来たのは外交目的がなかったこともないが、実は、巨大な奈良東大寺大仏の開眼供養—落成式に参席して、国籍のない仏から大きな福をたんまり授かるためである。このような雰囲気に取り込まれて新羅から実力のある貴族たちが競うように王子に従って来たようである。

しかし、日本側の考えかたは少し違っていた。新羅側と継続して齟齬していた外交的冷却状態で、新羅王子が自ら大使節団を引率して来ると、このことを信仰次元というよりも外交次元としてとらえた。まさにここで両国間に思い違いがひろがったのだ。

実際、大仏供養式の翌年二月、日本側が悠長な気持ちで小野朝臣、田守を大使にして新羅に派遣した。前年度にあった外交的努力に対する成果を収穫するためであった。このような外交的雰囲気に取り込まれて新羅に到着した日本大使は多分態度が大きかったようだ。「新羅本記」には、景徳王一二年（七五三）八月條に「日本国師が来朝したが傲慢無礼であったので、王は彼らを接見せず、すぐに帰らせた」となっている。

新羅側立場から見ると当然な対応であり、日本側の立場で見ると背信されたことになってしまった。このことが契機となって反新羅気運が高まっていた日本に、再び渤海側から唐で勃発した安史の乱（七五五～七六三）が伝わると、これに緊張した日本政府は、ついに新羅征伐計画（七五八～七六二）を推進するに至った。大仏事件時に芽生えた両国間の同床異夢が挙句の果てに対決局面に転化したのだ。

このときの征伐計画は曖昧になってしまった。突き詰めて見ると、外交とは元来喜劇的な側面がないことはない。

以上が大仏事件の全貌である。結局、「買新羅物解」は大仏事件によって発生した一回性事件であっただけで恒例の出来事ではなかった。新羅との外交断絶にもかかわらず、依然、対日交易を展開した新羅人たちは、統一新羅人たちではなく唐に住んでいた在唐新羅人たちである。

## 貿易開始

唐が対外交易を許容したのは広州*市舶使が設けられた七一四年頃であり、この頃在唐新羅人たちが九州河原（香春＝カワラ）地域に定着したことは、すでに指摘した。これ以後、在唐新羅人たちが日本の政事に記録されはじめたのは、聖武天皇七三三年六月二日である。この点は『類聚三代格』巻一八、承和九年（八四三）八月一八日條にも「新羅の朝貢（貿易）は今だ継続されており、これは聖武天皇時、始まって今に至る」と言及している。この時、日本は統一新羅と断行状態にあった。ここで新羅人たちの「朝貢」とは、まさに在唐新羅人たちの交易を語るものであり、古代記録は貿易商の来往を朝貢とし、また初期の対日交易は帰化と並行した。

七三三年、「武蔵国、埼玉郡の新羅人、徳使など五三人が要請して、金姓を下賜」したし、七五八年三月二三日條には「帰化した新羅僧侶三二人と男子一九人、女子二一人を武蔵国の空地に移住させて始めて新羅郡を設置」した。

新羅郡が設置された武蔵郡は、現在東京北西部（練馬区・西東京市）や、ここに隣接（埼玉県新座市・和光市・朝霞市・志木市）した広い地域である。今までは彼らを朝鮮半島から亡命した新羅人と見てきたが、実は在唐新羅人たちの移住であった。

また『続日本紀』七五九年九月四日條にて、朝廷は大宰府にたいして「近年新羅人の帰化で船舶が絶えない。賦役の苦痛を避けて墳墓之郷を捨てて来た彼たちの話と考えにどうして憐憫の情がなかろうか？　再三問いて、帰還を願う者には糧食を与え放還せよ」とした。

この時まで日本に来れば、無条件に帰化者として取扱いしていたのが、七五九年を期して「帰還を願えば糧食を与え放還」するようにして、帰化者と放還者（貿易商）を区分するようになった。従ってこの時の措置こそが最初に断行された貿易開放措置（七五九）になる。

そして帰還者たちは墓役を避けて亡命してきたという。

唐の首都であった西安に散在している唐時代の墳墓はおよそ二千基に達する。これ以外にも全国各地に夥しい数の古墳が広範囲に分布している。この時期の代表的な物として、墓役の回りが、およそ八十里に達する高宗の乾陵（六八三）を始めとして、ここにはまた側天武后が合葬（七〇四）された。これに続いて中宗の定陵（七一〇）、睿宗の橋陵（七一三）、そして玄宗の泰陵（七六二）など続々と続いた。『唐会要』巻二〇、開元一七年（七二九）條を見ると、玄宗の五陵参拝の時に動員された人力だけでも、およそ六郷の百姓たちが網羅されたという。結局帰還者たちの故郷であった「墳墓之郷」は新羅ではなく唐であった。

### 対日交易

羅唐人（在唐新羅人と唐人）の来往件数は全部で三五であるが、一つの記録に二つの内容を含むものがあり、内容面からは全部で三七件である。

この中で貿易関係が一九件、帰化が一二件、そしてその他六件である。『円仁日記』に記載された新羅人貿易商十二名中、張保皐と張支信、そして金珍萬が記録されていることから見て、対日貿易に従事した新羅人がすべて網羅されていないことが分かる。

全体的な流れから見ると、七三三年から帰化形態で初期交易が開始されて、七五九年九月四日から「近年新羅藩の人々が頻繁に来着している。大部分投帰するのではなく、風の吹くままに忽然と去って行く。われらの百姓として留まるようにする理由がない。今からは、このような部類たちは、すべて放還して度量を見せよ。万一船が破損しているとか、食糧が切れていたら大宰府は裁量を尽くして処理して帰還できるように措置せよ」として第二次公認を取り扱うようになった。この二事例の貿易公認は唐の貿易政策（後述する）のためである。

そして『類聚三代格』巻一八、宝亀五年（七七四）五月十七日條に示達された太政官符によれば「愚かな人民たちが家産を傾け競売することで、価格が高騰して……国内の貴物が賤價するので……商人たちが来着してから、船上のすべての物資を報告するようにして、決まっている物品は進上（政府収買）するようにし、不適合な物品は官部が検察して貴賤による価額で交易するも、違反者は厳罰に処罰せよ」とした。

このように当時の交易は輸入品にたいする朝廷の先売権を行使したあと、残る物品を処分するようにして、特に外来品に対する日本人たちの熱風のような選好によって、国内の物価体系が崩壊していることを窺うことができっる。

そして上記で把握した一九名の貿易商中、新羅商人が一二名であり、唐商が七名である。ここに登場した新羅商の名前には、清漢巴・劉清・張春・李長行・張保皐・李少貞・張支信・金珍など九名であり、この中で張保皐と張支信、そして金珍は『円仁日記』に記載された名前である。このことは、『円仁日記』の新羅人たちが、まさに〈六国史〉の新羅人であったことを語るものである。

ここで重要な事実を知ることができる。いわば今まで学界で在唐新羅人たちを「第一世代新羅人」として見たのは、ほかならぬ『円仁日記』だけを見て主張したものだが、『円仁日記』の新羅人は、まさに〈六国史〉の新羅人たちであったて、彼らは二百余年間、唐に住みながら対日貿易に従事した。従って二百余年も唐に住んでいた在唐新羅人たちが「第一世代新羅人」であるはずがないことは、あまりにも明らかである。要するに在唐新羅人たちを「第一世代新羅人」として見た、今までの迷夢から覚めなければならない。

かたや唐商としては、周光翰・張友信・李少貞・李延考・張言など六名である。しかしこの中で、張友信は、普陀島観音寺の新羅訳語でありながら日本を往来していた張支信であり、また李少貞も『続日本後紀』承和九年（八四二）正月十日條に、新羅人に記載された張保皐の部下であった。李延考もやはり乞泰州公験に「渤海商人」として記載されている両称国籍者であった。

まっとうな唐人として残るのは、ただ周光翰と張言だけであるが、彼らも、やはり両称国籍である可能性を全然排除することはできない。従ってどんなに大目に見ても一九名の貿易商中、真っ当な唐人は、たかが二名に過ぎない。この点『円仁日記』に記録されえた一四名の貿易商中、唐人が、たかが二名である点と対応する。

そしてまっとうな唐人に見える周光翰も、新羅船に便乗して日本にきた。〈六国史〉全体を見渡しても新羅船は登場するが、唐船は、ただ一艘たりとも記録されたことはない。唐人たちが、かりに貿易をしたとしても、船舶は新羅船を利用したのだ。

結局二百余年間、対日貿易を主導した集団は、新羅船に白帆をなびかせながら、東アジア海域を広く狭く横行していた在唐新羅人たちであった。『円仁日記』によっても〈六国史〉によっても、東アジア海域を牛耳っていた最大の海上勢力は、三角航路を独占していた在唐新羅人であったという点に、なんら変わりはない。

## 貿易摩擦―新羅海賊と報復海乱（八六九～九〇七）

『続日本後紀』承和元年（八三四）二月二日条によれば、「新羅人たちが遥か滄波をわたって大宰府丘に停泊すると、百姓たちは彼らを憎んで弓を射って、傷を負わせた。太政官は負傷させたことにたいして、大宰府を譴責しながら犯罪者たちに罪を与え負傷者たちを治療したあと、食糧を与え送り返す」ことがあった。

このように貿易商たちが来往する以上、住民たちとの摩擦と紛糾は不可避であり、また貿易商が来るごとに、大宰府にとって彼らの後始末に頭を痛めていたのだ。大宰府側が在唐新羅人を嫌悪した理由である。これによって『類聚三代格』巻一八、承和九年（八四二）八月一八日をもって太宰府側は朝廷に対して「新羅人たちは旧例に従わず、常に奸巧な心を抱いて答礼品（税金）公納せず、商売を口実に国の消息を探るので、願わくば彼らの往来を一切禁断して境内に入れないようにして下され」として、解禁措置を要求した。

これに反して朝廷としては、遣唐船を送らねばならないし、唐の文物を絶え間なく必要であったので、在唐新羅人たちを擁護するほかなかった。まさにこの点が大宰府と朝廷の利害関係が全面的に対立していたのだ。

このような情勢下で、『日本三代実録』貞観十一年（八六九）五月二二日条に「新羅海賊船二艘」が博多港を来襲して豊前国の年貢絹綿を掠奪・逃走した事件が発生した。在唐新羅人たちの対日貿易に重大な危機を予告したものだ。この事件から唐が滅亡までを整理すると次のようである。

海乱段階の関連記録一五件中、貿易関係が一二件、その他三件であり、前段階時にあった帰化がなくなった。そして貿易関係一二件中新羅人が七件であり、唐人は五件であり、前段階に比べ唐人たちの来往が頻繁になった。ここでの唐人も両称国籍である可能性がなきにしもあらずだが、ともかくこの段階にいたって、唐人の比率が高くなったのには理由がある。絹綿掠奪事件以後、大宰府側は、唐商たちを歓待しながら、新羅商に対しては厳格な検束によって、来るごとに続々と追放した。八七三年五月二七日に到着した新羅商、崔宗佐と大陣潤は、渤海商を偽証していたが公験（証明）を所持していなかったので追放される事態まであった。しかも、八九三年三月三日に到着した新羅法師、神言までも検束を受けて追放された。

絹綿掠奪以後、在唐新羅人に対する全面的な弾圧と排斥が加えられた。従って七三三年に開始された在唐新羅人たちの対日貿易は、一三〇年間継続していたが、絹綿掠奪が発生した八六九年を期して日本人たちから排斥を加えられたのである。

そうであれば、博多港にて掠奪した新羅海賊は果たして誰であったのか。この点ついて以前から日本史学界は「新羅海賊が大宰府外港である博多まで来襲して豊前国の年項絹綿を掠奪した」。この時の海賊を朝鮮半島からの新興勢力と看做してきた。しかし、万一朝鮮半島の新羅海賊であったのであれば、対馬一帯の防備を整えるべきであるにもかかわらず、そのような措置を全然しなかったし、また新羅側に対する抗議もしなかった。従って絹綿掠奪者たちが、まことに玄界灘を渡ってきた新羅側海賊であったのかはもう一つの疑問として残ることになる。

**政治陰謀**

『日本三代実録』によれば、絹綿掠奪が勃発した五月が過ぎた後、八六九年一二月一四日條に、大宰府は朝廷に報告するに「大宰府の青楼と兵器庫に奇怪な大きな鳥が飛んで来たので、占いをした結果、隣国で兵火が起きたという。……新羅人と日本国は長い間、敵対関係であり、今は境内まで侵略してきて貢物まで奪取しているが、これを防ぐ気力がない……わが国は長い間、軍備がなく、警備さえ忘却した状態で兵乱を大変恐れています」とした。

大宰府は占い師の話を根拠にして絹綿掠奪の主犯を新羅として指目しておいて、冷風吹きすさぶような恐怖の雰囲気をそれとなく助成しておいた。そして翌年八七〇年二月二〇日條に、管内に居住してきた者たちである新羅人、潤清と宣堅など三〇人を。絹綿掠奪の元凶として指目して、彼らを捕らえて朝廷に押送した。

しかし、朝廷の太政官（総理格）は、潤清などに食糧まで与え放免してしまった。朝廷も当時の事態に関して、その真相を知らないはずがなかった。従って朝廷が潤清たちを放還したということは、いうならば潤清たちが元凶でなかったことを意味する。

潤清たちに罠をしかけた大宰府はそのまま退かなかった。大宰府は潤清たちが放免された、まさにその日（八七〇年二月二〇日）に、対馬側がいわゆる「新羅消息日記」という情報報告を朝廷に提出した。その内容とは次のようである。

「対馬に漂流してきた新羅人七名を帰還させるために新羅に行ったという対馬人、卜部乙屎麻呂が戻っていわく「新羅側が兵士を訓練しながら新羅人七名を漂流者に仮装して派遣したことが漏洩することを恐れて、監禁されたがなんとか脱出して逃亡してきた」。従って潤清たちを放置する場合、新羅側侵攻に内応するはずなので再び逮捕せよと」いうものであった。

かたや『日本紀略』貞観一二年（八七〇）二月一二日條には、「新羅が大船を建造して、太鼓を打ち、鼓角を吹き兵士を訓練」させていることになっていた。しかし潤清たちを放置されたその日に合わせて「新羅消息日記」が提示された点から、潤清たちを再収監するためにでっち上げた第二次陰謀であったことがわかる。このような大宰府側の頑固な強要に朝廷もどうすることもできなかったようである。

八七三年九月一五日に「新羅人二〇名中五名を武蔵国に、僧侶たち五名を上総国に、潤清など一〇名を陸奥国にそれぞれ配置」した。

そうしながら天皇は勅令で「潤清などは、あの国人で絹綿掠奪の嫌疑があり、騒乱以後、必ずきびしく譴責しなければならないが、寛大に許したのは、先王の義典のためだ。特別に加護して陸奥国の肥沃な土地に定着させて口分田を与え、農事に必要な種籾などをはじめ、秋に収穫するまで糧食を供給せよ。僧侶たちは定額寺に安置させて、彼らにいろいろな飲食と馬匹、そして随身雑物を給与して運送人夫を従がわせるようにしよう。寛大な処置を尽くし苦労をさせるな」として格別に言付けた。

このように朝廷は大宰府側の要求によって、潤清などを各所に分散させたが、だからといって処罰したのではない。かえって大宰府側との摩擦を避けさせるために他の所に移住させて、彼らの定着対策まで徹底的に段取りしてやった。特に、潤清などは先王から九州に居留してきながら日本朝廷に対する功労が大きいかったと言及された。このことから推して潤清は多分、鎮西に居留していた在唐新羅人の指導者であったようで、彼は日本朝廷に密着して、新羅人たちの権益を擁護して大宰府に対抗したことによって、大宰府側は絹綿掠奪の嫌疑を負い被せて、意図的に除去したことが推測できる。

したがって絹綿掠奪は、はじめから潤清などを除去するために、でっちあげた大宰府側の政治陰謀であったようだ。しかし朝廷としては遣唐船を送らなければならないし、一方で唐の文物はとだえることなく必要であったので、在唐新羅人たちを擁護するしかなかったのである。まさにこの点において大宰府と朝廷は利害関係が正面的に対立していたのだ。

## 新羅海賊

「潤清事件」が処理されて二年が流れた。この間に新羅商人にたいする大宰府側の弾圧は、日々に過酷になった。このような事態が継続していた八九三年五月二十二日を期して、新羅海賊が九州北部松浦郡を攻撃して、これを始発として翌年九月三〇日まで一年四ヶ月間全面的な海乱が勃発した。新羅海賊たちの侵攻であった。歴史上最初の勃発した外部勢力の日本列島侵攻であった。そのためなのか、政事文献である「六国史」などには海乱に関して全然記録しなかった。

唯一著者不明の私選文献である『日本紀略』にだけ、事態の真相を言及せずに「大宰府の飛駅使が来た」(大宰府飛駅使来）という記事だけが引き続き記載された。緊急を知らせる飛脚が足繁く京都に疾走のは、事態の深刻性を窺うことができる。

八九三年五月二十二日、新羅海賊が九州北部の松浦郡を強奪して、再び閏五月、九州西南部の肥後国飽田郡を襲撃した。そして五回目の飛脚が京都に疾走して、三番目に対馬を攻めて、九月十九日に二百名を、翌月二十名の海賊を激殺して、海乱はやっと終息した。

そして海乱の最中には、驚くことに遣唐船の派遣を計画していたが中断された。日本の史学界はこの時の海乱を、やはり朝鮮半島の海賊と見てきたが、実際にそうではない。新羅海賊が朝鮮半島からの侵攻であったならば、何よりもまず対馬に侵攻して拠点を確保した後、九州と日本列島を却奪したはずである。しかし記録に表れた出没地点を見ると、最初が九州松浦郡であり、二番目が九州西南部の有明海沿岸である肥後国飽田郡である。そして三番目で初めて対馬を侵攻した。海乱の進行順序から見ると、朝鮮半島からの侵攻事態では決してない。しかも日本政府が宣布した戒厳地域も、朝鮮半島に面した九州北部でなく、本島も中西部全体を包括した山陰・南陽・北陸の三地域であった。

九州を飛び越えて瀬戸内海に戒厳が宣布されたことこそ、この時の海乱が朝鮮半島からの侵攻でないことを雄弁に語るものである。日本学者たちは日本の地図をまずは先に見て判断すべきであった。結局海乱の主役は朝鮮半島の海賊ではなく、潤清の手合いたちのように、日本列島沿岸に居住してきた在日新羅人たちであることに疑問の余地がない。彼たちは大宰府側の差別待遇に抗拒して蜂起したようである。どの国どの時代を限らず人間差別は反乱を招来する。

## 菅原道真の遣唐計画

海乱のさなかであった八九四年八月二一日、当時、太政官菅原道真を、唐に派遣することが決定していたが、四〇日後である九月三〇日に派遣計画がひそかに取り消された。ところで何故派唐計画が発表されたのに、すぐに取り消したのか？　このことも日本古代史学において、もう一つの争点になった。これに関する数十編の論文などは、だいたい二つの部類に分けられる。

一つは計画の発表に関するもので、遣唐計画は最初から入唐する意思がなかった単なる朝廷のジェスチャーであったという見解と、太政官であった菅原道真が、遣唐大使という栄譽職を占めるため、渇望のためであったという見解などである。

他の一つは、遣唐計画を取り消した原因に関するもので、日本の文化も唐の水準に向上したので、入唐する必要がなくなったという見解、「大唐彫弊」いわば、唐が衰退したためであるという見解、貿易船の頻繁な来往で、あえて遣唐船を派遣する必要がないという見解、そして財政的混乱ないし、航海にたいする日本人たちの恐怖のためであったというなどの、多様な見解が提示された。

ここで学説の論陣に加わる必要はない。歴史とは、後代の史学者たちの意のままに展開するものではない。歴史上のすべての政治的決定は、足元に落ちた火を消すための現実的な対策である。遣唐計画もやはり例外であるはずがない。この計画の発表された経緯を知るためには、まずは日本が置かれていた当時の海運事情から知るべきである。

すなわち、この件に先立ち遣唐船が入唐したのは、円仁が入唐した一二次遣唐船（八三八）であった。そして八九四年まで五六年間、一度も遣唐船を派遣したことがなかった。

ゆえに八九四年現在、日本人として唐まで航海した経験者はほとんどいなかったか、たとえいたとしても引退してしまった状況であった。

したがって日本が遣唐船を派遣しようとすれば、どうしても在唐新羅人を雇用するしかなかったいし、制度的に遣唐船には新羅訳語と新羅水夫を雇用するよう『延喜式』に規定されている。ところが、遣唐船派遣に必須的な新羅人たちが盛んに海乱を起こしていた状況で、どうして遣唐船を派遣することができようか。まさにこの点に当時、日本政府の企らんだ陰謀が暴露される。海乱が盛んであった八九四年五月七日に、大宰府の非普憖請役が朝廷にきて、海賊たちが逃亡して捕われない理由を上奏した。推測するに新羅海賊たちが、島と島のあいだを隠れん坊するように海上ゲリラとして出没するので、その掃討に困り果てていたようだ。すると大宰府の報告に接した太政官菅原道真は、その直後である七月二二日に、唐に滞在していた日本僧侶、中瓘に書信を送った。

この書簡を上表状として、その内容が菅原道真の文集『菅家文草』第一〇に「太政官牒在唐僧中瓘報上表状」という題で伝わっている。

ここに「朝議に従い遣唐船を送ろうとしている。これ準備する期間ために派遣年月が延期されるかもしれない。大官（唐の官憲）の問い合わせがあれば、この旨を話せよ。勅命で勅旨を送る」とした。そして一ヶ月後である八月二一日に、菅原道真は遣唐大使に任命された。ところでこの時までの先例によれば、遣唐船を派遣しながら唐に前もって通告した例は一度もなかった。したがって中瓘に前もって通告したことは、破格の事態であった。たとえ遣唐計画が決定されていても、船舶の建造と人員構成、または出発準備などを整えるためには数年間所要されるので、遣唐計画の決定だけで唐に前もって通告するということは常識外であるいえる。ならばなぜ遣唐計画から唐に通告したのであろうか。まさにここに重大な曲折がある。いわば中瓘に送られた上表状は、当然新羅商人によって伝達されていたはずである。なぜならば当時、唐と往来していた船舶は、ただ新羅船だけであったからである。これによって日本政府の遣唐計画は自然に在日新羅人たちの居留地である九州鎮西を通じて、海乱を起こした連中にも伝播されているはずだ。

遣唐計画は在唐新羅人たちにとって最も敏感な事項であるためだ。なぜならば一回に、四艘ごとに派遣する遣唐船には、入唐経験の豊富な新羅訳語と新羅水夫など、多くの新羅人たちが必須的に雇用されるためである。ゆえに遣唐船派遣は、まさに在日新羅人たちを雇用するという合図である。さらに太政官・菅原道真は、大宰府の陰謀にもかかわらず、在唐新羅人たちを擁護していた人物であったので、彼が直接入唐するということは、まさに在日新羅人たちの信頼を得るために不足はなかったのである。

このように海乱に気勢をあげていた新羅海賊たちも、判断が分かれることになった。

最後まで戦うという強行派と、投降して遣唐の機会に便乗しようという穏健派に分裂されるのが、どのような場合にも表れる事態である。日本政府はまさにこの点を狙ったのだ。なぜならば遣唐計画は、大宰府側が海賊掃蕩が難しいという訴えた直後に発表されたためである。

したがって菅原道真の遣唐計画は、実際に行くための措置ではなく、新羅海賊の内部分裂を触発するための餌さであったことが明らかである。この点は、遣唐計画を発表してからでも船舶建造など実際の準備に全然着手しなかったことからも確認できる。

そして菅原道真は、遣唐大使に任命されて一ヶ月が過ぎた九月十四日、いわゆる進止状を書いた。

この内容は『菅家文草』第九の「請令諸公卿議定譴唐使進止状」に伝わっている。「唐が凋廢して入唐する価値がないがために、遣唐計画を放棄する」という建議書である。そして五日後である九月三〇日に新羅海賊二〇〇名に攻撃して、また九月三〇日に新羅海賊二〇名を攻撃した後に、この日に前もって準備していた進止状を朝議に上程して、遣唐計画を取り消してしまった。新羅海賊を掃蕩した以上、企みの遣唐計画は、これ以上必要なものではなかった。

結局　この時の遣唐計画に関して、日本史学界は、あれこれと人騒がせをしたが、実は新羅海賊を分裂させて弱化させるためにでっち上げた、菅原道真のワンマン・ショーであったと思われる。

## 孤立自招

遣唐計画の取り消しは、海外往来の一時的中止であったのか、それとも永久中断であったのか？

これに対して「遣唐使の中止は元来、一時的であり、永久的な停止ではなかった」（鈴木靖民「遣唐使の停止に関する基礎的研究」『古代対外関係史の研究』二五八～三〇八頁、吉川弘文館、一九八五）とした。しかしこの以後、使臣の海外派遣は、再び回復できなかった。日本の外交使節だけでなく「日本商船が海外への進出するようになったのは、大陸よりも二、三世紀も遅れた一一、一二世紀であった」（森克己「日宋貿易と中国商人の性格」『歴史地理』第八四巻第四号、一九五四)。このような事態は支配層の願っていたことではなかった。特に高級な輸入品と、海外知識に対する支配層の渇望とノスタルジーは大変なものであった(『遣唐使』、一九六六)。にもかかわらず、なぜ海外に、たとえ一歩たりとも出て行かなかったのか? あたかも意図的に海外に出向かない一種の神聖孤立のように見られるが、実はそうではなく、出るに出られなかったのだ。

日本政府は、七五三年に小野田守を新羅に派遣したのを最後にして、約一五〇年の間、新羅を往来しなかった。また第一二次遣唐船(八三八)を最後に、約六〇年間、唐にも往来しなかった。したがって遣唐計画を取り消した時点(八九七)から、海外に航海した日本人はただ一人たりともいなかった。ここにまた弱り目に祟り目で、日本海運を代行していた在日新羅人たちまで掃蕩してしまったので、他力本願の海運力までも自ら放棄したことになってしまった。大宰府の陰謀によって惹起された在日新羅人の掃蕩は、結局、自らの首を絞めたことになる。あたかも島国日本は、古代から海運国家のように思われがちであるが、そうではない。古代の日本は海外に出られるような海運力を持っていなかった。ゆえに遣唐計画の一時中断は、在唐新羅人たちとの断絶によって結局数百年間の孤立を招いたのである。これが在唐新羅人たちを掃蕩することによって招いた結果である。(金聖昊『前掲書』第一巻、参照)

## 第二節　統一新羅(在唐新羅人を含む)の航路・航海術と造船技術

### (一)航路

在唐新羅人たちと本国新羅人たちが、東アジア地中海の主人公として登場し、彼らをして驚異的な活動、歴史的な役割ができた力の源泉、現実的な能力は他でもない海洋活動能力であった。唐代に利用していた新羅・唐・

日本を結ぶ海上交通航路は、概略四つに区分できる。

**老鉄山水道航路**がいちばん古い航路で、山東半島を出て老鉄山水道の島を肉眼で確認しながら遼東半島に至りその沿岸ぞいに東進して鴨緑江にいたる航路である。

**北部航路**は、山東半島の成山角を出発点にして、朝鮮の甕津半島に直航する航路で、およそ一一〇海里の距離を位置の距離確認なしに航海する。

**中部航路**は、海州湾付近から出航して朝鮮の南西海岸の黒山島付近に達する航路で、直航距離はおよそ一八〇海里におよぶ。

**南部航路**は、淅江の明州付近から出航して朝鮮半島の南西端至るか、または日本に向かう航路であるが、済州島を航海目標に使用することでき、直路距離はおよそ二三〇海里になる。このことは線位の確認なく到達できる直航距離が漸次長くなったことがわかる。

## （二）統一新羅（在唐新羅人を含む）の造船技術

当時、航路が実在していたので、このような航路に充分に耐航性をもって航海ができる船舶の建造が先決用件であった。統一新羅に対する具体的な記録はないが、船舶に対する一般的な記録に依存するほかない。この時期、唐では多くの船舶が建造された。龍骨構造と水密隔船艙を採用して、部材間の接合方法もたいへん発展した。属具、設備面でも帆、平衡陀の出現もみえる。その結果、充分な耐航能力を備えた船舶を建造できることになった。

新羅人たちは造船技術と航海術がたいへん優秀であった。それ示す実例をいくつかあげてみたい。

前文にも書いたが、新羅政府は七五二年、奈良の東大寺大仏の完成時、祝賀使節を名目に七〇〇名に達する大規模使節団を派遣した。

彼らは全部で七隻の船に分れて乗船してきたのだから、一艘あたりに一〇〇名が乗船したことになる。ならば一〇〇名以上が乗れる大きいな船も少なからずあったはずである。新羅人の造船技術を窺うことができる。特に在唐新羅人の造船技術は、中国はもちろん、日本でもよく知られていた。日本は唐と交流するときに、僧侶、商人たちは新羅の船に乗船または新羅の船員を雇用することが多かった。

八三九年、唐から帰国する日本の使臣たちが、楚州から新羅船九隻を雇用して無事に帰国したこともあった。一国家の使臣が他の国の船と船員を雇用したということは、それなりに彼らの能力と海上における権限（唐は渤海が登場して、高句麗に替わり唐の安保に脅威となると、新羅の聖徳王に寧海軍使という軍号を下し、黄海の海上安保問題を新羅に委任、その後も歴代新羅王はこの寧海軍使の軍号を継続して受け継ぐ）を認めたためである。

## （三）古代造船技術

わが国の海洋史は正確な紀元が分からないが、長い歴史をもっていることは間違いない。では、その造船技術はどのようなものであったのだろうか。造船技術も長い歴史をもっていたということを物語る証拠がある。二〇〇五年、慶尚南道昌寧郡釜谷面鳳里の新石器時代の遺跡地で発見された丸木舟がそれだ。長さが四mのこの舟は、松ノ木でつくられたもので、おどろくことに八千年前に作られたものと推定されており、世界でもっとも古い時代につくられた舟である。

紀元初の百済船の規模を記録した資料は、ほとんど探すことができない。ただ唐時代の二百余年あいだの対日貿易に従事していた新羅船の規模は、ある程度知ることができるだけである。

たとえば、円仁を帰国させた金珍の船は四七人乗り（承和一四年（八四七）一〇月一九日）であった。その時の新羅船の絵が、現在、京都近郊の比叡山にある明徳院に残っているという。丁卯四年（八四七）七月に、日本で船舶を建造して明州に向かっていた張志朗の船舶は六〇人乗り（私選資料である『入唐五家傳』の「頭陀親王入唐略記」）であり、唐から鑑真和尚が明州から日本に行くときに乗船した時は三五人（『唐大和上東征伝』）であった。

このことから推して、乗船規模は最低一四人乗りから最高六三人までが表れるが、平均四〇名内外である。

このことを念頭に置いて、次に八～九世紀当時の海運力の基盤である船舶の規模についてみてみよう。

日本の史書が伝える九世紀当時の新羅船の規模は、全長が二〇m前後であった。しかし、日本の学界では、当時、明州航路に就航していた船舶の規模を全長三〇m、排水量二八〇トン、積載量一五〇トンであったと推定している。

張支信が明州に帰るために日本で建造した船の乗船人員が六〇乗りと書いたが、これは六五〇余年後である一四九二年に、新大陸に向かって錨をあげたコロンブスの船団（三隻）の総人員が八八人であったことを考えるとき、張支信の船の乗船人員は約二倍近いものであったことになる。ほかにも船舶の大きさは『日本三代実録』元慶三年（八七五）三月一三日条に、竹野国に漂着した異国船の長さが一八m、幅四三m、長腹比（長／幅）が四〇であり、他に元慶四年（八八〇）六月一九日条に記載された他国船は、長さ一五m、幅四八m、そして長腹比が三一であった。

これよりもだいぶ後代の船舶であるが、泉州で発掘された宋商たちの貿易船は長さ八〇m、幅一〇五m、長腹比が二九である（福建省泉州交通史博物館『泉州湾宋代海船発掘研究』、海洋出版社、一九三七）。

そのほか、木浦岸で元代の引き上げられた私安遺物船は、長さが三〇・一m、幅一〇・三mで、長腹比が二一mであった。（崔光男「私安古代船と造船術」『全南部下財』創刊号、全羅南道、一九八八）。

そして『高麗図経』巻三四に言及された宋船は、長さ三〇m、幅が七・五m、長腹比が四一であった。

関連資料が貧弱であるが、唐代貿易船の大きさは、だいたい宋・元代に比べると半分程度であり、乗船人員は平均四〇人であり、長さは一六m、幅四～六m、そして長腹比が二七内外であったと推測できる。このことを推してみると、百済人の進出初期の船舶の大きさは、唐代に比べれば別に小さくないということが推測できる。

彼らが唐代初の舟山群島において、いくつかの所に分散されたことによって、櫓型海船の船型も、その地域の海上条件によって分化されたはずである、新羅船の構造は、平底で上甲板と船底の比率二対一であり、船底はいわゆる水蜜隔壁構造となっていた。隔壁構造は船の一部が浸水しても航海できる構造で、大洋航海に適していた。二〇〇六年、中国・山東省蓬萊市沖の中から発見された高麗船（蓬萊三、四号）中、比較的状態がよかった蓬萊三号の（発見された船体の）長さは一七・一m、幅が六・二mであったが、実際の全長は二五mほどであったと推定されている。

当時、マスコミは高麗船が遠洋まで航海を行っていた証拠が発見されたと大きく報じ、ある大学の教授は「韓船に間違いなく、漢船（中国船）にはない水蜜隔壁構造が興味深い」とコメントしている。水蜜隔壁構造は本来わが国の伝統的な造船技術であったが、李朝時期に大洋航海を放棄したことによって不必要となり、消え去ったのではないかと考えている。

次に「新安船」について話そう。

新安船は、一九七五年に、全羅南道新安沖の海で八千余点の遺物とともに発見された元時代の中国船だ。この船の全長は三四m、幅は一〇・三mと推定された。

この船から出航地を示す「慶元」という文字が発見されたが、慶元こそ九世紀の明州であり、在唐新羅人の子孫たちの活動拠点であった。現在まで新羅船の構造に関しては記録による推定のみで、残念ながらその実物は発見されていない。

（写真５－２）遣唐使船原寸大復元

## （四）遣唐使船

「遣唐使船―原寸大で復元」、二〇〇八年一〇月二九日、「日経」夕刊に、

タイトル〝遣唐使船　原寸大で復元〟。サブタイトル〝奈良県など平城遷都一三〇〇年祭で〟とある記事を紹介すると次のようである。

奈良県などは二九日、二〇一〇年に開催する平城遷都千三百年祭で、主会場の平城宮跡（奈良市）に遣唐使船を原寸大で復元すると、大極殿正殿と共にイベントのシンボルに位置づける。復元遣唐使船は長さ三十m、幅八m、帆の高さ二十m。船内は映像システムを使った航海のバーチャル体験や帆の上げ下げなどができるようにする。遷都祭終了後も平城宮跡付近での展示を検討している。平城宮跡のイベントの会期は二〇一〇年四月二四日～十一月十四日。十月に遷都千三百年の記念祝典を催すほか、衛兵交代といった当時の儀式を再現する。遣唐使は七世紀前半～九世紀にかけて唐に派遣された使節。

遣唐使船は帆柱が二本で、風の弱いときは櫓も併用したとされる。（写真　一三〇〇年記念事業協会提供）

## （五）古代の航海術と羅針盤

### （Ⅰ）「地理航法」

東アジア海洋史においてもっとも古く、なお比較的に完璧な航海記録はまさに『円仁日記』である。今まで別に関心事にならずにきたが、実は至極精密な航海日誌が収録されている。しかし古代航法それ自体を知らないために、散発的な記録をどのように解釈するかという問題である。常に羅針盤が利用されてきた後代の航法から先に整理して、これを基準として、『円仁日記』の航法を推定するしかない。

羅針盤が最初に記録された北宋末葉、即ち一二世紀初の『高麗図経』（一一二三）巻三四「海図条」に「星をみて前進して、万一、日和が暗ければ指南浮針を利用した」とある。ほかにも『萍州可談』巻二にも、「船長は地理を知り（舟師識地理）、夜は星を観測し、昼は太陽を観察するも、曇った時は指南浮針を観察する」となっている。羅針盤を利用した航法を一般的に針経航法とした。

針経航法以後の航海記録により、もう少し具体的に確認できる。『無比誌』巻二四〇「鄭和航海図」には、「坤申針・三更・四拓」（坤申針・三更・四拓更）と同じ内容が地点別に記録されている。

ここでいうところは、

（1）坤申針の「坤申」は二四個方向のひとつを標示したもの、

（2）更は一日距離または二日距離などのように航程距離（速度×時間）を標示したものであり、

（3）托は水深であり、両手を伸ばした長さを一托（謂長如両手開者為一托）とした。結局針経航法の基本要素は方向と航程距離、そして港の水深であった。この以外にも到着地点の山などが記録されている。

（4）これは現代の「水路識」にも例外なく収録されている対景図である。従って古代の航海者たちは出航地から目的地までの（方向・航程距離・水深・対景図）を記憶しなければならない。このような四つの要素を体験で持って会得した者たちが、まさに『円仁日記』に記載された〝暗海者〟たちである。

## （Ⅱ）唐代航法

円仁が入唐した第一二次遣唐船（八三八）は、第一一次遣唐船（八〇四）以後、三四年ぶりに派遣されたので、この船には、日本人として入唐した経験者が一人もいなかった。ゆえに日本政府は、古代の新羅訳語と新羅水手を雇用するという規定にしたがって、遣唐船の新羅人依存は不可避であった。さらに遣唐船自体が百済船の複製品であったことは注目する必要がある（「遣倭漢直縣……於安芸国　使造百済船二隻」、『日本書紀』、孝徳天皇、白雉元年是歳条）。

このようにして、遣唐船において展開された運航関係は、たとえ円仁が記録していたとしても、当時対日貿易に従事していた新羅人たちの航法からみて、必ずしも無理することはではなかった。このような前提のもとで、『円仁日記』の航海記録に、まえに言及した四個の航測技術がどのように、反映されているか確認することによって唐代航法を類推してみる。

航海および船舶操縦技術は、著名な陸上物票とか、島の模様をみて位置を確認する地文航法はもちろん、太陽と星座等天体利用して方向を定める天文航法の基礎的な技法を駆使したことが窺える。

また深さを測量したり、水色を観察して航位を決定する水分航法も使用した。陀と披水板、帆を適切に調節して、運用して風を遡る駛風技術もすでに体得しており、季節風と潮流を利用することもあった。荒天航海では、太平藍を使用して、船舶が波谷に横向きになるのを防止して転覆を避けた。この時代の記録に新羅船員の航海技術における際立った活躍ぶりが見える。

# 第六章　張保皐の本国進出と被殺

## 第一節　張保皐のふたつの顔

統一新羅時代、わが国の気象を世界に風靡した人物の代表的な二人の人物を選ぶとすれば、西域のシルクロードを開拓した高句麗系遺民である高仙芝将軍*と、東アジア海上圏を掌握した張保皐といえる。しかしながら皮肉にも二人はともに新羅人でない。

註*中国の一万の遠征軍を率いて、西域の三千二kmの砂漠地帯を横切り、パーミル高原と六千mのヒンズークシ山脈越え、インダス河上流地域（現在のアフガニスタン、カブール）に集結していたイスラム連合軍を征服して、史上最大の驚くべき軍事上の離れ技を演じた伝説的な高句麗出身の将軍である。（拙著『古代シルクロードと朝鮮』参照）

さて円仁の手紙に「私は、私の生涯においてまだ閣下にお目にかかる光栄に浴しておりませんけれども、私は閣下の偉大なことはかねて承っております。私はへり下だってより一層閣下を尊敬しております。春も半ばとなり、すでに暖かくなりつつありますが、私は伏して巨万の幸運が閣下のお身の上に充ちることを祝福し、またご活躍をお祈りいたします」とある。隅々に、尊敬する心と溢れんばかりの感動が、満ちあふれている文章である。日本の天台宗を代表する僧侶円仁が、八四〇年二月一七日、日本人たちの帰国に際して、張保皐が、崔（張保皐船団の船長）の部下や船に命じて、特別の考慮を願う旨の張保皐に送った手紙の一節である。彼は張保皐に対して、「大使」と尊称している。

唐に九年六ヶ月間滞在していた彼は、帰る方法を探せず、悪戦苦闘の末に張保皐船団の船で帰国した。その後、彼は日本天台宗の中興の祖になった。

円仁は他国で、あちらこちらに追われる渦中のなかで、誠実に歩き回りながらも、とても几帳面に『慈覚大師入唐求法巡禮行記』という本を書いた。

先述したように『円仁日記』は、当時の在唐新羅人活動の様子を伝えており、それによって、わたしたちは在唐新羅人の歴史的位相を知ることができる。

そのおかげで、ともすれば忘れ去られそうであった、わが民族の最大の海上英雄、誰にも替えがたい自尊心である張保皐が誰であり、どのような活動をしたのか、若干知ることができた。さらに東アジア各国の人々に尊敬されたのはもちろん、彼が成した独特で、偉大な業績を他人の目線で、比較的に公正に、評価されることになった。

彼が他国人でもない、同族の卑劣な陰謀の刀剣に非業の死して一一〇〇余年、千秋の歳月が過ぎ、二〇世紀後半、かつて駐日米国大使であり、米・ハーバード大学東アジア研究所のE・O・ライシャワー（Edwin O Reischauer、一九一〇〜一九九〇）教授から、張保皐は、海洋植民地を支配した総督、海洋商業帝国の貿易王という大変格の高い称号を付与された。この高い評価は、韓国に大きな影響をあたえた。（ライシャワー、『前掲書』）

それまで張保皐は、韓国史で脇役にすぎなかった。その理由は日本の植民地史学の負の遺産と、その枠から抜け出そうとする歩みが遅かった学界の存在であった。実際、解放以後の数十年間の韓国史は日帝下、朝鮮総督府傘下の朝鮮史編修会が定立した「朝鮮史」をそのまま受け継いだ「韓国史」であった。そのために一九六〇年代ごろまで、張保皐に関する研究は、震檀学界の金庠基（一九〇一～一九七七）先生の論文「古代の貿易形態羅末の海商発展について」（『震檀学報』巻二、一九三五年）と、先のライシャワー教授の論文が、そのすべてであった。ここで既存の新羅・唐の文献から脱皮して新たな張保皐の生涯について検討してみたい。

**資料批判**

張保皐は元来、唐・徐州・王智興陣営の軍の少将であった。八一九年二月、藩鎮跋扈が終息すると、唐は張保皐を新羅所の第一代大使に抜擢して、高句麗系淄青節度使・李正己一家が支配していた文登県の領地を与え、赤山浦と法華院を設置するようにした。そして八二四年、貿易をするために日本を一度往復した後に、八二八年新羅に帰国して青海鎮を設置した。このことは新羅所・新羅坊を明らかにする過程で知ることが出来た張保皐の内歴である。張保皐の帰国過程は次のようである。

『新羅本記』興徳王三年（八二八）四月、「青海大使、弓福の姓は張氏であり、名は保皐である。早くに唐・徐州で軍中少将を歴任し帰国して、王を拝謁すると、兵卒一万人で青海（莞島）を鎮守するようになった」となっている。

同時に張保皐に関する最初の伝記は唐の杜牧（八〇三～八五二）の『樊川文集』巻六に収録された「張保皐・鄭年伝」であり、ここに記録された張保皐の帰国過程は次のようである。

「張保皐は新羅に帰国して、興徳王を拝謁して、中国のいたるところで新羅人が奴隷になっているので、願わくば青海に陣を設置して、海賊たちが人々を奪取して西側に逃げないようにしますというので、王はその要請どおりに、軍事一万を与えた。このことで大和年間（八二七～八三五）以後海上にて、新羅人を売ることがなくなった」とした。

両側に記録された張保皐の帰国過程は、ほぼ似通っている。学界ではこの記録などを額面どおりに信じてきたが、実は疑惑がないことはない。いわば『樊川文集』の著者である杜牧は、張保皐とほぼ同時代の人物であるだけではなく、『旧唐書』巻一四七巻「杜牧伝」によれば、彼は、在唐新羅人たちが集中していた淮江地域の淮南節官と観察御史を歴任した筈である。ゆえに張保皐が赤山法華院において活動したことをはじめ、在唐新羅人に関するいろいろな実情を知らない筈がないのに、これに対する関与は異常なほど一言も言及していない。

なおさらに「張保皐・鄭年伝」の1／3ほどが彼らに関するものであり、残りの2／3は彼の撰文（評価文）である。撰文の内容は、唐で起こった安史の乱のときに、たがいに仲が悪かった郭汾陽と李臨淮が、国家の危機に処した時はおたがいに合心したと激賛しあと、「張保皐に較べて見たところ郭汾陽が優越である」と強調した。いうならば彼が書いた「張保皐・鄭年伝」は、彼らのために書いたのではなく、実は自分の国の郭汾陽と李臨淮の関係を引き立たせた役回りにさせらたことにすぎない。

この結果、「張保皐・鄭年伝」の内容は、郭汾陽と李臨淮の関係にスポットをあてるために加工された部分が少なくない。

彼の文章の冒頭に「新羅人、張保皐・鄭年は、彼らの本国から徐州に来て軍中少将になった」とした。この句節が、張保皐が朝鮮半島から行ったという唯一無二の第一次資料である。

しかし　在唐新羅人の存在を全然言及していないので、結局、杜牧は在唐新羅人の存在を抹殺するために、張保皐・鄭年が新羅から来たと密かに暗示したともいえる。

このような事実は、張保皐が創建した赤山法華院址が、今日までその遺跡が完全に伝わっているにもかかわらず、これを記録していなかったことからしても確認することができる。

中国の学者たちが、中国の領土で活動した在唐新羅人たちの存在を抹殺するために、如何に汲々としていたのか、実感することができる。

（現代においても、高句麗が古代中国のひとつの地方政府であると一部の中国の学者たちが言い張っているが、中国政府がこれを黙認していることもよく似ている実例である）。

にもかかわらず金富軾は『三国史記』巻四三「金庾信伝」末尾の撰文において「中国の史書に少し残ってい

たがなくなり（微中国之書。則泯而無聞。）、乙支文徳の知略と張保皐の義勇が湮滅され伝聞することができなかった」として、杜牧の文章を激賞しながら、この文章がまるで新羅側の元来の資料のように処理することによって、多くの混乱を惹起してしまった。このような部分こそは、徹底的に暴かなければならない批判対象である。

中国の記録である『旧唐書』『新唐書』『資治通鑑』などは、『円仁日記』よりも百～二百年後に編纂された記録であり、在唐新羅人社会に関する記録はほとんどない。

『円仁日記』と同時代の記録として、もっとも多く張保皐に関する記録があるのは先述した杜牧の『樊川文集』だが、在唐新羅人社会の記録はない。

実は張保皐に関する『新唐書』の記録（巻二二〇、東夷伝）と『三国史記』列伝の張保皐に関する記述は、皆な『樊川文集』（巻六、張保皐）をそのまま引用しているに過ぎない。

当時の在唐新羅人社会に関する最高水準の記録が記されている『円仁日記』は、わが海洋史、歴史研究で第一級の資料であるといえよう。

張保皐はわが国の海洋史はもちろん、わが国の歴史の全貌に迫る上でも、重要な鍵をにぎる人物といえる。そこでまず、九世紀の航海を中心に、東アジアの海を航海して、張保皐と彼を生んだ歴史的背景について話を進めてみよう。

九世紀、黄海は東アジアの地中海的存在であった。黄海は東南アジアの海、そしてインド洋とアラビア海へとつづく、海洋文化の中心地であった。当時、ヨーロッパとアフリカ大陸の間にある地中海における交易文化は、東西へのローマ帝国の滅亡とともに衰退していた。これに反して東アジアは、唐の文化水準から分かるように最高水準の文明を謳歌していた。またこの時期はサラセン文化との接触時期でもあった。この時期にアジアの海洋史の主役として登場したのが張保皐に象徴される「在唐新羅人」集団であった。ここで「新羅人」でなく、あえて「在唐新羅人」としたのには理由がある。その理由は張保皐が新羅出身なのか、そうでないのかについて、いままだ明らかにされたものがないからだ。

また果たして、九世紀に新羅が海運政策を主導したのかどうかについても、疑問が提起されているからだ。元来、張保皐が海上活動に従事したという根拠は、九世紀中葉に唐を一〇年間旅行した円仁の日記に根拠をおくものなのだ。

先述のごとく我々が知っている新羅坊・新羅所などは、すべて『円仁日記』に記録された話である。これを根拠にして九世紀時代の統一新羅をひとつの海洋国家として見るのが国際的通念になってしまった。

ここで驚くような事実に直面する。すなわち新羅千年史には、国家間の朝貢貿易が記載されているだけで、民間貿易に関する記録は、ただの一件たりとも探すことができない。

民間貿易に関する限り、統一新羅は完全な不毛状態であった。『円仁日記』に記録された新羅人たちと、連結しようにも連結させる結ぶ糸口が全然存在しない。にもかかわらず、どうして新羅を海洋国家として見ることができるのだろうか。

残念ながら率直に言えば、『円仁日記』に記載された新羅人たちを無条件に統一新羅人として見たがために、統一新羅が海上国家のように見られただけで、統一新羅それ自体は、海上国家であったという根拠は何一つ探すことができない。

それは、張保皐に象徴される在唐新羅人の起源に関する問題でもあり、張保皐集団のアイデンティティーに関する革新的疑問ともいえる。これらの疑問は、張保皐に関する朝鮮、日本、中国の歴史的資料を見ればその結論がでる。資料のどこを見ても、張保皐が新羅出身だという、はっきりした証拠は探すことができない。しかしこれまで「張保皐は新羅出身」というのが定説になってきた。それはなぜか？

次は『三国史記』に記された張保皐関連のくだりだ。

「張保皐（新羅期には弓福）と鄭年（年は連ともいわれる）はみな新羅の人だが（皆新羅人）、ただ故郷と先祖は分からない（但不知郷邑父祖）。……ふたりは唐に行き（二人如唐）武寧軍少将となり、馬を走らせ槍を使うと敵う者がいない。後に保皐が還国し（後保皐還国）、大王（興徳王）に語るに……」（『三国史記』列伝、張保皐・鄭年編）

「夏四月に弓福、姓は張氏（一名、保皐）が唐の徐州行き（入唐徐州）軍中の少将となり（為軍中少将）、帰国して王に謁見し（後帰国謁王）……」（『三国史記』新羅本記興徳王條）

周知のごとく張保皐は、淄青が滅亡してから九年後の八二八年、現在の全羅南道莞島に清海鎮を設置する。これに関して『三国史記』は「新羅本記」と「列伝」で〝帰国〟、〝還国〟と表現している。そしてこれまでの一般的解釈は、唐で成功した張保皐が故郷に帰った後、新羅の朝廷を説得して、当時、黄海で跋扈していた海賊を掃蕩するために清海鎮を設置して大使になり、兵士一万人を指揮したというものであった。

しかし、この解釈には重大な過ちがあり、そのような解釈は、この間、張保皐の実体を理解するうえで障害となっていたのである。なぜそうなのか。このことから張保皐に対する評価の一端を知ることができる。

それは、「海島人」「巴側微」というものだ。これは「島の人」と非常に「微賤な」という意味で、張保皐の娘を王妃とすることに反対する、決定的な明文であった。

このことを根拠に、張保皐の身分が、新羅の主流社会、貴族階級の外に位置すると論じた。

先に引用したように、「弓福」、「弓巴」としている『三国史記』『三国遺事』の記述は、張保皐を卑下する意図があるもので、それは、新羅王室から反逆者の烙印を押された張保皐に対する新羅王室の考えが反映されている。では新羅の朝廷はそのような「微賤な」身分の張保皐に、清海鎮を任せ、大使という官職を与えたのか。なぜ一万人の兵士を指揮する権限を与えたのか疑問となる。

当時の新羅貴族社会での排他性は置くとしても、新羅の朝廷からすれば、張保皐はあくまでも唐で功を立てただけであり、新羅の朝廷のために功を立てたのではない。

そのような人物に対する新羅の朝廷の行為は、常識的にはとても理解できないことだ。どういうことであろうか？

「清海鎮大使」にこの疑問を解く重要な鍵がある。これは張保皐の職責に「大使」という称号だ。「大使」は新羅の官職には存在しない。

【大使】 唐の官職名称。唐代では節度使に節度太使・副太使・知節度使の区別があった。「およそ軍陣の大使と副大使はみな兵士を率いる「凡諸軍鎮大使副使皆有傔人」（『大唐六典』巻五、兵部條）。

唐は八二七年、山東半島・青洲にあった平盧淄青節度使を通じて、当時交易国であった渤海と新羅、日本に交通指示を通報した。そして新羅に中国へ使臣を派遣することを要請した。その翌年、八二八年二月に新羅使臣が入唐すると、莞島に清海鎮を設置することを指示して、四月に新羅所 第一大使の経験のあった張保皐を清海鎮大使に任命した。それから半年が過ぎた十月、最後の奴婢根絶令を下達した。

このように唐は「交通指示」を通報して、東アジア各国に航海条例を整えた。そして唐は、山東半島と日本の九州をつなぐ赤山航路の中間地点である莞島に清海鎮を設置することによって、当時、鎖国政策を執っていた新羅を東アジア貿易市場に引き込もうとしたのだ。

「在唐新羅人たちは「新羅坊」、「勾当新羅所」という新羅人を管理する専門機構があって「押衙」、「大使」、「総官」などと呼ばれる藩坊自治機関の責任者の官職名称があった。官職名も所が変われば別の名称となるが、主に（江・淮）一帯の新羅坊責任者を総官と呼ばれ、山東半島一帯は「押衙」または「大使」と呼ばれた」。このことは「大使」とは唐の官職名称であり、新羅朝廷が張保皐に与えた名称でないことの根拠である。

莞島港は李朝時代の李舜臣将軍でさえ、「まことに湖南第一の要衝の地」であると感嘆を惜しまなかった軍事的要衝の地であった。

莞島港は周囲の島々にかこまれ、自然的防波堤を備え、水深も深く、港として最適の条件を備えていた。それだけでなく裏山の東方峰と南方峰に登れば、遠近の島々が一望することができ、莞島港は天恵の望楼であり、海岸の要塞として最適の条件を具備している。

八二四年、赤山航路をたどり、日本を往来していた張保皐は、このような莞島の情勢について、綿密に把握していたであろう。

莞島は赤山航路の中間地点に位置していたので、張保皐としては貿易港としてこれ以上の良い条件を備えたところを探すことができなかった。

当時、清海鎮を設置した張保皐は、少なくとも二艘の交換船と一艘以上の廻易船を所有していた。ここでいうところの廻易船は、唐の官庁淄青節度使の資本金で運営する貿易船である。そして廻易船は純粋な民間貿易船で、船舶と運営資金は、すべて民間人所有である貿易船である。当時、張保皐の交換船を運航していた船長は、崔暈十二朗という「対唐買物使」であった。当時、清海鎮の交換船貿易は、淄青節度使が提供する資本金と張保皐の民間船舶、そして船長である崔と結合した半官半民形態の貿易であった。ここで得た収益は官庁である淄青節度使と、船主である張保皐、船長である崔と分け合うことになっている。当時、淄青節度使は、官庁の財政をここから得た収益金から調達していた。

このように唐が、清海鎮を設置した名目上、奴婢根絶を標榜しているが、実際には鎖国政策を指向する新羅を、東アジア交易市場に引き入れて、交換船貿易をつうじて、経済的利得を獲得しようとする唐の輸出促進政策の一環であった。

## 半官半民貿易の起源は隋時代に始まる。

高句麗を侵攻した隋の煬帝は、政府の財源を調達するための方便として、首都と地方の各州に、官庁資本である公廨（官庁）銭を提供して、交易で得た収益を公用に充当するようにした。その後、この形態の貿易は、唐の武徳年間（六一八～二六）から外国貿易商人である藩官との交易で得た収益財源を調達する方法に転換したのだ。ここでいうところの藩官とは、まさに張保皐の交換船を運航していた船長、崔のような外国貿易商である。

ところでこのような交換船貿易は、元時代になると政府が船舶を提供する、いわゆる「官自具船」形態の貿易に発展する。

元の時代は官庁が船舶と資本を提供して、外国人貿易商を専門経営人として選抜して、貿易で得た利益を、官庁と商人が七：三の比率で分け合った。このような「官自具船」形態貿易は、元来フビライが構想しており、彼の死亡とともに中断してしまったが、唐時代にあった交換船貿易の発展形態であった。

## 進出背景と門戸開放

八二八年四月、新羅に到着した張保皐は、清海鎮の大使として新羅の興徳王を禮訪すると、興徳王は、当時新羅を外交的に統制していた淄青節度使所属の大使資格できた張保皐の要請により、莞島を清海鎮として解放することを許可した。

ところで当時、莞島は私有地であった。実例として円仁が帰国する時に、寄着した全羅南道の多島海地域の枯草島を「新羅大三宰相」、現在の国防長官に該当する兵部令のことで、彼の放馬処であったという。このように当時、西南海岸の数多い島々は、新羅貴族ないし権府の個人的な所有地であり、これらの島々は彼らの田畑・荘園、放馬処ないし狩場として使用していた。

このように私有権が成立していたので、興徳王は、たとえ清海鎮を解放したものの、すでに私有化された土地まで勝手に下賜することができなかったので、ただ港と居住地、航海寺刹など建築する住居用敷地は許可された。そのような理由から、王の土地を与えようとすれば、「食邑」という一定の面積の収税権を与えるのが原則であった。この場合、下賜量は土地の面積のかわりに、居住する戸数で表示する。のちに清海鎮に亡命していた金佑徴が神武王に即位したあと、張保皐に下賜した食邑二千戸が、そのいい例である。

ともかく唐の圧力で清海鎮が設置されると、この機会をねらって在唐新羅人たちが、ひたひたと新羅に押し寄せてきた。そしてかれらの競争的輸出で、新羅に東アジアの奢侈品などが洪水のように押し寄せて来はじめた。

当時、新羅は骨品制という社会的身分秩序を維持するため、身分の序列にしたがい衣服、装身具、車、生活什器、家屋など厳格に差別化されていた。ところが門戸開放にともない、海外からいろいろな奢侈品（孔雀尾、玳瑁、翡翠簪、紫檀、沈香など東南アジア産、その他アラブ産など）が大量に輸入され、民間に拡散されはじめて、漸次、新羅社会は日本の場合のように社会秩序体系が崩壊しはじめた。門戸開放がついに、新羅の社会秩序体系を根底から揺さぶる政治的危機を招くことになった。

状況がここまでくると、清海鎮が設置されて、わずか六年の短期間に終止符を打つことになる。八三四年興徳王は、門戸開放取り消し特別教書を公表した。その間、鎖国政策で産業経済力が脆弱であった新羅としては、どうしようもなかったのである。

日本は輸入品にたいする価額統制で対抗したが、新羅はあえて、門戸を閉鎖してしまったのだ。この点において、民間貿易に対する新羅と日本、二国の対応方式は対照的である。

## 王位争奪と清海鎮亡命政権

**王位争奪**　興徳王九年（八三四）奢侈禁止令によって、門戸開放が取り消しによって、張保皐の莞島進出は空しくなった。一方で新羅側としても、唐の朝廷に直接、清海鎮撤収を要請できる立場ではなかった。そこで新羅朝廷は、当時、莞島を統括していた武州（光州）都督、金陽をつうじて、間接的に張保皐が莞島港をこれ以上利用できないようにした。

状況がこのように難しくなると、張保皐は莞島の島主と妥協を試みたが、すでに武州都督金陽に指示された島主もどうすることもできなかった。張保皐も同じく引くに引けない立場であった。

万一莞島以外の地域に張保皐を移転することになれば、清海鎮を許用した枠組みから離脱することになり、羅・唐間の複雑な外交問題に飛火する可能性があるからである。

このような状況で興徳王は翌年逝去（八三五）した。興徳王の逝去はすぐに王位争奪戦に直結した。そこで仕方なく張保皐は、清海鎮を莞島港から北側に、約七㎞離れた所に「助音島」または「将軍島」と呼ばれた、莞島に所属する将島に移転した。

将島は海抜四二mの山で成り立っているが、島の周囲が一二九四m、面積も一〇町歩ほどの小さい島である。そこで島主側と対置して、新羅の対外政策の変化が訪れることを待機するしかなかった。

ところが八三五年、前年鎖国主義への転換を決定した興徳王が急死した。跡継ぎのない興徳王の死は、激烈な王位争奪戦へと突入した。

興徳王の従弟派と堂姪派の争奪戦で、先に機先を制したのは従弟派であった。彼らは堂姪派より先に王宮に入宮して、王座を占領するのに成功する。しかしまもなく堂姪派は兵力を動員して、従弟派を追い出した。その過程で従弟派の首長金均貞（神武王）の父、金均貞が殺害された。父をなくし、すでに新羅全域が堂姪派の勢力圏におかれた状況では、身を避る所さえ、どこにも見当たらなかった。堂姪派の報復が迫るなか、金佑徴が思いついた窮極的選択は、避身先を治外法権地域であり、軍事力もある張保皐が留まっている清海鎮に行くことしかないと決心して、妻子を連れて亡命した。

## 亡命政府

張保皐としては、金佑徴の亡命は、新羅の対外政策を転換させる絶好の機会の到来と捉えた。一方で従弟派の首長金均貞を殺害し、政権を掌握することに成功した堂姪派の金悌隆は、第四三代僖康王に即位した（八三六）。しかし僖康王を擁立していた興徳王の甥、金明と利弘とが共謀して僖康王の側近を漸次除去した。それに脅え極まった僖康王は自ら自殺して、結局、金明が第四四代　閔哀王に即位した（八三六）。

その間、清海鎮にて亡命生活をしていた金佑徴は、金明のクーデターの消息に接すると、機会到来と判断して、張保皐に支援を要請した。すると張保皐は、金佑徴を新羅王に擁立することによって興徳王の奢侈禁止令（八三四）を解除させて、再び貿易の再開を確保しようとした。

クーデターを成功させるためには、軍事力と対外的合法政権として、認准を得るという二つの条件が必要であった。

ところで、当時、清海鎮には新羅の政府軍に対抗するほどの軍隊はなかったが、幸いなことに金佑徴の父である金均貞の部下のなかに、莞島の清海鎮を管轄する武州（光州）都督を歴任した人物がいた。金陽である。彼は皮肉にも興徳王が鎖国政策に復帰を宣言すると張保皐を圧迫して、莞島から将島に追い出した張本人である。

そのようなことで、張保皐として不愉快であった。しかし、新羅首都月城（慶州）侵攻の基地として全南地域の軍事要衝の地である武州を掌握しなければならず、そのためには金陽が必要であった。しかしこの結託は後日、張保皐にとって大きな悲劇の種になる。一方で金陽は金佑徴が張保皐と合勢して、反撃を加えるとの消息を聞くと、即刻、以前の部下たちをつうじて軍隊を募集した（閔哀王元年二月）。

## 月城侵攻

第一次作戦は、全南地域の軍事要衝の地である武州を無力化することにあった。第二次作戦、鉄冶県（羅州郡南平）への侵攻は、軍量米を確保するためである。最後の第三次作戦は、最終目的である新羅の首都月城を掌握するためである。

ところで、金佑徴が王権を掌握するうえで、兵力募集と三次にわたる作戦遂行は、すべて武州一帯に縁故権を持つ金陽が主導したものである。

他の一方では、金佑徴亡命政府に対する外交と軍備支援は、張保皐の役割であった。まず張保皐は、治外法権地域である清海鎮に入ってきた金佑徴を受け入れることで、金佑徴の政治的亡命を可能にした。そのうえに張保皐は、唐から亡命政府の公認を受けるという外交的工作に成功した。

その結果、亡命した金佑徴政権は一夜にして正統政権となり、月城政権は傀儡政権に転落した。これが当時、長い期間、冊封体制で手懐けてきた新羅権力の生理構造であった。

最後に張保皐は、金佑徴政権の戦争負担金を担当した。張保皐は交換船二艘に、廻易船一艘以上を所有していた稀な海商財閥であった。彼は海上交易基盤を整えるために投資の一環として、当時、貿易で蓄積した富を相当量を戦費に拠出した。

二年にわたり、金佑徴の亡命政府が動員した武器と軍糧など莫大な戦争費用を張保皐は負担した。そのゆえに月城に入城した神武王は即刻張保皐を感義軍使に遇して、食邑二千戸を下賜して、自身の感謝の気持ちを表した。

張保皐がいない金佑徴の神武王の即位とは、あり得ない所以である。このような金佑徴を中心とした清海鎮亡命政府は、外交と財政担当していた張保皐と、募兵と作戦指揮をしていた金陽に役割分担を達成した、いわば一種の政経癒着の形態が際立つ。

神武王は、不幸にも即位してわずか三ヶ月で逝去した。その結果、神武王の息子、文聖王が王位を継承した。ところで幸いにも文聖王は父親金佑徴とともに清海鎮に亡命していたので、即位（八三九年七月）すると、即、張保皐を「鎮海将軍」に処して軍装を下賜した。ところで参考までに、張保皐が神武王と文聖王から付与された「感義軍使」と「鎮海将軍」という職責は、新羅の官位でなく唐の官爵である。この点を見ても張保皐は新羅人ではなく、淄青節度使の大使資格で派遣された在唐新羅人であったことを、あらためて確認することができる。

## 張保皐の被殺と羅・唐間の外交紛糾

門戸開放約束していた神武王は、即位して三ヶ月で逝去して、彼に代わり、王位を引き継いだ文聖王は、なかなか門戸開放に動く様子がなかった。そのため神武王が即位するときにはわずか一ヶ月たらずで冊封使を派遣していた唐は、文聖王が即位したにもかかわらず、冊封使の派遣を延ばしていた。

ところでまさに好事多魔とはこのような状況のことで、張保皐にとって、取り返しのつかない事件が一つ発生した。かれが厄運に出会ったのは、「鎮海将軍」という官職のためである。

『続日本後紀』に当時日本九州を管轄していた大宰府が、張保皐のことを、日本朝廷に次のように報告している。

「新羅国臣下である張保皐が使者を派遣して、方物を送ってきました。しかし一般百姓と臣下には外交権がないために、彼らを即刻、在唐新羅人居住する鎮西に追放しました」（『続日本後紀』八四〇年一二月二七日）。

当時、外交権は一国の国王だけが司る行事であり、排他的な固有権限であった。そうであるにもかかわらず、張保皐は鎮海将軍という官名で朝貢することによって、新羅の王権を籠絡した格好になった。ところが、このような外交紛糾を起こした張本人は、当時、張保皐の傘下にいた李という部下であった。彼は張保皐の命をうけ、大宰府側に贈り物を伝達する際に落度があり、このような羽目になった。おそらく張保皐としては、新羅王室の厚い信頼を受けるに至り、自身の領域を日本にまで拡大したいと思っていたはずであったろう。そこで日本との友誼を維持するために、李をつうじて贈り物を送ったのだが、その過程で李が結局のところ外交紛糾を引き起こしてしまったのだ。

李から一部始終報告をうけた張保皐は激怒した。

張保皐の激怒はさらに事態を悪くした。張保皐からきつい叱責をうけた李は恨みをいだいて武州都督の秘書役の閻長に投降し、月城に逃亡して日本であった外交紛糾の実情を密告してしまう。この時から文聖王と張保皐の関係は急速度に冷却しはじめた。

さらに張保皐に新たな難問が重なる。『三国史記』に、文聖王三年（八四一）春、京都（慶州）に病が流行した。一吉飡（七等官名）弘弼が謀叛を試みたが、事実が発覚し逃亡して海島に逃げたので捕まえようとしたが、捕まえることができなかったと表現している。海島とは清海鎮のことで、張保皐は弘弼を月城に圧送せず、彼の亡命を許したのだ。しかし、新羅朝廷から見る時、この事件は深刻な問題であった。万一このような亡命事態が継続する場合、第二、第三の金佑徴が誕生することがありうるからだ。

しかも、漸次、張保皐の影響力が増大していくと、最悪の場合、張保皐を媒介とした淄青節度使の圧力が漸次加速され、新羅は完全な唐の属国、ないし属州に転落する危険さえはらむ。治外法権である清海鎮に留まる張保皐は、神武王と文聖王と継される新羅王権の形成過程において絶対的な貢献をした人物であるが、まさにそのために王権をもって制圧できない危険な存在であった。その結果、張保皐の除去は、新羅王室の政権安保次元で、絶対絶命の課題として浮上してきたのだ。

清海鎮と新羅朝廷の関係がこのように険悪になってくると、八四一年七月に、唐朝廷は新羅の官吏として、唐の兗州都督府司馬であった金雲卿を新羅に派遣して、新羅側が門戸開放すれば、文聖王を冊封するという条件を提示した（『三国史記』では、この時に冊封したとなっている）。しかしすでに新羅朝廷の意志は、張保皐の除去の方に傾いていた。張保皐を生かしておく場合、第二の金佑徴事態と門戸開放が、不可欠であることをあまりにもよく知っていたからだ。

清海鎮に留まっている張保皐に対する位相を把握すると、新羅朝廷は、唐側の外交攻勢に全面的に対応せず、張保皐の除去作業に入る。その結果、興徳王の門戸開放取り消しで悪縁となったが、神武王擁立を契機に協力関係に転換した張保皐と金陽は、またしても悪化一路に突き進む。金陽は兵部令（現在の国防長官）であった。金陽はまず月城侵攻当時、六名の部長で、首席であり、彼の部下であった閻長を選んだ。そして閻長を武州都督の秘書に任命して、張保皐の除去作業に着手させた。

金陽は閻長を利用して張保皐の暗殺を企図した。『三国史記』「新羅本記」四六、「文聖王」にその過程を次のように記録している。

「閻長を偽りで叛国したようにたくらみ、清海鎮に投入するようにした。弓福（張保皐）はこの将士を愛していたので、疑心なく迎え、彼を上客として扱い、ともに酒を飲み、楽しみ、彼の持て成しは至れり尽くせりであった。彼が酔うと、弓福の刀を奪い、惨殺して、張保皐の手合いを呼び寄せ、説得すると、彼らは跪いて皆、屈服した」。

張保皐は、信頼していた裏切者の刃で、あっけなく斬られ運命を異にした。八四一年十一月の出来事であった。

閻長は張保皐をはじめ、反抗した部長李と張保皐の息子など清海鎮首脳たちの首を取って手柄の証として月城に持込んだのであろう。当時は暗殺を実行した敵将の首を取って、上部に捧げるのが慣例であったからだ。その結果、首のないかれらの亡骸だけが、千年の間、将島のわびしい山の麓の雑草のなかに埋まって沈黙を守ってきたのである。

ともかく清海鎮大使・張保皐の暗殺によって、新羅と唐の外交関係は延べ五年間、膠着状態にはまった。もちろん文聖王にたいする冊封も、なされることもなかった。このような状況のなかで、使臣を先に派遣したのは新羅側であった。

『旧唐書』巻一八「武宗本記」によれば、八四六年二月に新羅使臣金国連を唐に派遣した。当時、金国連は張保皐を除去するほかなかったと、唐に弁明した資料を持参して入国した。

ところでこの資料では、張保皐が自身の娘を新羅の王妃に座らせようとしたが、事がうまく運べず反逆を試みたとした。張保皐を殺害した武州秘書である閻長は、金陽の手下人でなく、単純に意気衝天した民間人として偽装されている。

そして張保皐の暗殺も、八四一年でなく、八四六年と記述されている。張保皐の死による外交粉争、断絶の事実を隠蔽している。

しかも本文を見ると、中国人たちが好むような中国の故事をならべたて引用しながら、張保皐の除去を正当化している。しかしながら当時、衰退一路であった唐としては、真相を把握していたとしても、五年が過ぎた今に至っては、事を荒立てる状況ではなかった。しかも張保皐は唐にとっては、刺激的な在唐新羅人であった。そのようなことから新羅の公式謝罪で状況は終了となり、羅・唐関係は急転して解氷の雰囲気に転換するに至る。

『円仁日記』によれば、金国連が入唐した次の年、八四七年三月十日、入新羅告哀兼弔祭冊立等副使として太子通事舎人賜緋魚袋、金簡中と判官王朴などが、青洲乳山浦に到着して船に乗って海を渡る。この時、六年前に逝去した神武王と、彼を継承した文聖王の即位を一度に承認する条文―冊封使を派遣した。

円仁が帰国するときに、しばし留まったある島で聞いたところによれば、この時、条文―冊封使の規模は、約五〇〇名に達する大規模の使節団であった。これをもって張保皐除去後、六年も継続してきた外交紛糾は完全に終息してしまった。

しかし『新羅本記』は金国連の派遣も記録しないだけでなく、知覚、使節団である弔問―冊封使に関しても全然言及しなかった。

その代わりに他の偽作を試みる。それは文聖王三年（八四一）七月条である。

これを見ると、唐が金雲卿を本国に送還し、『唐会要』巻九五「新羅伝」の内容（前述、引用）をそのまま引用した後、これにつづいて唐から帰国した新羅人金雲卿が、新羅文聖王を「開府儀同三司検校大尉使持節大都督鶏林州諸軍事兼持節充寧海軍軍使上柱国新羅王」に冊封したと付け加えた。

実際には冊封した八四七年よりも六年も引き上げて冊封されたように捏造したものだ。

これは後代の歴史編纂者たちが挿入したもので、唐から冊封されていない政権は、合法的伝統性が保証されたのではないために行われた歴史の美化であるが、ともかく呆れた偽作そのものである。

しかしながら、このように張保皐を取り巻く羅・唐間の外交紛糾が終息しても、新羅はすぐに清海鎮を閉鎖できなかった。唐の機嫌をうかがったためである。

新羅で清海鎮が閉鎖されたのは、羅・唐間の外交関係が再開されて四年が過ぎた文聖王一三年（八五一）二月に至ってからである。「清海鎮を閉鎖して、そこの民を碧骨郡（全北・金堤）に移島」とした。莞島全体の空島化でなく、将島—長佐里一帯の張保皐系列の移住であった。なぜなら『三国史記』巻三二「祭祀条」に記載されていた将島が中祀処に指定されたためである。新羅領域には国が祭祀を行う場所として、大祀が三ヶ所、中祀が二三ヶ所、小祀が二四ヶ所あった。従って将島を中祀処に指定したのは将島（清海鎮）に対する唐側の縁古権を封鎖するための措置であったようだ。

張保皐の後に清海鎮が閉鎖されたのは、即ち清海鎮が新羅固有の海運力によって成立された制度的装置でなく、実は張保皐の本国進出によって成立した一過性の存在であったことを雄弁に吐露したことになる。

張保皐は八～九世紀、東アジア海上貿易を主導した在唐新羅人として、当時、彼らの貿易独占を憂慮した唐朝廷の政策にともない、青海鎮大使に任命された人物である。新羅人でもなく唐人でもない、そうでありながら唐の官職を受けて、新羅で活動した張保皐の微妙な位相は、彼を清海鎮の大使にして一時期、栄光を花咲かせた。

しかし張保皐は、結局のところ、自身の微妙な位相のために、新羅と唐両国から捨てられ、莞島の山の麓の雑草のなかに、千秋の歳月を風雪に耐え、空しく埋まっていたのである。

## 張保皐の出生地

最後に張保皐の出生地について他の記録がある。『樊川文集』に、張保皐と同郷出身の鄭年は、徐州、武寧軍から除隊した後、連水県に落郷していたが、ここの連水戍将・憑元規と深い詳議の後に帰国した。このように憑元規が張保皐と鄭年の人間関係を詳細に知っていたことは、かれらが皆、連水県の同郷親友たちであったことを暗示している。ほかにも張保皐の交換船を引率していた崔暈十二朗も張保皐の被殺後、連水県新羅坊に落郷していたが、帰国の途に就いていた円仁と逢って（会昌五年七月八日）いる。

このように、張保皐と義兄弟・同郷親友、および腹心部下の縁故地が全部連水県である。同時に連水県に所属する四州と張保皐が入隊した徐州はすべて、唐時代、河南道であり、淮水とその支流の泗水に連結された隣接地域である。結局、張保皐と鄭年を連水県出身の在唐新羅人として見れば、彼らが唐の厳格な国際的制限を受けず、連水県に隣接した徐州に入隊したということも自然に解明できる。

張保皐は清海鎮の大使として活動していて、衰退する新羅政権に連累して、不慮の死にいたったが、在唐新羅人たちに残した話題は「土着化」問題であった。そのようなわけありの土着化という話題は、張保皐を引き続き、開城商人の実質的な代父になった王建を眺望する重要な予測が抬頭する。

## 第二節　張保皐「百済系在唐新羅人」説の諸根拠のなかのひとつを探ってみる

このことはわたしにとっても、仁同張氏三十三代に連なっているので関心深いことがらである。

現在、張氏には、仁同張氏および安東張氏が多数をなしているが、興城張氏、木川張氏を除外した他の張氏は、みな安東張氏から分かれたとしている。徳水張氏と浙江張氏は、高麗時代と李氏朝鮮時代に中国からわが国に帰化したことがはっきりしているからだ。

ところが近来、仁同張氏と安東張氏との血縁的関係が、疑問視されている。

李氏朝鮮中期の百科事典である『大東韻府群玉』には、仁同張氏の由来について、安東張氏からの出であるという説とは異なる記述がなされている。

ともかくこれまでは、安東張氏を源にするとされたので、わが国の張氏はみな中国に由来したとされ、張氏は中国の姓氏であると認識されていた。それは一九六〇年、中国・河南省で発見された、百済遺民出身の唐の武将—難元慶の墓石に対する調査、研究によって明らかになった。

それによれば、難氏だけでなく張氏、王氏、和氏などが百済の姓氏であり、これらの姓氏が扶余族の姓氏あることが分かった。

その結果、王仁博士（日本に漢字と論語を伝えた百済の博士）の王氏が、百済の一般的な姓氏のひとつであること、既存の中国の史書にある姓氏だけでなく、百済には多様な姓氏があったことが分かった。

一例をあげると、高麗時代に入り、中国からの百済系の遺民が多数帰国してきた。中央日報社の刊行した『姓氏の故郷』をみると、そこに収録された二六〇個の姓氏と、八百余個の本貫のなかで、各姓氏の始祖が高麗時代に中国から移住して来て、高麗朝廷から官職を受けたと記録された姓氏だけでも、なんと六〇余であったという。

ところで一九八八年、経済企画院が発表した〈韓国人の姓氏及び本貫調査〉に表れた二七五の姓氏のなかで、金、李、朴、崔、鄭など五大姓氏の占有比率は金氏が二一・七%、李氏一五・七%、朴氏八・五%、崔氏四・七%、鄭氏四・四%で、全体人口の五四%を占める。

これに比べ高麗時代に移住して来た姓氏は、たとえ六〇個といえども人口占有率は、それほど多くない稀貴姓などである。

しかし、わが国で二七五個姓氏のなかで六〇個の姓氏が高麗に移住して来たということは、おろそかにできない出来事である。

中国の姓氏と族譜システムは、高麗時代に入ってわが国に普遍化したのも、まさにこのような歴史的脈絡から由来したものである。つまり張氏という姓氏が中国に由来するものとする一般的な見方は間違いだということだ。

にもかかわらず、始祖の起源をともかく遙か昔として、中国と結び付けているのは「箕氏東来説」に基づき、小中華を称した李氏朝鮮の事大主義的考えからはじまっていると思われる。また一方では、わが国の古代史の資料が、多く失われていることも背景にあると考える。これらの内容からしてわたしたちは、『新唐書』の編纂者である宋祁が「唐に保皐」とした、その背景を垣間見ることができる。

次に張保皐が姓氏である張氏を通して、張保皐が「百済系在唐新羅人」という説の根拠をみてみる。

七三二年、渤海海軍を率いて唐の登州を攻撃した渤海の武将の名前は張文休だ。

また張保皐、在唐新羅人に関する中国と日本の史書の記録には張詠、張従彦、張支信などの名前がある。

これらのことから、本来は姓氏がなかった弓福が後に立身出世し、姓と名前を得て張保皐と名乗ったという、これまでの説には問題があることは間違いである。つまり張氏という姓氏が中国に由来するものとする一般的な見方は勘違いだということだ。わが国の姓氏族譜をみると、ほとんどの始祖の起源が、はるか昔の中国にはじまると記録されている。中には中国・神話時代の人物にまでむすびつけている記録も少なくない。

むろんわが国の歴史は東北アジア史の一部でもあり、氏族の移動も活発であった。しかしながら族譜の起源は中国・北宋時代にはじまっており、わが国で一般化したのは高麗末から李氏朝鮮初にかけてからである。むろん、これらの内容が張保皐を「百済系在唐新羅人」とする根拠のすべてではない。(金聖昊『前掲書』一巻参照)

# 第七章　コリアを創建した王建 ―在唐新羅人の後裔―

## 第一節　在唐新羅人たちの朝鮮半島上陸作戦

清海鎮設置（八二八）の翌年である興徳王四年（八二九）二月、新羅は登州航路の起点である京畿湾の唐恩郡を、軍港体制にある唐城鎮に改編した。そして八四一年一一月に張保皐を除去して、三年が過ぎた文聖王六年（八四四）八月に新たに江華島に穴口鎮を設置した。

このように清海鎮の情勢が変わるたびに京畿湾の境界が後追いして強化された。

軍港というのは海上作戦を遂行するための施設であるので、京畿湾に海防体制を次々と強化したのは、黄海の海上権を掌握していた在唐新羅人たちが、京畿湾に浸透し始めたことを物語る。このことはすでに三上次男が考古学的に指摘したことがある。

「九世紀中葉以後、活発に生産されていた南中国の長沙の銅管窯瓷と越州窯青磁が慶州でなく西海岸地域に……すなわち江華湾北岸である黄海道、龍媒島と京畿道、仁川地区をはじめ忠清南道、扶余地区で発見されたことは、まさに新しい政治・経済の中心がこの地域に形成されていたことを反映するものだ。（「朝鮮半島出土の中国唐代陶磁器とその歴史的意義」、『朝鮮学報』第八七輯、一九七八）

このように、新羅側の海防体制が次々と強化された九世紀中葉から、月城からもっとも離れた京畿湾沿岸に、在唐新羅人たちの頻繁な往来で新しい歴史の波頭がうねりはじめたのだ。

このような風雲の地に風雲の人物が誕生することになった。この人がまさに新羅・憲康王（八七六）正月、松岳郡（開成地方）で誕生した高麗太祖王建である。

新しい歴史の予告であった。

張保皐死後、三六年ぶりであり、清海鎮が閉鎖されて二六年目である。在唐新羅人たちの歴史舞台は清海鎮から京畿湾に移転しつつあった。

九〇三年三月、王建は水軍を率いて西海に下り、後百済の錦城郡と周辺の一〇郡県を占領して、羅州とした。六年が過ぎた九〇九年に海軍大将または百舡将軍として、羅州を守りながら後百済が浙江省の呉越国に送る使臣船を拿捕することもあった。王建は京畿湾の艦船を引率して羅州と珍島など栄山江河口と西南海岸の島々にはびこる海賊たちを掃蕩した。

同じく九二七年には、水軍を康州（晋州）に派遣して四個の県を陥落させるなど、わが歴史において海上勢力として、ひとつの国を創建した唯一の人物である。

王建の家系は大変独特である。一説には先祖が高句麗系または渤海人とも言われた。

王建の族譜は『高麗史』序文の「高麗世系」に収録されている。これを見ると、「高麗の先代に関与する歴史記録が詳細でない。太祖実録・即位二年条に王建の三代祖先を追尊した」として、次の内容を記録している。

始祖：元徳大王（曽祖父）—荘和王后（曽祖母）
懿祖：景康大王（祖父）—元昌王后（祖母）
世祖：威武大王（父親）—威粛王后（母親）

これがいわゆる〝三代追尊〟ということだ。太祖王権の父親は世祖（威武大王）であり、祖父は懿祖（景康大王）、そして曽祖は始祖（元徳大王）になっている。これが五〇〇年王業を創建した高麗太祖の公式的族譜のすべてである。族譜が簡単で良いのだが、実は、ものものしい諡號の実態が誰であるか、公式的に記載されたことはない。

姓もなく名前もない。これは祖先を誰であるかを語るのではなく、反対に誰が誰であるかを全然分からないらないように、わざと濃い煙幕を撒くのとなんら変わることはない幽霊名札である。読者たちはおそらく世上にこのような族譜があるかと反問するだろうが、これが厳然な事実である。一般的には建国始祖の血統の話は、そうでないものまで補充して誇張するのが慣わしであるにもかかわらず、この場合は正反対である。あるものまで記録していない感を禁じえない。何故このように祖先のルーツを隠さなければならないのか？

ところで高麗太祖王建の父系三代については諸説があるが問題の核心は〈龍建─作帝建─唐貴人〉と継ぐ父系三代は『高麗史』に記録されている三代追尊に正確に対応している。

第一代世祖　威武大王は　父親　龍建であり

第二代懿祖　景康大王は　祖父　作帝建であり

第三代始祖　元徳大王は　曽祖父　唐貴人である。

七五三年に唐貴人が禮成江にたどり着き、満潮になった川岸に銭袋を積んで上陸した。この場所が後代まで地名として残る銭浦である。

唐貴人が富豪であった宝育の家に泊まると、宝育は彼が中国の貴人であることを気付いて、娘辰義を送り込み同寝するようにした。唐貴人は一ヶ月ほど留まった後に「私は大唐の貴姓である」と言い残して、唐に忽然と行ってしまったあとに、辰義はかれの息子を出産した。かれが後日、王建の祖父になった作帝建である。かれは百発百中の名弓手として、一六歳の時に父親に逢いに商船に乗って唐に行く途中、新羅人を除去せよという威脅に追われ、海のなかに飛び込んで龍宮に行って鄭重な待遇を受けた。

この時に作帝建が王になることを希望すると、龍王は娘龍女を与えながら語るに「あなたは子孫として三番目の建を待ちなさい」とした。よって作帝建は龍女を連れてきて松岳南側の康忠旧居にところをかまえ、四兄弟をもうけたが、長男の龍建がまさに王建の父親である。龍建は道詵大師（八三六～八九九）が指定した馬頭名堂に家を建て、王建を生んだ。朝鮮を創業した李成桂に無学大師がいたとすれば、王建には高麗創業のイデオロギーを提供した人物は道詵太師であった。

わが国の風水地理説の始祖と呼ばれる道詵（八二六～九九）は、清海鎮に隣接した塩岩で生まれた。道詵は幼い時から塩岩で育ちながら通商摩擦をめぐる張保皐と新羅王室との熾烈な貿易紛争と、王権をめぐる闘争を自身の目で直接目撃した。張保皐が命を落として、清海鎮が閉鎖されたが、この事件を契機に道詵はすでに新羅の衰弱を皮膚で感じることができたし、そのゆえに彼の関心は月城よりも新たな機運が芽える開城に傾いていた。

ところで道詵のこのような状況認識は、単にかれの個人的見解だけではなかった。

道詵より一世代ほど年少であり、中原でその文章でもって、名をなした崔致遠（八五七～?）までもが「鶏林新羅は黄葉で、松岳高麗は青い松」と吟じるほどであった。当代の大文豪である崔致遠と、風水地理の大家である道詵が、このように一言で月城の衰落と開城の隆盛を予見したということは、すでに歴史の舞台が閉鎖社会である月城から、開放社会を指向する「海の都市」開城に移り変わっていることを雄弁に物語るものである。

このような時代雰囲気であったので、後三国の英雄たちは皆、海上勢力であった。

道詵大師によって船の申し子であるとした王建の運命がそうであったように、後三国をもって王建と覇権を競った後百済の甄萱（八九二～九三六）もしかり、新羅の海岸警備を担当していた「西南海防手」出身であったが、海上豪傑として頭角を表すことになった。

統一新羅を存立させるために、張保皐を除去して清海鎮を閉鎖するために西南海岸を封鎖したとすれば、西南海岸の開放は、まさしく新羅のセンター月城の崩壊につながったといえる。そしてこのようなセンターの崩壊は、その周辺部にいた西南海岸勢力に新しい気運を吹きこんでいった。これがまさに新羅、高麗、後百済が覇権を競った後三国時代（八九二〜九三六）の到来であった。

ところで当時、新羅は漸次地方に対する中央の統制力が弱まり、城主、将軍を自称する豪族たちが地方の各地で新たな勢力として抬頭していた。彼ら豪族たちは、自身の勢力を拡張する上で風水地理説というイデオロギーを積極的に利用していた。

道詵はまさにこのように中央貴族たちに脚光をあびた風水地理説が、地方の豪族社会に拡大する過程において重要な役割を果たした羅末・麗初の僧侶であった。道詵は王建が生まれる前に王建による高麗の創業を予見していた。

## 『編年通録』

第一八代毅宗（一一四七〜七〇）の時、検校軍紀監・金寛毅が多くの人の私蓄文書を訪問・採集して作成した王建の私纂族譜）を見ると、王建の父、龍建が開城南の燕京宮鳳園亭城址に新しい家を建てようとした時に、龍建がその所を通りながら「粳黍（うるち米、きび）を植える土に何故麻をうえるのか（種禾祭之地　何種麻也）」と叱咤する場面がでてくる。この声を聞いて驚いた龍建はすでに知っている龍建とともに新たな家の敷地を物色していたが、松岳山に登ることになった。ところで松岳山に登った道詵は四方を眺めた後、次のように予言した。「地脈から言えば、ここは北方の白頭山から始まる水脈と山脈が馬頭名堂にきて断たれた。あなたは水の気運を授かっているので、帯水、ジョ江辺の岸辺（馬頭名堂）に家の敷地を得れば、敷地が即三六東天（天地）に拡大する天下の運勢を迎え、来年は必ず聖子を得ることになるので、その名は王建とすべし」。

ところで、高麗時代の語彙を収録した宋国の孫牧の『桂林遺事』を見ると、麻（마）を麻（삼）とした。そして麻（삼）で製織した包（베）を、布曰背（배）とした。そのような意味からみると、道詵大師は言うところの麻は、배（背）、即ち배（船）を韻喩したのだ。

このように水気運を授かった龍建の息子、王建の運命は「船」であったのだ。

王建の曽祖である唐貴人は、在唐新羅人で新羅に入国して高句麗系女人、辰義と愛の種子を撒いて忽然と消えた絹商人、王姓の旦那様であった。

## 居民政権の登場

唐貴人が貿易に従事していた在唐新羅人である以上、彼の孫、王建が建国した高麗国は、血統上、在唐新羅人が建てた居民政権になる。これを立証する劇的な記録が発見する。

唐が滅亡後、黄河流域に五つの伝統王朝（後梁・後唐・後晋・後漢・後周）が変遷したが、後唐代のことだ。『旧五代史』巻四三、後唐長興（九三二）七月に、宋太宗は「高麗国王を冊封するよう使者を任命」して、翌年『高麗史』太祖一六年（九三三）三月條に、後唐の王瓊・瑒昭業が高麗に来て王建を冊封した詔書に次のような句節がある。

「……ただいま卿を検校太保・使持節・玄菟州都督・充大義軍使・高麗国王に封じる。……卿は長淮茂族であり張海雄藩である。文武の才幹で土宇（国家）を保有して忠孝の頭を垂れ和風を受けて……」

後唐皇帝は太祖王建を長淮茂族・張海雄藩とした。一体どういう意味なのか？

ここでいうところの「長淮」は長江と淮水地域を指称した淮南道であり、『円仁日記』によれば、この一帯の揚州・楚州・漣水県には、新羅坊が分布していた在唐新羅人が集中地域であった。

長淮茂族とは、長淮地域に繁盛していた在中居民を指称したものであり、これに従って高麗太祖王建を長淮茂族としたのは、まさに彼の血統が居民出身であること語るものである。次に張海雄藩においては、張海は南中国海である。これを通じて居民たちは、彼らの本拠地であった舟山群島（新羅藩）よりも遥か南側の広東省まで進出したことがわかる。『円仁日記』にも明州の商人である慎一郎と秋太郎が広州を往来していたことが記録されている。結局、後唐皇帝が太祖王建を長淮茂族・漲海雄藩としたのは、王建が居民（唐貴人）の血統であることを指摘したのである。

このように呼ぶことは後唐代だけではない。五代を統一した北宋代でもやはりそうであった。すなわち『宋史』巻四、太平興国八年（九八三）十二月条に「高麗国王、周・景宗が亡くなったので、その弟治・成宗が使臣を送り、王位の世襲をもとめたので、治を高麗王に擁立する詔書をくだした」。

この時の冊封文は、翌年の『高麗史』成宗四年（九八四）五月条に収録されており、その内容を見ると「宋は大衷徴、王著を送り、王を冊封して詔書として検校太保を特別に下し、使持節・玄菟州都督・充大順軍使・高麗国王・前と同じだ……貴方を琥俸に上げるので恒常、百済の民を安存するようにして、長淮之族を永遠に茂盛させせよ」（常安百済之民永茂長之族）ということであった。ここの長淮之族は、先に述べた長堆茂族とおなじ言葉であるが、特に百済之民に言及したことは、驚かざる得ない記録である。これこそが在中居民の歴史的根源を指摘した至極、重要な題目である。『円仁日記』にも確認したが、赤山法華院の新羅人たちが、たとえ新羅人を自称しながらも、実は、新羅人であれば当然知らないはずがない秋夕の由来までも知らなかった非新羅人であった。

したがって『円仁日記』で疑惑として残ってきた居民たちのルーツが、まさに百済之民の後裔であったことを知ることになる。

さらに宋が高麗側に対して「恒常百済人たちを安存させて、永遠に茂盛させせよ」という言葉は過去形でなく、現在形の語法である。これを見ても後唐・北宋側の冊封文は、過去を邂逅したのではなく、現在の事態を語るものである。

結局、後唐と宋国の冊封文が高麗太祖王建をはじめ、彼らの後継者たちが、終止、長淮茂族・漲海雄藩及び百済之民ということは、王建の血統が在唐新羅人の後裔であることを確認するうえで、最も確実な中国側の証拠である。

今まで史学界では、王建をはじめとする高麗王室の血統を高句麗系として注視してきたが、実はそうではなく在唐新羅人の後裔であったのだ。

## 在宋高麗人

以前、金庠基氏は「高麗時代に至り、新羅末に比べると商人の活動が大変、消極的であった」とした。この見解は張保皐をはじめとして、『円仁日記』に記載された在唐新羅人を統一新羅人として見たことからくるものである。しかし在唐新羅人は統一新羅人ではない。

ゆえに統一新羅には民間貿易は全無であった。そして、朝鮮の歴史上最初に貿易船が登場したのは、新羅代ではなく高麗代である。

『柵府元亀』巻九九九、互市條に「清泰元年即高麗太祖一七年（九三四）七月に登州に高麗船一艘が来て、押将・朱蘆昕以下七〇人が交易をした」とある。他にも一〇月条に、山東半島「青州で高麗が送ってきた人たちが貿易をした」と報告した。これが記録に表れた最初の貿易船である。そして『高麗史』文宗三三年（一〇七九）九月条にも「日本がわが国で漂流した商人、安光など四四人を送還」したことになっている。統一新羅代にはかってなかった様相である。

「押将」が貿易船を引率した点から推して、多分唐代の交換船形式のようである。ともかく統一新羅が倒れ、高麗代に入ってからまさしく門戸が開放された。このことは貿易商（唐貴人）の後孫であった王建が執権することで始まった歴史の大転換でもある。

しかし、ここで異常な現象があらわれる。高麗船に関する記録は、上記の引用が全部といえるほどであった。このほかに中日文献に若干記録があるが、大部分が漂流記録で、貿易船なのか、そうでないのかその区分がし難い。さらにこの時期、新羅海賊が掃討（八九四）されて以来、海外来航が断絶されていた日本までもが貿易を開始したのに、高麗船が見当たらないのはどうしても異常である。しかし高麗初に登場していた高麗船が、忽然と形跡を隠した理由はほかにあった。それがまさに長淮茂族・張海雄藩ないし百済之民として呼ばれていた在宋高麗人たちのためであった。

彼たちは従来、新羅を往来することができなかったが、門戸が開放された太祖王建の執権以後、状況がまったく変わってしまったのである。

いわば高麗・第八代顕宗元年（一〇一〇）に、契丹の侵攻によって、宮廷と王室墨蹟が喪失されたために、建国（九一八）以来、およそ一〇〇年間の記録が亡失されたが、『高麗実録』が再開された顕宗三年（一〇一二）から、第二五代忠烈王四年まで、約二六〇年間に宋商たちが高麗を往来した回数は一二五回であり、一艘当り四〇名前後としても、最小五〇〇〇名内外が往来した。特に往来の回数は初期に集中したために、記録が喪失した初期一〇〇年を考慮すれば、実際の往来回数は、ほぼ倍程度であったと推測できる。

このように宋商たちの頻繁な往来にともない、高麗としては、あえて冒険をしながら貿易船を稼動する必要がなかったのである。まさにこれが、建国初に登場した高麗船が形跡を隠した理由であると考える。その代わりに高麗としては、宋商たちが投宿するためのサービス施設を大量に整えなければならなかった。そこで顕宗二年（一〇一一）に外国商人の客館として，迎賓館と回船館を設置した後に、客館数が継続して増加して、オビン館・チョンハ館・ジョジョン館など次々と館舎を建てた。

『高麗史』には、来往する彼らを終始宋商として記載するので、学界でも彼らを中国商人と見てきた。しかし中国側の記録はそうでなかった。その根拠として『宋会要輯稿』第一九七冊、藩夷・政和八年（一一一八）五月一五日条をみると。

「知明州（明州太守）楼昇が詔勅にしたがって高麗坐船百艘を建造するように処置して今し方済まし、高麗人綱首（船長）と梢工（舵取り）に毎月穀物一石二斗支給する契約を締決した。」

ここで言及した明州が、まさに舟山群島（新羅藩）対岸に所在する対外出入港であり、北宋皇帝の命により、明州太守が建造した船舶が高麗坐船と呼ばれ、明州太守が毎月穀物一石二斗与え雇用した船長と舵取りも、やはり高麗人たちであった。

現在まで史学界は、張保皐が被殺されたあと、中国に住んでいた在唐新羅人たちが、はかなく消えてしまったと見込んでいた。これによって在唐新羅人の行方を誰一人として追跡しなかった。

しかし『円仁日記』が確認したように、在唐新羅人たちは、ばらばらに散らばって住んでいた流浪民たちではなく、言語的・信仰的共同体を基盤として、職業的に海洋分野で専門化された自給自足的集団であった。このような少数民族は、政権が変ったから、張保皐のような特定な人物が何人か死んだからといって、すぐに消滅してしまうようなことは決してない。実例として、唐末の昭宗年間（八八八〜九〇四）に著作された『嶺表録異』にも在唐新羅人たちの貿易活動が記載されている。のみならず、唐が滅亡以後、新羅坊・新羅所は解体されたが、在唐新羅人たちの領土である舟山群島は、依然として中国の領土に編入されることはなかった。そして後唐と宋皇帝も、高麗王氏と同族である長淮茂族・張海雄藩及び百済之民が依然として活動していることを、冊封文に公然と言及している筈であるからだ。したがって北宋政府が雇用していた「甲羅人船長と舵取り」は、高麗時代に渡って行った人々ではなく、中国海運を代行していた在唐新羅人たちの後裔であった。ただ新羅が高麗へと代替わりしたことによって、従来の「新羅人」を「高麗人」として変えて称しただけである。彼らが他ならぬ在宋高麗人である。在唐新羅人は認めながらも、唐が滅亡した以後、彼らの行方を追跡しなかったことこそは史学界の重大な失策であると言わざるを得ない。

### 八関会

在宋高麗人と高麗との粘っこい人間関係を雄弁に物語るものが、まさに燃燈会とともに高麗の二大法俗のなかの一つ、八関会である。

八関会が、新羅から由来したというのが学界の伝説のようにいわれていた。しかし、新羅の八関会は、高句麗から導入された仏経の儀式のなかのひとつである。高麗の八関会は弓裔が松岳に都邑した翌年（八九八）に起源となり、これは仏教儀式でなく、太祖王建の『訓要十條』に記録されている「天嶺と五岳・名山・大川及び龍神を仕える」国土信仰である。

『高羅史』徳宗三年（一〇三四）一一月條に「八関会を設……観楽すると、東西二京（松都・平壌）と東西両路の兵馬使・四都護並びに八牧がそれぞれ標を揚げて進賀して、同じく宋商客と東西蕃（女真族）・耽羅国（済州島）も方物を捧げ坐席を賜り、この以後、常例と定めた」。また、文宗二七年（一〇七三）一一月條には「八関会を設立して信奉妻に挙動し、観楽して、翌日大会に大宋・黒水・耽羅・日本など各国の人々がそれぞれ禮物と名馬を捧げた」として、日本商人の参加も言及された。

このような海外商人たちの八関会参加は、単純な祝賀パーティーでなく、高麗王室に対する臣下としての拝謁であった。

当時の海外商人たちが、一体全体どのような曲折で高麗王を自己の王のように平伏して、恭しく拝謁したのか？

この点について奥村氏の見解はこのようである。

「東西女真及び耽羅にたいして高麗が武散階または郷職を授与したので彼ら民族と国家にたいして一定の政治力が影響したのはあきらかである……しかし宋商または宋商客の朝賀が宋国の皇帝の意志によるものとは見えないが……にもかかわらず高麗を中心として宋・女真・耽羅を包括する自立的外交姿勢が形成された点はほぼ否定することはできない」と賛美した。（奥村周司「高麗における八関会秩序と国際環境」、『朝鮮史研究会論文集』第一六～二〇集、一九七九）そしてこれを「八関会的国際秩序」とした。

至極、適切な表現である。このような海洋秩序は、天下を号令していた中国においてもなかった東アジア唯一の国際的海洋制禮であった。

彼らは自分たちが住んでいる地元の王よりも、高麗王を自分たちの王として受け入れ、忠誠を誓うということであった。当時の高麗王は、東アジア各国の貿易商たちに威厳をもって君臨した海の皇帝であった。

このような「八関会的秩序」が成立したことについて、奥村氏の見解は次のようである。即ち宋が北方の大敵勢力である契丹を牽制するために「文宗二七年（一〇七三）から復活した麗・宋関係」から始まったと推論した。いわば宋と高麗は元来親縁関係であったが、高麗が北方の契丹に冊封（九九四）されてから二国関係が冷却した。

それから、文宗二七年から宋側の希望で国交再開されるたのであり。これを契機として「八関会的国際秩序」が登場したとしたのである。しかし先に引用したように、宋商たちの参与を制度化したのは、文宗二七年（一〇七三）でなく、それよりも四〇年前の徳宗三年（一〇三四）からである。

高麗は麗・宋関係が悪化する以前からすでに、宋商たちの八関会参与を許容していた。

宋商が高麗王を、自分たちの王のように仕えたというのは信じ難いように思われるが、問い詰めて見れば、高麗太祖王建が居民出身であるがために、宋商たちにしてみれば、彼たちの王だとしても、おかしくないことになる。

このような双方の人間関係のために、北宋太宗も高麗成宗に送った冊封文に「恒常、百済の民たちを安存するように長淮之族を永遠に繁盛させせよ」と當付（頼むこと）したのだ。

ところで日本の貿易商たちは、なぜ高麗王を自分たちの王として仕えたのか。この疑問もやはり簡単に解明できる。

『高麗史』文宗二七年（一〇七三）七月條に「日本国の王則貞・松永年など四二名が螺鈿・鞍橋……など、進上を要請して来て、壹岐島、旧唐官、藤井安国など三三名を送り、東宮と制令貢賦に方物を献上することを王名で許可して、海道でソウルに来るようにした」。これが遣唐船派遣を中止（八九四）していた日本が、約二〇〇年ぶりに再開した最初の海外出入であった。そして王則貞と松永年は七年後の文宗（一〇八〇）八月にも来て、また義宗元年（一一四七）には、黄仲文など二一名がきた。

ここで最初に高麗に来て、麗・日間の通商を開拓した王則貞と松永年をはじめ、黄仲文たちは皆日本人貿易商となっているが、その名前は、すべて日本人の名前ではない。

このことは即ち、宋から日本に移住した宋商たちであることを物語る。これは唐時代、在唐新羅人たちが九州、鎮西に居留しながら、貿易に従事していた境遇と同じである。北宋一六〇年間に宋商の日本往来回数は四五回であった。（木宮泰彦『日華文化交流史』、冨山房、一九五五）

現在、古代の明州である寧波市天一閣に、いわば華僑刻石というものが三個伝わっている。このような種類は、寧波市博物館においても見受けられ、または福建省福州市、涌泉寺にも伝わっいるという。九州博多に来ていた宋商たちが、自分たちが住んでいた故郷の寺刹に施主しながら、祖先たちの冥福を祈る発願文を石に刻んだのだ。ここに記録された文字は正規の漢文ではなく、宋代、浙江省と福建省など海岸地域の海民たちの間で流行した「神仏混雑的信仰」を記録した、わが国の吏読（頭）式の文字（朝鮮語の表記に用いられた文字（漢字の音と意を交せて表記）新羅時代に使用した）であるという。三個の刻石中ひとつの修身人の名前は「張六郎」である。この名前は、中国式姓名でない。『円仁日記』に記載された崔運十次郎・辛一朗など中国式名称に日本風の後尾をつけた親日系在唐新羅人の名前と同じだ。従って、日本に来ていた宋商たちも、実は在宋高麗人たちであったという結果となる。ゆえに彼らは八関会に参席して、高麗王に三拝三唱を叫びながら、君臣之礼を行っていたのだ。要するに海外の貿易商たちが参加するようになった徳宗三年（一〇三四）以後の八関会は、海外居民たちの祖国訪問であり、なお高麗人たちの東アジア民族大会であった。

高麗は自ら貿易船を保有したのではないが、太祖王建の出身成分により、在宋高麗人を居民として掌握することによって、他力本願の「八関会的国際秩序」を創出することができた在中居民たちにとっては、忘れるに忘れられない祖国を自由に往来することができた歴史上見難い黄金の時代であった。

## 還国事態

唐代の在唐新羅人たちが、新羅側の封鎖政策のために祖国を往来することができなかったが、宋代に至り、大挙高麗と通商を展開するだけでなく、かたや移住もするようになり、宋もこれを公式的に許可した。実例として『宋史』巻四八七「高麗伝」紹興二年(一一三二)二月條を見ると、明州、定海県から報告するに、「高麗亡入するとした百姓八〇人が、還国するという表を奉げて(願奉表還国)承諾書が到着した日、高麗側船長、卓栄などが恩恵に深々感謝を表した」とした。この定海県が唐代、明州望海鎮(鎮海)で舟山群島(新羅藩)との行政的連絡所であった。従って「還国」すると申請した「百姓八〇人」は、舟山群島近処の居民たちであった。彼らが高麗に向かうことを中国人たちは「還国」として記録した。このことは在宋高麗人たちの還国であり、宋国もこれを許容したのだ。過去、新羅は在唐新羅人を居民として取扱いしないまま、彼らの往来までも封鎖したが、太祖王建が執権以後に、居民たちを同胞として認定して、なお彼らの貿易と還国も許容したのだ。

当時の還国事態は、公式的移住だけではなかった。『宋史』「高麗伝」には次のような記録もある。

高麗、王城(松岳)に華人数百名がきている。閩人たちが多く、商船できた。彼らの能力を秘密に試験(蜜試)して、官職(祿仕)に誘致するとか、または終身的に強留した。宋使臣が到着した時、聴聞に呼訴する者がいれば帰還させる。

ここに言及した「秘密試験」が誰を対象にしたのか記録されていないが、高麗青磁の源流となった越州窯の陶工をはじめとして、画工と木板技術者など、高麗文化の創健者たちであったはずである。文化の新しい波濤が流入し始めたのだ。同時に光宗九年(九五八)に施行した科挙制度による文士たちも大挙帰化してきた。

第八代顕宗三年(一〇一二)以後、二六〇年間に記録された一二五回の宋商の来往件数中、二〇回ほどの件について、彼らの出身地が几帳面に記入されている。その来歴を見ると福建省一〇人、浙江省六人、広東人三人、江蘇人一人となっている。大体舟山群島以南地域から移住して来たのだ。このように初期に来た宋商たちの出身地記録は、彼らの「能力を秘密に試験」するための身元調査のためであったようだ。要するに、太祖王建からはじまった居民政権は、公式的・非公式的ラインを通じて居民たちを大挙収容したことが分かる。どの程度の居民たちが還国したのかは分からないが、大規模な移住をしたことは明らかである。実際に日新閣の『韓国人の族譜』（一九八一）と、中央日報社が刊行した『姓氏の故郷』（一九八九）に収録された二六〇個の姓氏と、八〇〇余個本貫の中で、各姓氏の始祖が、高麗代、中国から移住して来て、高麗朝廷から官職を受けたとする姓氏（一本貫）だけを抜粋しただけでも下記のようである。

郭氏（玄豊）、具氏（陵城）、鞠氏（潭陽）、吉氏（海州・善山）、魯氏（江華・廣州・蜜陽・咸平）、唐氏（蜜陽）、都氏（星州）、獨孤氏（南原）、杜氏（杜陵）、孟氏（新昌）、明氏（西蜀）、牟氏（咸平）、毛氏（廣州＝中国）、秦氏（晋州）、閔氏（驪興）、潘氏（巨済）、范氏（錦城）、邊氏（原州・黄州）、卞氏（草契・蜜陽）、卜氏（沔川）、奉氏（河陰・江華）、史氏（清州）、司空氏（考令）、徐氏（扶余）、石氏（海州）、宣氏（宝城）、宋氏（礪山・恩津・喘山）、慎氏（居昌）、沈氏（豊山）、安氏（太原）、楊氏（清州・蜜陽・通州）、魚氏（咸従）、呂氏（星州・咸陽）、延氏（部曲）、廉氏（坡州）、呉氏（海州・同副・宝城）、王氏（開城）、・禹氏（丹陽）、劉氏（居昌・江陵・白川）、陸氏（玉川、泗川）、尹氏（茂松）、李氏（太原・平山）、任氏（長興・豊川）、張氏（浙江・徳水）、蒋氏（牙山）、田氏（南陽・潭陽・延安）、銭氏（聞慶）、鄭氏（瑯琊・瑞山）、丁（押海）、趙氏（豊壌・漢陽・平譲・玉川・林川・白川・咸安）、周氏（草契）、朱氏（新安）、池氏（忠州）、陳氏（驪陽）、秋（全州・秋渓）、表氏（新昌）、皮氏（洪川・槐山）、咸氏（江陵）、黄氏（杭州）

経済企画院が発表した「韓国人の姓氏及び本貫調査報告」（一九八五）に記載された二七五姓氏のなかで、金氏の占有率は、全体人口（四〇四一万九六五二人）に対し、金氏が二一・七％、李氏が十四・八％、朴氏が八・五％、崔氏が四・七％、計五四・一％である。

従って高麗代に移住してきた姓氏が、たとえ六〇個姓氏としても、その人口占有率は言うほど大きくはない稀姓などである。

しかし、二七五個姓のなかで、公称六〇個が高麗代に来たということは、決して少ないことではなく、高麗から中国姓氏制と族譜制が普遍化（申奭鎬「姓氏に対する考察」、『韓国人の族譜』、日新閣、一九八一）されたことは決して偶然ではないことが分かる。

このような大規模の移住は、歴史上、空前絶後のこの時代の特有の姓氏波高でないはずがなった。もちろん漢族がいないことはないが、大体の境遇は、王建の建国に鼓舞されて帰ってきた居民たちの還国ラッシュであった。『円仁日記』に記録されているが、彼が出会った新羅人たちはすべて中国式姓氏を使用していた。中国式姓名のために民族の実態が隠されていた。結局、中国から来たら無条件に中国人が帰化したと思っていた現在までの常識は、根本的に是正しなければならない。まさに中国に住んでいて祖国を取り返してきた居民たちの還国であった。彼らが幾年歳月を経て帰国したのかは、今後明らかにする課題であるが、ともかく在宋高麗人たちの還国は、久しく散らばっていた血統の再結合であったといえる。

ここまでの論議は、主に高麗太祖王建がたとえ高句麗の領土回復を建国の理念として取り組んだとしても、高麗王統は、実際に唐貴人の後裔が建てた居民政権であったという点と、このことによって、門戸開放・八関会的国際秩序・在唐新羅人還国など、対外政策の変化であった。閉鎖的であった朝鮮半島の門戸を開き放したのは高麗であった。高麗こそ、中国と日本などに広範囲に分布していた海外居民を率いた奇妙な海上国家であった。今日、朝鮮人の世界的標章である「コリア」も実は「高麗」から始まったのである。

### 三韓再造

ところで、在唐新羅人政権に対する土着勢力の反作用はなかったのか？　この点に関連してもうひとつの呆れ返る出来事が隠されてきた。

それは儒教を定立した李斉賢が、第七代穆宗（九九八～一〇〇九）の逝去に言及しながら「社稷機至於亡」と慨嘆した。穆宗の逝去は、即ち社稷の滅亡であるという。

そうして、次の第八代顕宗（一〇一〇～一〇三一）が即位する「天命」であると稱頌した。いわば、高麗王室は第七代穆宗で「社稷が亡」んで、第八代顕宗が「天命」で即位したということだ。これは王権の変革を前提とした恐ろしい話である。史学界では、このことに対して未だその気配さえ気づかずにきたが、実は根拠がなかったのではない。

『高麗史』巻七〇、「楽志」恭愍王（一三五二～一三七四）一二条（一三六三）に収録された、顕宗第三室には顕宗の業績を稱頌した次のような宮廷楽詞がある。

天が大業を助けられ　（天扶景業）
否をして繁盛して　（用否而昌）
三韓を再び造られ　（三韓再造）
すべての秩序が清くなれし　（百度孔彰）
策謀が盛列されて　（不謀盛列）
いままで　なお光りけり　（迺今彌光）
千万年を永遠に　（於千万年）

上記二番目の列で称した「否」はいつも使用する「いや（否）」でなく、「隔」または「塞」という「否」である。（「否、隔也」（廣雅）、「否、塞也」（集韻）、「天地不交、否也」（周易））

従って「用否而昌」は、即ち従来の王統を断絶することによって繁盛するようになったという意味になる。ゆえに顕宗は「三韓再造」、即ち三韓を再び建てた中興の始祖となる。そして顕宗は「不謀盛列」して、その業績が高麗末の恭譲王（一三八九～一三九二）代までなお光りけり「迺今彌光」とした。

結局、顕宗第三室は、顕宗のクーデターを唄ったことになる。

ゆえに、李斉賢も第七代穆宗の逝去を社稷の滅亡であるとして、第八代顕宗の即位を天命であるとした。いままで世に全然知られなかった奇想天外の驚くべき事態であるといわざるをえない。

ところで、中興の始祖と称される顕宗は、一体どのような人物であったのか。彼の出生こそ、歴史上最も奇遇に生まれた稀代の乱世児であった。いわば顕宗の生母、孝粛王后は、元来、第五代景宗の夫人、献貞王后であった。景宗が在位七年の二六歳の若い年で逝去したことで、青孀寡婦になった孝粛王后は、王侖寺南側の私邸にさびしくつれづれに住んでいた時に、近所に住んでいた伯父筋であり、王建の息子でもある安宗と息が合い、不倫のすえに子を孕む。ある日、王后が安宗の家で密会中に突然火事となり、姦通が発覚することになり、驚いた王后が慌てて家に逃げ帰り、門の前の柳にしがみついて子どもを生に落とし、その場で息を引き取った。

この時に生まれた子供が、まさに「三韓を再造」した中興の始祖・顕宗である。奇遇な運命の誕生である。

彼の幼い時の名は、大良院君であった。彼の父、安宗は、たとえ太祖王建の息子であるといえ、王后を犯した破廉恥犯として追い追われ、慶南・四川に流配されていたが、そこで不帰の客になってしまった。王室悲劇のひとコマであった。

このように大良院君（顕宗）は、出生自体が美しくなかったので王権を狙う立場ではなかった。にもかかわらず、彼が一九歳で即位することになったのは、もっと複雑な曲折があった。

すなわち、大良院君を分娩して死んだ献貞王后は、実は自分の姉献哀王后とともに、五代景宗の王妃であった。従って景宗逝去後、二姉妹は同時に寡婦姉妹になったのだ。

この時、姉である献哀王后（千秋太后　皇甫）の息子が、第七代穆宗として即位するにつれて、献哀王后は千秋太后になって王室の第一人者になったが、また一方では溢れる若さを持て余して、彼女の外戚にあたる金致陽と蜜通した。

『高麗史』巻一二七「反逆篇」の「金致陽伝」によれば、「陰茎がたけて車輪を吊り下げるほど」強盛であったという。そして「千秋宮を出入りして最も醜声が揺乱」したという。その結果、千秋太后も私生児を産んだ。

結局、献哀・献貞姉妹は、同じく一人の旦那（景宗）の王后であったと同時に青孀寡婦になり、また同時に姦通して、互いに遅れを取らず同時に私生児を生んだ。始めから最後まで揃って並らんだ。献哀・献貞姉妹は揃って姉妹であるが、実は悪縁の姉妹であった。穆宗即位後、千秋太后になった献哀王后は、自分の私生児とライバルになる妹との私生児である大良院君を憎んで、父を亡くし、母をなくした自分の甥（大良院君）をソウル三角山、神穴寺に幽閉した後、毒薬入りの酒と飲食を送り殺害を企むことまでした。そしてまた、金致陽と共謀して、自分の私生児を王に据えようと陰謀を企むと、このことに気付いた西京都巡僉使・康兆が金致陽を殺害して、第七代穆宗を追放したが、最後に暗殺するいわば康兆の乱を起こした。この混乱の渦中で、崔沆・蔡忠順・皇甫・兪義などが、十九歳の大良院君を王に擁立した。これが第八代顕宗の即位である。全然、予想できなかった意外な即位であった。しかし実は運命的であった。

『高麗史』巻九〇「安宗伝」によれば、大良院君の父、安宗は筆が立ち、風水地理に精通していたという。彼が流配していた慶南泗川に大良院君が探して行くと、安宗は、大良院君に錦嚢ひとつを与えて話すに「われが死んだらこの金を術士にあげて、われを故郷の城隍壇南側、貴竜洞に必伏埋せよ」とした。「必ず伏せて埋めよ」という話だ。科学性を強調する史学界は、このことを風水説を心に刻んでおきながら、見向きもせずにきたが、実は高麗史の地軸を揺るがす大遺言であった。なぜならば、道詵大師（八二九〜八九九）が予言した太祖・王建の運命は船であった。従って王建の息子である安宗の運命もやはり船である。

ところが安宗の言うように、自分を地べたに伏せて埋めると、「배（腹）」を地べたに伏せることで、「배（船）」が転覆する形局になる。結局、自分を「必ず伏せて埋めよ」という遺言は、即ち太祖の（船）をふせよという王統転覆の信号弾であった。

呆れるような事柄にみえるが、実は船舶からはじまった在唐新羅人政権に終止符を打つ、国内派の政治的陰謀である。結局、道詵大師の風水説をもって権力を掌握した太祖王建の在唐新羅人政権は、また他の風水説によって危機を受けることになったのだ。

## 同姓革命

太祖王建の孫であった顕宗（大良院君）が、祖父の政権を転覆しようとすれば、方法はただひとつしかない。王氏政権を他姓集団に譲度するか、そうでなければ自分自身が死んで、他姓で新たに生まれ変わるかしなければならない。しかし、太祖王建の後孫であり、その延長政権であることから抜け出すことができない。

しかし顕宗は「歴史を正すためには第二の建国をする心情で決断をおろしたのだ」。元来、顕宗の「策謀は盛烈」したものであった。現在の観念からすると、父系血統だけで問い詰めるので不可能に思われるが、当時の王室制度は新羅の骨品制に従い、母系血統も尊重していた時代である。これが介入すると全然変わってくる。この点を究明したのが釜山大学の鄭教授の画期的な研究成果である。

これによれば、第七代まで王を出産した母后は、羅州呉氏、忠州劉氏、黄州皇甫氏、定州兪氏などである。血統上では二九名の王后から生まれて、王族以外の血が混らない場合は、原則的に王位相続権がある。このことが直系血統の脆弱性を克服するために、王建の作った王子自給自足システムであった。ところが鄭教授が、高麗王室の王と王后たちの系譜を綿密に調査した結果、第八代顕宗以後は、王であり王妃でも、すべて顕宗の直系後孫であってこそ、はじめて王と王妃に抜擢されることが発見された。

このことは「他の王族から配偶者を探すことができなかったというよりも、顕宗の後孫だけを中心にして王族の特権を享有しようとする意図と無関係ではない」（鄭ヨンスク「高麗時代の后妃」『高麗王室律』、一九九二）。そして、顕宗は自ら新羅血統であると自認した。なぜなら王統系譜にあるように、顕宗の祖母である神成王后は、新羅・敬順王が太宗王建に投降する時に献上した慶州人金億廉の娘であるゆえに、顕宗は新羅女人の外孫になる。したがって顕宗以後、高麗王統が顕宗の後孫に限定されたということは、いわば太祖王建から始まった在唐新羅人血統を断絶して、新羅王統を復興したといえる。

ゆえに顕宗は、即位元年に、契丹の侵攻によって灰燼された建国以来の七代実録を新たに作成する過程で、王建の三代祖先が誰であるか分からないように隠蔽して、幽霊の門牌と替わらない〈始祖―元徳大王・懿祖―景康大王・世祖―威武大王〉として、実体を隠蔽したのだ。結局『高麗史』の伝統となっている三代追尊は、顕宗の指令によってその手下人である黄周亮が製作したものだ。

## 第二節　金富軾著『三国史記』

### （一）新羅系の金富軾

新羅王統の復古を愉快に唄ったのは、第一七代仁宗の下命に従い新羅系の金富軾が著作した『三国史記』（一一四五）である。

金富軾は『三国史記』「百済本記」の末尾で、百済は「唐の天子が二度も詔書を下して、その怨恨を解くようにしたが、表面では従いながら、裏面では命にそむいて大国に罪を得ている。そもそも亡んだのはむしろ当然である」〈於是唐天子再下詔平其怨、陽従而陰違之、以獲罪於大国、其亡也亦宜矣〉

「高句麗本記」最後には、「夫れ国家という者は……人心を失えば政治をよくして乱れないようにし、存続して亡ぶまいとしても、強い酒に悪酔い者と何が異なろうか」〈夫然即凡有国家者、……以失人心、強慾理而不乱、存而不亡、又何異強酒而悪酔者乎〉と慨嘆しながら酔っ払い者として罵倒してしまった。

これと反対に、「新羅本記」の最後に「わが太祖は妃嬪が多く、その子孫が繁盛したので顕宗も新羅の外孫として王位に就いた。その後継者も皆その子孫である。正に陰徳の報いであらざるか」〈我太祖妃嬪衆多、其子孫亦繁衍、而顕宗自新羅外孫即寶位、此後継統者、皆其子孫、豈非陰徳之報者歟）として、顕宗以後の高麗王統が、新羅の後孫であることを賛美したのだ。

結局第七代穆宗の逝去は、「社稷の滅亡」であり、第八代顕宗の即位を「天命」とした李斉賢の話は、即ち顕宗によって断行した同姓革命そのものであった。易姓革命に対処する稀に見るクーデターである。顕宗が新羅を伝統とするようにしたのは、政治的伝統の継承ではなく、実は自身の悲劇的な出身成分から脱出するために、祖先への背信であり、政局収集用の正面突破であった。

同時に、在唐新羅人政権を清算した「三韓再造」を歴史的に正当化したのが他ならぬ金富軾の『三国史記』であった。歴史書の編纂とは、たんなる流れ去った懐メロでなく、実は自身の執権を正当化するための統治イデオロギーの再構築であったのだ。

顕宗のクーデターこそは、太祖王建の血統が、唐貴人の後孫であることから始まった歴史的反動現象であり、在唐新羅人政権に対する国内派の政治的大逆転ドラマであった。

## （二）背逆説と訓要十条

背逆之地　新羅が西南海岸を封鎖していたのは、百済の土地を「背逆之地」にしたことから招いた不可欠な帰結であるが、実は、新羅が百済を征服する以前から、百済の土地は新羅側の背逆之地であった。この点を最も克明に吐露したのがまさに次の話である。

車峴（現在の車嶺であるが、車嶺山脈ではなく、天安市南の第一国土から公州に抜ける峠（約二〇〇メートル）である）以南と、公州江（錦江）の外は、山形地勢がすべて背逆して連なっているので、人心もまたそうである。その方面の各郡の人々たちが、朝廷に参与して国戚と婚姻して国政を主導するようになると、国家を変乱するとか、または怨恨をいだいて王の挙動する道を侵す乱を起こす。官庁の奴婢とか、通訳の雑夫たちが権勢につながっていたら免職しなければならず、または王后の宮園につけば、奸巧な話で権勢を弄奸して、政事を乱し、災変をおこす者たちであるので、たとえ良民であっても当然官職に就けるべきでない。いわば「車峴以南と公州江の外は、山形地勢がすべて背逆して連なっているので、人心も、またそうであり」の地元の人々は、絶対に公人として採用するなというひどい咀呪であり悪談である。

車峴と公州江以南は、だいたい忠南と全南・北を包括する湖南圏である。この背逆説こそ湖南人にたいする地域感情を歴史的に規定した代表的な風水地理説である。

我々は、昔からとてもひどい風水民族であるので、どの地方の人であれ、背逆説に耳をかさないことはほとんどない。ゆえに、偶然に縁起わるく風水説に烙印された地方に生まれると、一生どこに行こうが「背逆」のレッテルが宿命のように張り着いてまわる。背逆説は身分差別を作り出した自動装置であり、新羅側の差別政策に絶妙に合致する。

ところでこの背逆説が新羅史でなく『高麗史』に記録されている。高麗太祖・王建は逝去直前に、後事を警戒させるために、臣僕であった大臣・朴述希に「訓要十條」を遺言として残したとして、ここに含まれた第八項がまさに、先に引用した背逆説である。

李丙燾によれば「高麗太祖は最後に後百済の大敵を討平して、よく統一の大業を実現」したので、これに対する敵愾心で車峴以南を背逆の地として規定したという。（李丙燾『高麗時代の研究』（韓国文化叢書　第四号）、乙酉文化社、一九四九）

しかし車峴以南が甄萱の土地であったとしても、全南、羅州地域は、太祖王建が掌握していた地方である。『高麗史』巻九二「庾黔弼伝」をみると、太祖王建は「羅州の四〇余個郡は、わが藩籬（領域）であり、長い間、風化（風教）してきた」とする程に、彼の愛情が満ちた第二の故郷であった。自身の誕生を予言した道詵禅師が全南霊岩出身であるだけでなく、允多—羅州、慶甫—霊岩、玄暉—南原などは、王建の尊敬していた僧侶であり、臣下としては、開国功臣・申崇謙—霊岩と内使令　崔知夢—霊岩、そして司空・金吉—鉱山などであった。はなはだしくは、自分の王位を継承した第二代恵宗がまさに羅州、呉氏夫人の所生である。『高麗史』巻九二

「朴述希伝」によれば「太祖が臨終の時に、朴述希に国事を頼みながら、卿は太子を擁立したのだから、よく補佐しなさいとのことで遺命にしたがった」とした。

このように、羅州胎生の恵宗を擁立した朴述希に、車峴以南の人々を採用するなという遺言をはたして残せるだろうか？　万一、太祖王建が車峴以南を背逆すると言ったならば、王建は、自分の愛と、息子と、尊敬する禅師と、忠誠な臣下と、そして羅州を自分の故郷のように語っていた自分自身を、すべて背信した人間以下の卑劣な背役児になる。はたしてそうしたのだろうか？　このことで史学界でも早くから「訓要十條」をとりまく賛反両論がなくはなかった。それがまさに今西氏と李丙燾氏の対決であった。

日帝時代、韓国史歪曲を主導した朝鮮総督府・朝鮮史編修会（一九二五〜一九三八）の古代史担当責任者が今西氏で、その助手が李丙燾氏であった。　この二人の人物はたとえ軌道は別としても、三国時代初期史抹殺に貢献した日朝癒着のコンビであり同伴者であった。

しかし、アイロニーにも「訓要十條」を取り巻いて二人は全面的に対立した。

即ち「訓要十條」第二項は、山川の順逆を寺刹建立することで補完するといういわば、「補裨寺刹説」である。今西氏が道詵禅師の生涯を記録した〈白鶏山玉龍寺贈先覚国師碑銘―光陽・白雲山〉を検討した結果、至極、真新しい内容であるにもかかわらず、補裨寺刹に関して一言も言及されていないことに着眼して、「訓要十條」第二項に疑心を表明した（今西龍「新羅僧道詵に就いて」『東洋学報』第二巻・第二号、一九一二）

その後、ふたたび太祖実録が再作成された過程に注目した。即ち、同姓革命を起こしていた第八代顕宗元年（一〇一〇）に「契丹兵が京城を陥落して、宮廷が燃えたときに、すべての典籍が灰の堆積となった」（「黄周亮伝」）。このことで顕宗は同王四年（一〇一三）七月に、崔沆を監修国史、金審言を修国史、そして黄周亮と崔冲等を修撰官に任命して、太祖から穆宗までの七代実録を新たに復旧するようにした。

従って「訓要十條」が実際にあったのであれば、王室の典籍とともに燃えてしまったのは明らかである。にもかかわらず『高麗史』巻九三「崔承老伝」を見ると「最初の太祖訓要は兵火で亡失したが、崔済顔がこれを崔沆の家で得て後世に伝」えることになったとした。

燃えてしまった「訓要十條」がどうして崔沆の家にあったといえるのか？　この点に注目した今西氏は、「訓要十條」は「両崔氏、特に崔沆の手によって作られた」と断言した。（今西龍「高麗太祖訓要十條に就いて」『東洋学報』第八巻・第三号、一九一八）

ここに金聖昊氏は一言、加えて「訓要十條に関連した崔承老とかれの息子崔済顔、そして崔沆は、皆新羅人たちだ。そして顯宗自身が自ら新羅血統を自任した同姓革命の主役であった。ゆえに訓要十條は〈顯宗―崔済顔―崔沆〉に連結された三人房の合同作品であるという結果になる」。

ところが、李丙燾氏は今西説を全面的に拒否した。「訓要十條」を「後人の偽造物として否定する今西博士の説は大変不当であると見ると同時に、訓要十條の真実性を認定し、そのことに疑心の余地はない」と反対の立場を明確にした。身内贔屓は人之常情であるが、だからといって歴史の解釈は実証的でなければならない。

訓要第八項に言及された背逆説とは「山形地勢が、皆、背逆するように連なるので、人心もまた同じである」とした風水論に根拠としたものである。ここで語る「背逆」とは、山脈と水の流れが王の都邑地と反対方向に流れているために指摘された山川がけしからん罪に該当する。であれば車峴と公州江が果たして風水地理的に背逆しているのか。

この点を実証的に確認されなければならない。『東国輿地勝覧』巻二二、梁山郡　山川　黄山江條を見ると、高麗以来、務安の龍津江（栄山江）、光陽の蟾津江、黄山江（洛東江）を背流三大水と称する、となっている。

高麗と李朝時代の背流水は松京（都）（開城）と漢陽（ソウル）を背にして南海に抜ける栄山江・蟾津江・洛東江の三つの江である。従って西海に伸びている車峴と公州江（錦江）は松都に対して決して背逆しようにも背逆できない孝子の江である。万一高麗時代に公州江が背逆であれば、西海に流れる大同江とか漢江も当然、背逆となる。しかし訓要五項に規定されたように「西京（平譲）は水徳が順調である」とした。

これに反して、車峴と公州江は新羅の千年古都　月城に対して全面的に背逆する。月城と正反対方向に流れ出る。ゆえに「背逆之地」と規定した訓要八項は新羅側の風水説であって高麗のことであるはずがない。新羅が百済人を差別した原因は、まさしく百済征服を敢行した武烈・文武王の強力な復讐心から求めなければならない。

武烈王の百済攻略は「護国仏教」が実現した聖戦として美化されてきたが、実は、始めから最後まで、娘である古陀炤娘の死に対する怨念晴らしであった。武烈王を継承した文武王は、百済征服を「累代の深い怨讐を雪辱」したのだと懐古した。

実際に投降した百済王親子の顔に唾をひっかけて、酒を注がせた復讐の双剣であった。しかしここにまた、雪上霜加により武烈王までが、金馬郡の百済光復軍の虐殺現場で被刹され最後を終えた〈大官寺井水為血　金馬郡地流血広五歩、王薨、新羅本記、武烈王七年六月條〉ので、当然、占領政策は弾圧と身分差別に露骨化せざるをえない結果となった。いわばこの出来事から、金馬郡〈全州・益山〉を「背逆之地」と規定した。

結局、武烈王と文武王親子の「累代の深い怨讐」と、金馬郡での武烈王が被刹された怨讐を〈顕宗―崔済顔―崔沆〉に連結された、新羅派三人房の合同作品である「訓要十條」第八項において、「背逆之地」を改めて規定した。その後、その規定地域は金馬郡から全羅道全域に広がり、二一世紀のいまだに、全羅道への差別意識が濃厚に残っている。

このことが嶺南と湖南の垣根となって、政局においてもいわゆる保守と革新という政治的分断となり、朝鮮統一の大きな阻害要因のひとつとなっている。在日同胞社会においても差別の謂われも知らずして、見えざる根深い分断をもたらせている。

### （三）「累代の深い怨讐」とは何か

慶尚南道狭川邑狭川里に、大耶城跡がある。月城〈慶州〉から大邱を経て西部慶南に進出するための軍事的要衝である。ここ城址の裏側に大耶城と運命をともにした竹竹碑（一五二五年建立）があり、当時の戦闘状況は

『三国史記』巻四七「竹竹伝」に伝来している。

これによれば、大耶城城主は新羅王族、金春秋（後の武烈王）の娘婿であった品釈であり、彼は金春秋の娘である妻・古陀炤娘とともに大耶城に駐屯していた。従って、客苦が募ることもないはずであるのに、自分の部下・黔日の妻が美色で、これに貪欲して奪ってしまった。これに憤慨した黔日は、大耶城向かい百済側鞨磨山城に投降していた旧同僚・毛尺と連絡して、新羅側倉庫に火を放ち、百済軍を誘導して、大耶城はあっけなく失陥した。問い詰めてみれば陜川美人の禍根であった。この時に品釈とともに死んだ古陀炤娘の悲報が、彼女の父、金春秋に伝わると、茫然自失した金春秋は「終日柱にもたれて、目を一度も瞬きもせず、人も物も前をいききしても分別ができなかったが、ああ！大丈夫として、どうして百済ぐらい併呑すること出来ないか」（嵯乎！大丈夫　豈不能呑百済乎）と泣き叫んだ。娘の怨みを晴らせねばならなかった。

金春秋が、第二九代武烈王に即位して五年後である六六〇年八月、唐・蘇定方の一三万の大軍と、新羅軍五万が、百済扶余城を攻略すると、尚州、今突城で勝ち戦さの知らせを待っていた武烈王は、長男（後日の文武王）を帯同して扶余城に慌てて駆けつけて行った。感激の瞬間であった。

到着した扶余城では、百済義慈王の息子、隆を馬の前に膝着かせて、唾面即ち顔に唾を吐いて、怒鳴り、「先日、お前の親父が、わが妹（古陀炤娘）を恨めしく殺し獄中に埋めたことが、われを二〇年間、心苦しくして、悩ませてきたが、今日、おのれの命は、わが手中にある」と果てしなくどやしつける。「怨入骨隋」即ち二十年前に燻っていた怨み骨隋に徹していたのだ。それだけでなく、武烈王は八月二日に開催された大々的な戦勝パーティーで、「武烈王と蘇定方、ならびに多くの将軍を壇上に座らせ、百済義慈王と息子隆を床下に座らせ、時々義慈王に酒を注がすと、百済左便（一等官）など多くの臣下たちが、むせび泣かないものがいなかった」とした。息詰まる血涙酒宴であった。

政治的ライバルに対する勝者としての雅量と寛容、そして人間的気品が全然見えなかった。

古陀炤娘の怨みを晴らした武烈王親子の復讐欲だけが大饗宴のバック・ミュージックであった。

大耶城戦闘のときに反逆した毛尺を捕らえ殺し、また黔日を捕らえ、その罪を咎め曰く「お前が大耶城で毛尺と共謀して百済軍を引導して倉庫を燃やし、城の食料を切逼するようにしただけでなく、戦さにも敗れるようにしたので、その罪がひとつであり、品釈夫妻を脅威して死なせた罪が二つであり、百済人とともに本国を内攻したのが罪の三である」とし、四肢を裂いて白馬江に投棄してしまった。

黔日は妻の秀でる美色が禍根となり、妻を奪い取られ、再び陵遅処切（殺したのちに、頭・手足・切断する極刑）に処される。

問い詰めてみれば大耶城の敗戦は、黔日の反逆の原因がないわけではないが、実は彼の妻を奪った品釈の失策がもっと大きい禍根であった。ゆえに義父である武烈王は、黔日の処刑と娘婿・品釈の失策も、自分の責任として受け入れながら反省すべきである。

しかし、古今を問わず、自らの反省よりも、一切の自分の不幸を他人の所為にして復讐心を燃やすことを、政治と錯覚する偉人も世にないことはない。最高の権力者が復讐心に燃えれば、その手下たちの残忍性と、忠誠競争に天を突き大虐殺を恣行する。そこにまた逆報復を誘発する。実例として、百済光復軍を引率していた福信は、唐軍に対して「聞くところ、大唐が新羅と誓約して老少を不問して、百済人たちをすべて殺して国を新羅に渡すというので、殺されるよりは、戦って死ぬほうがましではないか」（『百済本記』）と抗議した。

当時、唐側は百済王子・隆を熊津都督に任命するなど、懐柔策を駆使したにもかかわらず、むしろ同族であった新羅はそうでなかった。最後まで血を見る、「戦争が終わって見れば、家屋は荒廃し、死体は草芥と同じであった」（『百済本記』）とした。報復と報復の悪循環は、結果として深刻な事態に発展した。

『新羅本記』武烈王（六六一）七月條に記載された武烈王最後の記事は次のようであった。

「大官寺の井戸水が血色に変わり、金馬郡の地に五足幅で血が流れ、武烈王が逝去した……永敬寺北側に葬儀して諡号を奉り太宗とした。」

# 第三節　新羅の鎖国政策の起源と高麗神社

**海岸封鎖**―新羅の百済征服と占領政策は、復讐心を背景とした差別政策で一貫した。いわば百済人を差別した原因は、まさに百済征服を敢行した武烈・文武王の強力な復讐心にもとづくものであるといわざるをえない。どの時代においても、人身差別は反抗と抵抗を呼び起こす。この結果、新羅人たちの目に映る百済の地は、防ぐことができない程度の「背逆之地」として変貌していった。

そして「背逆之地」(百済の領土)、まさに朝鮮半島の西南海域は、背逆海域であり、また抵抗の海域であるしかない。新羅としては、西南海岸対策は、単純に通商問題ではなく、権力安保の第一条件であった。張保皐の清海鎮進出を拒否した理由もまさにこのためである。海岸封鎖が崩壊すると、即、後三国の争敗でもって千年の社稷に終止符が打たれた。海に対する新羅人たちの恐れは、まさに復讐心で一貫した百済征服と、占領政策から始まった当然の帰結であった。新羅支配層が西南海域の島々を独占して、百済人たちをあまり居住させなかったのも、西南海域を封鎖するための方便である可能性がないとはいえない。このような情勢のもとで、新羅が海岸を封鎖するようになった具体的な事件があった。それがまさに報徳国の対日外交であった。

## (一) 報徳国

報徳国(六七〇~六八五)―高句麗が滅亡直後、宝蔵王の庶子である安勝が四千戸を引き連れて新羅に亡命(六七〇)してくると、新羅側は、武烈王の大虐殺によって、空地化した金馬郡に定着させ自ら自治するようにした。この時文武王は安勝に対して「公を高句麗王に封じるので、当然、遺民たちを慰撫して、旧棲(昔家―高句麗)を、季興(末代にきて興する)して隣邦になるので、兄弟のように親しく過ごすように」と冊命を下した。

初めは「後高句麗」と称していたが、四年後に「報徳国」に改称（六七四）した。そして『新羅本記』には記録されなかったが、『日本書紀』には報徳国（六七一～六八五）と日本との往来記録がある。後高句麗は、金馬に定着した後の六七一年正月に、新羅と関係なしに独自的に使臣を筑紫（九州）に派遣して、なお翌年にも使臣を派遣（六七二）した。するとこの年の十一月に、新羅人・金が筑紫に行ったが京都に行かず、筑紫からそのまま帰国したが、彼は正式の使臣ではなかった。ところで、この金が何故日本に行ったかは記録されていないが、彼が筑紫に行ってきた翌年、六七三年から新羅側は後高句麗使臣を護送、つまり監視するようになった。そしてこの年の八月を期して、後高句麗という国名を廃止して報徳国に改称した。

結局第一、二次にわたり、後高句麗が独自的に日本を往来すると、これに疑心を抱いた新羅側は金を日本に派遣して、後高句麗と日本の関係を調査したのであり、その結果によって、第三次から新羅側は使臣を護送するようになった。したがってこの護送はまさに、後高句麗の親日行動を監視するためのものであった。かたや後高句麗を報徳国に改称したのは、後高句麗が日本と独自路線を取るような軽挙妄動を慎んで、新羅側の恩徳を「報徳」即ち報答せよという一種の警告メッセージであった。

しかし報徳国は新羅側の警告を無視した。当時、日本はいわば孤立国状態であったので、報徳国使臣たちが来ると大歓迎であった。日本朝廷から派遣された者が、博多港まで饗応を催して、たっぷりの土産を職級別に下賜するので、報徳国の立場からみても対日往来は結構な収入源であった。

かたや報徳国の頻繁な往来は、日本側にとって新しい災いをあたえることになった。

当時、日本は遣唐船の安全航路確保が最大の課題であった。このことによって、報徳国の使臣が六度目に渡日した六七九年九月に使者を報徳国と耽羅に派遣した。

安全航路の探索であったことが明らかである。

このようになると、事態の深刻性を感じた文武王は、逝去直前の七八〇年三月を期して、「報徳王安勝に金銀器と雑綵一〇〇段を下賜して、王の姪女を出家させながら、人倫の根本は夫婦が一番先に王化の基礎で最も重要なことは、後嗣（後継）である……わが姪女をあなたの配偶者にするので、王の心を正しく定めて盤石を固めたならば、どうして盛んであり、美しいことでなかろうか」と教書を下した。安勝の離脱を防ぐための一種の政略結婚であった。しかし報徳国の対日往来はここでとどまらなかった。

いまや報徳国よりも日本側往来がもっと頻繁になった。日本側が新羅を出し抜いて朝鮮半島を往来することになったので、結局、報徳国は漸次、新羅を出し抜いた日本側の橋頭堡に転化されていった。

このようになると、新たに即位した神文王は、六八三年一〇月を期して「安勝を四等官に叙授して、金氏姓を与え月城に留まるようにして、良い邸宅と田畑を下賜」して報徳国に帰さなかった。なおさら報徳国の後任者さえ任命しなかった。これはいわば報徳国の計画的閉鎖を意味する。

こうして翌年十一月「安勝の族子である将軍、大文が金馬地で謀反し発覚され処刑」された。多分、大文は安勝の後継者を自称して処刑されたようであり、彼が処刑されたことが刺激となり、住民全体がこぞって蜂起すると、新羅側は大軍を出動させ、報徳国をまったく無くしてしまい、その住民を南側州県に移住させた後、報徳国の地に金馬軍を設置してしまった。報徳国の完全閉鎖であった。そして二年後である六八六年を期して、すでに検討した高句麗の官等制を公布したのだ。以上が報徳国の始末である。

新羅としては報徳国を設置したが、思いもしなかった外交的、平地風波を招くことになってしまったのだ。このような無謀な仕草は再び繰り返す事柄ではなかった。新羅側が朝鮮半島沿岸を通過していた日本の遣唐航路を封鎖することになったのは、まさに報徳国事態のためであったという結論に達することになる。

この点、報徳国が閉鎖（六八五）された直後の『続日本紀』文武天皇二年（六九八）四月一三日條に「文忌寸博士など八人を南島諸国（琉球列島）に派遣するために武器を支給」して、翌年七月に奄美島など、琉球列島の幾つかの島の人々が朝貢したことになっている。

この時から『延喜式』巻三〇に規定されたように、奄美訳語を雇用して第六次遣唐船（七〇二）から琉球航路が開始されていた。ゆえに日本側が朝鮮半島経由の安全航路を喪失したのは、まさに報徳国を利用してみようとした浅い知恵のために、自ら招いた結果である。

そして『新唐書』巻二二〇「日本伝」に、日本側が唐側に対して「新羅が海路を防ぐので明州と越州に朝貢する」と上奏した。このような場合、中国側は両側を折衝させるのが通例であるが、唐は日本側の呼訴を無視してしまった。日本は冊封国でもなく、また絶海孤島であり、外交的救済対象ではないからであろう。

同時に、新羅として、背逆の西南海岸を開放する情勢でもはない国内情勢に、報徳国事態が重なり、西南海岸をあえて封鎖する海禁政策に固まったことになる。

今までの史学界では報徳国問題は、たいしたことのない枝葉問題に扱ってきたが、実は日本の遣唐航路と、羅日外交ならびに新羅の鎖国主義路線が、二重三重に複雑に絡んだ外交的大転換であった。

## (二) 高麗神社

報徳国(六七一~六八五)の滅亡には若干の後事が続く。『続日本紀』によれば、日本側の最後の使者であった三輪引田君が、六八四年五月に報徳国にきたが、報徳国が掃蕩された光景を直接目撃した人物であるようであり、この過程で、新羅側より一時抑留されたのではないかと推定できる。

彼が帰国した六八五年九月條に「帰化した高麗人たちに録事(官職の一つ)を次等(次の等級)あるよう支給」したことになっている。

この「高麗人」は高句麗人を指称したものだ。そして六八五年という時点は、高句麗が滅びて十七年過ぎた後であり、日本の文献は報徳国人を高麗人としたので、結局六八五年に日本に帰化した高麗人は、まさにこの年に閉鎖された報徳国人であることは疑問の余地がない。再び三年が過ぎた六八七年三月一五日條にも「投化してきた高麗人五六名を常陸国に定着させて、田地を与え生業に安住させた」とある。

あわせて七〇三年四月四日條には「従五品、高麗若光に王姓を下賜」して、七一六年五月には「駿河(静岡県）・甲斐（山梨県）・相模（神奈川県）・下総（千葉―茨城県）・常陸（茨城県）・下野（栃木県）七国にいる高麗人一七九九人を集め、武蔵国に移して初めて高麗郡を設置」した。

この高麗郡は、現在、埼玉県、入間郡の中央部（日高市・飯能市・鶴ヶ島市一帯）であり、ここを流れる高麗川上流の巾着田に、我々にも広く知られており、日本人からも至極愛されている古色蒼然とした高麗神社が伝わってきた。

ここに伝わってきた高麗氏系譜（族譜）によれば、聖雲という僧侶が創建した「寺刹を名づけて勝楽寺として、聖雲は若光の三男」（一字草創勝聖雲光若三子也）とした。

この「若光」が七〇三年四月四日條に文武天皇から王姓を下賜された「高麗若光」であり、現在の高麗神社宮司である高麗澄雄氏はかれの第五九代孫である（高麗澄雄『高麗神社と高麗郡』、高麗神社社務所、一九九一）。

そして高麗若光の三男、聖雲が創建した勝楽寺こそ「高句麗伝来の仏教道場として……高句麗僧侶、勝楽の冥福を祈るために、勝楽が高句麗から持参した歓喜天（聖天）を安置して開士（菩薩）にしたのだ。そこは現在の高麗山聖天院であり、五四個の支寺が所属する古刹である。高麗若光の墓は、この寺の仁王門の左側にあり、池のほとりの古い杉林の間に小さい瓦葺の家があり、軒下に「高麗王廟」と書かれた扁額がかけられている。その中に砂岩を五重に積んだ石搭の多重搭がる。ほかならぬ若光の墓である。純粋な朝鮮の様式である」。

今まで日本に来た高句麗人たちは、高句麗滅亡（六六八）以後に亡命して来たと思われてきたが、これに関する痕跡はほぼ探すことができない。高句麗人の亡命は、報徳国が消滅（六八四）してからはじめて開始したのである。

したがって、高麗神社の創建者高麗若光を初めとする高麗郡の住民たちは、高句麗から直接に亡命して来たのではなく、報徳国消滅後に亡命してきた報徳国の遺民たちであった。にもかかわらず高句麗人の流風を現在までよく堅持されて、宮司の話によれば「北青獅子舞」は、その原型がそのまま、よく保存されているという。

千三百年あまりも祖先の地を守って、五十九代も続いて来たということは並大抵のことではなく、古木が鬱蒼とおい茂っている境内とあわせ、厳かな雰囲気に心打たれる。

その上、一家は高麗氏の家系に並々ならぬ誇りを持ち、近代にはいって戸籍法が実施されるまでは、ただ一軒宗家のみが高麗氏を名乗ってきた。分家して出ると他の姓を名乗らなければならなかった。「高麗氏系図」には、次のような姓氏が記録されている。

高麗井、駒井、井上、新、神田、丘登、岡登、岡上、本所、和田、吉川、大野、加藤、福泉、小谷野、阿部、金子、中山、武藤、芝木、新井。

結局、今日まで日本に住んでいる高麗神社こそ、高句麗―報徳国の延長された朝日共有の歴史であると言わざるをえない。それだけでなく、高句麗人たちの痕跡は、天皇の居処である皇宮にも相当伝わってきた。実例として東京皇居の象徴は二重橋であり、この前には元来、高麗門があったが、明治の時、宮殿造営（一八八八）の時に撤去された。その他にも皇居東北側の大手門裏に高麗門があったし、現存する半蔵門も、元来、高麗門であった（皇居内財団法人皇居外苑保存協会『皇居のしおり』、一九八五）。

関東地方に定着した高句麗人たちは、徳川幕府成立までも相当残存して、現在の皇居である江戸城建設（一六〇四〜一三六）に組織的に参加したようである。要するに報徳国が滅亡して、亡命した高句麗人たちの痕跡は、日本人たちの愛情のなかで依然息づいているが、新羅に捨てられた益山金馬面、五金山の報徳城地―三五〇mほどの堆墓式土城跡―（円光大学「益山五金山城発掘調査報告書」、『遺跡調査報告第十一冊』、全羅北道、一九八五）は、その痕跡さえ、探すのが難しい、悲劇の現場として残ってきた。歴史と血統が互いに裏返えした大きなアイロニーと言わざるを得ない。（金聖昊『前掲書』一巻参照）

# 第四節　高麗のルネッサンス・科学と技術—一〇〜一二世紀の文化—

## (Ⅰ) 印刷の発達

高麗人たちは、世界で初めて金属活字を発明し、世界的に有名な高麗磁器生産をして、わが国の名声を天下に轟かせた。

高麗人たちが一〇〜一二世紀に、印刷技術と陶磁器生産技術をはじめとするいろんな分野の技術、科学を発展させる上で、大きな成果を達成することができたのは、早く古代からの伝統的に伝わった青銅および鉄の加工技術と、陶磁器の生産経験、そして印刷に適度な、強く綺麗な紙と良い墨を生産した技術と経験を土台としたからだ。

一〇〜一二世紀の技術発展において最も大きい成果の一つは、金属活字の発明であった。金属活字が初めに発明された時期は一一世紀末〜一二世紀初めと見られる。

今に伝わる資料のなかで、金属活字に関する最も早い記録は、一一二三〜一一四六年頃（仁宗代）に書かれた本である『詳定古今禮文』（『古今詳定禮』ともした。五十巻）を一二三四〜一二四一年に金属活字で二八部印刷したしたという『東国李相国全集』の記録だ。

金属活字が、高麗で遅くとも一二三〇年代に、初めて発明されたとしても、それは世界で初めて創案制作されたことになる。

註＊ドイツでグーテンベルグが金属活字を発明して、それをもって本を初めて印刷したの一四五〇年代であり、オランダでコスタが金属活字を発明したのは一四二三年である。

木版印刷は、すでに八世紀にも活発であったし、高麗初期には大規模に発展した。一〇一一年から始まって七〇年にわたって六千余巻『大蔵経』という仏教経典が印刷され、一〇九〇年には、大覚国師、義天の〈続蔵経板〉の四七六九巻が出版された。

一五一六年には、開京で儒教、数学、医学、地理、歴史の本が数多く印刷され、西京にある多くの〈学園〉などに送られた。

一五一八年三月には、忠州牧では『本草括要』をはじめとする九種の医学書を印刷。翌年には安西都護府（海州）と慶尚府で、四種七七四板にもなる医学と歴史書が出版された。

註＊一〇〜一二世紀には、地方で多くの本が木版で印刷されたが、特に医学書が多く出版された。

重要なことは、仏経の印刷が契機となり、高麗の印刷術と製紙技術が、世界の最高水準を維持するようになったという点である。

ユネスコが指定した世界文化遺産のひとつである海印寺の「高麗八万大蔵経」は、まさに伝統的な技術と経験の蓄積に基くものである。高麗に本が多いとの噂が当時、近隣諸国にまで知れ渡り、一〇九一年には宋国の要請により、一二八種のおよそ五千巻にもなる多くの本を贈ったという記録がある。（『高麗史』巻十、禅宗八年六月丙午）。

## （Ⅱ）木綿の伝来

木綿は本来南方の産であるが、南方に広く栽培されたのは元代初期からだ。始めは広東に伝来して、福建と江南各地に広がり、北中にまでに及び、折よくわが国に伝来した。高麗末に文益漸（晋州、江城県人）が元に渡り、帰国するときに木綿の種子を得て、彼の舅である鄭天益に与え栽培した。鄭天益はその培養法を知らず、その葉がほとんど乾いてしまい、ただひと筋だけが蘇った。これをよく育てた結果（蕃衍）、鄭天益は取子車と繅綿車を考案して綿絲を引き抜き、綿布を編むに至った。こうして綿布は次第に衣料の大本になり、これに伴い、綿布は麻布のように貨幣の役割を担うようになった。そしてこの木綿の伝来は、わが国の経済に大いなる発展をもたらした。

## （Ⅲ）高麗磁器─禅宗の流行と茶文化

義天（十一代、文宗の四男、王子）が中国留学時、当時の宋においては教宗よりも禅宗が旋風的人気を得ていた。中国社会は唐代末期以後、安史の乱と藩鎮跋扈の混乱期を経ながら、多くの経典が燃やされ仏像も破壊された。それにくわえインドからの新たな経典の伝来は減少するばかりであった。その結果、インドの経典に基盤を置く教宗は急激に萎縮した反面、中国的伝統を加味した禅宗が急速に広がる。

仏教の普遍的修業法の中の、禅宗という独立した宗派に発展させたのは中国仏教であった。本来仏教において語る解脱とは、〝偽りの我〟から脱皮して〝真我〟を求めるところにあった。ところが、いつのまにか仏教はこのような真我を探すのに、ひとつの道具に過ぎない経典の藉口（口実を設けて言うこと）にだけにこだわり、その解釈をもって不毛な論争をしたり、あるいは迷信に近い程度に仏像を崇拝することによって、本物を探そうとする我を失っていた。宗教とは本来、生命力（カリスマ）が充満するときに真の宗教であって、歳月が流れ、生命力が喪失したにもかかわらず、それを無理に維持しようとすれば、堅苦しい経典や意識に縛られた宗教的強迫症に変質するものだ。

このような状況で中国では、あらたにすべての宗教的束縛から抜け出し、真我を知る仏教の基本精神に帰ろうと主張する禅宗が一気に流行しはじめた。禅宗は、このような真我を知るためには、必ずしも経典を読経するとか、仏像を拝む必要がないと主張した。しかもなお一歩踏み込んで、可能であれば経典を避けることを勧諭した。

その結果いつのころか、禅僧たちのあいだで、仏の語録である経典よりも、むしろ禅師語録がもっと流行しはじめた。特に、精巧な言語と高邁な談論を自慢する韻文宗は、義天が中国に行っていた頃には、すでに王室まで浸透する程度に全盛期を迎えていた。

義天が留まっていた杭州がまさに禅宗の中心地であった。

ところで、このような禅宗の流行は文化面に新しい現象を招来した。それは他ならぬ、茶文化そのものであった。禅僧たちが茶を飲みながら問答を交わすのが、ひとつの流行のように広がっていったのだ。

もちろん、このように茶を飲みながら談笑を分かちあうのは、禅宗の批判者から、禅の本質である修業の徳を騒がす修辞学に変質させるという批判を受けることもあった。

しかしながら他方では、硬直した思考風土から抜け出して、自由な討論文化を創出したという肯定的な評価も、決して無視することはできなかった。

ところでこのような茶文化は、単に寺院だけでなく、次第に文人または貴族社会に、非常に早く拡散するようになった。そしてこのような流行のおかげで、次第に多様な茶と茶器などが開発され始めた。特に、漸次身分を誇示するための貴族たちの要求に対応して、高級青磁茶器などが製作されるようになった。

このような青磁生産は、当時、禅宗の中心地であった浙江省を中心になされた。もっとも有名なのは、浙江省・越州窯、秘色の青磁であった。この越州窯青磁は、茶とともに、当時宋国を代表する文化商品になった。ところがこのような浙江の越州窯は、宋の時に、いつのまにか高麗青磁にその名声を奪われてしまう。

宋の太平老人は〈袖中錦〉で「蜀地方の絹、定窯の白磁、浙江の茶、高麗の翡色は皆、天下第一であり、他所では追いつこうしても、到底追いつくことができない物である」として、天下の名品のなかに高麗青磁を含めている。特に白磁は河北省・定窯白磁を最高に持ち上げながら、青磁に関しては「浙江の越州窯を差し置いて」高麗翡色が天下第一であることを認定した。

ところで、高麗青磁が名声を受けはじめたのは、何時ごろからであろうか。これは先に言及したように当時、宋で活動していた在宋高麗人テクノクラートたちが大挙入国したことから始まる。

当時、朝鮮半島では、海民出身、王建創業を契機として、多くの海外居民たちの帰国ラッシュがあった。彼らのなかには、公式的な外交経路を通じて入国した百済遺民だけでなく、非公式なルートを通じて入国したテクノクラートたちがいた。

## (Ⅳ) 高麗翡色の誕生

青磁製作で名声を鳴らした浙江の越州窯陶工たちが渡来したのは、たしかこの時期である。彼らは、舟山群島が位置する浙江省を中心に、海上貿易に従事していた海上百済勢力として、国際貿易で人気のある陶磁器を生産していた専門技術人力であった。当時、「宋商」と呼ばれていた彼らは、片や青磁を製作し、その一方で、青磁をはじめとする中国各地の磁器を、南シナ海を通じてインドやペルシャなど国際貿易市場に向けて販売して、西洋人たちに、チャイナ即ち磁器という認識を植えつけた主役であった。ところで、彼ら越州窯陶工たちのなかの、居民出身陶工たちが大挙帰化することで、高麗青磁は飛躍的に発展し始めた。帰化した陶工たちが定着したのは、全南・康津と全北・扶安一帯である。

彼らは一〇世紀末から一一世紀初に入ってきて定着するようになり、この時から、高麗青磁はその質と形態、または紋様が安定するようになった。そして、義天が中国仏教留学から帰った一一世紀末から十二世紀に入って、初めて高麗青磁は、初期に表れていた中国的要素が消えて、漸次、高麗だけの独特な、洗練された特徴を表すようになる。

このような道程を踏まえ発達していた高麗の磁器は、ついに独特な創意の象嵌が表れるようになり、宋・元を凌駕して、古今に光を放つ境地に達した。高麗磁器は、その材質と有色と手法により、青磁・白磁・天目釉・雑釉などに分けて、形状と用途によって、瓶・壷・注子杯・大接・缸・碟・托盞・皿・香爐・合子・硯滴・筆架・筆筒・陶枕・油瓶・唾壷など種類が多い。そして、当代の優秀な製品は大体先に述べた、康津(全南)窯地と扶安(全北)窯地で産出された。これは、近日にも、各種優秀な高麗磁器の破片が、この二箇所の窯地から出土していることで知ることが出来る。

# 第八章　沸流百済と廣開土王碑文そして応神亡命

## 第一節　沸流百済と廣開土大王碑文

**三韓論に関して**

百済初期史を論ずる前に、まず言及することがある。

わが国の史学界の定説は、『三国史記』に記録された百済の建国年度（紀元前一八）と、新羅の建国年度（紀元前五八）を信じず、二国が同じく三世紀末に建国したとして、以前の南韓地域は、所謂三韓時代であったとした。

これは李丙燾が生涯の課業として確立した、所謂「三韓論」である。この主張は、晋・陳壽の『三国史』「三韓傳」を根拠としたものである。しかし、この本は黄海道に設置した中国魏帯方郡が「滅韓」、即ち南韓地域を滅ぼそうと企んだ後、これを正当化するために、原住民の国を抹殺して、三韓（馬韓・弁韓・辰韓）をもって対置したのである。「倭人は、在帯方東南大海之中」として、朝鮮半島南側まで帯方郡の領域として包括したことで確認できる。従って三韓というのは、陳壽が設定した帯方郡の単なる地域区分であるだけで、三韓の歴史的実体は二つの百済（馬韓・弁韓）と、新羅（辰韓）であった。「三韓傳」は、当時の実情を記録した第一級の資料であることは疑う余地がないが、かといって、百済と新羅に代替できるものでは決してない。今日、三国初期を三韓時代・先三国時代・城邑国家などと語る学界と、マスコミの空しい口癖こそは、まともな自国史を自ら否定して帯方郡の属地として自称する。この国の最大の恥辱的な売国論であり植民地史観である。（金聖昊『沸流百済

と日本の国家起源』知文社、一九八二。金聖昊『沸流百済』、一九八二。並びに「任那・三韓・三国論」『韓国の社会と歴史─崔在錫教授定年退任記念論叢』一知社、一九九一）

## （Ⅰ）沸流百済建国の起源

まず『百済本記』序説によると、松花河沿岸の東扶余を脱出した朱蒙は、鴨緑江支流である卒本扶余に亡命して、卒本王延陁勃の娘であった寡婦西召奴と婚姻後、息子のない卒本王を継承した。これが朱蒙の高句麗建国である。性格の激しい西召奴は、父の全財産を傾け朱蒙の建国事業を後押しながら、朱蒙との間に生まれた温祚を斥けて沸流を太子にしようとした。

しかし、朱蒙としては、妻の実家の厄介になって国を建てたが、他人の息子を後継者にすることはありえないことであった。このことに不満を抱いた朱蒙は、東扶余時代の前妻柳氏夫人から生まれた留澝を連れて王位を継承させた。このことで愛をなくし、権力をなくした悲劇の西召奴は留澝即位（ＢＣ一九）直後、父が違う二人の息子を連れて南側に亡命した。彼らが最初に建国（ＢＣ一八）したところを『随書』と『北史』百済伝に大同江下流の「帯方故地（黄海道）」であるとして、ここに楽浪に押された彼らは青木山（開城、紀元前九）を経て「バイ水（禮成）と帯水のふたつの江をわたり」海辺の彌鄒忽に上陸した。そして都邑地を物色しようと負岳山に登ったが、二人兄弟は互いに意見が噛み合わず、海辺に生きることを願っていた沸流は彌鄒忽に戻り、温祚は慰禮城にそれぞれ分立した。そのあと温祚は再び漢河流域の京畿道広州に北遷したし、兄沸流は彌鄒忽の「土地が湿っていて、水が塩辛くて住むには難しい……後悔のすえに死んだ」と、『百済本記』の記録にある。今日伝わる『百済本記』は元来温祚側の歴史である。しかし土地が湿っていて水が塩辛いいのであれば移動すればすむ話である。なんら自決する理由にはならない。

ましてや『百済本記』が伝えてきた沸流側の残欽文には、沸流もやはり「東夷強国」を建てたことになっている。このことからして沸流側の歴史は、温祚側によって隠滅された可能性がなくもない。実は『三国史記』「百済本記」には、温祚が建てた百済だけ叙述されているが、紀元初から、鯷壑（舟山群島）・倭国・遼西に進出した、温祚の兄である沸流が建てたもう一つ百済があった。これが中日文献に記載された海外百済であり、帯方故地に建国（前一八）して*ミチユホル・彌鄒忽（前七）を経て熊津に遷都（後一八年）した沸流百済である。

三韓の歴史的実体は、二つの百済（馬韓・弁韓）と新羅（辰韓）であった。崔致遠は「弁韓は百済」（卞韓則百済）であるとした。このことは弁韓が沸流百済であったという根拠になる。一世紀初に舟山群島に進出した海上勢力は、まさに沸流百済である。

この地でおよそ四〇〇年間存続していたが、三九六年、広開土王の侵攻によって滅亡して、このときに熊津を脱出した最後の応神王の建てた亡命政権が、まさに日本の国家起源である。そして沸流百済が滅亡（三九六）して、七〇余年が過ぎた四七五年に、漢城の温祚百済も高句麗、長寿王の南進を受けて、熊津に南遷するようになったが、この時の状況を『日本書紀』雄略天皇二一年（四七四）三月条に次のように叙述している。

「百済が高句麗に攻破されたことによってクマナリ（久麻邦利・公州）を文周王に下賜して、その国を再興するようにした」とした。このように、雄略天皇が、温祚百済に熊津を下賜したということは、即ち天皇家の前身が、まさに熊津に都邑していた沸流百済であったことから由来した話である。にもかかわらず、沸流百済は熊津南遷（四七五）以後、沸流百済の残存勢力を吸収して「十済」であった国号を「百済」に改めて、沸流百済の歴史を自身の歴史に吸収してしまったが、同じく『日本書紀』までも亡命事実を隠蔽したために、沸流百済の歴史は自然に忘却の対象にならざるをえなかった。

註＊『三国史記』「地理誌」は彌鄒忽を現在の仁川とした。しかし『三国遺事』「南扶余傳」に「彌鄒忽は仁州であり慰禮は今の稷山」（今稷山仁州　慰禮今稷山）と明示していた。このように彌鄒忽をただ「仁州」として、稷山を「今稷山」として、「今」を付加した。このような「今」を用例による場合、「今」が付加されない「仁州」は、今仁州―仁川ではなく、実は旧仁州であったはずである。今日の仁川が仁州として呼ばれたのは『三国史記』が著作された仁宗二三年（一一四五）であり、それ以前の仁州は、忠南、温陽郡であった。今日の牙山郡仁州面がまさに旧仁州に該当する。そして仁州面の浦である密頭里は、古代語で彌鄒忽と同じ系統の地名である。今はたとえ埋没してしまったが、光復直後までても、南道から上がってくる海老の塩辛舟で繁盛していた海浦であったし、密頭川南側丘越えに金城里城址が伝わって来ている。

百済史専攻の著名な李道学氏は「百済の歴史に二つの王室交替問題と征服国家の出現」（『新たに書く百済史』一部―三、青い歴史、一九九七）のなかで、次のように述べている。

「百済王室系譜に対する疑問―『三国史記』百済本記本文による百済王室系譜によれば、百済王室は交替したことのない単一王統である。しかし互いに国境を接していながら似たような歴史経験を共有していた高句麗と新羅では王室交替が確認される。高句麗では消奴部から桂奴部に、新羅では朴氏から昔氏に、そして金氏に王室交替があった。にもかかわらず外憂内患が多かったことで有名な百済王室だけが萬世一系式であるというのは釈然としない感じを与える。このような疑問は他の国の建国説話とは異なり、百済建国説話によればその建国始祖が温祚または沸流がそれぞれ記載されるなど二元化されている特異な記録であるということからも提起することができる。であれば温祚と沸流という二人の始祖が登場している記録が整理されずに百済が滅亡して五〇〇年後の記録である『三国史記』にまでそっくりそのまま伝達されたという事実は、なにを意味するか？　それは百済当時にすでに温祚と沸流を始祖とする観念が併存していたことを意味する。百済の歴史において二つの王室が存在していたことを知らせる証左といえる。」

沸流百済の歴史はたとえ失われたとしてもその実態を立証する根拠は相当な量に達する。

『梁書』巻五四「百済傳」に「この国には二二の檐魯があり、ここに子弟宗親を分居」するという分権制が言及されている。これに反して『周書』巻四九「百済傳」には「五方にそれぞれ方令を置き達率（二等官）に任命して、郡には将三人ずつ置き、徳率（四等官）に任命する」として、中央の官僚たちを地方に配置する集権制が言及されている。

従来学界では、上記二つの記事が、皆な温祚百済の熊津に都邑（四七五〜五三八）時の記事として、檐魯制と群城制を、すべて温祚百済の官制として見てきた。しかし、一時代に分権制と集権制が共存することは、到底ありえない話である。熊津に都を移した時に互いに矛盾した二つの官制が表れたのは、移住してきた温祚百済と、熊津に残っていた残留勢力が競い合う過程に表れた一過性現象であって、檐魯制はすぐに集権制に吸収された。

この時期に一時期的に表れた檐魯制が、いわば沸流百済の遺制であったし、沸流百済の植民地であった九州の邪馬台国の淡路であったことが、日本の建国神話から確認できる。同時に日本語で熊津を久痳として、檐魯をタムロとした。軍隊駐屯とか占領地を意味する。ゆえに百済にたいする日本側の発音が久陀羅（クダラ）は、即ち、久麻・麻陀牟・牟羅＝熊津檐魯からｍ音である麻（ｍａ）と牟（ｍｏ）が脱落した略称に該当する。済州島の古地名である耽羅が現存する檐魯系地名の代表的存在であり、『三国史記』「地理誌」には「耽津県、康津は本来冬音県」として耽を「冬音」にも表記した。

朝鮮半島全域に発見された耽羅（済州）、檐山（昌原）、冬岩（康津・延百・江華・霊光・密陽・陰城）、冬忽（黄州）・晋陽、冬火（金泉）、冬非（開城）、冬乙（金浦）など、檐魯系地名はほとんど西南海岸全域に分布されている。沸流百済人たちは西南海岸全域に檐魯建設をしながら進出していたのだ。

かたや沸流百済に関する歴史は、『百済本記』よりも実は『日本書紀』にもっと多い。しかし『日本書紀』の年代は、第二〇代安康元年（四五四）以後になって初めて朝中文献の年代と一致するが、その以前はそうではない。建国起源を紀元前六六〇年引き上げたために、正しいものが一つもない。

文献史学は一面、年代史学ともいわれる。『日本書紀』初期年代を知ろうとすれば、まずは絶対的な基準年度から探さなければならない。これに該当するものが神功皇后五二年九月条である。この年は『日本書紀』の紀年として二五二年であるが実際はそうではない。

神功五二年九月条を見れば、百済が神功に七支刀を贈り物としたが、この時の贈り物とした刀は、非常に幸いなことに奈良県天理市石上神宮に古来神宝として保存されてきた。

この刀に刻まれた六四字の銘文の冒頭に「泰和四年」という年代が刻まれている。日本史学界は「泰和四年」を東晋の泰和四年（三六〇）と見ているが、神功は東晋ではなく魏と接触していたし、中国側の『魏志』「倭人伝」によれば、魏と接触した倭女王・卑弥呼は、二四七年（正始八年）に死亡したことになっている。であれば、神功は四世紀の女人であり、卑弥呼は三世紀の女人となり、人物からも年代からも前後が全然連結されない。『日本書紀』解釈上最大の難点となってきた。ところで七支刀の泰和四年を、魏の泰和四年（二三〇）として見ると、七支刀が伝達された神功五二年は二三〇年となり、であれば、神功が死亡した六九年は二四七年《＝二三〇＋（六九－五二）》となり、しかも「倭人伝」の卑弥呼が死亡した二四七年（正始八年）と完全に一致する。結局神功と卑弥呼は別項の女人ではなく、死亡年度までも一致する同一の女人であり、ゆえにこの点を可能にできた神功五二年を二三〇年（魏の泰和四年）と見れば、神功時代の年代記録は『三国史記』の年代記録と連結できる。このことから（神功五二年＝二三〇年）を基準として『三国史記』から関連記事を探ってみる。

## （Ⅱ）大長征

まず「新羅本記」を見ると、二〇九年七月に浦上八国が阿羅伽耶（咸安）を攻撃したし、なお三年後に骨浦（馬山）などの浦上諸国が葛花城を攻撃した。ここに登場する南海沿岸の浦上勢力たちがいわば歴史上の卞韓であって、かつて崔致遠が「卞韓則百済」とした沸流百済の海上檣魯たちである。ところで、浦上勢力が伽耶諸国を攻撃するごとに新羅が介入して、かえって逆境に陥ることになると、彼らは本国に救援を求めた。そして沸流百済の遠征軍出動が、まさに神功四九年三月条に記録されている。（神功五二年＝二三〇年）なので神功四九年は二二七年である。この記録は神功がいかにも作戦を主導したようになっているが、少し詳しく見ると、遠征軍の総司令官は「百済　木羅斤資」であったし、倭軍は支援軍を派遣したにすぎない。しかも、この時に平定した七ヶ国の地理的配列順序が全然合っていない。このときの長征を一括整理すると、古沙山を出発した木羅斤資の遠征艦隊は、初めに加羅（光陽伽耶山）を経て卓淳（南海）に至り、神功が派遣した支援軍と合流した。

そして泗川湾に侵入して、多羅（陜川）→安羅（咸安）→卓国（昌原）→南加羅（金海）を順番に攻撃して、もう一つの一支軍団は安羅（咸安）で別れて、洛東江中流の昌寧を攻撃した後、黄山川—綿川を経て、熊津に連結される内陸ルートで帰還したことで復元される。

このときの平定対象に、浦上諸国が攻撃して失敗した安羅が含まれていたのは、まさにこの時の作戦が、浦上諸国の敗北を雪辱した報復戦であったことを意味する。同じく金海伽耶も征服されて、それから一八〇年間王統が断絶されていたが、沸流百済が滅亡した直後である四〇七年になって新羅側により再建された。そして南加羅（金海）を攻略した本陣が海路で帰還しながら、古奚津（康津）で戦列を整えて海を渡り枕彌多禮（耽羅）を征伐した。

このように百済側が西南海岸を征服すると、このことで包囲された内陸地域の比利（全州）・壁中（金堤）・布彌支（淳昌）・半古（羅州）など湖南全域が「自然降伏」してきた。

これによって百済は、西南海域に渡り広大な領土を占めることになった。この点はまた他の記録によっても確認できる。即ち『日本書紀』応神八年三月条に記載された百済の領土は、枕彌多禮・峴南・支侵・谷那・東韓之地の五ヶ所の圏域であった。ここの枕彌多禮は木羅斤資が征服した済州島である。

峴南は車嶺以南（忠南・全南北）であり、支侵は車嶺山脈西側の支侵州一帯、谷那は禮成江流域黄海道谷山一帯、そして東韓之地は慶尚南道地域である。このように突然に表れた五個の圏域が沸流百済の領土であり、当時の温祚百済は、まだ漢江流域の小さな国に過ぎなかった。結局、沸流百済は木羅斤資の西南海域大長征（二二七）によって、初期の西南海岸檐魯体制から西南全地域を掌握した領域国家に変貌したのだ。

## (Ⅲ) 七支刀の銘文

沸流百済の五圏域中で、もっとも北側である黄海道南部の谷那に関して劇的な記録が伝わる。それは『魏志』「韓伝」を見ると「桓寧年間(一四七~一八八)に韓濊が強勢して楽浪軍としては統制することができず多くの百姓たちが百済に流入していた。このことにともない魏は建安年間(一九四~二一九)に、屯有県(黄海道)黄州以南の空き地に帯方郡を設置して、公孫康・張敞などを送り、流民たちを収集して兵力により韓濊を征伐することで住民たちが出て来るようになった」とある。

この結果、黄海道内陸まで進出していた沸流百済は、禮成江流域である谷那に南下したが、それにもかかわらず帯方側と領土紛争が絶えなかった。このようになると、百済側は南海沿岸大長征(二七七)の経験を生かして、神功に再び支援軍派兵を要求したが、この時の指令文書がまさに二三〇年(神功五二)九月、神功に送った七支刀銘文である。これには六四文字の銘文が刻まれている。日本の学者たちは伝統的にこの銘文だけを独立的に解釈してきたが、これは真実を隠蔽しようとする手段である。この銘文は当然、七支刀が伝達された神功五二年九月条の内容を結び付けなければならない。その内容は次のようである。

百済使臣「久氏などが千雄長肥彦とともに来て七支刀一具と七子鏡一面そして各種貴重な宝物を献上しながら語るに、臣の国西側に江水があり谷那鉄山(禮成江流域)から発源します。そこまで行くには七日ぎりぎりです。水味でもって山鉄を容易に探すことができますので永遠にささげたい」と提案したという。

ここで神功を尊大に扱っているが、実は谷那地域の鉄産地を永遠に与えるので、この地を守護する兵力を出兵せよという一種の誘囚策であった。そしてこの要請とともに贈り物をした七支刀に次のような六四文字の銘文が刻まれていた。

「泰和四年（二三〇）五月一六日丙午正陽に百練鉄で七支刀を製造した。百兵を塞いだ諸候・諸王たちに当然、複製品を供与するよう同類品を制作せよ。先世以来このような刀はなかったが百済王世子は聖音の志をたてまつり貴下を倭王するので（この刀）製造して後世に展示せよ」

（原文）「泰和四年　五月一六日丙午正陽　造百練鉄七支刀　出辟百兵　宣複供候王□□□□作　先制以来未有此刀　百済王世子　寄生聖音　故為倭王　旨造傳示後世」（佐伯有清『古代史演習七志刀と廣開土王碑』、吉川弘文館、一九七七）

神功五二年条と銘文を連結すれば、七支刀を製造した「百練鉄」は谷那で採掘した鉄となる。そして百兵を塞いだ「（出辟百兵）」は三年前に南海岸大長征時の「支援軍」として出征した功労を祝賀したことであり、「諸候・諸王」は倭国連合勢力である。『魏志』「倭人伝」によれば、卑弥呼（神功）に所属（統属女王国）された国は六国であり、ここに女王国（邪馬臺国）を合わせれば七国になる。所謂七国といわれる檐魯は、対馬、壱岐、伊都、奴、不彌、投馬、邪馬臺である。七個の枝に造られた七支刀の模様形はまさに、この七カ国の「諸侯・諸王」を象徴したことになる。

〈図版８－１〉石上神宮所蔵の七支刀

そして百済王子は、聖音（百済王）の允許を受けて、神功を「倭王」として任命したので、谷那から百練鉄を持参して、七支刀の複製品造り、諸侯・諸王たちに分け与え、神功が「倭王」になったことを知らせよということである。ゆえに百済側は、神功に谷那の鉄産地を割愛すると提案したのである。であれば、神功としては「倭王」になるためにも百練鉄を得るために出兵しなければならないので、自然、百済・倭連合が創設され、帯方軍に共同で大勝することになる。結局六四文字の七支刀銘文は、神功を「倭王」に任命する代価として、その出兵を誘導しようとした外交的釣り餌であった。一九七一年に喜澤古墳（栃木県小山市）で発掘された「擬製七支刀」が、たぶん神功によって制作された模造品であったと推測される。

七支刀は百済側の巧妙な二重外交であった。しかし外交的老獪性に関しては、中国人たちには敵手ではなかった。「三韓傳」によれば、七支刀が伝達された直後の「景初年間（二三七〜二三九）に魏の明帝は、秘密裏に帯方太守劉昕と楽浪太守鮮于嗣を送り、海を越えて二郡（楽浪・帯方）を安定させて、百済の臣智（檐魯主）たちに邑君印を下賜して、次席者を邑長として扱う」など、大々的な懐柔策を施した。元来百済の檐魯制は地方分権性であり、檐魯たちの裁量によって相当数の檐魯側が帯方軍に懐柔されたようである。谷那に進出した倭軍もやはり例外ではなかった。まさにこのころ「景初二年（二三八）六月に、倭女王（神功）は大夫・難升米を帯方に派遣して天子に朝貢」した。すると帯方軍は、まるで待っていたかのように卑弥呼を「親魏倭王」に封じて「金印紫綬を下賜して、それ以外にいろいろな絹・金・銅鏡・真珠・錬鍛などを下賜しながらこれを国の人々に展示せよ」と付け加えた。

面目を立たすために外交的甘言で欺くものであった。このようになると神功にとっては、遥か遠い谷那まで行き血を流して戦さをするよりも自分を「倭王」に任命した本国政府（沸流百済）に背信することが、かえって政治的にも経済的にも有利になった。「三韓傳」の帯方記録に「倭と韓（百済）はついに帯方軍に服属した」（倭韓遂属帯方）ということを見ても、帯方地域に進出していた倭兵が帯方軍に懐柔されたことが確認できる。

結局、帯方地域の百済・倭連合を狙っていた百済側の七支刀外交は、神功の出兵を達成したが、魏国の老獪な遠交近攻策に振り回され、あえなくも神功に漁夫の利だけを与えることになってしまった。二三八年から、卑弥呼（神功）が死亡した二四七年までの一〇年間に、双方はそれぞれ四回にわたって往復した。最も頻繁な往来であった。背信の代価として魏国「親魏倭王」の冠をかぶった神功は、魏―倭間外交舞台の華麗なクレオパトラとして登場した反面、沸流百済の七支刀外交は余すことなく踏みにじまれてしまった。

## (Ⅳ) 百済連合

魏・倭が癒着していた二三八年二月条の『百済本記』に、温祚百済の高爾王は「釜山」を巡視して五〇日ぶりに帰ってきたとなっている。およそ五〇日間も長く留まっていた釜山は、過ぎし日、温祚と沸流が別れることになった漢山負兒岳と、稷山慰禮城の中間地点に該当する今日の釜山里である。ここが二国の国境であった。たぶん魏・倭の連合に対抗するために、二国は建国以来疎遠であった冷え冷えした関係を清算して、血盟関係を確かめるために国境地帯に集まり、五〇日間、大会合を開催されたと推測できる。

これから『百済本記』は突然慌ただしくなる。その代表的な一つが高爾王二七年(二六〇)正月に断行された行政改革である。一六官等制が初めて開始され、翌年には中国式官服が導入された。この点に注目した李丙燾氏は、高爾王時に初めて温祚百済が建国したとして、その以前の歴史記録を信じなかったのだ。しかし、第八代高爾王時に至り温祚百済が新しく建国したのではなく、高爾王時に沸流百済と連合することによって、それまでの落後性をやっと脱皮することができたのだ。

かたや沸流百済も俄然活気を呈し始めた。全北金堤に堤防長さ一八〇〇歩の壁骨堤(三三二)を建設したが、この遺跡は現在まで伝っている。

なおさら中国北部が五胡一六国(三一六~四三九)の混乱にはまっていたとき、高句麗が楽浪郡(平壌)と帯方郡(黄海道)を接収(三一三~三一四)して南下を開始すると、沸流百済は黄海を越えて遼西に進出(三四二)して、高句麗の後方を牽制することもあった。

これにともない近肖古王二六年(三七一)冬に、三万の兵力で高句麗平壌城を攻略して、故国原王を戦死させ近仇首王三年(三七七)にも、再び平壌城を攻略した記事は、実は、黄海道谷那地域を掌握していた沸流百済との連合作戦と見るのが妥当である。そして、近肖古王が都邑地を漢山（廣州）から漢城（ソウル）に遷都（三七一）したのも、百済連合の軍事的優位を背景による北進戦略の一環であった。

## （V）廣開土王碑文

高句麗に対抗した百済連合の軍事的優位を逆転させたのは、まさに高句麗、廣開土大王（三九一〜四一二）であった。彼は即位二年目の三九二年七月を期して四万兵力を引率して、疾風怒濤のように漢江以北の一〇余個の百済城を攻略して、一〇月に再び南下して百済連合の北方要塞であった禮成江下流の關彌城（彌羅山古城）を掌握（三九二）した。『高句麗本記』廣開土王二年一〇月条に「王は百済の關彌城を攻略した。その城は四面峭絶であり海水環繞なので王は七の道に分けて攻撃するようにして二〇日目に陥落させた」とある。

温祚百済側の辰斯王は、關彌城陥落にもかかわらず廣開土王の「巧みな用兵術」に恐れをなして戦いもせず、卑怯にも狗原*行宮で日々費やしていて、狗宮で突然急逝した。ゆえに辰斯王の急逝は關彌城失陥を傍観によってはじまった事態であったのだが、驚くことに、この時の内幕が『日本書紀』に詳細に記載されている。

註＊『三国史記』「地理誌」に記載された漢州（広州―龍仁）駒城県に批正

即ち、応神天皇三年条に「百済辰斯王が日本天皇に失礼をしたので、紀角宿禰・羽田八代宿禰・石川宿禰・木菟宿禰を送りその無礼ごとを譴責すると、百済国は辰斯王を殺害して謝ったので、紀角宿禰などは阿辛王を王に即位させて帰還した」とした。

「百済本記」と、「応神記」の内容が表裏の関係に完全に噛み合う。そうであれば通信施設もなく飛行機や快速艇もない時期に、どのようにして日本にいた応神が、わずか一〇日間に關彌城陥落消息に接して、即刻紀角宿禰を百済に派遣して、斯王辰を除去することができようか。到底ありえない事態である。

この疑惑をすっきりと晴らすには、当時の応神王が日本にいたのではなく、実は熊津にいた沸流百済王として見ると、初めて応神が關彌城と深い利害関係で噛み合っていた理由が解明できるし、なお辰斯王が狗原行宮に避身していた一〇日の間に、正確に紀角宿禰を派遣したことが、実際の状況として再構成できる。熊津から辰斯王が殺害された狗原行宮（龍仁）までは、馬に乗ってわずか何時間で行くことのできる距離である。このような推論は仮定であるが、ともあれ紀角宿禰が狗原行宮に行った応神三年（三九二）と、彼によって即位するようになった阿辛王元年（三九二）は同一年度であるしかない。

廣開土大王の關彌城掌握はまだ緒戦であった。彼は四年過ぎた永楽六年を期して大規模な南進を敢行した。この時の作戦を記述したのがほかならぬ「廣開土大王碑文」の永楽六年条（三九六）である。日本参謀本部の密偵であった歩兵中尉酒勾敬信が、中国輯安（集安）から碑文を密搬入（一八八四）して以来、今日まで一〇〇余年間、韓日史学会の最大争点になってきた部分がまさに永楽六年条に含むいわゆる「辛卯年条」である。ここに倭が登場する。

一時期、日本側密偵たちが碑石に石灰を塗って碑文を歪曲したという、李進熙氏のいわゆる石灰塗付説で世間を驚愕させたこともある。それはともかく、碑文解釈に対する韓日史学会の最大の争点は、辛卯年条に記載された「倭が本物（日本側）か偽物（韓国側）」かを取り巻いて終わりのない攻防であった。金聖昊氏は、日本側の立場から本物として見ることによって、はじめて日本史学会の意表を突くことが出来るという見解である。そして氏が強調するのは、問題の核心は「倭」の実体を究明することであり、そうしようとすれば「倭」が記載された永楽六年条・九年条・一〇年条などを全部を検討すべきであり、辛卯年条だけを別に検討する韓日両国の接近方式は全く過ちであると確信するとした。まずは永楽六年条を五個段落に分けて解釈すると下記のようである。

①百残と新羅は、わが高句麗にながく属民として以前から朝貢を捧げてきたのであるが、倭が辛卯年（三九一）に侵入して来たために、わが高句麗は海を渡っていき、それを撃った。しかるに百残・□□・新

羅を侵略し、それを自分の臣民となした。

②永楽六年（三九六）廣開土大王は自ら水軍を引率して残国を討伐した。高句麗軍は敵の南側を攻撃して……五八個城を……取る

③その国の城を攻撃したが、しかし残兵たちは屈服せずあえて戦いを継続したために王は大いに怒り、阿利水（漢江）を渡った

④精兵部隊（刺）を派遣して敵の城に肉迫したので残兵たちが巣窟に戻ったので容易に城を包囲した。窮乏した百残主は男女捕虜一〇〇〇名と細布一〇〇〇匹を献上して王に降服し、これより永久に高句麗国王の奴客となることを誓った。大王は今までの罪過を恩恵によって容赦し、これ以後誠意をもって従順することを記録させたた。

⑤五八城と七〇〇ケ村を奪取して残王弟とその大臣一〇名を捕らえ都に凱旋した。

**第一段落**―百残と新羅は以前から高句麗の属民になって以来、朝貢を捧げてきたが、倭が辛卯年（三九一）以来海を渡って来て百残・□□・新羅を侵入して臣民とした。

これが韓日間で争点になってきたいわゆる「辛卯年条」である。ところで高句麗の利権を侵したのは倭であるのに、第二段落以下では倭を攻めずにとんでもないことに残国を攻撃した。この点は以前に李丙燾氏が提起した疑問であるが、いまだ明快な答弁が出てこなかった。これに対する回答は「辛卯年条」自体では解決できない。倭を積極的に語りながら残国を攻撃したということは、文法的に「倭＝残国」を前提したものだ。ゆえに残国の実体からまず究明することで、初めて倭の実体を究明することができる接近法であると金聖昊は指摘する。

**第二段落**―永楽六年（三九六）廣開土大王は自ら水軍を引率して残国を盗伐した。高句麗軍は敵の南側を攻撃して……五八個城を……取った。

まず、第一段落で言及された百残がここでは残国に変わった。百残と残国は同一なものか、それとも互いに違

うものか。同一として見てきたのが学界の鉄則になっていた。過ぎし一〇〇年間の論争において、どの誰もがこれに対する疑問を提起してこなかった。しかし彼らが同一のものか、そうでないのかは今後究明せねばならない課題である。

第二に、なぜ廣開土大王は水軍を動員したのか諸説があるが、元来高句麗は海上国家ではなく騎馬国家である。ゆえに冒険とも変わらない「水軍」を動員したということは、特殊目的のための非常手段であったはずであり、馬に乗って容易に行くことのできる既存の占領地を行くために「水軍」を動員したということは、到底ありえない発想である。

第三に、廣開土大王が掌握した五八個の城郭分布を最初に研究した酒井改造氏（「好太王碑文の地名について」『朝鮮学報』第八輯、一九五五）は、城郭などが「意外にも遠く忠清南道の南端」まで分布されていることを指摘した。画期的研究成果である。この点は朴性鳳氏も確認したことがある。（「廣開土王朝　高句麗南進の性格」『韓国史研究』第二七号）

これこそが廣開土大王が水軍を利用した決定的な理由である。いうならば、四年前に占領した禮成江河口の閣彌城（彌羅山古城）から、水送船団を引率して、京畿湾を南下して忠清南道に上陸したために、このとき占領した城郭などが「意外にも遠く忠清南道の南端」まで分布されていたのだ。でなければわざわざ「水軍」を動員するはずがないからだ。

結局、廣開土大王は閣彌城から水軍が京畿湾を南下して、忠清南道に進出したと見ることによって、初めて占領した城郭等が忠清南道南端まで分布するようになった背景が説明できる。

**第三段落**―その国の城を攻撃したが、しかし、残兵たちは屈服せずあえて戦いを継続したために王は大いに怒り、阿利水（漢江）を渡った。

京畿湾を南下して下って来た忠清南道に廣開土大王が忠清道で敢行した作戦で、ここで言及した「その国の城」はまさに残国城を語るものである。そして残国城が陥落したにもかかわらず、残兵たちが必死に抵抗して追撃して来るので、当惑した廣開土大王は、阿利水（漢江）を南側から北側に渡ったのだ。従って阿利水を渡る以前の「残国」と「残兵」はみな漢江以南の忠清道勢力であることが分る。

**第四段落**―精兵部隊（剌）を派遣して敵の城に肉迫したので、残兵たちが巣窟に戻ったので容易く城を包囲した。窮乏した百残主は男女捕虜一〇〇〇名と細布一〇〇〇匹を献上して王に降服し、これより永久に高句麗国王の奴客となることを誓った。大王は今までの罪過を恩恵によって容赦し、これ以後誠意をもって従順するように記録した。

**第五段落**―五八城と村七〇〇村を奪取して残王弟とその大臣一〇名を捕らえ都に凱旋した。

これは漢江以北に渡り遂行した作戦であり、この時、漢江以北で降服した者は「残国」ではなく「百残主」であったことに注目しなければならない。従って残国は漢江以南に所在しており、百残は漢江以北に所在していたことが分る。

そして廣開土大王は、残国を討伐するに伴い、残国からは「残主弟と大臣一〇名」（五段落）を圧送して行ったが、漢江以北の百残国からは、降服を受けたために奴卑と細布など賠償を受けたのだ。

以上、残国は京畿湾以南の漢江南側国であり、百残を漢江以北の国として見ることで、初めて水軍で京畿湾を南下して忠清地域を席巻した高句麗軍が、阿利水（漢江）を北側に渡河して百残主から降伏を受けることができた作戦経路が地理的に復元できる。

当時の温祚百済が、漢江北側の漢城（北漢山城）に都邑していたことはすでに述べた。碑文を記録通りに正確に読むかぎり、残国は討伐された国であり、百残は降伏した国である。国の興亡も違い、地理的位置も違うし、また国の名も互いに違う。これがどうして同一の国といえようか。百済は一つだけあったのではなく二つであった。

結局残国は忠南熊津の沸流百済であったし、百残は漢城の温祚百済である。沸流は高句麗建国始祖主・朱蒙の血統ではないが、温祚は朱蒙の血統であるがゆえに、継続して朱蒙を国父として祭祀を執り行ってきた。廣開土大王が沸流百済（残国）を討伐して、温祚百済からは降伏承服した裏面には、血縁関係が作用された可能性がなくもない。

要するに、残国（沸流百済）と百残（温祚百済）を同一のように見てきた学界の先入観こそが、過ぎし一〇〇年間の碑文論争を暗黒世界に埋没させてきたブラック・ホールであったとしても決して過言ではないと金聖昊氏は嘆いた。結局、永楽六年の南進作戦は、關彌城から出発して關彌城に帰還することによって大団円に幕を降ろした。伝統的な騎馬国家が「水軍」を動員したということこそ百済連合の意表を突いたものであるが、ともかく廣開土大王の天才的軍略が遺憾なく発揮した天下の名勝負であった。

余談になるが、実は二〇〇一年八月、私が所属する在日高麗書芸研究会結成一〇周年を記念して、海外書芸交流をすることになった。最初の交流は在中朝鮮族書芸家たちと、朝鮮族自治区延辺の美術館で熱い民族的連帯をともにして有意義な交流展を成果裏に収めた。

在日のメンバーは二一名であったが、彼らの要望もあって、事前に計画を立て、その帰途に、広大な満州の大陸の地平線を、朝焼けに昇る大きな太陽と、夕日に沈む落陽を見ながらひたすらに汽車で横断してついに集安にたどり着いた。

国内城で集安博物館を見て、丸都山城の点将台山城を見学して、五盔墓、舞踊塚、雄壮な将軍塚に登り、最後に好太王碑（廣開土王碑）を訪ねた。初めて見るその碑は一五〇〇年もの風雪に耐え抜いたそれこそ雄大であり立派なものであった。幾多の王朝の興亡があり、永い年月疎外されてきた陵碑を思うと心にこみ上げるものがあった。ところで、われら書芸愛好家にとっては、碑文の美しい書体である隷書に感動した。このとき漢詩一首を得る。

陵碑聳大地　風雪耐千秋　書聖神通筆　功名不朽浮

（意訳）陵碑大地に高く聳え立つ　風雪に耐えて千年碑文名筆　まさに神通なり　王の不朽功名をなお一層浮き彫りにする。

〈図版８－２〉廣開土大王碑と碑閣

兪樾の高句麗隷書、中国の「石言」の著者顧変光は、兪樾の隷書が陵碑の禮書から範をとったものであると指摘した。そして彼は次のように書いた。

「廣開土大王碑は東方金石のうちでもっとも古く最高のものである。兪曲園の禮書は形体が方形で厳しく、筆勢はまるく柔和、極めて独特な趣きをもっている。私は初め、その隷書が「漢、裴岑碑」や「劉君残碑」から範をとったものであると理解していたが、後でこの陵碑拓本を見てようやくその本当の根源を知った。曲園の隷書はほかでもなく、陵碑から範をとったのである。これによって明確に理解できるように古くからの名筆たちは、みな一定の先行する伝統を継承するのが当然であるが、浅薄な者は、故意に自分のいわゆる、着想に対してのみ騒ぎ立てるが、それは、およそ自分が何たるかを知らない者であるといわざるをえない。」

## 第二節　応神天皇亡命と『日本書紀』の内幕

### （Ⅰ）応神天皇亡命

残国を討伐した廣開土大王は「残主弟と大臣一〇名」を圧送して行った。そうであれば残国王はどうなったのか。古代の戦争では「敵を滅ぼしたら王を捕まえる」というのが古今の常例である。であれば残国王は死んだのか逃げたのか。万一死んだとしたら当然戦死したとして碑文で自慢するはずであるが一言半句もない。

このことはどこかに行方を隠したことを語るものである。しかし朝鮮半島でその痕跡が全然さがすことができない。つねに地理的に近い『日本書紀』から探さずにおれない。

すでに指摘したように、關彌城失陥の責任を問い辰斯王を除去して。阿辛王を擁立するようにした応神天皇を沸流百済の王として仮定していた。ところが仮定でなく実際の上皇であった。この点を順番に検証する。

すでに指摘したように阿辛王を擁立した応神三年は阿辛王元年（三九二）であるので、『日本書紀』の応神三年は自然三九二年になる。応神三年は三九二年であれば、廣開土大王が残国を討滅した三九六年は応神七年に該当する。

『日本書紀』で応神七年条を見ると、「高句麗人・百済人・任那人・新羅人がともに来朝した」とした。これが『日本書紀』に記載された歴史上最初の集団亡命の記録である。

そうであれば、なぜことさらにこの時期に朝鮮半島から集団亡命が起こったのか。それはまさに廣開土大王の南進によって残国が滅亡した事態である。ゆえに応神七年九月条の集団亡命は、当然この年にあった残国の滅亡によって起きた事態であるしかない。そしてこの時亡命した「高句麗人・百済人・任那人・新羅人」において、戦勝国であった高句麗人が亡命するはずもない、そして廣開土大王の南進と関連がない新羅人が亡命するはずもない。

したがって彼らを除外した実際の亡命者は、ただ百済人と任那人だけであったという結果が容易に把握できる。百済人の群れの中に残国（沸流百済）滅亡以後行方が知れなかった残国王応神が包含されているために、このことが『日本書紀』最初の集団亡命記事として成立されているはずである。結局応神七年（三九六）九月条は応神亡命を糊塗した記録になる。翌年応神八年は三九七年である。応神八年（三九七）三月条を見ると「百済人が来た」としたあと次のような「百済記」の一文が引用されている。

「百済阿辛王が即位して日本に無礼したので百済の枕彌多禮・峴南・支侵・谷那・東韓之地を奪ったが百済側太子直支─腆支太子を人質として送って来たので先王時の友好を回復した」

ここで応神が百済の五個圏域を奪ったが返したことになっている。しかし、枕彌多禮・峴南・支侵・谷那・東韓之地の五個圏域は温祚百済の領土ではなく、実は応神自身の支配していた沸流百済の領土であった。そうであったが、応神が日本に亡命して、それ以上統治できなくなったために、五個圏域を温祚百済側に譲渡する代わりに、温祚百済側太子を人質として送るように要求したのだ。そして『百済本記』にも、まさにこの年に該当する阿辛王六年（三九七）五月に「阿辛王は倭国と結好して腆支太子を人質に送った」とした。

両側記録が年度と内容において完全に一致する。

このことが、温祚百済が歴史上最初に日本と修交した記録である。前年まで応神が熊津に居たので百済連合であったが、廣開土大王の奇襲（三九七）によって応神が日本に亡命して日本を建てたので、三九七年に最初の対日修交が始まったのである。ゆえに応神が過去の旧領土を温祚百済に割愛して、温祚百済が太子を人質として送ることになったのは、いわば両国間の「領土─人質交換協定」であったこと語るものである。領土は割愛するが、その領土内の人口移動を禁じないための保障手段として百済側の人質が必要であったのだ。この結果「領土―人質交換協定」が締結された以後、多くの人々と技術者と各種文物が玄界灘を渡り続々とやってきた。記録に表れたものだけでも次のようである。

三九六年（応神七）　―応神、百済池築造技術者帯同
四〇〇年（応神一一）　―弓月君、百済一二〇県人夫と亡命
四一三年（応神一四）　―縫衣工渡日
四一四年（応神一五）　―阿直伎、良馬二匹伝達
四一五年（応神一六）　―王仁、論語と千字文伝達
四一九年（応神二〇）　―阿支使主、百済一二県人と亡命

『古事記』七一四、中巻の、「百済朝貢」条によれば、百済土木技術者・牝牛・良馬・横刀・大鏡・論語・千字文・韓鍛・呉服・醸酒人等々が渡日したことになっている。過去に血盟関係であった温祚百済は、突然亡命することになった応神の建国を助けようと、各種技術者と文物などを送ったのだ。

一九八四年秋、全斗換大統領が日本を訪問した時に、裕仁天皇は歓迎晩餐会で「紀元六～七世紀（実は五～七世紀）に、我が国の形成の時代に多数の貴国人が渡来して我が国の人々に対して学問・文化・技術等を教えたことは重要な事実であります」（『朝鮮日報』一九八四年九月七日）と鄭重に祝賀の意を述べられた。ほぼ一六〇〇年ぶりの公式的な感謝であった。

天皇はやはり応神の後裔らしい。応神亡命の息吹は、いまだ歴史の息吹の中でおぼろげに伝わって来ている。韓日共有史の一つの端片でないはずがない。

ところで、朝鮮半島から日本に巨大な亡命の波濤が滔々と流れていた時点で一つ異変が発生した。即ち廣開土

大王碑文の永楽年条（三九九）と同一〇年条（四〇〇）で、その内容は下記のようである。

「永楽九年（三九九）己亥年に、百残は誓いに叛いて倭と組んで和通した。廣開土大王が平壌に行幸したが、その時新羅王は使臣を派遣し王に報告するに「倭人が新羅国境を満たして攻め入り城を撃破しております。新羅王である私、老客は高句麗王である貴方の民となっておりますから王にすがって救援を乞うものであります」とした。廣開大王は新羅王の忠誠心に銀子を与え特に新羅使者を送りながら密計を教えてやった。

「永楽一〇年（四〇〇）庚子に廣開土大王は歩兵、騎兵合わせて五万を派遣し、新羅を救援することにした。高句麗軍が男居城から新羅城に至るとそこには倭人が満ちていた。高句麗軍が到着するや倭賊は退却した。……高句麗軍がその後を急ぎ追撃して、任那加羅、従抜城に至ると城はただちに降伏したので、新羅戍兵（守備兵）を配置した。再び新羅城と鹽城を攻抜して倭寇を撃破駆逐して、城内住民の一〇中八、九は倭について行くことを拒否した。ここにも新羅の守備兵を配置した。」

ところで「倭人が国境内に満ち溢れた」（倭人満其の国境）というほどに倭人が夥しいにもかかわらず、おかしなことは倭人たちが高句麗軍に対抗した痕跡が全く見えなく、また水軍の活動が全然記載されていない。高句麗軍が到着すると倭人たちはそそくさと逃げるか帰伏した。甚だしくは鹽城（蔚珍）の倭人たちは　戦うというよりも住民たちを倭に連れて行くことであくせくしていた。この倭は果たして誰なのか。実証的に見なければならない。

まずは永楽一〇年（四〇〇）条に直接的に連結される『日本書紀』の対応記録を探して見ると、それは他ならぬ応神一四年（四一三）条である。その内容は下記のようだ。

「応神一四年（四一三）条に……弓月君が百済から渡来して応神に上奏するに、「臣は百済国の一二〇県の人夫を連れて帰還中新羅人が阻止して全部加羅国に抑留されました。ここに葛城襲津彦を遣わして、加羅国に抑留されいる弓月の人夫を連れて来るようにしましたが三年が過ぎたのに帰ってきません」と語った」

弓月君が、百済一二〇県の人夫を連行して日本に行く途中に加羅国に抑留されていたのだ。

この加羅国は金海加羅ではなく、高句麗軍が出動して新羅戍兵を配置していた任那加羅である。従来日本の史学界は、いわゆる任那日本府を正当化するために南韓全域に拡大することもあった。韓国の史学界でも、対馬とか、意見の食い違う諸説があがったが、実は現在の釜山港がまさにここである。現在釜山市内にも伽耶洞という地名がある。「加羅」と「伽耶」、元来表記だけ違う同系地名である。『日本書紀』神功六五年七月条に、任那は「鶏林（月城）の西南にある」。中国側の『韓園』「新羅伝」も「加羅・任那の……昔の領土は新羅国の南側に併存している」として、金海加羅と任那加羅が並んで併存していたという記録となっている。

『日本書紀』欽明二年（五四一）七月条に「任那境界は新羅と接している」とした。

金海加羅として、推古三一年（六二三）条では「任那は小国」とした。金海加羅と並び「併在」しながら、新羅と国境を接した小国であり、地理的には洛東江東岸の釜山—東莱圏であるしかない。『魏志』「倭人伝」に、対馬に渡る帯方郡官吏たちが「狗邪韓国の北岸に到着する」とした。ここを通常金海と見てきたが、金海が地理的に「北岸」ではありえない。釜山伽耶洞北側に、白羊山越え亀浦港がまさに伽耶洞の北側沿岸である。

ゆえに弓月君の一二〇県人夫たちが抑留された任那加羅は今日の釜山港である。そして、弓月君が応神に報告した応神一四年は四〇三年なのであり、弓月君の人夫たちが抑留されて襲津彦が派遣されたのは三年前の四〇〇年であり、正にこの四〇〇年（永楽一〇年）に、高句麗軍が任那加羅に新羅戍兵（国境を守る兵士）を配置したはずである。従って、任那加羅に抑留され、弓月君の人夫が正に碑文の永楽一〇年（四〇〇）条に記載された任那加羅の「倭」であったのだ。再言すれば弓月君の人夫と、碑文の「倭」が同一年度（四〇〇）の任那加羅で完全に合致する。そして弓月の人夫たちは、応神一六年（四〇五）八月に木菟宿彌が来て救出して帰る。従って永楽九、一〇年条に記載された倭は「倭寇による新羅侵犯」でなく、反対に弓月君が人夫と同じく、応神に従い日本に亡命した沸流百済の亡命遺民たちである。碑文が作成された高句麗長寿王二年（四一四）には、すでに残国の応神王は亡命した倭王に変身していたので、碑文作成者としては応神に従って行った沸流百済の遺民たちを「倭人」として書くしかなかったのだ。ゆえに「倭」が辛卯年以来「海を越えて百残・□□・新羅等を破った」という「辛卯年条」は、残王（応神）が辰斯王を除去して、新羅に対して某種の圧迫を加えたことを語ったものであるが、当時の残王（応神）はすでに倭王になっていたので「海を渡って来た」と表現せざるをえない。結局永楽六年転載された（倭＝残国）は人為的に「操作」されたものではなく、残国滅（三九六）と碑石建立年度（四一四）間に応神亡命（三九六）という大転換があったために表れた結果である。ゆえに倭と残国が同一実体であることを露出した碑文こそは、倭の朝鮮半島進出を語るものではなく、反対に残国の亡命政権が正に日本であったことを今日に伝える決定的な証言である。

## （Ⅱ）亡命政権

以上の論議は、応神三年を三九二年（阿辛王元年）に前提した歴史復元である。それであれば応神元年は三九〇年となり、この時、応神は残国の最後の王に即位したことになる。これから応神亡命を前後した年代記録を整理すれば下記のようである。

【応神亡命を前後した年代記録】

| | （日本側） | （朝鮮側） | | （事件内容） |
|---|---|---|---|---|
| 三九〇年 | （応神元年、 | ― ） | ― | 応神、残国王に即位 |
| 三九二年 | （応神三年、 | 阿辛王元年） | ― | 応神、辰斯王を除去して阿辛王擁立（一一月） |

三九六年（応神七年、永楽六年）― 廣開土王の残国討伐で応神亡命（九月）
三九七年（応神八年、 ― ）― 正月に倭王に即位（本文参照）
三九七年（応神八年、阿辛王六年）― （領土―人質交換協定）を締結（三～五月）
四〇〇年（応神一一年、永楽十年）― 任那加羅の新羅軍、弓月君人夫抑留
四〇五年（応神一六年、 ― ）― 木菟宿彌が弓月君人夫救出（八月）

このように応神亡命と前後して、碑文と『百済本記』ならびに『日本書紀』の年代記録が縦横に完全に一致するということは、即ちこれを基準とした歴史復元が正当であることを物語るものである。

ただし上記年表は、応神が倭王に即位した年を三九七年（応神八年）正月と見た。それには別の根拠がある。即ち紀元前六六〇年に即位したという加工的第一代神武天皇紀によれば、彼は初めから天皇であるにもかかわらず、継続してあちらこちらと移動だけしていたが、七年目の正月に飛鳥橿原神宮で改めて天皇に即位したことになっている。

一方、応神も沸流百済最後の王に即位（三九〇）してから、ちょうど七年目の応神八年（三九七）に即位した。従って、神武と応神は前史七年目に天皇に即位したという点で完全に一致する。このことは、いわゆる応神の行蹟が神武紀に投影されたことを意味する。ゆえに応神が即位した月は、神武が即位した正月と見ることができる。ただ神武は南九州の高天原から出発して北九州を経由して飛鳥に行ったことになっているが、高天原は熊襲地域であるために加工されたものであることが明らかであり、北九州以後が応神の移動経路に該当する。

かたや応神が天皇家の始祖であったことは天皇家の族譜でも確認できる。

即ち九世紀初に著作された『新撰姓氏録』（八一四）序文に「眞人を皇室の祖先」（眞人是皇別之上氏也）とした。そうであれば最初の眞人は当然第一代神武天皇でなければならない。ところがこの本の第一秩左契皇別のはじめに「息長眞人は誉田天皇から始まる」とした。この誉田天皇はまさに第一五代応神の諡号（おくりな）であ

る。このように天皇眞氏の始祖が第一代天皇でなく第一五代応神だとい事実こそ、天皇家が応神から始まったことを雄弁に吐露したのだ。元来、温祚百済初期の外戚が眞氏*であって、これは温祚百済の外戚であった沸流百済の王姓が眞氏でもあったことを語る。ゆえに沸流百済の最後の王に即位していたが亡命した応神は、自然、天皇眞氏の始祖であるしかない。

騎馬民族説の創始者・江上波夫氏は、第一〇代崇神を朝鮮半島からの亡命者と見たが、実は、第一〇代崇神は邪馬台国を建設した第一次亡命者であり、第一五代応神は、天皇国家を建設した第二次亡命者である。ゆえに日本の建国神話は、檐魯（淡路—邪馬台国）を胞として、大日本（天皇家）が誕生した二段階構成になっているのである。

註＊韓国経済企画院の調査（一九八五）で把握された西山眞氏は二九二戸一五一一人である。彼らの溯源は忘失してしまったが「朝鮮氏族統譜」に百済の「大姓八族」としたので現在の天皇家と同系と見られる。

## （Ⅲ）『日本書紀』

応神亡命以後、漢城の温祚百済も、高句麗長寿王の侵攻を受け、沸流百済の都であった熊津（公州）にまた南遷（四七五）したが、沸流百済の旧領域を吸収することで却ってなお強盛となり、済・倭両国は血盟関係が依然と継続した。そしてこの時期の任那加羅（釜山）は、両国を結ぶ連結の鐶になった。ところが済・倭両国の後面で翳っていた新羅が新たに強盛となり、五六二年正月、任那加羅を、そして同年七月に金海加羅を順次吸収して、六六〇年には唐と連合して温祚百済までも併合してしまった。

温祚百済の消滅で、朝鮮半島との因縁が断絶されて、初めて自意識に目覚めた亡命政府は、六七〇年を期して「日本」という国号を初めて制定して、一二年後である天武一〇年（六八二）三月条で「帝紀及び古諸事」を記録しはじめて、七一二年に太安満侶の『古事記』が著作された。ここで初めて日本の国家起源をはるか昔に遡及して応神亡命を消してしまった歴史体系が成立して、これを編年体に再整理したのが、ほかならぬ『日本書紀』(七二〇)である。(金聖昊「日本書紀記年研究」『白山朴成壽教授華甲記念論叢　韓国独立運動史の認識』、記念論叢刊行委員会、一九九一)

これによれば、第一代神武天皇が最初に建国したのが紀元前六六〇年になっているので、韓中文献の年代別記録とは全然合致しなかったが、第二〇代安康天皇元年(四五四)から、初めて韓中文献の編年記録と一致することになる。このことは、以前の編年が人工的に加工されていたことを語るものである。この点を立証した論文が終戦直後発表された小川清彦氏の「日本書紀暦日に関して」である。(小川清彦「日本書紀暦日に関して」は、内田正男『日本書紀暦日原典』(雄山閣・一九七八)に付録として収録されている)

即ち小川氏が『日本書紀』に記録された九〇一個の月朔干支(毎月一字干支)を一つ一つ計算した結果、「日本書紀の暦日は第一代神武から五世紀に至るまで儀鳳暦によって推算してきたが……安康元年(四五四)以後からは元嘉暦によって推算」されることを明らかにした。

この成果は、終戦後、コンピューターを利用した内田正男氏の計算によって再確認された。一般的に考えた場合、先に使用された儀鳳暦が旧暦であり、後に使用された元嘉歴が新暦のように見られるが、実は反対である。先に使用された儀鳳暦が新暦(六六五年制作)であり、後期に利用された元嘉暦が却って旧暦(四二五制作)である。

このことは、四五四年以前の編年は、『日本書紀』編纂の時に利用された新暦によって人工的に制作されたことを意味する。凄まじい発見でないはずがない。

であれば四五四年以前に在位した一九名の天皇の中で、果たしてどこが加工されたのか?　そして応神亡命はどのような手順で湮滅されたのか?　この疑惑はだいたい三部分に集約される。

**（一）假王問題**　第一代からから第九代まで在位した九名の天皇たちは真でない假王たちであるという。即ち『日本書紀』の編年記録は「帝紀」と「旧辞」で構成している。
　前者は歴代諸王たちの王室系譜であり、後者は歴史的事件記録である。ところで日本文献史学の第一人者であった井上光貞氏が指摘したことがあるが、第九代までは「帝紀」（年代）だけがあり、「旧辞」（事件記録）がないために実際の歴史だとはいえない（井上光貞『日本の歴史—神話から歴史へ—』（一）中央公論社、一九六五）。至極適切な指摘である。

　結局九代までの天皇たちは、建国年度を紀元前六六〇年に遡及して、天皇家が遙か昔から日本列島を支配してきた元来の主人として自処するために設定した偽王たちである。従って実在していた最初の王は第一〇代崇神天皇である。この点、崇神の別名に「御肇国天皇」、また「初国所之御間木天皇」として、始祖を意味する諡号が付いていることからも確認できる。二番目の諡号が意味するものは「初めて国を建てた御間木の天皇」という意味だ。ここの御間木は、日本式発音でミマキであり、任那の日本式発音であるミマナから由来されたものである。そしてミマナ（任那）が釜山であったことはすでに指摘した。従って北九州に邪馬台国を最初に建設した第一〇代の崇神天皇は、いわば玄界灘を渡って来た釜山人であったという結果になる。これがまさに沸流百済の檜魯勢力が、北九州に淡路—邪馬台国を建てた建国神話の歴史的内幕である。

**（二）邪馬台国年代問題**　『日本書紀』の年代記録によれば、第一〇代崇神から第一一代垂仁・第一二代景行・第一三代成務・第一四代仲哀、そして神功皇后の六名が、紀元前九七年から紀元後二六九年まで三七六年間治めたことなっている。一人当たり在位年数が平均七〇余年となっているので全然現実と合わない。この点を正すことができる糸口が、すでに検討した七支刀銘文紀年である。
　七支刀銘文紀年による場合、神功五二年は魏泰和四年、即ち二三〇年であり、同じく『日本書紀』の神功皇后と『魏志』「倭人伝」の卑弥呼は、死亡年度（二四七）までも一致する同一人物である。再び「倭人伝」を見ると「この国は本来男子が王として七、八十年間治めてきたが、倭に乱が起きて何年間たがいに争っていたが、女子を王に共立して彼女を卑弥呼」とある。

このことから推して、卑弥呼が即位する前に何年かの内乱があったことが分る。では内乱期は果たして何時であったのだろうか。まず神功五二年が二三〇年であるので、彼女の即位元年は一七九年（＝230－52+1）である。それでも『新羅本記』を見ると阿達羅王二〇年（一七三）に「倭女王卑弥呼が使臣を送り来聘した」とあるから、卑弥呼は正式に即位する以前から女王を自処していたのだ。ゆえに男王派と戦さが起きていたはずだ。ゆえに卑弥呼（神功）が新羅に使臣を派遣した一七三年から正式に即位した一七九年まで間が内乱期になる。

そして内乱が起きた一七三年から男王が在位した七、八十年を遡及すると、邪馬台国の成立時期はおよそ一〇〇年（九三～一〇三）となる。従って崇神・垂仁・景行・成務・仲哀の五人の男王は西紀一〇〇年から一七三年間に在位したことになる。かたや「倭人伝」によれば、卑弥呼（神功）が死んだ後、その召使であった壹與が彼女を継承したとした。

ゆえに神功が死んだという『日本書紀』の二六九年は、神功の死亡年度ではなく、実は壹與の死亡年度になる。『日本書紀』は二四七年に死んだ神功を二六九年に死んだとして、二二年間を在位した壹與を抹殺してしまった。以上の論議を総合すれば次のような邪馬台国の年代表が復元される。

【邪馬台国の年代表】

一〇〇年頃―邪馬台国成立

一〇〇～一七三年―五人の男王たちの在位期間（七～八〇年間）

一七三年―卑弥呼が新羅に使臣派遣

一七三～一七九年―倭国大乱（男王派と女王派の対決）

一七九年―神功元年

二三〇年―神功五二年（魏の泰和四年：七支刀銘文）
二四七年―神功六九年（神功が死亡して壹與が継承）
二六九年―壹與二二年（壹與が死亡して邪馬台国消滅）

**(三) 応神亡命**　『日本書紀』は、邪馬台国の消滅（二六九）した翌年の二七〇年を応神元年に造作した。しかしすでに検討したように、応神は三九〇年に沸流百済の最後の王として即位したと見なすことで、初めて彼の年代記録が「廣開土大王碑文」と「百済本記」に幾重にも合致する。では応神元年は二七〇年であるのか？　それとも三九〇年であるのか？　『日本書紀』最大の謎である。それを検討してみたい。

## (Ⅳ) 太歳紀年

第一五代応神元年は三九〇年であるのに、『日本書紀』は一二〇年前の二七〇年に引き下げすることで紀年体系が綻びていたのが、第二〇代安康元年（四五四）に至り正常化状態になった。そうであれば乱れた紀年体系がどのように正常化できたのか。まさにここに天才的曲芸が演出された。いわば実在の応神元年（三九〇）から、紀年体系が正常化された安康元年（四五四）までの期間は六五年間（＝454－390+1）である。にもかかわらず、この間に在位していた五人の王の在位年数を合わせてみると、

第一五代　応神が四三年間（空位二年含む）
第一六代　仁徳が八七年間
第一七代　履中六年間
第一八代　反正が六年間
第一九代　允恭が四二年間
第二〇代　安康元年が一年間

であり、これを皆合わせると合計一八五年間になる。この一八五年間というのは、実際の六五年間に一二〇年間を加えたものである。いわば実在の応神元年（三九〇）の一二〇年前である二七〇年に遡及することによって発生したマイナス一二〇年の差を相殺するために、在位年数を一二〇年間延長したものである。ゆえに、第一五代応神元年からほころびていた紀年体系が、第二〇代安康元年に至りマイナス・プラスが互いに相殺され紀年体系が正常化したのである。

このように、元来の応神元年（三九〇）を一二〇年前の二七〇年に遡及して、邪馬台国の消滅年度（二六九）に連結したのは、即ち応神亡命を糊塗するための紀年操作であり、一方で邪馬台国の歴史に九名の假王たちを追加して、建国起元を紀元前六六〇年まで遡及したのは、いわば天皇家が朝鮮半島からの亡命政権ではなく、遙か昔から日本列島を支配してきた元来の主人であることを自処するための一種の縁古権設定であった。

そうであれば、五人の天皇たちの在位年数はそれぞれ何年ずつ延長されたのか？　これを解くための何らかの暗号装置があったのではないか？　好奇心を禁じえない。実はここにも紐解く糸口がないことはない。

元来、歴史書を読むとか、書くとか、その基準になる物差しは年代である。某王元年、二年、三年、四年のように、年代があってこそ初めてこの順序に従って歴史叙述が可能であり、また系統的に読むことができる。年代こそは文献史学の生命である。そして国際的に共通する年代一つがあれば充分である。二つの年代は存在できるはずがなく、存在する必要もない。それにもかかわらず『日本書紀』には異常にも二つの年代が共存している。その一つが〈書記紀年〉であり、またもう一つが〈太歳紀年〉というものである。その実例を見よう。

「応神元年　春正月丁亥朔皇太子即位。是年也太歳庚寅」

即ち「応神元年春正月丁亥朔に皇太子（応神）が即位した。この年は太歳庚寅である」という内容である。

ここで冒頭に記載された応神元年が、正に『日本書紀』編纂に基準となる年代としてこれ一つで足りるのに、後ろにまた「太歳庚寅」というもう一つの年代が使用されている。これが〈太歳紀年〉である。元来、中国の戦国時代（紀元前四〇三〜二二一）には、太歳暦という月歴が使用されていたが、『日本書紀』編纂時には全然使用されていなかった。（能田忠亮『暦』、至文堂、一九六六）。従って『日本書紀』には王たちの即位年度、または逝去年度等に〈太歳紀年〉が多く記載されたとしても、書記紀年と区別するためのもう一つ年代というほかにこれといった意味があるのではない。そして「太歳庚寅」の庚寅も、甲子・乙丑・丙寅・丁卯……庚寅等として表示される六〇干支の一つであるだけで、これといった意味があるわけではない。古代ではすべて干支で年月日を記載したために、ここにも特別な理由が発見されなかった。故に〈太歳紀年〉はいまだに日本史学界で解くことができないもう一つの謎になっていた。（丸山二朗「太歳の説に就いて」『日本記年論批判』、大八洲出版、一九四七、及び『季刊邪馬台国』第二〇号「年代論から見た邪馬台国」）

しかし『日本書紀』の著作者たちが全然無意味な事をしたとは思えない。何らかの狙いどころを隠しているはずだ。ここにまず注目されるのは、六〇干支の基本原理である。

六〇干支は六〇年ごとに一回転する。上記表示したように庚寅年が二七年であれば、六〇年後である三三〇年も庚寅年であり、次の六〇年後である三九〇年も庚寅年である。

このような六〇干支の原理による場合、『日本書紀』の応神元年は、書記紀年では二七〇年であるが、〈太歳紀年〉では一二〇年引き上げた三九〇年として見ろという隠密な暗号であった可能性がなくもない。これに従い応神元年を三九〇年に固定した後、五人の天皇の元祖に記載された太歳紀年の年度を探して在位数を詰めて見た結果は次のようだ。

右記のように、第一次作業をしてみた結果、在位年数が当初の一八五年から六七年に大幅に短縮されたが、第一九代允恭の在位年数がマイナス一九年間として表れたので使えない。

第一次作業の結果として、マイナスが発生した允恭以前の在位年数を、もう少し減らさねばならないという事実を知ることになる。そして二〇年・二五年ずつ減らしてみて、三〇年ずつ減らした時に表れた在位年数の合計が、六五年間（応神元年～安康元年）にぴったり一致することを知ることになった。正にこれだ。

即ち、第一六代から第一九代までの四人の天皇たちが、太歳元年から無条件に三〇年ずつを機械的・一律的に

（図表8－3）【第一次作業結果】

| （西記紀年） | | （太歳紀年） | | （在位年数） |
|---|---|---|---|---|
| 第一五代 | 応神元年 | ＝太歳庚寅 | ― 三九〇年 | ←……四四年間 |
| 第一六代 | 仁徳元年 | ＝太歳癸酉 | ― 四三三年 | ←……二八年間 |
| 第一七代 | 履中元年 | ＝太歳庚子 | ― 四六〇年 | ←……　七年間 |
| 第一八代 | 反正元年 | ＝太歳丙午 | ― 四六六年 | ←……　七年間 |
| 第一九代 | 允恭元年 | ＝太歳壬子 | ― 四七二年 | ←…△一九年間 |
| 第二〇代 | 安康元年 | ＝太歳甲午 | ― 四五〇年 | |

六七年間

減らせば、不思議なことに五人の天皇の在位年数が六五年となる。

一方で、当時の王たちは宋に使臣を頻繁に派遣しており、この時、五人の王名と入貢年度が『宋書』「日本伝」に収録されている。「讃」は四二一年と四二五年に、「珍」は四三八年に、「済」は四四三年と四五一年、「興」は四六二年、そして「武」は四七八年にそれぞれ使臣を派遣した。

しかし、彼らが日本のどの天皇に該当するのか、いわゆる「倭五王問題」は、日本史学界においてもう一つの

争点になってきた。しかし（マイナス三〇年）によって誘導された在位期間に、倭王たちの入貢年度を挿入すれば、彼らが誰であるかが容易に明らかになる。

以上の作業結果を要約すれば次のようである。

（図表8－4）五天皇の年数と倭五王　＊三〇年短縮が適用された場合は第一六〜一九代である

| 西紀元年 | 太歳元年（A） | 三〇年短縮元年（A－30） | 三〇年短縮在位年数（B） | 日本書紀在位年数（C） | 延長年数（C－B） | 倭五王 |
|---|---|---|---|---|---|---|
| 一五　応神元年（二七〇） | 太歳庚寅（三九〇） | 三九〇 | 一三 | 四三 | 三〇 | － |
| 一六　仁徳元年（三一三） | 太歳癸酉（四三三） | 四〇三 | 二七 | 八七 | 六〇 | 讃 |
| 一七　履中元年（四〇〇） | 太歳庚子（四六〇） | 四三〇 | 六 | 六 | 0 | － |
| 一八　反正元年（四〇六） | 太歳丙午（四六六） | 四三六 | 六 | 六 | 0 | 珍 |
| 一九　允恭元年（四一二） | 太歳壬子（四七二） | 四四二 | 一二 | 四二 | 三〇 | 済 |
| 二〇　安康元年（四五四） | 太歳甲午（四五四） | － | － | － | － | － |
| 眉輪元年（四五六） | 太歳丁酉（四五六） | － | － | － | － | 興 |
| 二一　雄略元年（？） | ？ | － | － | － | － | 武 |
| | — | | ＋1 | ＋1 | | |
| 計 | | | 六五 | 一八五 | 一二〇 | |

右記表のように、四人の天皇の太歳元年において、画一的に三〇年ずつ短縮した年度を元年にした各天皇の在位年数は、第一五代応神（三九〇〜四〇二）が一三年間、第一六代仁徳（四〇三〜四二九）が二七年間、第一七代履中（四三〇〜四二九）が六年間、第一九代允恭（四二二〜四五三）が一二年間である。彼らを皆合わせると六五年間になり、応神元年（三九〇）から安康元年（四五四）までの期間（六五年間）と完全に一致することになる。

ここでこれ以上、プラス・マイナスをする必要はない。

そして、第一六代仁徳が「讃」、第一八代反正が「珍」、第一九代允恭が「済」であり、「興」は王暦から除外された眉輪王に推定され、最後に第二一代雄略が「武」として表れる。金聖昊氏は安康を殺害した者が眉輪王であるために彼を「興」と指目したが、この以外にも「興」を軽皇子、または盤皇子に見た場合もあった。（安本美典『倭の五王の謎』二七頁、講談社、一九八一）

結局『日本書紀』の著作者たちは、第一五代応神時に三〇年、第一六代仁徳時に六〇年、そして第一九代允恭時に三〇年ずつを人為的に延長して、その年の干支を〈太歳記年〉として結び付けていたが、突飛なことに、太歳元年の（マイナス三〇年）によって、千古の暗号があっけなく解かれたのだ。

日本史学界は、伝統的に神功―応神の間に表れる一二〇年間の差を「二周甲引上論」によって合理化して、応神以後は「倭五王問題」として分離して、それぞれに考えてきた。

しかしこの二つの問題は、別々に分離される性質ものではなく、実は一二〇年間を引き下げして、また引き上げた一つの紀年年波動であるので、同時に解決されなければならなかった。

『神皇正統紀』「応神天皇編」によれば、「昔日本を三韓と同種とした本は桓武天皇時に焼却された」として、この時に焼却された文献に王室族譜である「帝王系図」が含まれていたという（佐伯有清『新撰姓氏録の研究』「研究編」一八頁、吉川弘文館、一九六二）。

たぶんこの時、〈太歳記年〉に関する暗号解読書が消失されたのではないかと推測される。

振り返って見れば、応神亡命以後、日本王室の血統が邪馬台系と応神系、ならびに温祚系などがごちゃ混ぜになって乱麻のように乱れると、奈良から京都に遷都した桓武天皇は、小乗仏教を大乗仏教に変えるイデオロギーの転換を試みる傍ら、『新撰姓氏録』を著作して王統を整備する過程で、王室に秘伝されてきた応神以来「帝王系図」を焼却することによって、〈太歳記年〉に暗号化された帝王系譜が、今に至るまで千古の神秘の中に埋没されてきたようである。

## （V）年代復元——いままで『日本書紀』に内在されていた三つの問題点

ここまで
（一）第九代以前の假王問題
（二）邪馬台国の紀年問題
（三）太歳紀年
を検討してきた。この結果によって「日本書紀」初期の紀年体系を一括整理したのが次の（図表八―三）である。

総括的に見るとき『日本書紀』の王統系譜は、邪馬台国と応神亡命以後の二つ歴史が結合された連結体系であるゆえに、大八主建国神話も檐魯（邪馬台国）を胞として、大日本（応神亡命以後）が誕生した二段階建国神話であった。そして『日本書紀』において加工された核心事項、九名の假王たちを羅列して、日本の国家起源を紀元前六六〇年に遡及した後、神功（卑弥呼）の死亡（二四七）を二六九年に引き上げて、神功と応神を母子関係に連結した萬世一系の皇統史観である。従って『日本書紀』の応神元年（二七〇）を一二〇年間引き上げねばならないのに、那珂通世（一八五一～一九〇八）によって確立した「二周甲引上論」は、応神元年とともに神功（卑弥呼）までも一二〇年引き上げることで、神功と卑弥呼が別個の女人に分離され、日本古代史を文学化させてきたのだ。

しかるに我が国の史学界は『日本書紀』の偽作紀年を基準にして、わが国の古代史を乱切りした日本人たちの朝鮮史研究を、まるで「近代的学問」（李基白「百済王位継承」『歴史学報』第一一号、一九五九）として盲信して、同じく「日本紀年は、わが国年代に比べて一二〇年差」（李丙燾「近肖古王拓境考」『韓国古代史研究』、博文社、一九七六）があるとして、日本人たちの「二周引上論」を盲目的に収用し、これを根拠にして自分の国の初期史を信じず、挙句の果てに、自らの情熱を皇統史観の祭壇に祭祀の供物を進上してきたと、金聖昊氏は嘆く。（金聖昊『前掲書』一巻、参照）

〔図表8－5〕「日本書紀」の年代復元

| 日本書紀 | 即位と事件 | 復元年度 | 関連史料・対応年度 |
|---|---|---|---|
| (邪馬台国) | | | |
| BC九七 | 一〇 崇神元年 | AD一〇〇頃 | 「魏志」倭人伝 |
| BC二九 | 十一 垂仁元年 | ? | ? |
| AD七一 | 十二 景行元年 | ? | ? |
| ←一三一 | 十三 成務元年 | ? | ? |
| 一九二 | 十四 仲哀元年 | 一七〇 | |
| 二〇〇 | 仲哀死亡〔隠 | 一七三 | 新羅 阿達羅王二〇年 |
| ― | 蔽〕 倭国大乱 | 一七四～一七八 | |
| 二〇一 | 神功元年 | 一七九 | 神功＝卑弥呼 |
| 二五二 | 七支刀 | 二三〇 | 魏の秦和四年 |
| 二六九 | 神功死亡 | 二四七 | 卑弥呼死亡(二四七) |
| ― | 〔隠蔽〕 壹輿元年 | 二四八 | 「魏志」倭人伝 |
| ― | 〔隠蔽〕 壹輿死亡 | 二六九 | 神功死亡(二六七) |
| (天皇家) | 〔隠蔽〕 (暗黒時代) | (二七〇～三八九) | |
| 二七〇 | 十五 応神元年 | 三九〇 | 太歳庚寅 |
| ― | 〔隠蔽〕 応神亡命 | 三九六 | 済碑文・残国滅亡(三九六) |
| ― | 〔隠蔽〕 日王元年 | 三九七 | 倭修交(三九七) |
| 三一三 | 十六 仁徳元年 | 四〇三 | 太歳元年―三〇年 |
| 四〇〇 | 十七 履中元年 | 四三〇 | 〃 |
| 四〇六 | 十八 反正元年 | 四三六 | 〃 |
| 四一二 | 十九 允恭元年 | 四四二 | 〃 |
| 四五四 | 二十 安康元年 | 四五四 | 紀年 正常化 |

# 第九章　航海日記

## ―古代海のシルクロードをたどる―

**二〇〇五年五月二二日（日）曇りのち雨**

待ちに待ったその日が来た。ピースボート主催のトパーズ号（三一、五〇〇トン）による世界一周の船旅である。

かねて拙著『古代シルクロードと朝鮮』（雄山閣、二〇〇四）を脱稿したときに、次の機会にぜひ『海のシルクロードと朝鮮』と題して、壮大な海のシルクロードを書いておきたいという思いに駆り立てられていた。

今年は奇しくも明の鄭和大航海六〇〇周年に当たる意義深い年である。中国や台湾ではこれに合わせて大イベントを計画している。わたしはこの機会に、わたしなりに、ささやかに、このことを記念して自らできる航海を試み選んだつもりが、この航海となった。

アメリカのビザがおりず、戸惑ったが考えてみると、そもそも私がぜひ行きたかったところは、古代海のシルクロードのルート、東アジアの黄海からローマ、地中海にいたる航海であったので、あとの旅はおまけのつもりにして、割り切って旅立つことにした。

そこで旅行社の配慮で、添乗員つきでアメリカ抜きのオンリ・オプション部分クルーズの旅程（一二日間、アイルランド　ダブリンから大西洋をわたり、ワシントン、ジャマイカまでの工程をはぶいて、その間、中・東欧五カ国をめぐる）が確定したのはほんの一週間前である。砂漠の旅の仲間で、今回ともに海の旅をすることになった原田、西川氏二人の同僚も心配してくれていたが、僕自身はかえって気持ちがすっきりとしていた。

ばたばたと一応、思いつくものを調達して手荷物造りをすませ、当日を迎える。

午後二時半に神戸港に着く。何年かぶりに逢う福島県に住む、砂漠仲間の木下夫婦が見送りに来ていたので感激する。メンバーの家族たちも同様である。七色の紙テープの吹雪のなかを午後五時、船は神戸港を出る。

**五月二三日（月）雨**

雨天だが波は穏やかである。乗船者といえば年寄りと若者たち、特に女性が圧倒的に多い。そして中年層がほとんどいない。

意外なことに各地の在日同胞の男女が見かけられて驚いた。なかには在日朝鮮青年商工人協議会（「青商協」）時代の豊橋市に住む後輩もいた。世間は狭い。船室も狭い（三人部屋）。ベッドと荷物で足の踏み場もなし）である。

**五月二四日（火）雨**

雨天がつづく。もはや朝鮮海峡も過ぎて東シナ海を航海中である。

「東シナ海」は中国では東海、朝鮮では黄海という。北を日本の九州、朝鮮半島の済州島、中国の揚子江河口を結ぶ線、東は南西諸島、台湾、西を中国本土で囲まれた海域。

面積一二四・九平方km、最深部は宮古島、石垣島の北沖で、二三七七m、平均六〇〜二〇〇mで、底引き網の好漁場、東側を黒潮の分流が北流、大陸側は沿岸流が南流する。

【古代海のシルクロード】中国、浙江省東方、東シナ海にある舟山群島（新羅島）を根拠地にして、かつて大航海が本格化した八世紀初頭から二百年間、対日貿易を主導した海民集団は、自ら建造した船に白帆をなびかせ、東アジア海域を広い、狭いと横行していていた在唐新羅人たちであった。

『円仁日記』、『六国史』によっても東アジア海域を牛耳っていた最大の海上勢力は三角航路（舟山群島普陀島（新羅藩）―山東半島赤山浦（新羅所）―九州（鎮西）の拠点を結ぶ）を独占していたのは在唐新羅人たちであり、彼らの海上舞台でもあった。

【漢詩】一首。

黄海東亜地中海　横断白帆回槽船　羅針盤・櫓・陀
百済　金字搭海洋文華。

彼らは古代から東南アジア、南シナ海、オセアニアに至る広域の海のシルクロードをも開拓した。これらの地域に、「silla」「sila」「silah」などの地名が多数残っているのは、彼らとの関連があると思われる。―「〜羅」のつく地名の謎―で解明、紹介したい。

やっと船内食にもなれてきたが、おかずの味にメリハリがない。いわゆる無国籍料理といえる。タバスコを請い、おかずにぶっ掛けて食べる。まずはご飯だけはなんとかいける。米がいいのか炊き方がいいのかと問えば、秘訣は炊き方のように思えた。幾日もせずして食堂の接待員たちから私をしてミスタータバスコと呼ばれるようになった。

午後、ピースボートと縁がある〈サハリン〉朝鮮族男女の講演あり。これも植民地の民の半世紀以上におよぶ悲哀の物語である。加害者の日本も母国の南北朝鮮も居住国のロシアからも疎外されている現状を訴える。

**五月二五日（水）雨**

波浪が荒くなり、ベッドの上で身体が泳ぐ。

午後「イラク」女医とその甥がイラクにおける現状と国民たちの悲惨な状況を語る。

戦争まえのフセインの時代よりもはるかに悪くなっているという。アメリカはいたる所に災いを撒き散らしている様子がわかる。

夜、船は中国のアモイと台湾沖中間の海域を進んでいる。

## 中国（香港）

**五月二六日（木）雨**

香港入港。朝方五時に接岸する。マカオ一日巡りのオプションを申し込みの手違いでキャンセル待ちとなったが実現できず。同僚の原田氏と自由行動となり香港市内を散策するが雨天となり、以前立ち寄った記憶がのこる所々を巡るつもりが、傘をさしてもぬれて仕方なくインタコンチネンタルホテルに行く。

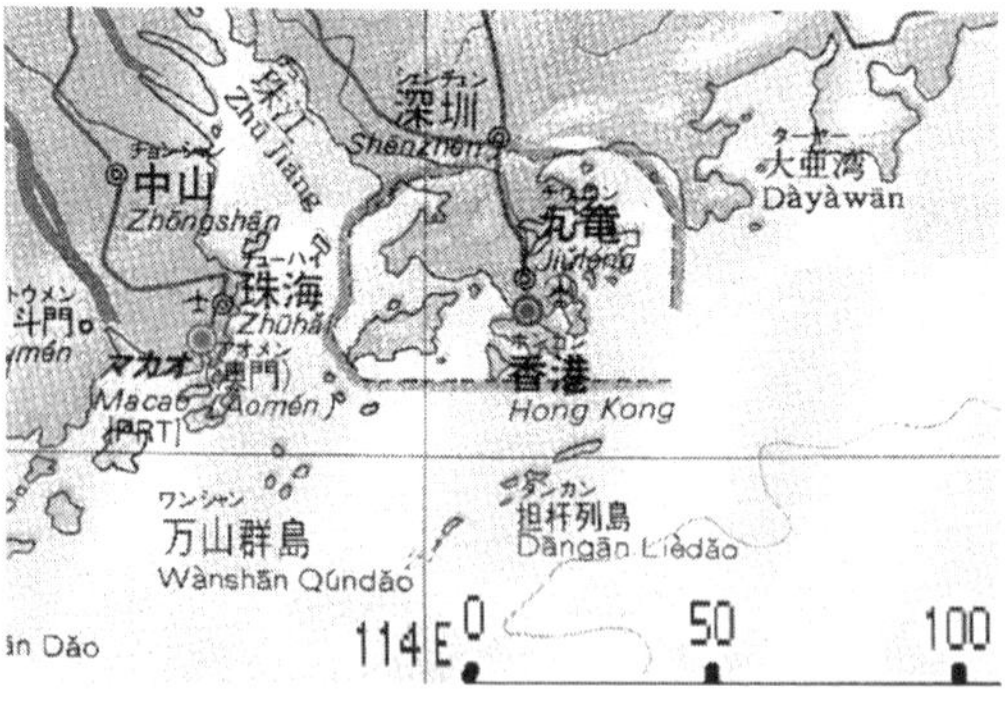

このホテルの裏側は海岸の遊歩道があり、香港西岸の高層ビル群の景観が一望できると同時に、汽笛を鳴らして行き交う大小の汽船をまじかに眺めることができる、えがたい場所である。そこでコーヒーを飲みながらこれからの船旅の話などしながら二人して、しばし時を過ごす。昼食後、以前、ある通信関連のプロジェクトの出張で、一週間ほど宿泊したことのあるガァムホテルを訪ね、サウナと、マッサージにひたる。香港は仕事や観光でたびたび来たこともあって馴染み深い。

今年九月には、ドーリムランドがオープンするという。中国から大量の観客が来るだろう。香港は宿命的に新たなチャレンジを次々とせざるをえないのであろうか。

香港は中国大陸広東省南部、珠海河口東岸を占める英国の直轄植民地であったが、一九九七年七月の香港返還後は中華人民共和国の香港特別行政区となった。

香港島と対岸の九竜半島南部の九竜市、およびその後背地たる新界、その他の島からなる。一九七二年、九竜との間に海底トンネルが開通。香港島の北側は急斜面で、香港市街（ビクトリア）がある。紡績・メリヤス・織物の繊維工業のほか、造船・金属・ゴム・食品加工・電気機器・ガラス工業がさかんだが、農業は振るわない。

中継貿易が主で、観光地としても著名。一九一二年設立の香港大学は中国人エリートを育成してきた。英国政府が任命する総督が統治してきた。

一九世紀、英国はポルトガルのマカオ経営に対抗するために、対岸の小さな港町を清からもぎ取った。その名のとおりに、もとは美しい、平和な港に過ぎなかった島である。

英国はまず、この港から茶葉の輸入を始めた。しかしやがて、インド産の阿片をこの港に送り込むようになった。紅茶と同量の阿片が、貿易均衡という妙な理由で堂々と担ぎ込まれ、たちまち清国全土を侵していった。その結果、起こるべくして起ったアヘン戦争の正当性が、清にあることはもちろんである。しかし正義が常に勝つとは限らない。

英国は弾圧的に香港の割譲を迫り、強制的に大軍をヴィクトリア・ピークの麓に押し上げた。ユニオン・ジャックを翻らせ、全く一方的に香港島の領有を宣言した。

断行抗議する清に対して、英国はさらに広東、上海へと軍を進め、とうとう翌一八四二年八月、南京条約を締結して香港の領有を確定した。列強が中国に対して一貫してとり続けた「砲艦外交」の、絵に描いたような成果であった。

その後、一八六〇年に九竜も英領となり、さらに一八九八年、新界と付近の諸島を九九年間の租借地とした。一八六〇年代から自由貿易港として繁栄し、英国の東洋経営の拠点となった。一九四一年太平洋戦争開戦と同時に日本が占領、一九四五年の終戦まで軍政下にあった。現在は中国と自由主義諸国を結ぶ商業・交通上の要地。

一九八四年の中英合意にもとづき、一九九七年七月一日、中国に返還された。

一九七〇年代末からの中国の改革。開放政策のもとで大陸との交流が急速に拡大し、さらに一九八〇年代半ば以降は返還後の高度な自治をめざす民主化運動が高まり、他方では海外移民（カナダ、米国、オーストラリアなど）が急増した。

なお、北京と九竜を結ぶ京九鉄路が一九九五年に敷設されており、返還後に直通運転が開始された。一九九八年七月香港の啓徳空港が七四年の歴史をとじ、二四時間空港の香港国際空港（一二五〇ヘクタール）が開港した。一〇七五平方km。人口六〇八万人（一九九五）。

**五月二七日（金）晴天**

天気は晴れ　波おだやか。船は南シナ海を航海中。

「南シナ海」は中国大陸南岸、東はフィリピン諸島。西はベトナムに囲まれ、南はボルネオ海に連なる。最深部はルソン島北西部の五四二〇m。トロール漁業の好漁場である。

「南海」は「中国大陸の海とその沿岸の古称。また、中国から南方に発して海路で到達しえた東南アジア・南アジア・西南アジアや東アフリカ沿岸諸島をも指した。現在の用法は前者に近く、日本でいう南シナ海に当たる」。

航海中に韓国の作家、徐鉉佑氏（「古地図に見る世界とコリア」（その五、六）―「～羅」の世界―、『統一評論』連載、二〇〇七年一〇、一一月）の「～羅」の世界を探訪の旅をする。

**【古代海のシルクロード】**
**東南アジアに残る「～羅」の世界（一の一）**

今日のタイがわが国の歴史では「暹羅（ソムラ）」と称されていた。しかし「暹羅」という表記がいつ頃から使われてきたのかははっきりしない。ただ中国・明の初代皇帝である洪武帝（朱元璋）史料に、「暹羅」が最初にあらわれていることがうかがわれる。ここで注目すべき点は、「暹羅」という地名が中国の史料に最初に表われているものの、「～羅」という表記が示しているように、その由来はわが国にある。

「暹羅」は一般的にタイの昔の国名である「シャム（Siam）」の音訳だといわれている。

しかし関心事は「Siam」の音訳を「暹羅」と漢字語で表記した点にある。

現在、定説化されていないが、「Siam」という国名の由来を学界では「黒人の国」説、「樹木に覆われた山」（つまり黒い山）説が上げられている。

しかし「暹羅」の「暹」の意味は「陽が照らす」「太陽が昇る」で、「Siam」の本来の意味とはまったく関係ない。ここでふたつの意味を発見する。ひとつは『三国史記』にある「朝の地」という意味の「阿斯達（アサダル）」、「チョーラ」と「日本」の連関性であり、いまひとつは「暹羅」と「新羅」の中国語（北京語）での発音の類似性である。

中国の発音で「暹羅」は「シエンルオ（Xian-iu）」であり、「新羅」では「シンルオ（xin-iu）」非常に似ている。

現在、中国で使用されている言語の種類はおよそ五七種類といわれている。その中で朝鮮語と類似性が高い言語が少なくなく、とくに中国北方で使用される言語の中には「暹羅」と「新羅」の発音が一致する言語がある可能性が高い。歴史の記録によれば、タイ人が定着したタイの地に中国の海民た

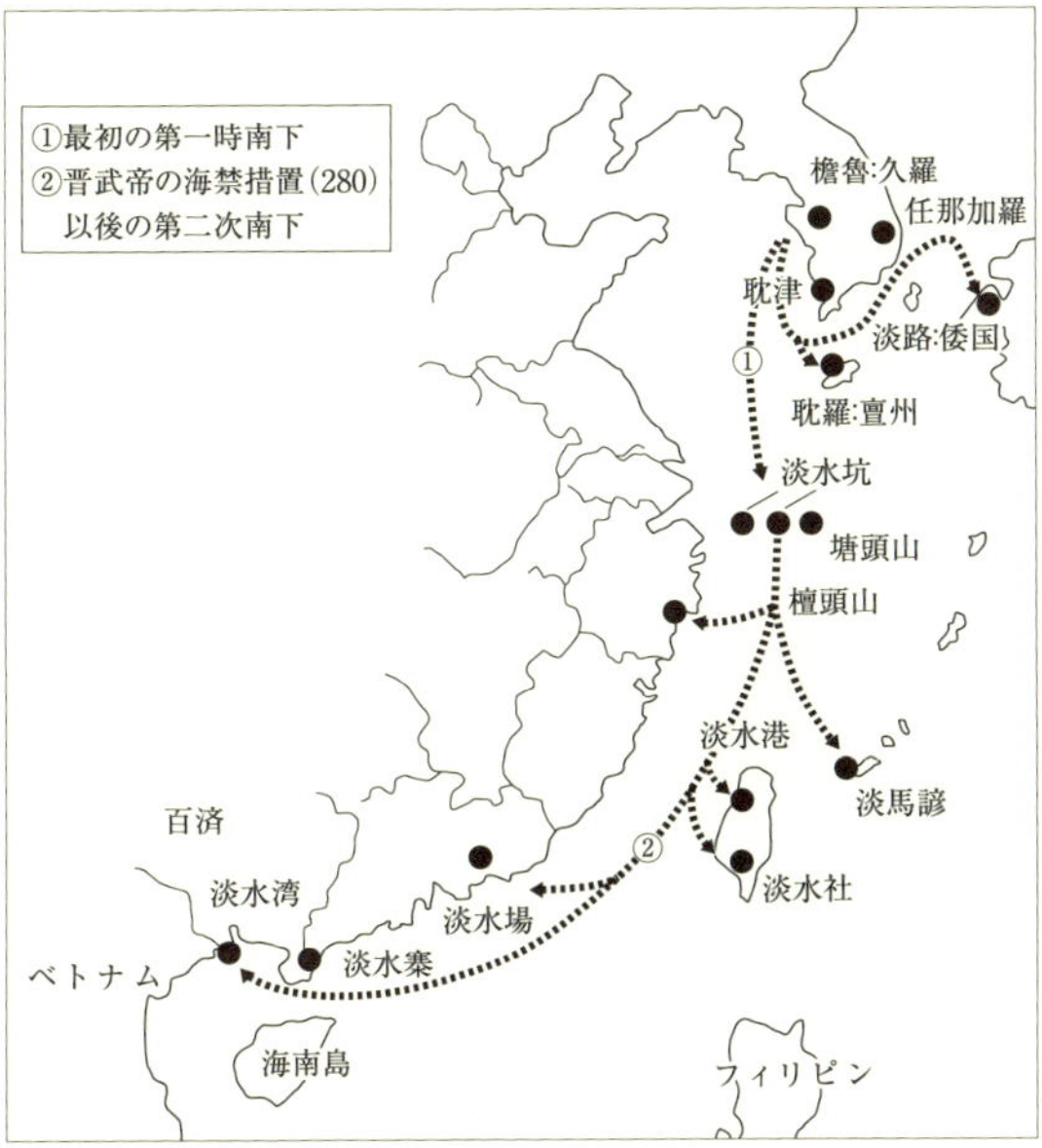


（地図９－１－①）

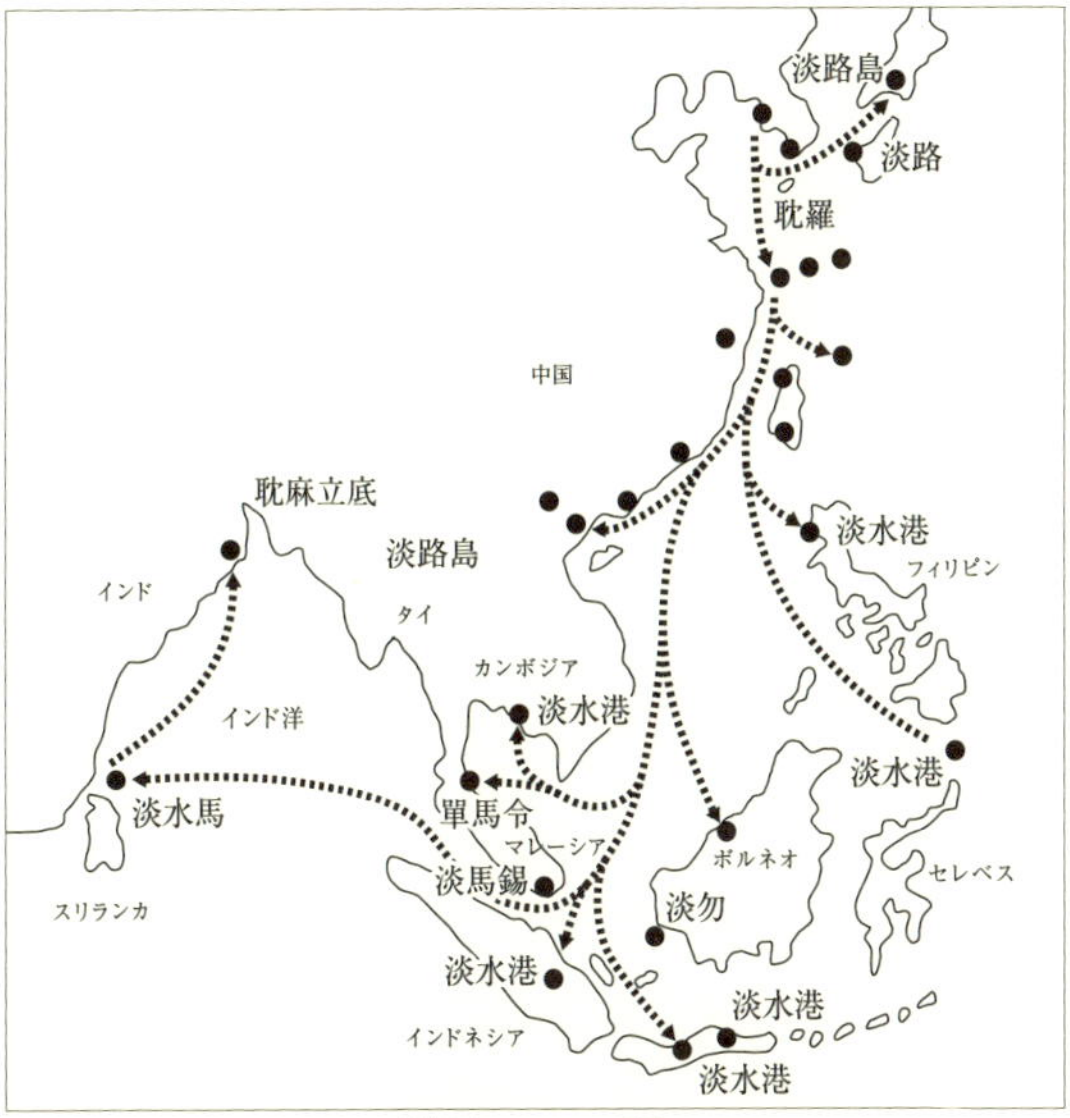


（地図９－１－②）

〈地図９－１　アジア全域にわたる檐勿・淡水系地名分布〉

ちが大挙して移住したのは、明の開国以後のことだ。明の初代皇帝である洪武帝（朱元璋）は中国の歴史上でもっとも厳しい鎖国政策を実施したが、これに反発した海洋勢力（百済系）が大挙して中国大陸を脱出してタイへ移住したからだ。

　ここで注目すべき点は、今日のタイに「ブリ（夫里）」という百済の地名、新羅と関連した地名が残っているということだ。タイ・バンコク近郊にもWat Ang Silaという地名がある。タイ人が今日のタイ地に定着したのは九世紀以後からだ。学界ではチベット高原から移住したという説と中国・揚子江（長江）以南地域から南下したという説がある。ともかく百済の地名である「ブリ」は、タイ人が今日のタイ地に移住しはじめた九世紀以前からの地名ではではないだろうか。タイに残る新羅関連の地名もしかりである。

　現在は華僑といわれている海民はその起源はほぼ唐代以後とみているが、じつはそれよりも、遥かさきんじていると推測される。朝鮮半島から中国沿岸にわたり百済人たちが定着したことによってはじまった淡勿・淡水系統の地名などが分布して、かれらは東南アジアとインド洋にまで発見されている。百済の海洋勢力、新羅船団の活動領域が今日のタイ、インド洋にまでおよんでいる。これは決して単なる仮説ではない。

## 百済檐勿《タムブツ》・淡水系地名分布図

百済系の地名は東南アジア一帯とスリランカ、インドにも存在している。

（一）多摩犁―インドベンガル州
（二）単馬令―マレーシア
（三）単馬錫―シンガポール
（四）淡水馬―インド洋・スリランカ
（五）淡洋―インドネシア・スマトラ中部ARU。
（六）淡港―インドネシア・スマトラ東部のPalembang
（七）淡水港―インドネシア・ジャワ西部のSurabaja
（八）淡水洋―カボジアTonle―Sap
（九）フィリピンールソン島西北のVigan
（一〇）淡水港―インドネシア・ボルネオ・カリマンタン
（一一）淡勿蘭州―インドネシア・カリマンタン

『順風相送』には以上のインド洋および東南アジア全域にわた一ヵ所の淡勿地名が調査されている。この以外にも淡目・淡銘嶼などがあるが位置が定かでないという。この十一個の淡勿系地名に、朝中日三国の淡勿系地名分布を一括整理したのが前頁の〈地図―百済檐勿・淡水系地名分布図〉である。

　読者は百済復興運動を率いた武将であり、後に唐の将軍として武功をたてた黒歯常之の話を知っているだろう。（拙著

『古代シルクロードと朝鮮』第五章　黒歯常之、参照）

一九二九年に中国で発見された彼の墓碑銘に次のように記されている。「府君は常之であり字は恒元、百済人である。その先祖は扶余氏から出たが、黒歯に封じられ、子孫はこれを氏とした」。現在、学界ではこの問題でさまざまな主張がなされているが、中でも注目されるのは中国の学者・梁嘉彬などが主張している「フィリピン説」だ。

この「フィリピン説」は韓国の著名な百済史学者である李道学博士によっても検証され、最近ではフィリピンあるいはボルネオではないかという説が一般化されている。

この説が仮に事実であれば、驚くべきことだ。これまでわたしたたちが、学び知っている、百済の歴史では三国（高句麗、新羅、百済）のなかでももっとも国力の弱い国であったとしていたからだ。黒歯常之将軍が領地を与えられ、その地の名を氏とした地域がフィリピンあるいはボルネオであったとすれば、百済史は書き換えられなければならい。

「黒歯」がフィリピンあるいはボルネオであったことは充分考えられる。

なぜならその地域に「～羅」という地名が多く存在しているからだ。

ボルネオ島は世界で三番目に大きい島として知られ、島全体の約七〇％がインドネシア領、残り三〇％がマレーシア領土で、マレーシア領に囲まれてブルネイ王国がある。ちなみにボルネオという名はオランダの植民地時代につけられた名でインドネシアではカルリマンタイと呼ばれている。

ボルネイ島の西部にある都市―ポンティアナック(Pontianak)一帯は二〇世紀まで中国では西婆羅と呼ばれていた。この名はわが国と関連があるのではないか？

読者のみなさんはアジアで最初の共和国である蘭芳共和国についてご存知であろうか？

一七七七年、ボルネオ島の西婆羅ではアジアで最初の蘭芳共和国が樹立されている。

初代の大総長（大統領）は羅芳伯（一七三八～一七九六年）で、一八八四年にオランダによって植民地とされるまで一〇七年間にわたって存在した。

この蘭芳共和国が世界に広く知られた契機は、一九六一年に香港の歴史学者である羅香林が出版した『西婆羅州―羅芳伯らが建てた共和国に関する考察』という著書であった。

この著作によれば中国では西婆羅を婆羅夷とも呼んでいたという。

ボルネオ島西部の文化を調べると、卵生説話、石室墳墓、紅節門など、わが国の文化と類似した要素が多く、同地域に居住している人々の顔もわれわれと非常によく似ているのだ。

まだ現在までその起源が不明な古墳群も存在している。

中国の学者の航海書である『順風相送』には「吾嶼（福建省）から諸葛擔藍（ボルネオ島南部）までの航路に淡勿蘭州府がある」としている。淡勿蘭州の淡勿は百済系の地名である。これはわが国の歴史との強い関連性を物語っている。西婆羅があれば東婆羅もあったのではなかろうか。

## 【古代海のシルクロード】承前
## 東南アジアに残る「～羅」（一の二）

フイリピンの地図を見るならばマニラ市のあるルソン島の南西にパラワン（Palawan）島がある。この島の名であるパラワンについてはその名が付いた由来として四つの説があるが、いまだに明確なものはない。

その理由の四つは、①中国で「美しい港」という意味、②インド語で「領土」という意味、③原住民が呼ぶ植物の名に由来する、④スペイン語のパラグアニ由来するというものである。

ここでどの説でもないと考えられる理由はパラワンが実際に西婆羅（ソバラ）の婆羅と関係があると考えているからだ。

南中国海（南シナ海）の地図を見ると、その海域にはパラセル（Paracel）諸島があり、下の海域にスプラティリー（Spratly）諸島がる。これらの諸島はそれぞれ西沙諸島、南沙諸島と一般的に呼ばれており現在、領有権紛争が起きていることで知られている。

これらの諸島名の由来については定かではないが、パラセル、スプラティリーそしてパラワンと並べて見ると、そこに何か関連性を発見できないであろうか。

これらの名はみな「婆羅」を、スプラティリーから「西婆羅」そしてパラワンからも「婆羅」をである。スプラティリーの語源である「スプラ」は明らかに「西婆羅」の変形であり、パラワンの「パラ」もまた「婆羅」の変形である。またパラワンの「ワン」は推測であるが、「湾」を意味しているのではないかと考えている。「台湾」を「たいわん」と発音するようにである。

## フイリピンに残る「～羅」（一の三）

先に新羅と関連した地名として南太平洋の島国である、フィジーにある「Sila」を紹介した。「Sila」は首都のスバがあるビティレブ島の海岸沿いにある地名である。

地名だけでなく、原住民の名前にも「Sila」が少なくなく、代表的人物としては、前フィジー行政庁首長であったkotobalavu Sila 氏をあげることができる。

フィジーはアジア海域から遠く離れたオセアニアに属する島だ。にもかかわらず「羅」と関連した地名、人名があるのだ。またフィジーより南のニュージーランドのマリオ族が信仰する太陽の神も「羅」だ。これらを単なる偶然ということができようか。

フィジーの近くにあるトンガはトンガ語のタンガヤルに起源があり、その意味は太陽を意味する。このように「～羅」および太陽と関連した地名がインド洋と太平洋の広範な地域に見られるのだ。

次にインドネシアのスラウェシ島にあるSiladenという地名を紹介する。

スラウェシ島はボルネオ島の東側に位置している朝鮮半島の面積ほどの広さをもつ大きな島だ。ポルトガル島の植民地期にスラウェシ島はセルベス島と呼ばれ、現在までもそう呼ばれることが多いが、正式名はスラウェシ島だ。スラウェシは「スラ」と「ウェシ」の合成語だ。そこでインドネシアに詳しい学者数人にその由来について聞いて見たが、由来については分からなかった。しかし「スラ」は明らかに「～羅」と関連すると判断できる地名だ。このスラウェシ島北部、メナド（北スラウェシ州）一帯はその昔のわが民族の海洋史の舞台である。その根拠を次に上げて見よう。

〈その一〉　メドナ近郊の海上にシラデン島がある。英語式にシラデンと呼ばれるが、これもスラウェシをセラベスとポルトガル人が呼んだことと同じで、現地人は「シルラダン」または「シルラタン」に近く発音する。いわばこの「シルラタン」が「シルラ（新羅）の地（タン）」を連想させ、興味深い。

また同じくメナド近郊の海上にブナケン島がある。ここはスキューバーダイビングの絶好地として世界的に有名なところで、南にリゾート地として有名なセルラセルラ（Selasela）がある。このセルラセルラもポルトガル語表記であり、本来は「セルラセルラ」と発音されたと推定している。

〈その二〉　メドナ一帯に暮らす住民の人種構成と文化的特長を上げることができる。

現地に旅行した人なら知っていることだが、不思議なことにメドナ島一帯の住民の顔立が、アジア系人種そっくりだ。当然、南アジアの人種には見られない「蒙古斑点」が幼少に現れる。またこの地域の住民はインドネシアでもっとも解放的な文化をもっており、ポルトガル植民地時期の影響から大多数がキリスト教を信じている。

人口の九〇％以上が、イスラム教徒であるインドネシアでは特異地域で、そのために宗教紛争がたびたび起こっている地域でもある。スラウェシ北部一帯はインドネシアでもっとも早い時期にポルトガルの植民地となったところだが、その理由は地理的位置であった。

つまりスラウェシ北部が香料の山地であり、香料ルートの要地であったからだ。

文化的に見てもわれわれと同じく辛い物を好み、そして何よりも注目されるのはドルメン（支石）が存在することだ。ドルメンの存在はそこが早い時期からアジア海洋史の主要舞台であったことを示している。

〈その三〉もっとも興味深いのはここ一帯に暮らすミナミハサ族に伝承された「仙女ときこり」の話だ。この説話は、いま故人となった、タイのチアンライ大学の教授であり文化探検家でもあった金ビョンホ先生の探検記『わが文化―大探検』にある、インドネシア・メナド踏査記から引用したものだ。金剛山を舞台にしたわが国の説話と完璧に一致する内容だ。驚かざるをえない。

〈その四〉ミナサハ族の言語だ。これも金ビョンホ先生が収集されたのだが、ミナハサ族は第一人称代名詞を「ニヤ」、第二人称代名詞を「ニ」という。またミナハサ族はわれわれと似た墓碑様式をもっている。これもまた興味深いことだ。

地図を見てみると、スラウェシ北部地域は極東とオーストラリア大陸を直線でむすぶルートの中間に位置していることが分かる。

先に紹介したように、中国・唐時代の史書にカンガルーが紹介されていることから見て、すでにわが国の三国時代（高句麗、百済、新羅）以前から極東とオーストラリアは海の道で連結されていたといえる。スラウェシ北部はそのルートの拠点であり、先に確認した内容のように、当時の海洋航海の中心主体は中国の漢族ではなく、わが民族であったことは明らかである。

その根拠をつけ加えるならば、スラウェシ、ボルネオー。フィリピン南部海域にわたって存在する地名の中に、明らかにわが国の地名が散在している。

それを確認した地名だけでも、シルラブ（Silab）、シルラゴ（Silago）、シルラグ（Silag）など新羅系の地名が数十ヵ所も存在している。フィリピンのスルー（Sulu）諸島はパルラワン島からマナドを結ぶ海の中間地域に位置している。

スルーという名はスルラの変形であると考えているが、同諸島にあるホルロ島について紹介したい。英語式表記ではJoloだが、実際の発音はホルロだ。

この島にはタウスグ族とバジャウ族、サナマ族が暮らしているが、タウスグ族は、フィリピンのイスラム教を信仰する最大の種族で、一二～一三世紀にミンダナオ北部から移住してきた種族であり、バジャウ族はサマ系統の種族だ。

ここで興味深いのは、サマ、バジャウ族の言語の方言であるバランキンジオ語で、「ホルロ」は「さびしい」あるいは「ひとりぼっち」という意味をもっていることだ。

朝鮮語の「ホルロ」と同じ意味をもっているのである。またホルロ島にはSilatという地名まである。

午後二時　海南島沖を通過。明日　同僚の西川氏は朝早く、ベトナムの古都フエを一泊で訪ねる。二九日朝、原田氏と僕はアンコールワット（西川氏は二月に行ったので今回取り止め）行くために、今日は自由行動で、ダナン市を巡ることになった。夜、洋上居酒屋「波平」でしばしの別れに送別会をする。

## ベトナム社会主義共和国

**五月二八日（土）晴天「ダナン」**

朝七時、船はダナン港に入港。接岸阜頭にベトナムの青年団たち数百名がピースボート歓迎パフォーマンスを盛大に繰り広げていた。女性たちは清楚な白いアオサイの服を着る。

私は五階のタラップから人垣をかいくぐって覗いてみた。瞬間、胸中にぐっとくるものがあった。すばらしい感動であった。そのとき、横にいた野球帽を被った中年男が「あれはやらせですよね」というので、私はかれの瞳を見つめて毅然と一言話しておいた。

「彼たちは偉大な人民である」「彼らは誇り高き民族である」と。わたしの話を聞いていたかの中年男の姿はいつのまにか消えていた。彼たちの祖父母、父母たちがフランス・アメリカと百年におよぶ戦いを勝ち抜き、フランスの植民地から解放を勝ち取った。

そこに干渉したアメリカとも戦い、解放戦争を勝ち抜いた偉大な人民たちである。

清廉潔癖な良き指導者ホーチミンに導かれ団結し、戦い抜いた誇り高き民族である。

原田氏と僕は自由行動なので港出口でタクシーを五時間ほど貸り切ってダナン市にむかう。ダナンはベトナム中部、南シナ海岸の都市。フエの南東約八五㎞にあり、フランス領時代の旧名トゥーラーヌ（Tourare）、南ベトナム最大の米軍補給基地があってベトナム戦争でしばしば戦禍をこうむった。

一六世紀のヨーロッパ人の来航以来貿易港として栄え日本

人町もあった。人口三八万二六七四人（一九九二）は対米戦争のときには米軍基地であったという。

ダナン港からダナン市までの街道は、車で五〇分から一時間ほどであるが、開発されつつあるニュー・タウンである。運転手が立ち止り手まねで説明するに、車で二〇分北上した地点は戦争当時、激戦地域であったようだ。港側に米軍が、北側にベトコンが相対置して激戦を繰り返したという。

この激戦地も今は平和で、のどかな農村地帯も一〇年もすれば未開地も含めて全面的にニュータウン化すると思われる。市内近くに古代チャンバ王国の遺跡から発掘された仏像などの遺物多数が展示されている。

アンコール・ワットはインドネシアのボロブドゥールと並ぶ東南アジアの三大古代王朝であり、ヒンドゥー・仏教文化の香り高い寺院遺跡、彫刻を残している。（別に記載する）ベトナムは正式名称―ベトナム社会主義共和国。面積三三万一六八九平方km、人口七七六八万人（二〇〇〇）、首都ハノイ二七三万人（二〇〇〇）。住民―ベトナム人が八四％を占める。インドネシア半島の東部に分布。ベトナム国民をさす場合と、その主要民族であるキン（Kinh）人をさす場合がある。後者はベトナムを中心に分布。かつては中国南東部岸に住み南下したものと推定される。中国文化の影響を強く受けている。

ミヤオ人、モイ人、ムオン人などの少数民族八％、クメール人などがいる。

ベトナム戦争―清仏戦争後の一八八七年、全土がフランス領インドシナに編入された。

第二次大戦後はインドネシア戦争とジュネーブ協定（一九五四年）で南北に分断され、北のベトナム民主共和国と南のベトナム共和国が対立するようになった。

南は統一総選挙を拒否、南を支持する米国の武力介入はベトナム戦争に発展し、北ベトナムの勝利によって一九七五年戦争終結、一九七六年南北統一を達成、国名をベトナム社会主義共和国に改めた。

## カンボジア王国

### 五月二九日（日）晴天

午前一〇時　バス四台に分乗しダナン市内へ。

一三時三〇分　空路、シェムリアップ（カンボジア）へ。

u四一二三四八（チャーター便）ダナン・シェムリアップ

一三時三〇分発一五時三〇分着

空港から一五分でアンコール・センチュリーホテル泊。今日は移動日であった。

ホテルは立派なものだ。中庭に長さ二〇m程のプールがあり、ガデンレストランにも活用する。なによりも私事だが気に入ったのがヘルスクラブとサウナがあることだ。

食事前にサウナに入る。あまりにもサウナの温度が高く、熱くて三〇分で切り上げる。食事は豪勢だが、なんとなく私の口にあうものがない。

〈写真９－１　アンコール・ワットの仏像の一つ〉

**五月三〇日（月）晴**

早朝五時起床、ホテルを出発し、朝焼けに染まるアンコール・ワット遺跡を眺めるためのツアーであったが雲にさえぎられ、素晴らしい景観を見られずホテルに帰る。

午前中はアンコール・トム遺跡観光―南大門、バイヨン寺院、象のテラス、ライ王のテラスなどを見る。

午後に夕日観賞に出かけるが、これも落日に雲が懸かり、夕日の景観を見ることができずにホテルに戻る。アンコール・ワット遺跡は内戦後、フランス、スイス、日本などが分担して修復している。

アンコール・ワット遺跡をめぐる時、ある寺院であるが最上階にいたる階段がほぼ垂直で、足一つ幅ほどの奥行きで狭く、しかも一〇〇段である。見た目にも気が滅入って、びびるものがあった。ここを登る人は一部の人で、大半の人たちは、上を向いて登っている人を見てスリルを感じながら眺め見物している。

この日、私はいつになく元気でその気になって、すいすいと登れた。

下りの階段の方が登りよりも、もっと難しいと聞いたが、私はすいすいと降りることができた。同僚たちも感心していた。大学時代の山岳部出身のなごりなのかどうか。

ブノバゲント遺跡は山頂にある。山を登り詰めた最後に、ここも同じく奥幅狭く傾斜がきつい階段がある。直登すれば一五分で、迂回すれば二五分だというので私は真っ直ぐ登る。今日はよくも歩いたものだ。おおいに汗をかくが快活な気分であった。

**五月三一日（火）晴　蒸し暑い**

今日も終日遺跡巡り、バンテアスレイ遺跡、ダブローム遺跡、クパルスピアン遺跡をめぐる。なかでも最後のクパルスピアン遺跡は二〇〇ｍほどの山頂にある。

登ってみれば昔バラモン教徒たちが岩の隙間や小さな洞窟に「ガンダラ」文字のような経典が刻まれたもの、せせらぎに亀の甲羅のような円形の削岩の羅列したものなどである。一部メンバーからこんな炎天下、ここまで登らせて、見せるほどの遺跡ではなさそうだという。登った人たちに不満が募った。

私は体調が良かったのか先頭で登り、先頭で沢を下り山を降りる。

山の登り降りで日頃、ウォーキングで鍛えていると自負する中年女性たちが私に競うように追いかけっこを仕掛けてきたが、こちらもいわゆる男のプライドにかけて、あっさりと抜け駆けした。ともかく熱い。全身汗まみれになる。

ホテルに戻るとサウナに飛び込む。なじみになったベテランのツアーデスクが山から降りてきた私を見て「余裕しゃくしゃくですな」と語った。サウナを楽しむと聞くと「それだけ汗をながして、また流すのですか」と呆れ顔であった。

カンボジアの農村風景をながめると植民地時代、その後、冷戦の渦に巻き込まれ、さらに内戦へと冷酷な試練を経て、やっと平和な牧歌的な風情が蘇えったように思えるのだが感傷的かもしれない。果たして今後の外資主導の市場経済の波に乗って耐えられるのかどうかそれは解からない。

**カンボジア【Cambodia　東捕寨】**インドネシア半島南東部の王国。メコン川流域とトンレ・サップ湖の周辺に平野が広がり、北東のタイ国境にはダンレック山地、南東のベトナム国境に高原地帯がある。シャム湾に面するカルダモム一山地が、夏の西南モンスーンをさえぎる。農業国で米、ゴムが主産物。ほかにトウモロコシ、木材、コショウ、タバコなどの産もある。燐、鉄などの鉱産があり、タバコ製造、製油工業が行われる。

その歴史は一世紀にインド文明の影響下に扶南（中国名）国が興り、七世紀以来真臘（しんろう）がこれに代わったが、やがて分裂した。ジャバルマン二世（在位八〇二～八五〇）が統一国家アンコルコール・ワットなどに象徴される強国として繁栄した。一五世紀以降タイとベトナムに国土を蚕食され、一八六三年フランスの保護国（フランス領インドシナ）となった。一九四五年独立を宣言したが、フランスに阻止された。一九四九年フランス連合内で独立。一九五三年立憲王国として独立。七五年国名を民主カンボジアと改称。七八年以来の内戦の後、九三年カンボジア王国が成立。面積一八万一千平方km。人口九八四万（一九九五）。住民の大部分はクメール族で仏教徒。言語はカンボジア語。首都プノンペン。カンプチァ。

## シンガポール共和国

**六月一日（水）**

朝　シェムリアップ空港へ　空路、シンガポールへ

シルクエア・チャーター便　シェムリアップ八時五〇分発・シンガポール一二時五〇着。

飛行機では年の順で、優先的にファストクラスに乗せてもらった。老齢の特典を嘆くべきか、喜ぶべきかと迷ったが楽な方がいいに決まっていると割り切って、乗せてもらった。午後、着後トバーズ号に合流。西川氏とも再会。私はシンガポールは初訪問なので市内見物に出る積もりだった。西川氏が写真を撮り行くというので一緒に出かける。

旅立ち前に購入したモンベル時計がアンコールワットの暑さのためかガラスが曇り、指針もとまってしまった。旅は始まったばかりなのでポートセンタービルであらたに時計を買う。遊覧の時間があまりなかったのでタクシーに乗って市のおもだったところをまわる。まずライオン像の噴水あたりで写真を撮り、人口三二六万人のなかで最も多い（七七％）チャイナタウンの仏教・道教などの寺院や市場を見る。次にインド人商店街（六％）マレー人街（一五％）のモスクなど見て廻る。面積は六一八平方km、東京都の面積とほぼ同じである。国の面積は淡路島とほぼおなじぐらいの六〇〇平方kmだが、海上物流取扱量は世界一である。コンテナヤードの規模を見るが巨大である。これは海のシルクロードの地の利を生かした経済的戦略がもたらしたものだろう。

言語はマレー語（国語）、華語（北京）、英語、タミル語（以上四カ国語が公用語）

## マラッカ海峡

**六月二日（木）雨天**

航海中　昨晩深夜出航　波荒れる　マラッカ海峡に入る。

マラッカ海峡は東南アジア、マレー半島とスマトラ島にはさまれた水道。北西に広く、南東は狭い。アンダマン海と南シナ海を連結する。延長約八〇〇km、幅五〇～三〇〇km、マラッカ市付近で約四八km。インド洋と南シナ海・ジャワ海を

結ぶ要路で、古来文化交流・貿易・軍事面で重要な役割を果たしてきた。しかしマラッカ海峡は「海賊の海」として悪名が高い。

この海峡を一九三三年～二〇〇四年上半期まで全世界で発生した三一五九件の海賊事件中三七％に該当する一一六三件がマラッカ海峡と近隣海域で発生する。海賊たちは、自動小銃はもちろんロケット砲まで用意しているという。

彼らは通過する船舶を対象として略奪する。その対策として、最も重要なことは海賊は船舶時速六〇ノットの超高速小型船舶を利用して来るがマラッカ海峡で乗船出来ないようにすることだ。重火器で武装した海賊たちが乗船すると、その時からは対応する方法がなくなる。民間船舶は国内法の定めにより銃器類を保有出来ないからである。

海賊たちは一旦乗船すると、船長室の金庫に保管されている運行経費や船員たちの個人的物品等、なんでもかんでもさらっていくという。

甚だしくは船舶自体をも拉致して近隣の島に牽引して行き解体し、スクラップとして売ることもあるという。マラッカ海峡一帯に海賊が盛んに活躍できるのは、この地域に大少の島が多いからである。島に隠れていて、この一帯の海域を通る船舶に接近し易いからである。海賊たちは大部分インドネシアやマレーシアの零細民であるという。

海賊たちが乗船出来なくするために、船員たちの最善の対応策といえば、水ホースいわゆる「水大砲」を彼らに撃つのが唯一方法であるという。

マラッカ海峡は世界総船舶物動量の二五％を積載して動く年間五万艘以上の各国の商船が利用しており、世界の五〇％の原油がこの海峡を通じて供給されている。

韓国や日本で使用される原油輸入量の九〇％がマラッカ海峡を通じて輸送されており、ヨーロッパ地域に輸出される製品大部分がこの海峡を利用して運搬されている。

マラッカ海峡の水深が、二〇一m程度で、浅いところに海上交通量がおおく、船舶の運行速度を思うように出せない。海賊たちにとっては、このような弱点が略奪するうえで好都合である。実際に二〇〇三年に発生した世界四四五件の海賊行為は三五％がマラッカ海峡で発生している。加えて最近の中近東地域テロ勢力の爆弾を積載している船団を運営しているという諜報が入手されているという。

**六月三日（金）曇・雨天**

航海中　夜中二四時　ともあれ、ピースボート　トバーズ号は無事にマラッカ海峡を通過。天気も悪く、いつの間にか緊張感を感じないままに、無事に海峡を通過したことは幸いであった。

夕方、船内ギリシャ人専属バンドによるダンスパティーが開催されていていたが、ダンス教室上がりの、かたくなな踊りを見ていて、いたたまれなくなり、船室に戻り、靴を履き替えて、大阪仕込みのキャバレ・ダンス、ジルバを踊ってみる。するとシルバー淑女たちが、なんと、それまで踊っていたシルバー男爵たちをほったらかして、私に次々とダンスを申し込んできた。五人ほど相手にして終わるが全身汗だくになった。それからもダンスの誘いがあったが終わりにした。

## 【古代海のシルクロード】
## ―「～羅」の世界―（二の一）

「～羅」のつく地名の謎、わが歴史上の古代国家―新羅。新羅は「シルラ」と発音する。「シルラ」と同じ発音の Silla や Sila（または Silah）という地名が東南アジアとアラビア、地中海沿岸に存在し、また語彙としても存在する。

韓国と日本、中国の史書からは「新羅」と同様に「～羅」で終わる昔の地名を多く発見することができる。例えば多羅、托羅、耽羅、儋羅、渉羅、加羅、阿羅、安羅、阿瑟羅、保羅、発羅、末羅、暹羅、耽浮羅、耽牟羅などなど。これらの中で托羅、耽羅、渉羅、耽浮羅などは、みな現在の済州島といわれているが、耽羅以外は異論も少なくない。

また一説では耽羅は現在の琉球諸島といわれ、圓光大学教授金ビョンホ氏は、現在の台湾で当時は百済の属国であったという。

現在、これらの地名の正確な位置を特定できないのは資料が不足していることに加え、李朝時代にほとんどの資料が紛失してしまっているからだ。

しかし暹羅という地名は。現在のタイを表していることは異論がないようだ。暹羅という地名は朝鮮王朝実録（李朝実録）に何回も登場し、李朝時代まで暹羅がタイを表す地名であった。当初、暹羅という地名が中国を通じて入ってきた地名だと考えがちであった。

しかしひとつの疑問がわいた。それは暹羅という地名が中国を通じて入ってきたとしても、「～羅」という地名はわが国と関連が強いものであり、したがって中国に由来するものではなく、わが国がその発祥地でないかという疑問であった。

タイの地名には「～ブリ」という地名が多い。カンチヤナブリという名前にはじまり、首都のバンコクもペッチャブリという通りがある。タイ・チェンライ州立大学教授であった故金ビョンホ氏はタイの「～ブリ」という地名が百済の地名と関連があると主張した。

百済の「～ブリ」がつく地名には都であった所夫里（ソブリ）をはじめ古沙夫里（コサブリ）、未冬夫里（ミドンブリ）、牟陽夫里（モラヤンブリ）などがある。

金ビョンホ氏は百済の「夫里（ブリ）」が新羅では「～ボル」に変化したとし、「ソラボル（慶州）」を上げている。また金ビョンホ氏はおどろくことに、この「～ブリ」「～ボル」がアフガニスタンの首都であるカーブルとトルコのイスタンブールの昔の名前である、コンスタンティノーブルとイギリスのリバブールなどの地名とも結びつけてその見解を展開している。ところで金ビョンホ氏の見解はそれほどおどろくものではない。

なぜなら、かつて中采浩は『朝鮮上古史』で、わが国の文化が中国よりもギリシャやペルシャにより近いと主張していることを知っているからだ。

『三国遺事』の言語的証拠は、新羅郷歌―處容歌（『三国遺事』にある八七九年に處容朗がつくった郷歌）にある「羅侯徳」という言葉だ。「羅侯徳」の「羅」は太陽を、「侯」は尊称の意味をもち、「徳」は恩恵を意味するもので、その意味は「太陽の恩恵」となる。ここで注目すべきは「羅」である。古代エジプトで太陽を「Ra」と呼んだことをしっているだろうか。そればかりでなく、中近東で「Ra」は太陽神だけでなく神聖なもの高貴なものを意味する。

イスラム教における唯一神―「アラー（Al-RAH）」で「Al」は定冠詞であり神を意味する言葉は「Rah」だ。またイスラム暦を「ヒジュラ」とよんでいること、聖地であるメッカの方向を示す言葉である「カブラ」の「ラ」もみな先の「Rah」と同様の意味をもつている。

また「ラーRa」は大地という意味ももち、わが国の「～羅」と同じく地名として使われている。よく使われているサハラ砂漠（TheSaha）を例に上げてみよう。サハラは英語式発音であり、原音は「サラーSahra」で、その意味は不毛の地という意味である。

中世のヨーロッパ人はアラビア、アラビア諸国をさしてサラセン諸国と呼んだが、そのサラセンとは砂漠の人々という意味だ。

この他にもイラク最大の港湾都市であるバスラや、イスラム教の宗派であるシーア派の聖地として有名なカルバラ、かつて蒙古帝国の支配下にあった現在のアゼルバイジャンにあるマカラなど、今日も中東一帯に数多くの「ラ」がついた地名が散在している。

**六月四日（土）雨天**

航海中　波浪高し。一〇時四五分～一二時一五分

▼洋上大学「どうなるイラク」講座を聞く。

**【古代海のシルクロード】**承前。

―「～羅」の世界―（二の二）

中近東で「ラ」が太陽を意味すると同時に大地を意味する

し、地名として多く使われているということは、その意味においてわが国の古代史における数多くの「～羅」と處容歌の「羅侯徳」の「羅」と一致する。では中近東と朝鮮半島が古代のある時期に深い関連性をもっていたということなのか？

ちなみに處容歌の處容朗（處容舞―仮面をつけた五人の男が舞う宮廷などでの舞樂）は、アラビア、もしくはペルシャ出身の人物であると推定されている。この点に注目し、インド洋と東南アジアで「ラ～羅」と関連した地名を調べてみると、多くの「～ラ」が存在していることを発見することができたのであった。

最初の発見はインドの南部であった。インドの南部に位置した古代国家であるチョーラとチェラが目にとまる。インド半島南端の東西の海岸地域に位置したこれらの国はともに海洋国家であった。紀元前二～三世紀から紀元後一〇世紀まで存続した王国だが、とくにチョーラは強力な海軍力をもって中近東から東南アジアにいたるインド洋の海上貿易権を掌握した国家であった。チョーラは自らを「太陽国」と称していたが、このことからチョーラの「ラ」がインド内に由来する名称でないかと知ることができる。

かつてチョーラとチェラが位置したインド南部は現在、主にタミル民族が暮らす地域となっている。タミル民族はその昔、ドラビタ民族から分かれた民族であるが、ドラビタ民族は今日、インド人の主流を成している、アーリヤ人がインド大陸に進出する前、インドの先住民としてインダス文明を築いた民族として知られている。

今日、五〇〇〇万人といわれるタミル民族の一部がスリランカに暮らしている（約二六〇万人）。タミル人はスリランカでは小数民族であり、主流のアーリヤ系人に、対抗して分離独立運動を展開している。よく知られているスリランカのゲリラ組織「タミルの虎」は彼らの組織だ。ここでタミル民族について紹介した理由は、最近台頭しているタミル文化とわが国の文化の相互関連性問題があるからだ。

かねてからインド文化とわが国の文化との関連性について論じられてきたが、朝鮮語とインド・トラビタ語との「類以性」を最初に提起したのは旧韓末のアメリカ人宣教師のホーマ・ハルバ（Homer B. Hulbert 一八六三～一九四九）であった。

彼はその著書『朝鮮語とインド・ラビダ語の比較文法』（一九〇五年）と『The Passingofkora』（一九〇六年）で四〇余の語彙を比較し、その「類以性」を指摘した。

古代トラビダ語から四種類の言語が派生、発展しているが、それが現在のタミル語、テルグ語、マラヤーラム語、カンナダ語だ。この中でタミル語、テルグ語はかつてチョーラ王国の言語であり現在のタミールナド州で、マラヤーラム語はかってのチェラ王国の言語で現在のケラーラ州で使用されている。

日本では一九七〇年代から「タミル語と日本語」などを中心に研究が進み、それぞれ日本語との「類以性」が明らかにされている。

しかし次に紹介するように、朝鮮語（韓国語）とタミル語の関係は、日本とタミル語のそれよりもはるかに「類以性」が強い。

| 韓国語 | タミル語 | 日本語 |
| --- | --- | --- |
| オンマ | オンマ | ハハ（母） |
| アッパ | アッパ | チチ（父） |
| ナ | ナ | ワタシ（私） |
| ノ | ノ | アナタ（貴方） |
| ハナ | ハナ | ヒトツ（一つ） |

韓国語　ナヌン　ノワ　ハングゲ　ワッタ
（私は貴方と韓国に来た）
タミル語　ナヌ　ニンガルム　ハング　ワンドウウム
韓国語　ナヌン　クロンゴ　モルンダ
（私はそんなこと知らない）
タミル語　ナヌン　クロンゴ　モリンダ

おどろくほどの「類以性」ではないだろうか。この「類以性」はかつて私たちの祖先たちがタミル人と長い間にわたって接触していたという言語的証拠といえる。

これ以外にも「類以」した語彙が数多くあるが、ここでは省略して最近マスコミで報道された話を紹介することにしたい。

昨年、カナダ・トロント大学の南アジア研究センターとトロントのタミル人協会などが資料追跡の結果を基に発表した「新羅第四代王の昔脱解はインド人」（『ニュースメイカー』二〇〇六年八月一一日）説がそれだ。その説を簡約化して紹介すると次のような内容となっている。

**六月五日（日）**

晴天・午後三時頃　短時間　雨降る　航海中、初めて水泳する。

**【古代海のシルクロード】**承前。
—「〜羅の世界—」（二の三）

昔脱解は自ら「炭を使用する鍛冶屋出身」としている。氏である昔（ソクSok）はタミル語で鍛冶屋という意味の「ソクカルリンカム（Sokalinggam）」を縮めたもの。

「ソクカルリンカム」または「ソクSoka」などは現在もタミル人男性の名前として残っている。

脱解（Talhe）はタミル語で頭、頭目、頂上などの意味する

「タレ Tale」や「ダルアイ Talai」と類以している。

鍛冶具は「鍛冶の道具」という意味だが、タミル語の「タンヤグ Dhanyaku」と発音が完璧に一致している。

尼師今は「イムグム（王）」の語源で、タミル語の「ニサグム〈Nisagum〉」にあたり、一般的に王より上位の概念である皇帝、大王を意味する。

大輔（デボ）は昔脱解が最初に就いた現代の国務総理格の地位の名称だが、タミル語の「神の次の地位」または「強靭な人」を意味する「デボ」（Devo 男性）と「デビ（Devi 女性）」が語源。ここに紹介したのはごく一部に過ぎない。

いくつかつけ加えると、昔脱解は自ら出身を多婆那国（タパナ国）としたが、「タパナ」はサンスクリット語・タミル語で太陽を意味する「タパナン〈Tapanan〉」と一致し、多婆那国は「太陽国」、つまり当時のタミル人チョーラ王国を指しているものだ。また昔脱解は動物の骨でつくった角杯をもっていたが、角杯は地中海沿岸のギリシャや西アジアのペルシャ（イラン）、アフガニスタンなどで生まれたもので、これまで韓国の学界では中央アジアを経て伝えられたとされてきたが、高句麗、百済の地で発見されていないことから、海をとおして新羅に伝えられたものと考えられている。

海こそが当時、陸路よりもはるかに進んだ文明交流の「高速道路」であったと確信している。誰もがみても指摘されている「証拠」がそれを物語っている。

カナダ・タミル協会の研究は昔脱解にとどまらない。それは伽耶・許黄后の出身地がこれまではインド北部のアユタタでなく、チェラ国の領土に位置するアユティヤパムであること、朴赫居世を王として推戴した六首長みなタミル文化と関連がある、などというものだ。最後にインド洋のいまひとつの「〜羅」がつく地名がある。

中国の古地図では「碼羅（マラ）」と記録されている、今日のモルティブ島がそれだ。

モルティブ島が、東北アジアの漢字文化圏のどの歴史資料にも記録されていないチョーラやチェラとは異なり、唯一、漢字で「碼羅」と記録されていることに注目した。

中近東のいくつかの地名で確認された現地の発音である「ラ」は、中国語ではけっして「羅」とは記録されていない。「羅」は北京語では、「ルオ」と発音され、広東語では「ロ」と発音されているからだ。唯一、われわれのみが「羅」を正確に「ラ」と発音している。

先に紹介したように、太陽を意味する『處容歌』の「羅侯徳」の「羅」はやはり太陽を意味する中近東の「ラ」と一致する発音である。いゆうならば中国・漢族はけっして海洋民族ではなかった。ゆえに中国の歴史資料に登場する「〜羅」は、まさにわが民族の海洋活動の成果が反映されたものといえるのだ。

百済が滅んだ後、倭国であった日本が百済から自立を示すために国号を太陽を象徴する「日本」としたこと、歴史書である『古事記』と『日本書紀』を編纂して自らの起源を天孫族の降臨としたことは、「羅」と太陽との相関関係をみるとき示唆するところが大きいと考える。日本の古代の首都の一つである「奈良（ナラ）」について、興味深いものがある。「ナラ」は朝鮮で「国」を表わす普通代名詞だ。この「ナラ」の起源が母国を表わす「ナヘ　ラ」で「ナ」は言語の変遷でもっとも保守的な人称代名詞だ。

古代でも「ナ」は人称代名詞として使われ「ナ」に地名や国号に使われる「ラ」がついていることから、「ナラ」は母国を意味しているのではないかと考えているのである。

ともかくわが国の地名である「～羅」はアジア一帯で発見することができる。

## スリランカ民主社会主義共和国

**六月六日（月）雨天**

朝「コロンボ」入港
一〇時、港からバスでキャンディへ向けて出発（片道三時間半）仏歯寺観光。この寺は一七世紀に建てられたという。
伝統的な木造建築ではなく、建築構造もイスラームやヒンヅ教のモスクに似ている。

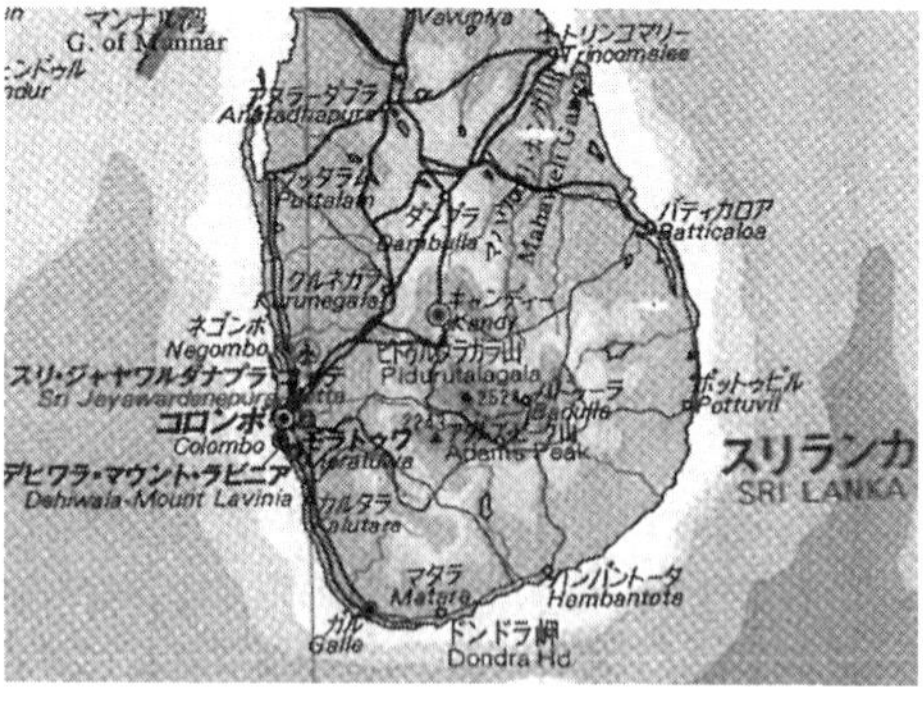


この寺が世界遺産とは意外感があった。ほんとかどうか知らないが、仏の歯を一本持っているのが注目されたかかもしれない。金ぴかのお寺には、権力がまといついているのが世のつねである。この寺はまさにそうである。
このキャンディは都市なみの、リゾート地であった。メイン道路沿いの風情のある建物はイギリス植民地時代の名残である。現在、イギリス連邦に属する民主社会主義共和国。
旧称セイロン。主要言語はシンハラ語。面積六万六千平方㎞。

人口一八三五万（一九九五）。首都はかってはコロンボ、一九八五年よりスリージャヤワルダナプラーコッテ。

先住民はペッタ人で、前五世紀、ニシンハラ人が征服し、紀元前三世紀以降仏教文化が繁栄した。私は行けなかった六日間のオプションの内容とオプションに行かれた方の撮った写真をみると紀元前の時代からスリランカ最古の都として栄えたアヌラーダプラ。清爽な風情の町には、数々の遺跡が眠っているという。

ボルナルワはシンハラ王朝の都として繁栄を極めたところである。

ジャングルに聳え立つ岩石に王宮の跡が残されたシーギリヤ。さらにダンブラの国内最大の石窟寺院も素晴らしいと言う。最も古い寺院は二世代で建てられたものが残っているという。二三〇〇年前の菩提樹もあるという。

八世紀初頭、不空金剛三蔵と新羅人慧超がともに、海路でセイロンを含む東南アジア諸国を六年にわたり求法の旅をして、慧超はさらに一人でインド当時の五天竺国を巡り現在のシリアまで行き、二七カ国を訪ねパミール高原を越え、一〇年の旅を終えて中国に帰還した。（拙著『古代シルクロードと朝鮮』第五章黒歯常之、参照）

## インド洋

**六月七日（火）雨天**

航海中　インド洋に入って一段と波荒く、船の揺れが大きくなる。

水泳できず。航海日誌の整理入力。無線のマウスに慣れてきて能率があがる。

インド洋はアジア、アフリカ、オーストラリア、南極大陸に囲まれる大洋。英語ではIndian Ocean. 七四九一万平方km、水深は平均三八九七m、最大水深七四三七m。付属海に紅海、アラビア海、ペルシャ湾、ベンガル湾、アラフラ海があり、主要な島はマダカスカル、スリランカなど。西寄りの中央インド洋海嶺と東寄りの東インド洋海嶺などにより三部分に分けられ（大洋中央海嶺）、マダガスカル海盆、中央海盆、西オーストラリア海盆などの深部がある。

インド西岸とオーストラリア北岸・南岸には大陸棚が発達する。赤道海域の表面温度は、二五～二九℃、南緯三〇℃付近の塩分、三六％と高い。北半球で季節風流とソマリア海流、赤道付近で赤道反流、赤道潜流、南半球で南赤道海流がある。熱帯インド洋では、一一月～四月に北東の、五月～九月に南西の季節風が吹く。これからヨルダンまでインド洋を渡り八日間の航海である。

**六月八日（水）**

午前中、晴天　午後　雨天　航海中

昼間でパソコンを操り。午後二時からプロカメラマン　桃井和馬　教室

午後四時　講座『イスラームってなに？』高橋和夫に聞く。

## 【古代海のシルクロード】

### 新羅群島（舟山群島）とアラブとの関係。（その一）

アラビア半島に「Sila」「Silah」などの新羅（シルラ）と関連があると思われる地名があり、またその地名がアラブ語の語彙としても存在している。これらの地名と語彙が、新羅船団がアラビアに来航していた証拠であると考えている。

当時の新羅船団の海上活動能力からすれば十分に考えられることだ。

また張保皐や張支信が活躍した時期にすでに明州と揚州にアラブ人とペルシャ人が居住していたことも裏付けてくれる。

中国の史書は黄巣の乱（八七五～八八四年）時、黄巣軍によって殺害された異邦人が一〇万人であったと記している。これは当時、中国に進出していたアラブ人とペルシャ人がどれほどであったかを示す記録だ。

時期的にみて黄巣の乱を避けて唐を脱出したアラブあるいはペルシャ人であったと推定しているがおそらく同時期に、多くの異邦人が新羅群島に逃れてきたものと思われる。

むろんその反対に、アラブアやペルシャを行き来した新羅人もいたであろう。当時の新羅船（在唐新羅人）は、それが可能な航海の能力をもっていた。またこれを裏づける歴史的記録がある。

張保皐や張支信よりも一〇〇年前に、すでに海路でインドとアラビアに向かった新羅人がいたのだ。その人物はわたしたちがよく知っている慧超（僧侶七〇四～七八七年）その人だ。師匠である密教僧金剛三蔵とともに海のシルクロードで東南アジア諸国を六年間巡り、スリランカで金剛三蔵と別れ、一人でインドに入った。

慧超は四大霊搭や聖跡を求めて「五天竺国」すなわち、当時の五つの東・西・南・北・中央のインドの国々を南インドから北へと巡礼し、そしてイラン、アラビア、シリアまで旅をして、一〇年目の開元（七二七年）一一月上旬、当時唐の領域であった安西（亀茲）に帰還した。慧超はこの一〇年間、陸路で直接、徒歩で巡り、実に一〇万余里を踏査する過程で、自己の体験、見聞を記録し、『往五天竺国傳』という旅行記として残した（拙著『古代シルクロードと朝鮮』、第四章高仙芝と慧超、参照）。

慧超こそ、徒歩で三七余ヵ国の広大な地域を巡歴した世界にも稀な大旅行家である。『往五天竺国傳』は一九〇八年にフランス人東洋学者ペリオが中国・敦煌で偶然に一部を発見して世に知られた。現在はパリの国立図書館にある。

アラビア世界への航路は古くから開かれていた。慧超よりも二〇〇余年前に百済の僧侶謙益は海路でインドを往復している。

その他にも唐の僧侶—義浄がインドからの帰路に（六八九〜六九一年）スマトラ島で執筆したものが『大唐西域求法高僧傳』になった。ただ記録として伝えられているものが少ないだけである。義浄の著作は自らとともにインドと西域を旅した七人の新羅の僧侶の記録である。このようにアラビアを海路で往来した人々は多かった。ただ記録として伝えられているものが少ないだけなのだ。

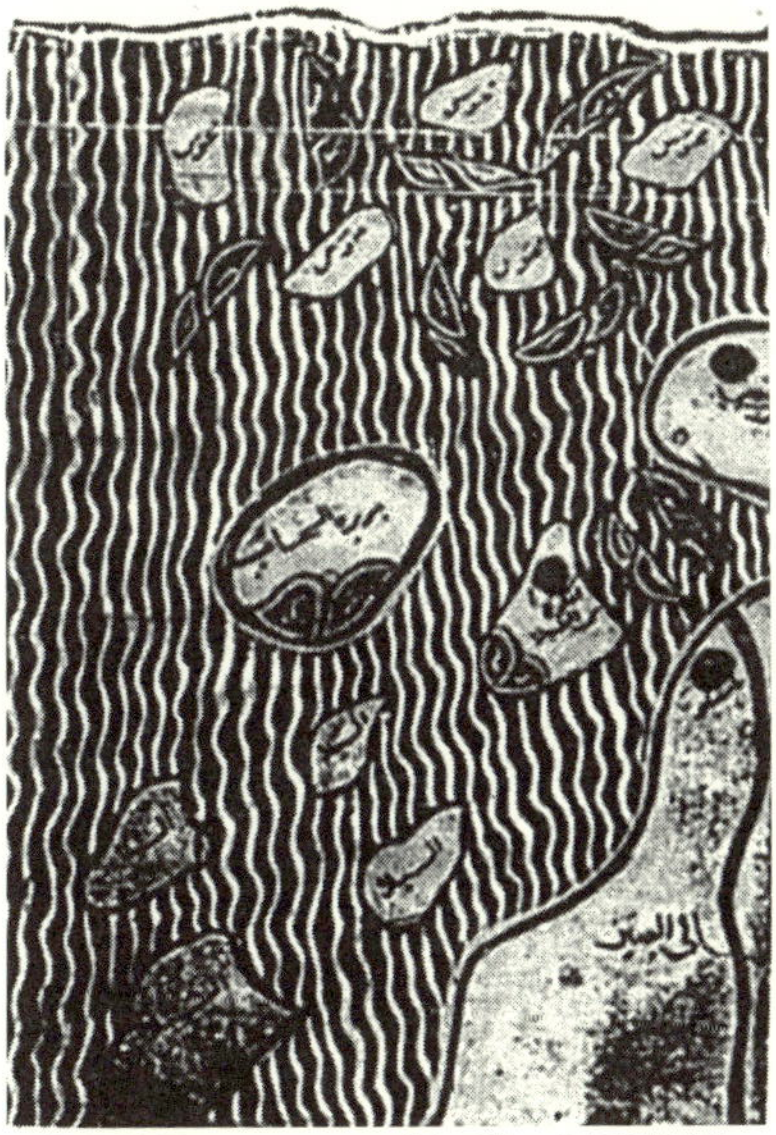

〈図形地図９－３　アラブ人が描いた新羅群島〉

**六月九日　（木）　晴天**

西に進むほどに船の揺れがだんだん大きくなる。昼からプールに行くが、波荒く大の水槽は休み。小さいところで少々泳いで引き上げる。

**【古代海のシルクロード】承前。**
**新羅群島（舟山群島）とアラブ関係。（その二）**

舟山群島が唐から独立した政治、海運地域（集団）であったことを、いまひとつ根拠を上げて説明したい。当時、新羅はアラブ世界では理想郷と記録されていた。伝説の大陸アトランティスであり、人が暮らしている現実の理想郷が新羅とまでいわれた。

かれらにとって新羅がどのような国であったのか？

アラブ人が描いた新羅の地図をみてみると、彼らは驚くことに新羅を島国（新羅群島）とみていた。次は著名なイスラム学者である鄭守一博士の論文に紹介された一四世紀のアラブの文献の内容だ。「学者たちの話によれば東方の端は海があるが、その光があまりにも青く瀝青海と呼ばれる……この海に六つの島があるがそこを新羅群島という」（ダマンスキーの『大陸と大洋の驚異に関する精選』）。紹介したアラブの地図にも六つの島が描かれている。新羅群島に関するアラブの記録はすでに張保皐と張支信の時代である九世紀の文献に表れている。シュルライマンの『中国とインド消息』（八五一年）がそれであり、その記録は一〇世紀のマスオディ、一三世紀のカズウィニ、一四世紀のスワイリが残した文献へとつづく。これらのアラブの文献が記している新羅群島とは実は舟山群島のことだ。

ここで重要なことは、新羅群島（舟山群島）を中国と区別していて彼らが認識していたということである。先のダマンスキーの文献は一四世紀のものだ。わが国の歴史では高麗末期にあたる時期まで、アラブは依然として新羅と新羅群島に関して語られていたのである。張支信、かれは舟山群島を拠点にして独自の活動領域を構想し、張保皐の青海鎮、中国大陸内の在唐新羅人ネットワーク、そして明州航路を背景に東南アジアとインド洋の交易を支配した人物に違いない。ひょっとすると、世界各地に散在している「Silla」「Sila」「Silah」などの地名も彼と関連があるかも知れない。

### 六月一〇日（金）晴天　波高し

紅　海

アフリカ北東部とアラビア半島の間にある細長い内海。北はスエズ運河で地中海、南はバーブ・アルマンデブ海峡でアラビア海に通じる。長さ二三〇〇km、幅二〇〇～三五〇km、約四三万八〇〇〇平方km、最深二二一一m。塩分は三七～四三％で世界でも最も濃度の高い海の一つ。アフリカ大地溝帯の一部をなし、北部アカバ湾もこれに属する。

紅海の名称は紅藻の繁殖のために紅変する時があることにちなむという。古代エジプト時代、イスラーム帝国時代を通じて海上交通に重要な役割を果たした。

スエズ運河の開通後は、ヨーロッパ～アジア間の航路として重要である。

### 六月一一日（土）晴天　波穏やかに

西はソマリア、北はイエメンの海域に入る。

午後から講座　▼未来の地球へ　№2

▼「南イタリアめぐり四日間」説明会

今日で三日間、バベルマンデブ海峡を通過して紅海に入り海航海中。

北側にエメンの島がくっきりと見える。船上〈夏祭り〉若者の集い。

我々は居酒屋〈波兵〉で乾杯。

中近東が近づくにつれイスラーム、パレスチナ、イラク問題の講座もつづき、聴衆も次第に関心が高まる。講座だけではもうひとつ分かりにくい。持参した『イスラームとは何か』(小杉泰、講談社)をここ何日、真剣に読んでいる。

実際のところ、中近東・中央アジア・東南アジアにおいて「イスラームを知らずして何を語らん」であるからだ。

## 六月一二日(日)晴天だが霧懸かる

### イスラームと黄金期のイスラーム世界

ムハンマド(マホメット)によって創唱された宗教。正しくは〈イスラーム〉だが、〈イスラム教〉と慣用され、〈マホメット教〉〈回回(フイフイ教)〉〈回教〉などと呼ばれることがある。

「イスラームが誕生してから現代までに一四世紀が過ぎた。この宗教は七世紀のアラビア半島という世界の「片田舎」に生まれたが、瞬く間に世界の表舞台に躍り出て、三大世界宗教の一つを確立し、巨大な文明をつくり上げた」(小杉泰『イスラームとは何か』講談社)

(一)イスラーム拡大の第一の黄金期が大征服を契機とする七~八世紀。

イスラームの大征服は、マディーナを首都とする正統カリフ時代に始まった。第二カリフ、ウマルの時代にシリア、イラク、エジプトが征服され、第三代カリフ、ウスマーンの時代にペルシャ、北アフリカ東半分、リビアまでイスラーム領にはいった。

ウマイヤ朝の時代、いっそう領域は拡大した。東では、カブール(現在のアフガニスタンの首都)を征服し、西ではイベリア半島(今のスペイン)を征服する(七一四)。

七五〇年にウマイヤ朝を滅ぼしたアッパース朝は、その翌年、タラス河畔の戦いで高仙芝*の率いる唐軍を破って、中央アジアを手中に収めた。おそらくこの時期に、単一のイスラーム国家の領域としては史上最高に達した。


*(筆者、「古代シルクロードと朝鮮」、第四章高仙芝と恵超、参照)

(二)イスラーム拡大の第一の黄金期それ以降にイスラーム世界で国際商業ネットワークが発達した。それに伴って一〇~一一世紀に、商業・植民地活動によって大きくイスラーム化が進んだ。東アフリカ海岸、インド西海岸、スリランカ、インド洋のモルジブ群島、マラッカ海峡周辺などにイスラームが及んだ。さらにこうした地域から、商人やウラマーが各地に進出し、一三~一四世紀には神秘主義教団が活躍するようになった。
一三世紀以降を、イスラーム拡大の第二の黄金期と見なすことができる。東南アジアでも、イスラームが一三世紀以降、おおいに広がり始めた。一六世紀以降は、西欧列強が進出し、植民地化が進んだ。しかし中東など古くからのイスラーム地域では、植民地化が、脱イスラーム化を推進したのに対して、東南アジアでは、むしろ植民地化と対抗してイスラーム化が進化したと言われている

(三) 一五世紀以降オスマン朝は、五世紀にわたって中東・地中海地域に君臨し、イスラームの力を誇示した。それは、イスラーム的な諸制度を近代的な形に整備した国家であり、イスラーム法の支配という原則も非常にはっきりと貫徹されていた。

したがって、その絶頂が、もう一つのイスラームの黄金期であったことは疑いない。

文化という点でも同じである。イスラームの都として栄えた町はいずれも、優れたモスク建築を残しているが、イスタンブールの威容が中東随一であることは、大方の賛同を得るところである。

**六月一三日（月）曇天**

**波穏やか。午前中　水泳をする。**

午後　六月一五日アカバ入航予定。

「ヨルダン」

① 西アジア、パレスチナにある川。シリアのヘルモン山の西斜面に発源、南流して死海に注っぐ。長さ約三二〇㎞。イエスがここで洗礼を受けた。

② アラビア半島北西部の王国。第一次大戦後オスマン帝国領からイギリス委任統治領、一九二三年トランス・ヨルダン首長国となり、四六年独立。四八年ヨルダン川西岸地域を占領、住民は主にイスラーム教徒で、アラビア語を使用。面積九万八千平方㎞。人口五四四万（一九九五）。首都アンマン。

三時　「アカバ陸説明会」

四時二〇分　「首都アンマン市内とペトラ遺跡説明会」

**六月一四日（火）晴天**

六時半、船の後方デッキから紅海を見る。それは広い。久しぶりの晴天。詩を得る。スエズ運河に向かう大型石油タンカーやコンテナ船が見える。

【詩】　紅海をわたる

晴れわたる空に　太陽が昇り　燦燦と照る
アラビアン・ナイトの妖精が
やたらと　宝石を　撒き散らしたのか
大海原は　まぶしそうに　きらきらと光る
ファイト・ブルーの航跡を描きながら
わが宿屋船《やかたふね》トバーズ号は　ムスリムのアカバ港をめざし
マイウェイと唸って　鼓動しながら　まっすぐ　紅海を
進む

空の色はペルシャ・ブルー、海の色は藍のブルー
　天空も　紅海も　この地は　やはりイスラームか

「パレスチナ問題」、「アラビアのロレンス」

「フサイン・マクマホン書簡とサイクス＝ピコ協定」

一六世紀から、現在のヨルダンなどアラブ地域は、オスマントルコの支配下にあった。第一次世界大戦開戦でオスマントルコと対立した英国は、敵方の力を弱めるべく、イスラーム教のメッカのシャリフ（守護職）に提触。「戦後のアラブ国家独立を支持する」と約束した。（フサイン・マクホマン書簡）。

これを受けて、翌年六月にアラブ人勢力はオスマントルコに対する抵抗運動を開始。

しかし実は、その直前、フランスとロシアとの間に「サイクス＝ピコ協定」を結び、アラブ地域の英仏による分割統治を確定させていた。この密約は、のちにロシア革命のあと、ボルシェビイキ政権によって暴露され、アラブ社会に大きな怒りが広がった。

また、一九一七年には、戦局を有利に進めるためユダヤ人の支持を狙った英国外相が、シオニスト（ユダヤ人国家建設を目指す勢力）連盟会長に宛てて、パレスチナへのユダヤ人国家建設に理解を示す、という内容の「バルフォア宣言」を送る。

この、英国による二枚舌、三枚舌外交ともいうべき矛盾だらけの政策は、イスラエル・パレスチナ問題という形で、今日まで禍根を残している。

（余録）「アラビアのロレンス」

一九一六年、アラブ人が英国の支持を信じてオスマントルコへの抵抗を開始したとき、英国から連絡役として送り込まれたひとりの英国人がいた。それが映画にもなった「アラビアのロレンス」ことT・E・ロレンスである。のちに西洋社会では「アラブ独立を目指し闘った砂漠の英雄」というイメージを被せられたロレンスだが、実際には最初から最後まで祖国英国のために行動した帝国主義者であったともいわれ、アラブ社会での評価は低い。

「中東戦争とパレスチナ難民」

第二次世界大戦後の一九四七年、国連はパレスチナの地をアラブとユダヤの両国家に分割するという決議案を出した。しかし、ユダヤ人勢力は「バルフォア宣言」を掲げてパレスチナへの移住を継続。一九四八年、イスラエル国家の成立が宣言されると、これに反感を持つアラブ諸国との間に中東戦争が勃発した。この戦争は米国の支援を受けたイスラエルの圧倒的勝利に終わり、これによって住処を追われたパレスチナ難民が、大量にヨルダン国内へ流入する。

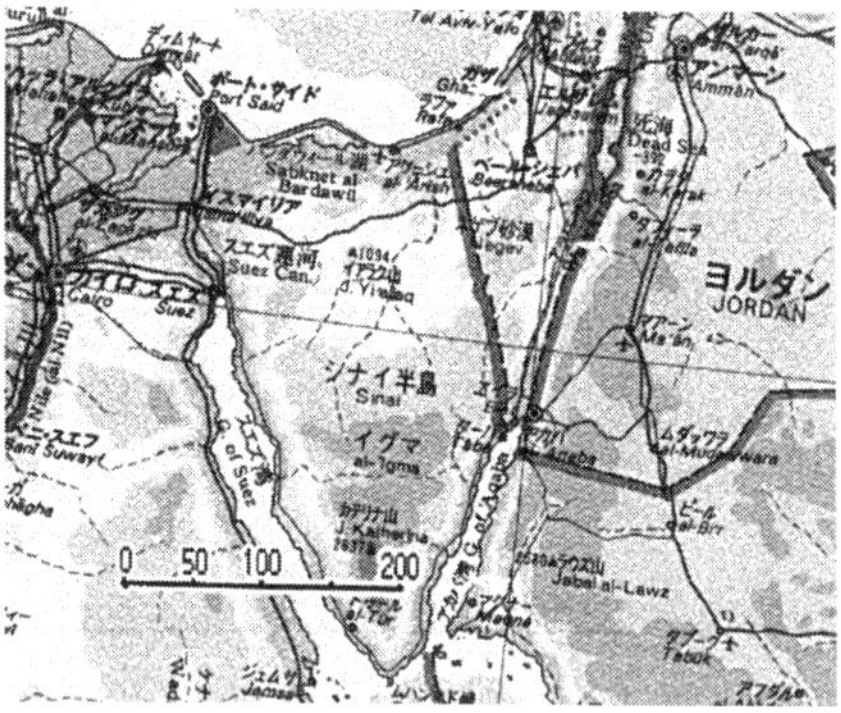


さらに、一九六七年に勃発した第三次中東戦争では、それまでヨルダンの支配下にあった東エルサレム、ヨルダン西岸地区をイスラエルが占領。さらなる難民がヨルダンへと逃げ込んだ。現在も、ヨルダン国民の約六割はパレスチナからの難民で占めている。

「ブラック・セプテンバー」

アラブの大敗に終わった第三次中東戦争後、パレスチナ陣営の間では、自らの手でパレスチナの解放を実現しようとする動きが高まった。その中で、パレスチナ解放機構（ＰＬＯ）が結成され、ヨルダンに拠点を置いてゲリラ闘争を始める。

しかし、ＰＬＯ内の過激派の行動によって、イスラエルとの対立が深まること恐れたヨルダンのフセイン国王は、当初は支持していたＰＬＯの追放を決議。

一九七〇年九月、ヨルダン軍にＰＬＯへの攻撃を命じた（ブラック・セプテンバー）。

この事件により、ＰＬＯはレバノンへ拠点を移さざるを得なくなったが、ヨルダン政府も、アラブ諸国の強い反発を受けて孤立することになった。

## ヨルダン・ハーシム王国

**六月一五日（水）晴天「アカバ」入港**

とにかくはるか遠くによくぞ来たものだ。コロンボから八日間、八〇〇〇㎞の航海して、初めて踏む、中東の地、ヨルダンのアカバ港に上陸する。

アカバ市内に入る。フェニックス・ヤシの並木道、ブゲンビリヤの鮮やかな真っ赤な花が印象に残る。ここは砂漠地帯。全国の八割は砂漠という。タクマラカン砂漠の旅以来、久しぶりに砂漠に出会う。

市内を抜けるところに検問所。装甲車の上で機関銃を構え、いまにも発砲しそうな兵士を見る。これはイスラエルでなくＰＬＯの浸透を警戒しているように思われる。ヨルダンが今も臨戦態勢にある現状がわかる。

**【ペトラ遺跡】**

午前一一時頃、ペトラに到着。ヨルダン南部の古代都市。紀元前後にアラビア系遊牧民のナバテア王国の首都として、また通商の中継地として繁栄したが、一〇六年ローマ帝国の支配の後、三六三年大地震が襲い、多くの建物が崩壊するなど壊滅的な打撃を受け、それ以来栄光を取り戻せず、九世紀には人が住まなくなりその後、七世紀にイスラーム軍到来、一二世紀には十字軍が砦を作った以外、ここは人々に忘れられた廃墟になった。

そして一六一二年、ダマスカスからカイロまで行く途中ペトラの噂を聞きつけたスイス人探検家が、外部の人間に生活を乱されることを恐れる現地人の目をかいくぐって遺跡を確認して世界にその存在を伝えた。付近の断崖に神殿や墓廟が残るが、ローマ風のファサードを持つカズネー・フィラウン（ファラオの宝庫）などにすぐれた建築・彫刻技術を示している。

ペトラの入口、出口でもあるシーク（狭いいわの裂け目）頭上に迫り出した崖の高さは六〇～一〇〇m。片道一、五㎞。これは重厚な風格がある。エル・ハズネ霊廟は崖を削り、彫り抜いた神殿（幅約三〇、高さ約四三m）。

エル・ハズネはヘレニズム建築の影響を受けているという。映画『インディージョーンズ・最後の聖戦』の舞台となった。奥に進むと付近の峡谷の断崖に神殿や墓が残っているがローマ風のファサードをもつカズネー・フィラウン（ファラオの宝庫）など優れた建築・彫刻技術を示している。一九八五年、世界文化遺産に登録。

「シーク」を抜けると一m幅の砂道。途中にオベリスクの墓。このシークの道は重厚な風格があった。

神殿前で、微笑むアラブ美人姉妹に語りかけ、ともに写真に納まる。幸いであった。

「ローマ円形劇場」は二～三世紀のもので、五千人以上収容できる。

「王家の墓」岩窟墓郡、「犠牲祭壇」死者の記念碑や神の顔を浮き彫りにした霊石などあり。

「柱廊、凱旋門」ペトラ遺跡の中心部にあり。柱廊は幅六m。

「翼をもったライオンの寺院、トゥルクマニャの墓」寺院の地下祭室から象形文字碑文が刻まれている。

「エド・ディル」修道院跡。高さ四五、幅五〇m。一世紀半頃建てられたナバタイ人の神殿。周囲の岩肌は天然のもと思えないカラフルな縞模様。

**アンマン（ヨルダンの首都）**

アンマン到着。ル・メリディアン・アンマンホテルに泊。四つ星ホテルだが立派であった。

建物も食事内容も英国風である。しかし灼熱のなかを歩く約五時間のペトラ遺跡めぐりはきつく大変疲れた。

**六月一六日（木）晴天**

朝六時に、ホテルのサウナに入る。立派な設備であった。四〇分ほど入ったが疲れが取れた気がする。ヨルダンは大英連邦国につらなっているので欧米からの客が多いのだろう。食事もワインも口に合う。幸いであった。今日はアンマン市内観光後死海に向かう。

まず「アンマン城」と「国立考古学博物館」は同じ小高い山にある。山の周辺は多くの遺跡に囲まれている。遺跡の修復現場も見受けられた。青銅器時代のエリコ慧見された頭骸骨や古代の墓とその副葬品。ヘラクレス像の指の部分、ナバタイ人の女など数多く展示されている。博物館は立派な展示品の内容にくらべて、あまりにもささやか過ぎる建物であった。表にでて日陰の大きな石に座って一服するが、後で古代人の石棺の蓋であることがわかった。おおきな石が連なって、斜面の囲いの柵となっているのは全部、何機かの大きな石棺であることがわかった。博物館が、これだけの石棺を野晒している現状には呆れ返った。

（写真９－２　神殿前で微笑むヨルダン美人）

アンマン城は青銅器時代から要塞が立てられ、ローマ、ビザンティン時代、イスラーム期に入ってからも重要な役割を果たし、破壊と再建を繰り返した。

「ローマ劇場」は二世紀半ば、ローマ時代に建設された劇場。六千人収容可能なヨルダン最大のもの。当時の劇場は単なるエンターテイメントの場ではなく、宗教的な意味合も含んでおり、今でも夏場にはコンサートなどおこなわれている。

「死海」はアマン市から車で、約一時間走ると死海に着く。その間にヨルダンとイスラエル国境にヨルダン川が流れている。このヨルダン川の行く先が死海である。

観光とリゾート化されている。死海に入って一五分ほど泳いで見るが、底は泥だらけで浅い。大々的に宣伝されているほど、居心地がいいところではないと僕には思えた。

熱い死海で遊び、夕方にアカバ港停泊しているトパーズ号に帰船する。やれやれだ。

【死海】西ヨルダンとイスラエル両国にまたがる塩湖。ヨルダン地溝帯の最も低い部分を占め、湖面は海面下三九七m、南北に長さ約八一、幅約一七㎞で、面積約一〇二〇㎞。平均水深一四六m。ヨルダン川が北から流入しているが流出はなく、人体は湖中に沈まない。またその名が示すように湖中に生物はみられない。

「アンマン」はヨルダンの首都、人口約八〇万人。二世紀ごろのローマ都市の一つ、フィラデルフィアとして栄えた。一九世紀末にオスマン帝国が露土戦争で生じた難民を集結させるために開発するまではただの寒村であった。

アンマンがトランス・ヨルダンの首都として宣言されたのは一九二九年のこと、当時の人口は二万数千人だった。人口が急増したのは一九四八～六七年にかけて、イスラエルとの戦争から逃れてきたパレスチナ人難民のためだ。現在住民の七〇％はパレスチナ人である。

**六月一七日（金）晴天　航海中。**

トパーズ号は、アカバ湾を抜けてスエズ運河に向かう。二四時頃にはスエズに到着予定。

シナイ半島沿岸、サウジアラビア海域に、油田掘削構が次々に現れる。行き交う大型タンーが増えてきた。明日はスエズ運河を見るのが楽しみである。

コロンボからアカバまで、八日間の長い航海中であったが、これからは忙しくなる。

午後からポートサイド上陸説明会。分科会で旅行日程表「ピラミッド群を探訪」説明会と続く。午後になって大事にしている電子手帳が消えた。死海で亡くしたのか、どこかに紛れこんでいるのか、今のところ分からない。残念でならない。失望するが仕方ない。

アカバはヨルダン南西部、アカバ湾最北端に位置する、エジプトとアラビアを結ぶ隊商路上の用地である。明日はエジプト上陸。

## エジプト・アラブ共和国

### スエズ運河

**六月一八日（土）晴天**

午前七時　船はスエズ運河に入る。諸船団がスエズ運河を通過するには、それなりの規側がある。まず軍艦が優先的に。その他の船団は一〇隻一つのコンボイとし運行するが、船間隔は約五〇〇m。必ず船には現地のパイロットが乗り込み船長代わりに指揮する。ドパーズ号は今ポイント九番目に加わ

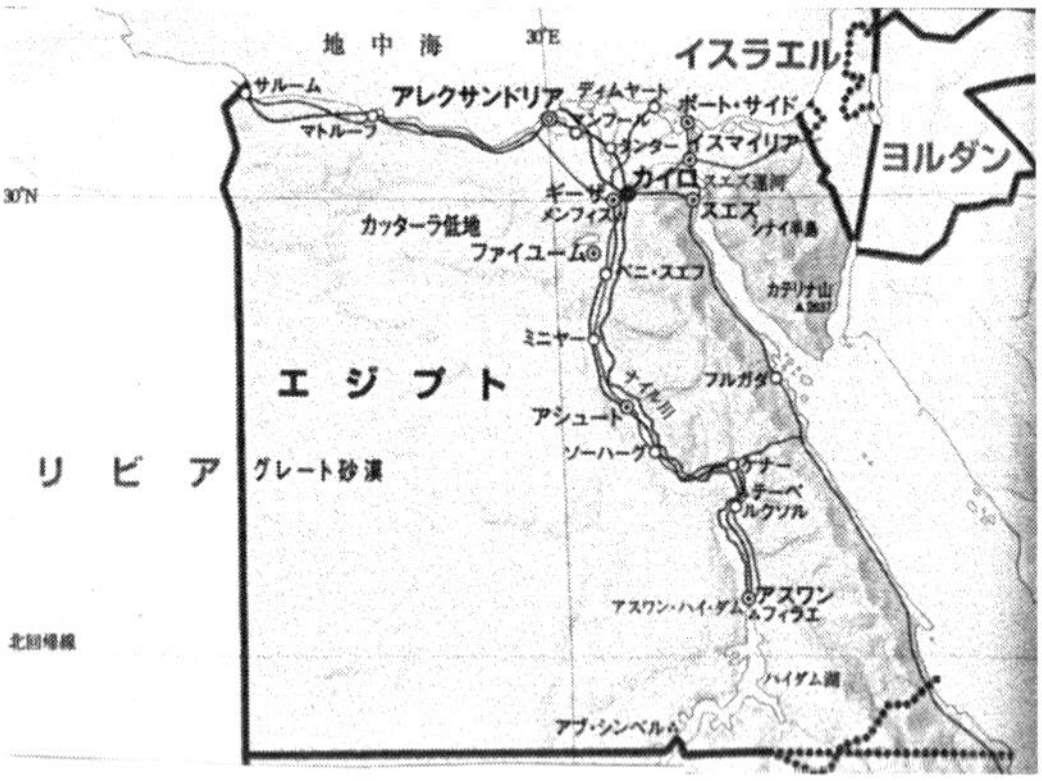


り、（八番目は韓国現代商船大型コンテナである）スエズを通過することになる。

速度は、時速七ノット（約時速一六km）一二時間で通過。

## カイロ

**六月一九日（日）晴天**

朝五時起床。六時三〇分カイロに向かう。バスはコンポイを組んで出発。

パトカーの先導。各バスに銃携帯の警備員が搭乗。以前にクルソーの観光客乱射事件以来、このような物々しい警戒をしているという。

だがそれだけのことではないような気もする。何故なら中東全域の国々で、このような警戒をしないからだ。国内の不穏な動きを警戒をしていると思える節がある。

ヨルダンもしかりであった。警戒の対象は誰か、原理主義者たちか、ＰＬＯに見える。

何か中東の地域、イスラーム圏で政治的地殻変動のマグマがうごめいているような気がする。

一〇時頃、サッカラ階段ピラミットを見る。午後一時半、ギザの三大ピラミット観光。クフ王のピラミット、展望台、スフィンクスを見る。想像していたようなピラミットの巨大さや迫力からくる感動が、何故かもうひとつ感ずることができなった。

これはかねて、映像でしか見てこなかったピラミット像と実物のピラミットとの間に落差がある。それは朝早くか、夕暮れ時のくっきりとした実物の撮影映像と昼盛りの時間帯に実際見る実物とのずれであるかもしれない。

ポートサイドに停っている船に戻るときも、コンポイを組んでエジプトの警察、軍の先導のもと、九時三〇分船に戻る。

エジプトの政治状況を考えると、これは喜んでいいのか、悲しんでいいのか。複雑な気持ちである。

（写真９－３　ピラミットの一つ）

## 地中海

アフリカ北岸とヨーロッパ南岸、アジア西岸に囲まれ、ジブラタル海峡で大西洋と通じる海洋。黒海を含め、約二九六、九万㎞。平均水深二六七ｍ。中央部のイタリア半島によって東西の海盆に分けられ、イタリア半島の西方にリグリア海、ティレニア海がある。東部、南部の海岸線には比較的単調であるが、北東部のアドリア海、イオニア海、エーゲ海では複雑。コルシカ、サルデーニャ、シチリア、クレタ、キプロスなどの島がある。

沿岸は地中海式気候。地中海火山帯がある。表面水温はわりに高く（平均水温一三・三五℃）、塩分は大西洋や黒海に比べて高い。海峡部を除き、著しく表面流、潮汐はない。透明度は高い。紀元前三千年ころからクレタ文明（ミノス文明）が栄え、古代ギリシャ、ローマ支配下では交通・貿易の舞台となり、〈地中海世界〉を形成した。七世紀に周辺地域の約二／三がイスラーム教徒の支配下に入ってその統一性は失われたが、一一、一二世紀にはヨーロッパ内陸の生産力の増大を背景に、十字軍などを契機としてベネチア、ジェノバなどの都市が東方との貿易で繁栄。またこうした東西交流によって伝えられたイスラーム文化や、イスラーム経由でヨーロッパにもたらされた古代ギリシア文化がヨーロッパの革新を促した。新大陸開発後ヨーロッパにおける貿易の中心は大西洋岸諸都市に移ったが、一八六九年スエズ運河開通で、再びその重要性が増大した。

六月二〇日（月）晴天

地中海は波穏やか。海も広い。昨日は強行軍の観光だったので、とりあえずは一服したいが、航海日記や洗濯もある。これからは忙しい。

午後にはギリシャ、ピレウス上陸説明会。明日は初めてのギリシャ観光。

さて、このたびの旅では、昨日エジプト・中近東イスラーム圏を離れヨーロッパ圏に入ることになるが、イスラーム圏のいわゆる「イスラーム原理主義」とは何か、シーア派、スンニ派とは、何かを認識しておく必要があると思った。

## ギリシャ共和国

六月二一日（火）晴天　少し薄曇り

早朝五時半、エーゲ海のとある島からピンクレット太陽が昇るのを見る。

「ピレウスの港」トパーズ号は一二時頃に、ピレウスの港に接岸する。

ピレウスはギリシャの首都アテネの外港として、賑わう港町である。国内第一の港であると同時に、地中海で五指に入る国際港でもある。港には世界中から集まってきた大少さまざまな船が停泊している。紀元前から長い歴史を持つ町で、パルテノン神殿を始めとする古代遺跡など観光ポイントは数多い。

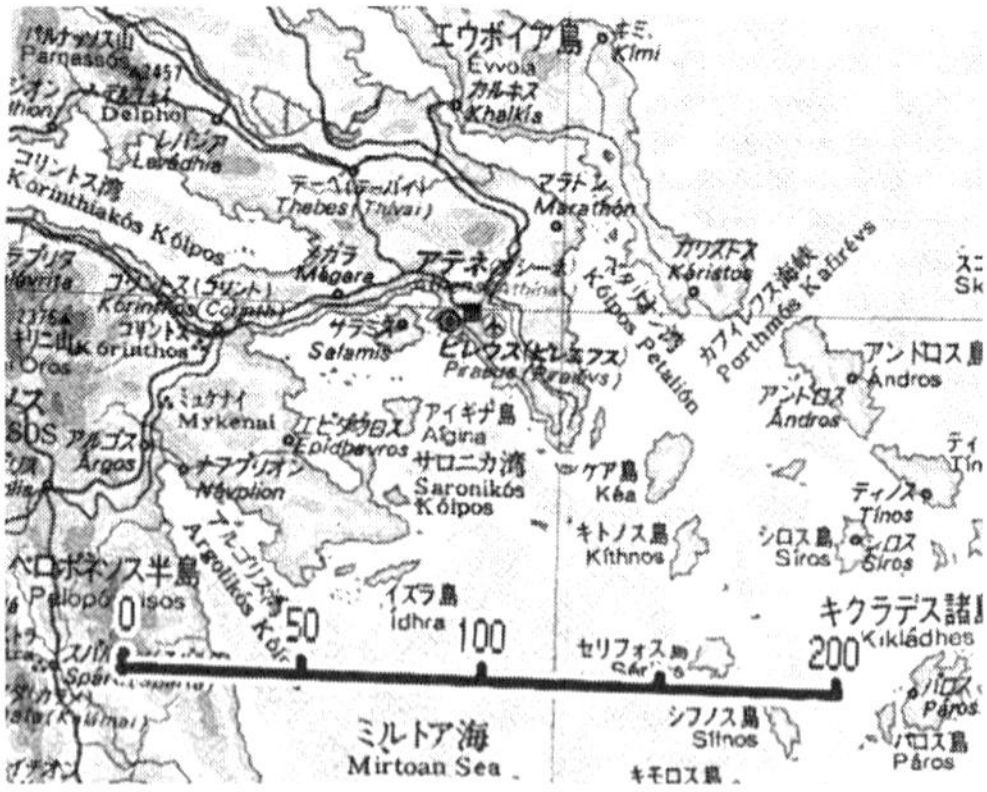


一時過ぎ、ピレウス港からアポロ・コスト海岸線を通って南下し、一時間半でスニオン岬へ。真っ青なエーゲ海に、突き出したスニオン岬の小高い山に、ボセイドン神殿の列柱が白く、くっきりと、その姿が浮かび上がる。古代船乗りたちは、海の神を祭ったこの神殿を「聖なる岬」とあがめたと言う。見学して率直な気持ちとすれば、もっと壮大な神殿かと思っていたが、期待はずれであった。しかしエーゲ海の大小

の湾のローケイションは、よかった。帰路、シーサイドのレストランで食事となったが、ギリシャ料理は美味で仲間たちも満足したようだ。出航が一一時半過ぎ。それを見て船の居酒屋　波平で乾杯。

**「ギリシャ共和国」Hellenic Ripublic（Greece）**

自称はエラス。Ellas. ギリシャ民族の祖とされる女神ヘレンの名に由来する。

日本語の「ギリシャ」はラテン語のクレキアが訛ったもの。ペロポネソス半島に居住したグラエキ族 Graecia「高地の人、名誉の人」の名が語源とされるが、定かでない。

紀元前三世紀以降は、ローマ、ビザンティン、オスマントルコの支配を経て、一八三〇年、王国として独立。一九七三年、共和制に移行。

〈写真９－４　ギリシャ神殿〉

首都アテネ　Atene は古代ギリシャの中心地として繁栄。戦いと知恵の神アテナイ女神の名にちなむ。ローマ時代以降は衰退するが、近代国家になってから復活。同国南部、アッティカ平野の中央にあり、外港ピレウスとともに首都圏を形成し、首都圏人口は三〇九万六七七五人（一九九一）に及ぶ。同国全人口の四〇%が集中。アクロポリスとリュカベットスの両丘に首都機能が集中し、観光の中心ともなっている。王宮、大学（一八三七年創立）、アカデミー（一八八五年創立）、考古学博物館、オリピア神殿跡、ハドリアヌス帝凱旋門、ディオニュソス劇場跡などがある。ギリシャの工業の中心で、機械、金属、化学、繊維、食品工業が行われるが、公害・ゴミ・交通渋滞が深刻化している。七五万人（一九九一）。

歴史　アテナイ（古代ギリシア語）は、前九～前八世紀アッティカの都市国家（ポリス）として成立、以後紀元前七世紀まで貴族が支配。前六世紀ソロンの調停、ペイシストスの僭主政、クレイスネスの改革を経て民主政は進行。

ペルシア戦争後はスパルタをしのぐギリシャの中心勢力となり、デロス同盟を結成。

前五世紀半ばペリクレスの指導下に民主政治が最も発展、古典文化も最盛期に達した。

前五世紀末のペロネソス戦争に敗れて衰退。前三三八年カイロネイアの戦いの後、マケドニアの支配下に置かれ、次いでローマが支配したが、学都として尊重された。ビザンティン帝国、フランク公国領を経て一四五六年からオスマン帝国領となり、平凡な村の一つにまで衰退。一六八七年のベネチア軍の侵入と一八二一年からのギリシヤ解放戦争で大被害を受ける。一八三四年の独立以来首都。

**六月二二日（水）うす曇　航海中。**

朝から肌寒くなる。緯度が上がってきたからだ。

午後二時からカタニア上陸説明会。

## 【古代海のシルクロード】
## ローマと漢の交易

紀元前後の時期ローマと漢の間にインドを仲介地とした間接交易だけでなく、陸・海路を通じた直接交易と人的来往も進行していたことがその他の文献記録と遺物によって確認することができる。まず漢錦（漢代の絹）がローマに大量に輸出された事実から二地域間に交易を確認できる。紀元前三一年から紀元後一九二年までの二二〇年間、ローマが絹の交易を主とした東方貿易によって消耗した財政は一九三〇年の英国一億ポンドに該当する莫大な量であった。

ローマ帝国の衰退を招来した財政的涸渇要因のなかに絹購入による支出が重要な割り合いを占める。

漢が輸入したローマの物品として幾つかの記録がある。

そのなかで『魏略』に最も仔細な記録がある。この本にはローマの物品として金・銅と一〇種類のガラス・一〇種類の氍毹（毛布と毛座布団）・十二種香薬をはじめ鉱物・動物・殊宝・ガラス・織物・香薬等総八二種が記載されている。このような物品は大体漢に輸入されて知られた交易品であると思われる。

『漢書』地理誌には中国から南インド・セイロン島方面までの航路が記録されている。

もっともそれによると中国の使節は、外国の船に便乗させてもらい、はるばる南インドまで達したのである。南シナ海をめぐる半島や島々は南海諸国とよばれ、古くから東南アジアと中国を結ぶ役割を果たした。この地方にはインド系殖民も多く、林邑・扶南などの始祖はインド移民といわれている。一世紀以後にはローマ人もこの地方を訪れたらしく、ベトナム南端のオクエオの遺跡からローマのコインや油ランプなどが出土している。三世紀頃から中国人たちはすでに南海を通じてローマとの接触を本格的に試み、実際に三世紀前半に中国の帆船が紅海南部のエリトリ厄立特里付近まで航海することによってローマとの直接的海上交通が行われていたといえる。

　このようにローマと漢の間には紀元前後時期から直・間接的に交易がなされていたことがわかる。このような交易が可能になるためには明らかにルートがなければならない。

　文献記録では地域を連結する道ではなく、中間にインドとかペルシャを媒介によって間接的に繋がる道である。まず陸路は中国長安から西進しシルクロード西南ルートからインド西北部を南下してインド西海岸にある諸港につながる道である。

　そしてインド西海岸からローマに通じる海路と連結することによってはじめて絹をはじめとする中国の文物がローマまで搬出することができる。つぎに海路は今日の南海路に該当する。紅海または地中海から出発して、アラビア海とインド洋を経てマラッカ海峡を過ぎて北上したあと漢領である扶南・ベトナムとか交趾まで連結される海上ルートである。ところで、この道もやはりローマから漢に一直線に直接連結されるのではなく、インドを中継拠点にして大きくその以西と以東の二区間に分けて形成された道である。いうならローマ対インド、インド対漢の分割貿易から出発して相当期間維持してきて三世紀頃からはじめてローマと漢間に直接交易がなさせる兆候があらわれる。

## イタリア共和国

**六月二三日（木）晴**

午前、「カタニア」港に上陸。バスで市内窓観光。このオプション参加者五三名（バス二台）バレルモに移動。

　移動約三時間。ここはイタリア南部。シチリア島北西岸の港町。

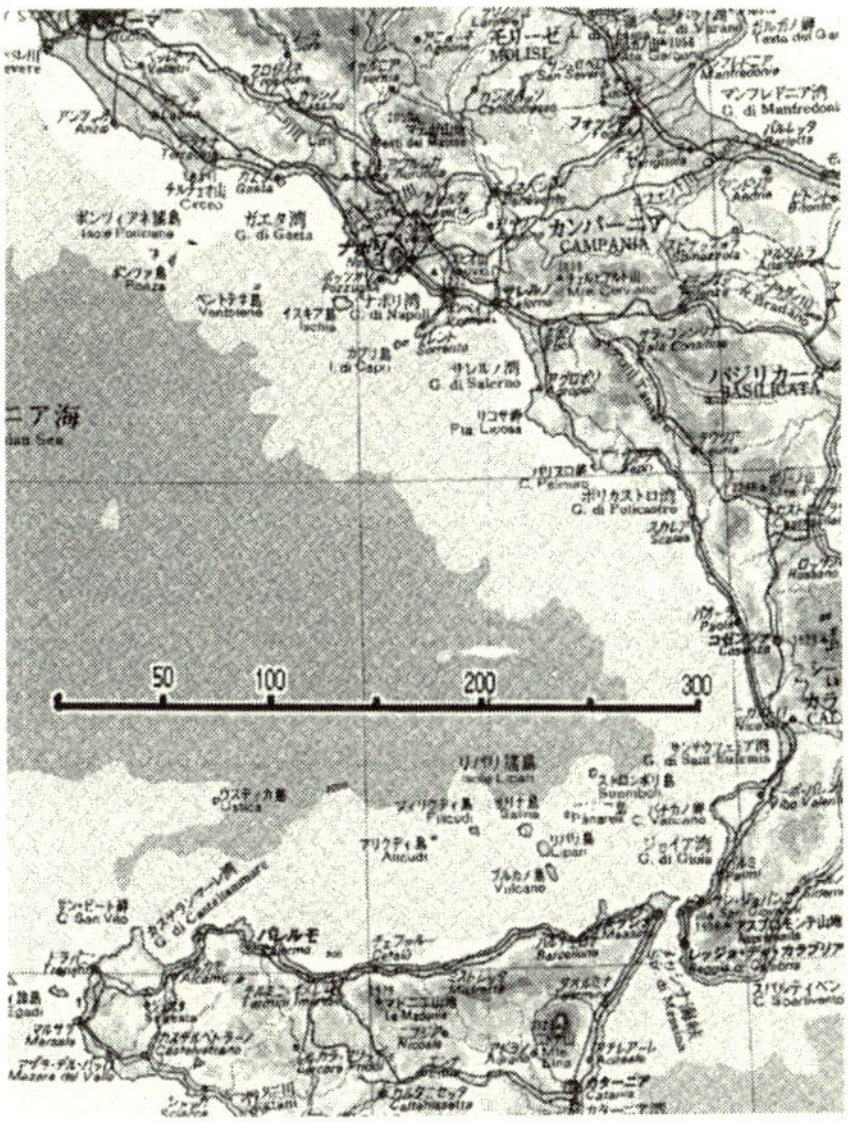

シチリア州の州都で、コンカドーロと呼ばれる肥沃な盆地に位置する商工業の中心地。鉄鋼、造船、化学、繊維などの工業が行われている。第二次大戦中に爆撃を受け、町は荒廃した。だが一二世紀の聖堂バロック様式の教会、王宮、大学（一七七七年創立）など歴史的建物が多い。また一九八〇年代からマフィア関連で注目されている。

前八世紀フェニキア人により創建され、カルタゴ、ローマ、ビザンティンの支配下に港として繁栄した。八八一年イスラームの支配下に入り、一時は人口三〇万を数えた。

一〇七二年、ノルマン人に占領された。のちシチリア王国の首都となり、イスラム文化と共存する地中海文明の中心地となった。一二八二年（シチリアの晩鐘）とよばれる反乱が起き、一九世紀に至るスペイン支配が始まった。人口六八万九三四九人（一九九五）パルモアの最近の経済の景気はどうか知らないが、市街に活気がない。

すでにバカンスの季節に入ったのか。清掃員たちのストライキで、町はゴミだらけ、タバコの吸殻がいたるところに散らばっている。

ジョリー・バレルモというホテルで宿泊。ところで、夕食だが、イタリアのグルメを楽しみにしていたが、夕食はマカロニのトマトまぶしの大盛と白魚の揚げるものと、デザートにケーキで終わりであった。落胆する。昼食にも、箸ほどの太いマカロニを大盛で食べさせられた上に味も平凡すぎた。タバスコを頼み、ぶっかけて食べた。食べ物のウラミは怖い。添乗員たちが、皆にこっぴどくしかられた。

## 六月二四日（金）晴

朝食のことだが、最低である。水、ジュース、コーヒーなし。ただパンとクッキーだけだ。呆れ返ってものもいえない。昨夜の夕食のこともあり最悪の気分であった。

食堂の従業員も誰一人いない。旅行社が値切り倒したのかどうかは分からないが、イタリアのグルメの幻想は地に落ちる。

空路ナポリへ。Ｅ八（エアーイーグル）一三三一便　バレルモ／ナポリ　八時三五分発／〇九時三〇分着。

「ナポリ」はイタリア南部、カンパニア州の州都。ティレニア海に面するナポリ北に位置する港市。ローマの南東約一九〇㎞。東にベスビオ岸に火山を望み、ジェノバに次ぐ第二の商業港で、世界的な観光都市。

カンバニア平野の農産物集散加工のほか、繊維・化学・造船・車両工業が行われている。ウェルギリウスの墓、一三世紀の聖堂、一七世紀の聖ジェンナーロ（ナポリの守護聖人）の礼拝堂、大学（一二四四年創立）などがあり、歴史地区は一九九五年世界遺産に登録された。前六世紀末、ギリシャの

（写真９－５　イタリア ヴァティカン・カトリックの総本山前）

植民地、ネアポリスとして、創建された。一一四〇年にノルマン人に征服され、シチリア王国の一部となる。

一二八二年、ナポリ王国の首都となり、一七世紀にはパリに、次ぐヨーロッパ第二の人口二七万を数えた。一九世紀からの短いフランスの支配。時代を経て一八六一年、イタリア統一後は一地方都市に転落。四五万の人口をかかえ密集建築劣悪な衛生状態など都市問題が噴出。近年不況による失業人口の増加と、一九八〇年の大地震の被害が、大きな影をおとした。人口一〇四万六九八七人（一九九五）。

ポンペイ遺跡を徒歩で二時間観光する。

ある日突然、地震が起きて一瞬にして日常の生活空間、生活者たちが埋まってしまった天災の壮大な悲劇の現場は、その光景を見る者の心中に迫るものがあった。

ポンペイはイタリア南部、ベストビオ火山の南麓にあり、ナポリ湾に臨む古代都市遺跡である。前六世紀オスキ人の集落として興り、のちローマの支配を受け、ローマ人の別荘地として発展したが、紀元七九年の噴火でヘルクラネウスとともに埋没する。

一八六〇年頃から組織的な発掘が行われ、石で舗装した道路、神殿、大小二つの円形劇場や民家、商店、職人の仕事場などが掘り出された。また絵画やモザイク、家具、陶器古代の美術工芸や生活様式知る貴重な資料を提供した。一九九七年世界文化遺産に登録された。昼食後、ナポリを車窓観光をして、ホテルニユー・ヨーロッパに入る。（四星級）ナポリは喧騒と荒くれと汚れの（塵散らかし）港町である。

**六月二五日（土）晴**

午前、朝食後ローマへ約三時間で移動。ローマ市内観光。

コロッセオ外観を見る。映画「ローマの休日」の話題の舞台、スペイン階段、噴水にコインを投げる。どちらも人だらけ。半世紀前の映画で見た、アン王女役のヘップバーンと新聞記者役のグレゴリー・ペックが演じた華麗なつかしい舞台は、今もなお、脳裏に鮮やかに思い浮ぶが、現場で実際に見る舞台は、もはや、色あせた古色のフイルムを見る思いであった。ローマも夏の季節に入り、炎天下に人込みの熱気もあり暑い。韓国、中国の観光客たちも大勢見掛ける。自分は影をもとめてさまよう。

「ローマ」(市)は歴史の町。古代の歴史的巨大な構築物遺産の集積地といえる。

紀元前七五八年に小さな都市国家として生まれたローマは、紀元前一世紀までに地中海世界を征服、空前の大帝国を築き上げた。古代から東洋で大秦国と呼ばれ、西洋唯一の大国であった。その古代ローマの共和政治、裁判、商業取引など市民生活の中心だった広場がフォロ・ロマーノである。ここに八一年に建造された最古ティトゥスの凱旋門、戦勝将軍が凱旋した聖なる道の石畳などが残っている。映画で見たことのある円形闘技場であるコロッセオも今に立派に残っている。

さてローマはイタリア首都。同国中央部、ティレニア海岸から約二五kmにあり、テベレ川の両岸に位置する。七つの丘を中心に発達し城壁に囲まれた古代ローマ以来の長い歴史を持ち、(永遠の都)とよばれる。典型的な地中海式気候に恵まれる。

イタリアの政治・文化の中心で、市内にバチカン市国がある。古代ローマ時代、フォルム・ロマヌム、カラカラ浴場(三世紀に建造され六世紀まで実際に使われていたといわれている。一六〇〇人が同時に入浴できるというから驚くべき大きさである)などの遺跡のほか、サンタンジェロ城(六世紀)、パラッツォ・ファルネーゼ(一六世紀)、サンタ・マリア・マジョーレ聖堂、サン・ペトロ大聖堂(バチカン)などの建築物あり、ローマ大学(一三〇〇年創立)、カトリック系の諸大学、ボルゲーゼ美術館など教育・文化施設も多い。(歴史地区は一九八〇年世界文化遺産に登録)。基本的には第三次産業(行政と観光業)の都市で工業はあまり盛んではないが、印刷・出版映画産業、食品加工、繊維などがある。旧市街の南方にある計画都市エウル地区は現在官庁街となっており、南西郊ティレニア海岸のフィウミチーノにレオナルド・ダ・ビンチ国際空港ある。

古代ローマ帝国の首都として、人口一〇〇万人を擁して、繁栄したが、三三〇年コンスタンティノーブルに帝国東方の首都の座をゆずり、西ローマ帝国滅亡(四七六年)後は、ゲルマン諸族の侵入によって破壊され教皇の権威が増すとともに、教皇領の首都としての地位が確立、教皇が行政をも支配するようになった。

一五世紀から一六世紀前半にかけてのルネサンス期にローマは飛躍的に発展する。

一七世紀に入ると政治の中心が西ヨーロッパに移り、ローマは巡礼地としての性格が強まる。一七八九年フランス軍の圧力の下にローマ共和国が成立したが、ナポレオンの没落後教皇の支配が復活。

一八六一年のイタリア統一後にも教皇はローマとその周辺を支配しつづけたが、一八七〇年にローマはイタリア王国軍に占領され、一八七一年にはイタリア王国の首都となった。

ローマの支配をめぐるイタリア政府と教皇との争いは一九二九年のラテラノ協定締結、バチカン市国の成立によって落着した。人口二六四万七八三九人（一九九八年）。

## スペイン（エスパニャ王国）

**六月二六日（日）晴**

空路「バルセロナ」へ移動（約二時間）。

ＡＺ（アリタリア航空）七四便ローマ／バルセロナ〇八時五〇分発／一〇時三五分着。

バルセロナ市内観光。

スペインの建築家ガウディ（一八五二〜一九二六）設計の代表作サクラダ・ファミリア寺院（一八八二〜現在も建築中）、グエル公園（一九〇〇〜一九一四）、カサ・ミラ（一九〇六〜一九一〇）などを見る。

ガウディはバルセロナで活躍。カタルニャ独自の建築技術やイスラーム風の装飾性などいくつもの要素が植物を連想させる装飾のモティーフや有機的曲線・曲面を多用した作品は、機能主義全盛の風潮のなかでは異端視されてきたが、独自性が再評価されている素晴らしい天才建築家である。かねて映像で見て感心していたが、現場で見ると圧倒された。

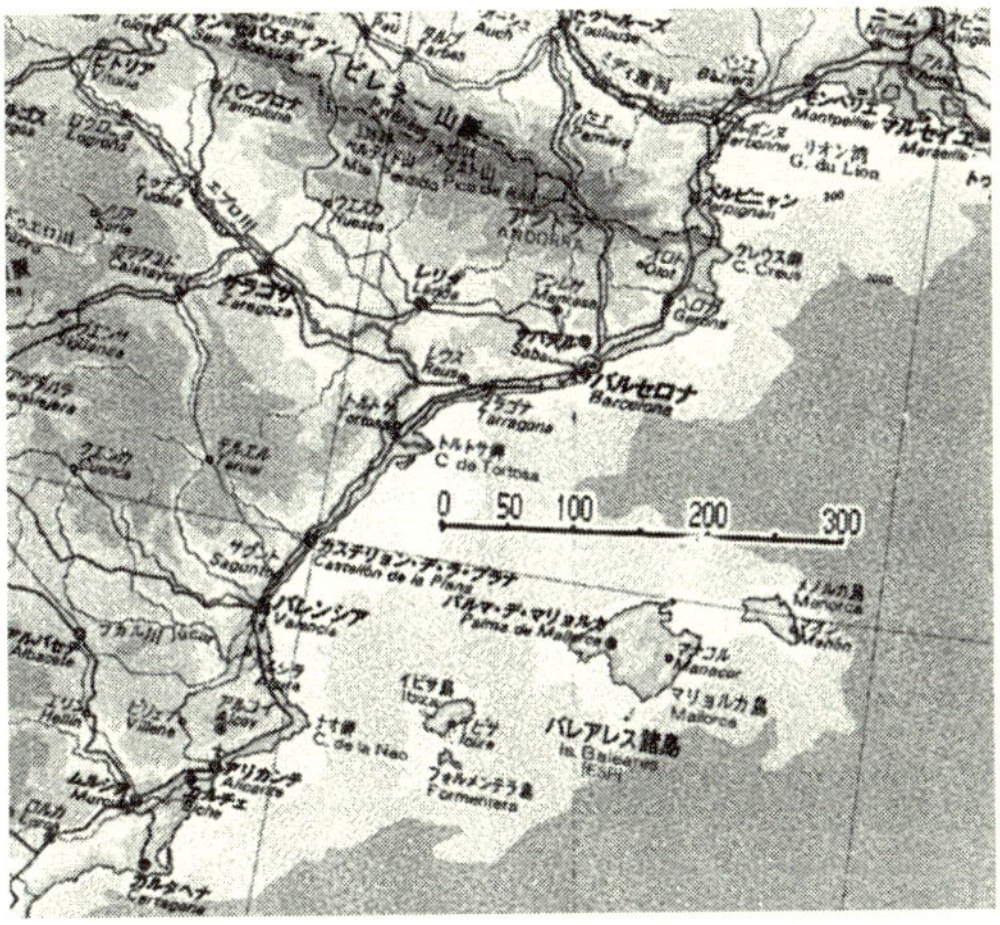

なお寺院建設に当たってローマ法王庁からの寄進、権力者の支援を断り、既存の教会の権力との癒着にまみれず一般大衆の浄財を集め建設しているとのことで感動する。
これが真のキリスト教信者である。

ヨーロッパのスペイン、ポルトガル、イギリス、フランス、オランダなど国々には立派な大聖堂がある。しかしこの国々は一六―一九世紀にかけて、キリスト教を布教するという美名のもとに、アフリカ、北アメリカ、中南米、西インド諸島を植民地化して、アフリカから推定五千万人をこえる黒人奴隷を三角貿易で売買、海賊、私椋船で他国船の財貨を略奪した。植民地化のため先住民を皆殺し、酷使して労働力が足りなくなると、アフリカの黒人を拉致して、奴隷として売り飛ばした。先住民の死と奴隷たちの血と涙で儲けた蓄財の中から罪滅ぼしのつもりか教会に寄進して大聖堂の増築、新築をした。王室や教会の司教たちも同類で同犯者である。

彼らの建てた立派な大聖堂はキリスト教の思想に相反するものでありキリスト教という美名の衣を装った海賊たちであり、おおいなる偽善者たちである。キリストはあの世で嘆き悲しんでおられるだろう。彼らはキリストの神や啓示、救いの教えには馬耳東風である。彼らはひたすらにキリスト教の衣で装った偽善者たちである。彼らの後裔たちも二一世紀の今日までも、終始一貫偽善を貫いている。

願わくば、ガウディのサクラダ・ファミリア寺院が偽善に汚れたキリスト教を払拭して、新たな真のキリスト教思想を切り開いてほしい。

## 【古代海のシルクロード】
## スペインと新羅（その一）

一四一〇年代中旬のイベリア半島。七百余年間にわたるアラブ人（イスラム）による統治が終わりをつげる頃、イベリア半島全域に暴雨前夜といえる緊張した局面を迎えていた。イベリア半島南端のグレナダ地域に残っていたナスル朝（一二三二～一四九二年、イベリア半島最後のイスラーム王朝）と、これに対抗して異教徒王朝を追い出そうとするキリスト教徒のカステリヤとアラゴンのふたつの王国、そして大西洋沿岸のポルトガル王国の争いが激化していたからだ。その頃、一団の異邦人がイベリア半島の南端に現れた。

その異邦人たちはイベリア半島の住民が見たことがなかった人々であった。

案内してきたムーア人は彼らを「新羅人」だと紹介した。「新羅、新羅はどこにある国なのか？」みな首をかしげると、ムーア人はこう答えた。「新羅は東方にある国であり、黄金あふれる国だ」

異邦人たちはユーラシア大陸の東の端にある国から世界の海に進出して来た人々であった。彼らこそ早くから世界の海に進出してきた百済—新羅の後裔であり、百済滅亡後、中国大陸の東海岸を拠点にして黄海—東シナ海、そしてインド洋を行き来してきた海商（機上貿易、運送に従事する商人）たちであった。彼らは元から明への混乱、明の鎖国政策（一四二四年、洪熙帝によるすべての外洋航海の禁止策）によって中国の地を離れた在中新羅人の一部であり、東南アジアのバレンバン（インドネシア・スマトラ島）、インドのカルカッタ、アラビアのイエメンなどを転々としてユーラシア大陸の西端までやってきたのであった。遠い異郷の地にたどり着いた彼らであったが、ナルス王朝は滅亡の危機に瀕しており、彼らに何ら関心を示さなかった。

彼らは滅亡寸前のイスラーム王国ではなく、キリスト教王国に身を委ねることを決断した。その決断は正しかった。キリスト教徒王国では異邦人たちを歓待した。異邦人たちが語る海の話は彼らの好奇心を強く刺激した。

唯一、地中海が世界であった彼らにとって、異邦人たちが聞かせてくれる東方諸国の話、広い海の話はいくら聞いてもあきることがなかったからだ。

また異邦人たちが持っていた羅針盤、銅壷（航海用の水時計）などは彼らのものよりも優れた物であった。しかし異邦人たちは暗海図（海図）と洋更（航海術を記した書）のみは秘密にした。それは彼らにとって重要な資産であったからだ。

新羅！新羅！異邦人たちの人気は日を追って高まり、行く先々で大歓迎を受けた。やがて異邦人たちに権力の手が差し伸べられた。

最初はポルトガルの王子（一三九四〜一四六〇）、歴史上「航海王」と呼ばれている人物だ。こうして朝鮮の地図である「混一疆理歴代都之図」の地理知識がはじめてヨーロッパに伝えられ、ポルトガルによる大航海時代がはじまる。ポルトガルは海洋学校を育成し、アラブ世界各地の新知識を得るために情報員を派遣する一方、アフリカ南端を回ってインドへと向かう航路を開拓するための計画に着手することになる（当時、地中海航路はオスマントルコの勃興によって遮断されていた）。

歳月のながれとともに新羅人たちは、バレンシア、バルセロナなどに定着し、その後はフランス、イタリアなどにも痕跡を残すことになる。

この時期に地図学上における「謎」のような出来事が出現している。

一四〇〇年頃までヨーロッパにおける世界地図の制作は地中海中心のいわゆるT—O地図（中世ヨーロッパの世界地図。

世界を扁平な円盤状と考え、その周囲を大洋が囲んでいるとして描かれている。世界をT字にみっつに区切り、上部がアジア、右下がアフリカ、左下がヨーロッパを表している。中央に聖地エルサレムを描いた。Oは大洋の形を表している）の水準に留まっていたのだが、突然、アジアとアフリカ全域を描いた世界地図が登場し、また当時はその存在を知られていなかったカリブ海の島々やグリーンランドを描いた地図が出現した。

**六月二七日（月）晴　航海**

昨夜から四日間の航海日誌と写真の整理におわれる。洗濯物も出す。

## 【古代海のシルクロード】スペインと新羅（その二）

一四七九年、スペイン王国（イスパニヤ王国）が成立し、一四九二年にナスル王国がスペイン王国によって滅ばされスペインの統一が完成した。

スペイン王国のイサベル女王はスペインの統一と同時にコロンブスによる西インド諸島への航海を承認し、コロンブスは一四九二年八月、三艘の船を率いて新大陸の航海に出発している。

新羅人たちが流れ着いたイベリア半島で撒いた種は、こうして花開くことになったが、その航海の主人公はヨーロッパ人たちであって、新羅人のことはすでに忘れ去られていた。

まず一五世紀以前の世界地図は、キリスト教の世界観を基にするT—O地図が主流であり、一四世紀の後半になって新たな変化があったものの、地図上の内容ではほとんど差がなかった。写真の一三七八年に製作されたアブラハム・クレスクの地図に見られるように、そこに描かれている内容が当時のヨーロッパの人々が知りえた世界の全部であった。

一四二四年に制作されたピッツィガーノの地図。コロンブスの新大陸への航海以前にプエルトリコなどカリブ海のアンティリヤ諸島が描かれている。

一四四〇年に制作されたヴィンランの地図。グリーンランド島の地形が現在のものとほとんど同じに描かれている。

一四五九年に制作されたフラ・マウロの地図。上が南半球で下が北半球。当時は知られていなかったアフリカ南端が描かれている。

これらの地図は私たちを混乱させる。これまで常識として知られている、一五世紀中世ヨーロッパにおける普遍的な世界地理の知識水準をはるかに越えているからだ。コロンブスが新大陸に到達したのは周知のごとく一四九二年であり、アフリカの希望峰にヨーロッパ人が到達したのは一四八八年、ポルトガル人のバルトロメウ・ディアスによってである。

またフラ・マウロの地図原本を調査したイギリスの研究家であるギャビィン・メンジースによれば、地図上には中世中国の船舶であるジャンク船とアフリカ南部のみ生殖する鳥が描かれているという。

中世ヨーロッパにおいて、世界地理上の「新発見」をなしとげたといわれるコロンブス、マゼランには共通した秘密があった。それは彼らがすでにそれらの地が記された「地図」の存在を知っていたということである。

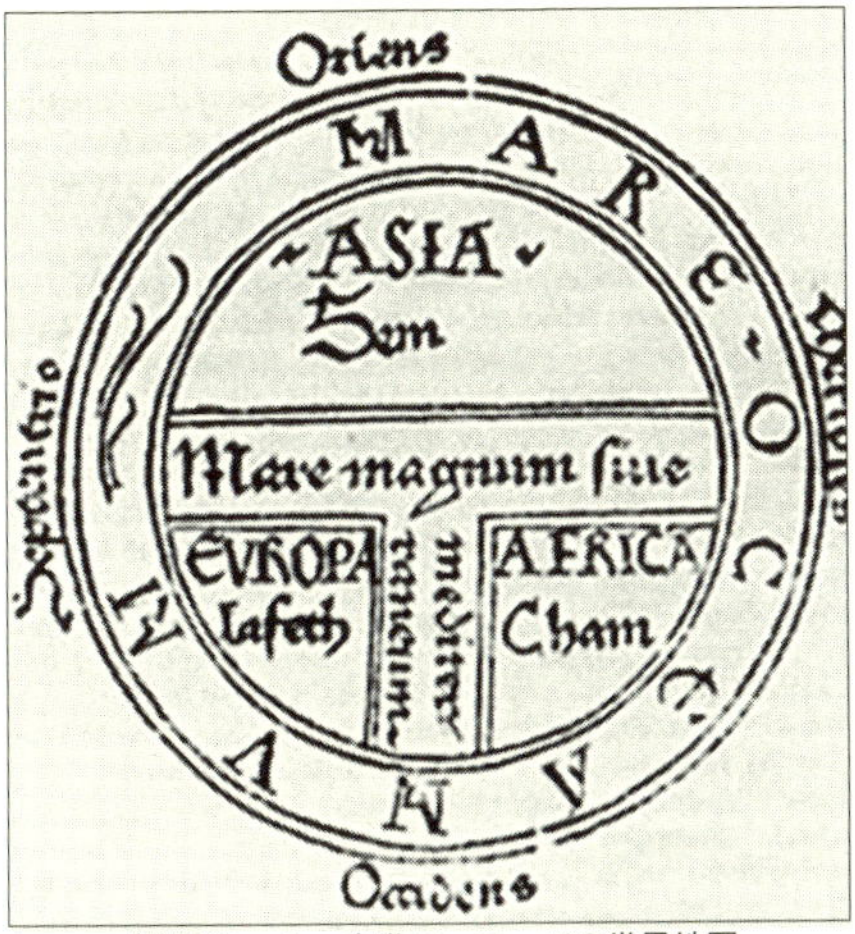

〈地図９－４　中世ヨーロッパの世界地図
Ｔ－Ｏ地図〉

マゼランは一五一九年九月に世界一周の航海に出発し、大西洋を南下して翌年の一〇月に南アメリカ大陸の南端に達しているが、悲惨な航海を続けることに反対した乗組員の反乱がおきた。このとき、マゼランの航海に同行したアントニオ・ピカフェッタはこういったという。

「向こう側（太平洋）に通じる海峡はある。わたしはそのことを知っている。かつてポルトガル王の海図を見たのだ」。

またコロンブスの航海日誌には「わたしが見た地図によればその島々はこの辺りに存在している」と記されている。つまり彼は出航前からカリブ海に存在する島の位置を記した地図を見ていたのだ。

ではいったいマゼランとコロンブスが見た地図の正体は何か？　その偉大な先行者（地図製作した）は誰であり、どのような経路でマゼランとコロンブスに伝えられたのか？

「一四二八年、ポルトガル王の皇太子であるドン・ペトロは……ローマとベネチアまで旅行した。そこで彼は世界各地と地球の姿が描かれた世界地図を一枚手に入れた。マゼラン海峡は「龍の尻尾」と記されており……」（一六世紀のポルトガルの歴史学者であるアントニオ・ガルバオ）。

「最近、一五三九年に発刊された海洋図が二一世紀に人工衛星を利用して撮影した地図表面の温度をあらわした地図と内容が一致していて学者たちは驚いている。……アメリカのジェームス・ベル博物館が所蔵している北大西洋の地図であるカルタ・マリナ（海洋図）を調査したロングアイランド大学のトム・ロスピー教授は……航路には龍が火を吐き船舶を襲う画があり、これはその航路が非常に危険で海難事故が頻繁に起こったことをしめしていると解釈できるとしている」（米CBSニュース。二〇〇四年四月七日付）。

龍は東洋的思考の産物でありヨーロッパのものではない。龍が描かれているということは、これらの地図が東洋の地図を模写あるいはその影響を受けて作成されたことを意味しており、中世ヨーロッパの世界地図の起源をさぐることができるというものだ。

ギジャビィン・メンジーズは、一五世紀ヨーロッパでの世界地図製作上で起きた急激な変化を外部的要因によるもの、すなわち鄭和船団による航海の成果によるものだとしている。メンジーズは彼の著書『一四二一―中国が新大陸を発見した』で鄭和船団の第六次航海（一四二一年に出港）に注目し、その航海こそが最初の世界一周航海であぅたと主張している。（「天下全輿総図」の原本である一四一八年に作成された「天下諸番識貢図」は人類による世界一周航海が鄭和船団よりも先におこなわれていることを示しているが）。

**六月二八日（火）晴　航海中**

朝七時ごろ、船は地中海から、ジブラルタル海峡を通り抜ける。船の右岸はスペイン（ヨーロッパ）、左岸はモロッコ（アフリカ）であった。船先では風が強く寒い。写真を撮る。

「ジブラルタル」はイベリア半島南端、ジブラルタル海峡に突き出する小半島。スペインの本土と砂州で結ばれた石灰岩の岩山よりなり、西にアルヘシラス湾を擁する。英国の自治植民地。スペイン系住民がほとんどだが公用語は英語。英海軍基地で、全域が要塞化されている。古代はフェニキア、カルタゴ、ローマの植民地が行われたが、七一一年イスラーム勢力の支配下に入り、一四六二年スペイン領。一七〇四年スペイン継承戦争の際英国に占領され、一七一三年ユトレヒト条約で英領。スペインの返還要求が続けられている。なおヨーロッパ唯一の野生ザル、バーバリーエイブの生息地として知られる。NATOの基地がある。六、五平方km　約三万七〇〇〇人が住む。（一九九五）

## 【古代海のシルクロード】スペインと新羅（その三）

いわゆる西洋の大航海時代を切り開いたといわれているマゼラン、コロンブスの航海は、すでにそれに先んじて航海した先駆者の作成した世界地図（海図）の恩恵によるものだということだが、では、そのことと新羅とスペインを結びつけている理由は何かと、疑問に思われるであろう。

ここに序章（その一）で紹介した一四〇二年に制作された朝鮮の「混一疆理歴代国都之図」を思いだしてほしい。そこにはアフリカ大陸の東西の海岸線が描かれている。ヨーロッパ人がアフリカ大陸の南端に到達するはるか前のことである。当時の東洋の世界地理知識は、ヨーロッパよりもはるかにレベルが高かったのだ。このこと踏まえてスペイン・バレンシア地方の地図を見ると下の方に「Silla」書かれた地名を見ることができるであろう。多くの読者は単なる偶然の一致ではないかと思われるかも知れない。果たしてそうであろうか。

現在スペインには「Silla」と異なるスペルの「Sila」という地名がカタロニア州のバルセロナ市近郊、ガリシア州のオーレンス市近郊に存在する。

徐鉉佑氏は初めて「Silla」と「sila」に注目したのはチリにある有名な「Lasilla天文台」（日本語読みではラ・シーヤ天文台）にはじまるとしている。

この天文台はチリ北部のアダガマ砂漠の南端、アンデス山脈と接する地点にあるSilla山の頂上にある天文台で、一九六〇年代にEU一〇カ国とスイスが参加する、ヨーロッパ南天文台計画によって建設されて運営されている天文台だ。ところでこの「Silla」という地名（名称）はチリだけでなく、南米コロンビア、ベネズエラそしてメキシコにも存在し、スペルの異なる「Sila」という地名もあり、「Corea」という地名も存在する。

周知のごとくラテン・アメリカではブラジル（ポルトガル語）以外はスペイン語圏地域だ。同じ地名が広く各地に分布していることは、その地名が南米インディオのものではなく、スペイン人（語）によって移入されたことを意味するものだ。徐鉉佑氏はこのことからスペインの地名に「Silla」という地名がないかを調べその結果、スペインにあることを発見し、また「Silla」が現代スペイン語（カステリヤ語）の言葉として存在していることを確認することができた。多民族国家であるスペインにはいくつもの言語が存在するが、公用語としてのカステリヤ語の他にカタルニヤ語、ガリシア語などがあるがある。

カステリヤ語の「Silla」の他には、その他の言語では「Silla」「Sila」「Corea」という語彙は発見できなかった。つまり「Silla」「Sila」「Corea」は唯一、地名としてのみ存在しているということだ。

ところでスペインは、八世紀から一五世紀の末まで約八百年間にわたってアラブ民族（イスラム教徒）によって支配された歴史をもっている。

そのため現代スペイン語には、アラブ語の影響が多く見られる。アラブ語の影響は地名にも及んでおり、首都のマドリードをはじめグラナダなどアラブ語に起源のある地名は少なくない。

次に「Silla」がスペイン語でどのような意味を持って使われているのか、またアラブ語との関係をみてみようと思う。

## 「Silla」と「COREA」の意味?

周知のごとくラテン・アメリカは一九世紀まで数百年間にわたってスペインの植民地支配を受けた。先に紹介したラテン・アメリカ地域に見られる「Silla」「Corea」という地名はスペインによる植民地支配によるものだ。

植民地に起因する地名は、ラテン・アメリカのみならず北米にも多く見られる。例えばニューヨーク、NewYork はイギリスのヨーク（York）という地名に「新しい」という意味の「ニュー」をつけた地名であることはよく知られていることだ。確認されていているところによれば、「Silla」「Sila」「Corea」は地中海沿岸地域に「姓氏」として存在している。イタリアにも「Silla」と「Sila」というふたつの地名が存在し、その地名は「Corea」姓氏と同様にスペインに由来すると考えられる。一六世紀に至って海洋大国として浮上したスペインは、地中海の島々とイタリア南部を支配していたからだ。

「Silla」「Sila」「Corea」は新羅、高麗と関連があると判断できる。

まず「Silla」と「Sila」は発音上、みな「新羅─シルラ」となる。むろん「Corea」も例外でない。「Corea」の「a」はラテン語の一般的接尾語であることを前提にすると原音は「Core」である。だが発音が同じだからその関連性を主張するものではない。まず「Silla」という語彙について見て見ると、スペインの国語（カステリャ語）でその意味は次のようなものだ。

名詞として

現代─椅子、逆境、不幸、不運

中世─女王または貴賓が座る椅子

また、メキシコでは椅子、鞍、自転車のサドルを表す言葉として使用されている。つまり「Silla」が「海」と関連した意味を表していない。地中海ではこの言葉に注目して見た。地中海に浮かぶサルデーニャ島で使われている言葉の中に興味深い発見がある。サルデーニャ島とシチリア島は現在はイタリア領土だが過去の一時、スペインの支配下にあった島々で、この二つの島の言葉で「Silla」は「海」「海の人」を意味することが確認できる。

**六月二九日（水）朝方　天気荒れていたが、曇天**

大西洋に入ってから、波、荒くなる。地中海の穏やかな海と対照的である。

気温も下がり、風が強い。朝方、甲板に上がるが、体が吹き飛ばされそうである。

午後フランスの「ルーアン一日観光（七／二実施）」説明会がある。

「バルセロナ」はスペイン北東部のカタルニャ自治州の州都、地中海の港町。同国第一商工業都市で、マドリードに次ぐ大都市。航空機、機械、化学、などの工業が盛んである。四世紀の教会遺跡、一三世紀の聖堂、大学（一四五〇年創立）、考古学博物館、ガウディのサグラダ・ファミリア教会（未完）などがある。古代ギリシャの植民地で、カルタゴローマの支配下では港として繁栄。七一八年イスラーム軍に占領されたが、九世紀初めキリスト教徒が奪回、フランク王国の支配下に入ったが、九世紀末その影響を排除して以降バルセロナ伯国として独立。一二世紀半ばアラゴンと連合王国を形成した。一九世紀以降は商工業の発展とともに労度運動も活発になり、スペイン内乱では共和派最後の拠点であった。一九九二年のオリンピック開催地。人口一五〇万八八〇五人（一九九六）

〈写真９－６　サグラダ・ファミリア教会〉

**六月三〇日（木）曇天　強風**

航海中　船が揺らぐ。大西洋は荒れる。

気温が下がり、甲板にも立てなくなった。靴下も履く。セーターも着る。夕方になると、天気が良くなり、波も穏やかになる。大陸沿岸に近づいてきたからだ。

今夜一二時、イベリア半島を越えて、イギリス海峡に入る。

明日は、フランスの・ルアーブルに入港。

## フランス共和国

**七月一日　(金)　九時〇〇入港～七月二日**
**(土)　二二時〇〇出航**

「ルアーブル」　九時前に入港。霧雨に煙る「ルアーブル」港である。

　港はところ狭ましと、石油貯蔵タンクや倉庫が立ち並び、そのはざまに大型客船などが、肩身狭ましと岸壁に連なる。今日は自由行動になったので、われら二人と他か一人で街中に繰り出す。町はさっぱりしていて、清潔であった。建物も五階以上は制限されているという。とあるカフェテリアで、コーヒーもワインも飲む。主のママが、ワインをもう一杯、サービスで注いでくれた。人情もある。皆がこの町を気に入ったようだ。

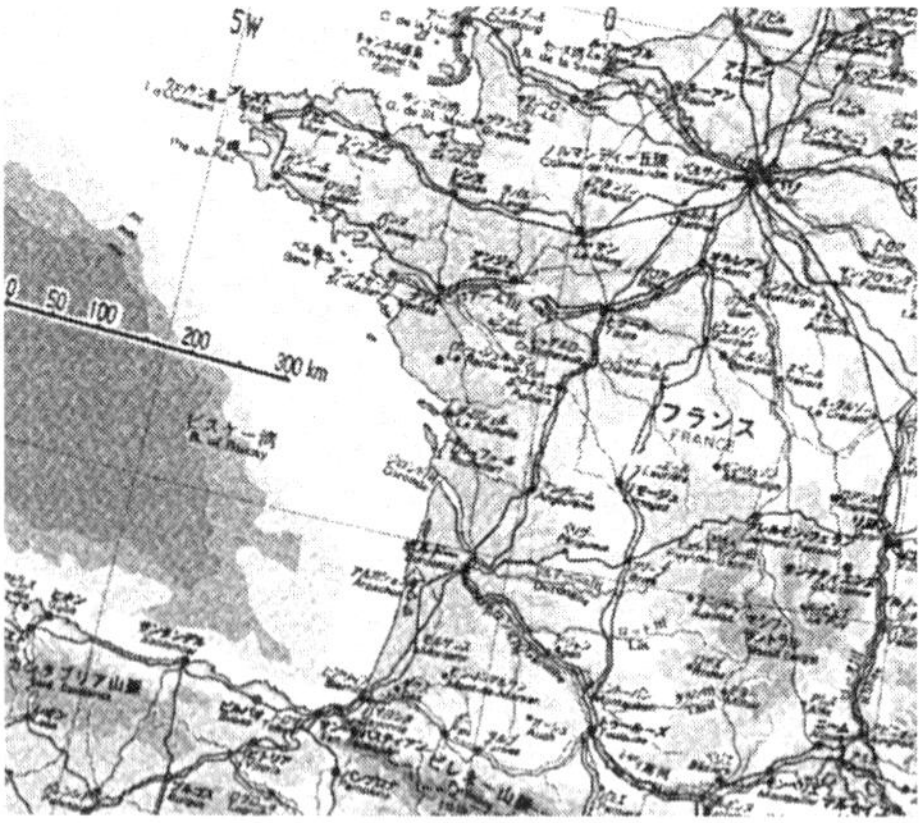


　二時間程、散策して船に戻る。

「ルアーブル」はフランス北部、セーヌ・マリティーム県の都市。セーヌ河口北岸、イギリス海峡に臨む港市。マルセイユに次ぐノルマンディー地方最大の港で、大西洋航路の発着点である。石油の輸入港として有名。造船、機械、製油、化学、セメント、自動車、食品などの工業が行われる。一五一七年フランソワ一世が築港、一九世紀初めから貿易港として発展、第二次大戦で大被害を受けた。印象派の故郷と画家デュフィの生地。

　一九万五八六四人、都市圏人口二五万人。

**七月二日　(土)**

　八時一五分　バスでルーアンに向け出発。一〇時ごろルーアン市内徒歩散策。ノートルダム大聖堂、大時計。ジャンヌ・ダルク教会など。昼食後、リンゴ博物館へ移動。リンゴ農家の自称博物館という代物。

「ルーアン」はフランス北部、セーヌ川右岸の商工業都市。造船・金属・精油・化学・繊維の諸工業が行われる。パリの外港で、穀物、炭化水素、木材、紙、熱帯果物、ブドウ酒、工業製品などが輸送される。一二世紀創建のルーアン聖堂をはじめサン・トゥーアン修道院、サン・マクルー教会などがある。起源はローマ時代で、中世にノルマンディの主都。一四三一年ジャンヌ・ダルク処刑の地。コルネイユ、フローベールの生地。一八七〇年独軍占領。有名な第二次大戦のノルマンディー上陸作戦はこの地で行われた。印象派「モネ」が魅了された芸術的な建築が色濃くのこる街だ。人口一〇万五四七〇人（一九九〇）

**七月三日（日）航海中**

**大西洋**

世界第二の大洋。英語ではAtlantic Ocean。ヨーロッパ、アフリカ、南北アメリカ、南極大陸に囲まれた海域。

バルト海、黒海、地中海、北極海、カリブ海、ハドソン湾、メキシコ湾などの付属海を除いた大陸部の面積八三二五、四万平方km。ランド諸島を結ぶ線、インド洋との境は東経二〇℃線である。赤道を中心に北大西洋、南大西洋に分けられる。平均深度は太平洋との境は南アメリカのホーン岬とサウス・シェト三九二六m、最深部はプエルト・リコ海溝で八三八五m。アイスランドから南に走り大西洋を東西に二分する大西洋中央海嶺は、軸部に中央地溝帯、両翼に階段状斜面を有する。深海底は中央海嶺から分枝する海嶺によって多くの海盆に分けられる。

中央海嶺の上には、アゾレス、アセンション、セント・ヘレナ、トリスタン・ダ・クーニャなどの島々がある。南北赤道海流のほかメキシコ湾流、北大西洋海流などの暖流は偏西風とともにヨーロッパの冬季の気温を著しく和らげる。

北大西洋は海流が比較的におそく、穏やかなサルガッソー海があり、北大西洋航路は世界最大の貿易ルートとなっている。

**七月四日（月）航海中　フランス研究。**

【フランス革命】一七八九〜一七九九年にフランスで起きた革命。ブルボン絶対王政を倒して、アンシャン・レジームの封建的社会関係を破棄。世界史上市民革命の代表的な例とされ、現代フランスの出発点をなすとともに西洋近代化への画期となった。

一八世紀末、ルイ一六世の下において、社会的矛盾は一段と激化したが、これに適応しようとして王権の企てたなしくずし的近代化も特権階級層の反対により挫折し、危機は一層深刻になった。一七八九年五月、国王は一七五年ぶりに全国三部会を招集したが、第三身分はこれを国民議会とするよう要求し、憲法制定会議に切りかえた。

前年来の凶作飢饉により不穏な状態にあった民衆は七月一四日バスティーユを襲撃し革命が始まった。同年八月封建制廃止が宣言され人権宣言が採択されて利権君主制の形態をとることになったが、一七九一年国王の逃亡事件をきっかけに立法議会が成立。一七九二年王権は停止され、同年九月国民公会が成立、二二日共和制が宣言された。

一七九三年一月ルイ一六世は処刑され、六月ロベスピエールの率いる山岳派はジャコバン・クラブ、サン・キュロットを背景にしてジロンド派を追放して独裁的権力を樹立して恐怖政治をしき、封建地代の無償廃棄など徹底的な変革を行った。

この間に国民軍はプロイセン・オーストリアの武力干渉を撃破したが、一七九四年七月テミドールにより、ロベスピエールは失脚。以降一七九五の総裁政府を経て、一七九九年一一月ブリュメール一八日のクーデタによりナポレオンが執政政府をつくるにいたって、フランス革命は終結をみた。

## ノルウェー王国

**七月五日（火）曇り、小降り雨**

朝「ベルゲン」入港、深夜出航。

朝方、入港直前、船から見るベルゲンは絵葉書のようである。何処かに似ているといえば、鳥羽・志摩の海の入江の静かで、きれいな佇まいがある。

入り組んだ島や半島の海に、へばりつくように、カラフルな家々がある。港の埠頭にも、アパートや住まいがあり、港と町に垣根がなきに等しい。古代から漁師の町である。

「ベルゲン一日めぐり」　八時四五分　バス五台に分乗して港を出発。

ケーブルカーにて、フロイエン山観光。山の展望台からベルゲンの港町を一望する。

ノルウェーの有名な音楽家グリークの家を訪問。昼食後、ハンザ博物館を見る。三〇〇年前の木造建造物が立ち並ぶ一角を見て廻る。世界文化遺産というハンザ博物館といえば【ハンザ同盟】に触れざるをえない。

**【ハンザ同盟】** 一三世紀から一七世紀にかけて北海・バルト海沿岸に成立した中世ドイツの都市同盟。ハンザ（Hanse）は本来〈商人の仲間〉の意味。

（写真９－７　ハンザ同盟のシンボル・マーク）

一二四一年リューベック、ハンブルク間に結ばれたのが初めとされるが異論もある。

リューベックを盟主とし、一四～一五世紀ころの最盛期には加盟都市が約二百。ただしその各加盟都市に対する規制が弱く、共通する利害感覚によって支えられていた。ノブゴロド、ベルゲン、ブリュージュ、ロンドンなどに在外商館を置いて北方貿易を独占した。一五世紀以降、同盟内の対立、ドイツ諸領邦の成長による圧迫、地理上に発見に伴う商業中心地の移動、重商主義の発展などで衰退。一六世紀末に事実上活動停止した。ベルゲンのハンザ博物館は【ハンザ同盟】の名残の遺産である。

**七月六日（水）曇りのち晴**

フィヨルド遊覧。午前三時からフィヨルドに入る。「フィヨルド峡湾」とも言う。

氷河によってつくられたU字型の谷に海水が侵入してできる深く湾入りした細長い入江。ふつう高さ数百mの切り立った斜面に囲まれ、最深部も数百mに達する。ノルウェー、スコットランド、グリーンランド、アラスカ、ニュージーランド南島などに広く発達。デンマーク語ではfkord。スコットランドではfirth。ノルウェーのフィヨルドが世界最大規模であり、世界遺産。

午後一時頃、フィヨルドの一番奥に到着。水深は二〇〇～四〇〇mである。

約一〇〇年前、北欧は厚さ一〇〇〇m越える氷河に覆われていた。

氷河は少しずつ動きながら、その重みで河床を削り、ナイフで切り取ったような深い谷を造り上げた。氷河期が終わり、この部分に海水が入り込んで形成された入江―それがフィヨルド、今回遊覧したソグネフィヨルドは世界一長く深いフィヨルドで、長さ二〇四㎞、水深は最深部一三〇八m。今回のクルーズのハイライトの一つ、フィヨルド遊覧。ムーミン谷のようなほのかな風景が広がっている。

水面から垂直に切り立つ断崖や轟音とともに流れ落ちる滝、フィヨルドの水面に照り返す生命力に満ちた太陽が眠らない夏の「白夜」。フィヨルドは氷河期の贈り物だ。

**七月七日（木）北海に向かって　航海中。**

午後一二時になっても空は明るい、オーロラであろう、空中に現れた美しい薄緑色の薄光が天女の衣のようにたなびく。

「白夜」はノルウェーのベルゲンで経験したが空が明るい真夜中が続く。

夜も太陽が沈む一一時を過ぎたが外はまだ明るい。このような奇妙な毎日が続く現象が「白夜」である。白夜とは、「太陽が沈まない現象」ではなく「太陽が地平線近くに沈むため薄明かりが長く続く現象」なのだ。では、この白夜はどうして起こるのか。

地球は自転しながら太陽の周りを公転しているが、この自転軸が公転面に対して少し傾いている。日本などの中緯度に位置する国々に、四季があるのは、この傾きによるもでる。ベルゲンの緯度は、およそ北緯六〇度であるので、北極圏（北緯六六、六度以上）から少し外れているため、一日中、日が沈まない日はない。しかし、夏には太陽は地（水）平線を横に転がるように沈んでいくので、大気による光の散乱のため、いわゆる「薄明」の状態が一晩中続くのだ。

**七月八日（金）曇り　航海中**

トパーズ号はアイルランドに向かって航海中。七月九日朝、ダブリンに入港予定。

明日は七月一〇日からの中・東欧旅行にそなえ準備をする。ここにきて私の旅も後半を過ぎることになる。

ヨーロッパの最西端に位置する北海道ほどの面積の島国アイルランドはアイルランド島の大部分を占める共和国。自称エールとも。一二世紀末からイギリスの侵略を受け地名も英語化した。追い詰められたケルト人の居住地だったが、一二世紀以降、イングランの支配を受け、長期にわたる独立戦争ののち、一九四九年、独立。

**七月八日（金）オンリ・オプション　オフ　ヨーロッパ**

**荷造りをする。**

首都ダブリン　Dublin　古代アイルランド語のダブｄｕｂｈ［黒い］とリンｌｉｎｄ［池］で、「黒い池」。八三六年、デーン人が建設。一一六九年、アングロ・サクソン人がアイルランド支配の拠点とした。

アイルランド共和国の首都。同国東部、リフィー川河、アイリッシュ海に臨む港市、造船、ビール、ウィスキー、織物、ガラス、機械などの工業が行われ、スタウト（ギネス）、ポプリンの産は著名。一九世紀に入ってイギリスの支配からの独立を志す運動が高まるにつれてしばしば暴動の舞台となり、とくに一九一六年のイースター蜂起では市街戦が戦われた。一五九一年創立のトリニティ・カレッジ、アイルランド大学（一九〇九年創立）、一三世紀のダブリン城がある。劇作家ショー、作家J・ジョンスはここで生まれた。

**アイルランド**

**七月九日（土）**

朝　ダブリン入港。ダブリン市内観光スペシャル。

ダブリンの市内観光は英国支配時代の象徴ともなっていたダブリン城、アイルランドが誇る至宝の数々を収めたアイルランド国立博物館。そしてケルト芸術の最高峰であるアイルランド最高の宝ともいえる「ケルズの書」を収めたトリニティカレッジなどを見学する。郊外の町マラハイトまで足をのばし、マラハイト城を囲む広い庭園を散策する。

ところでダブリンは建築ブームであった。聞くところによると建築労働者は中国人たちで、驚くことになんと五万人が

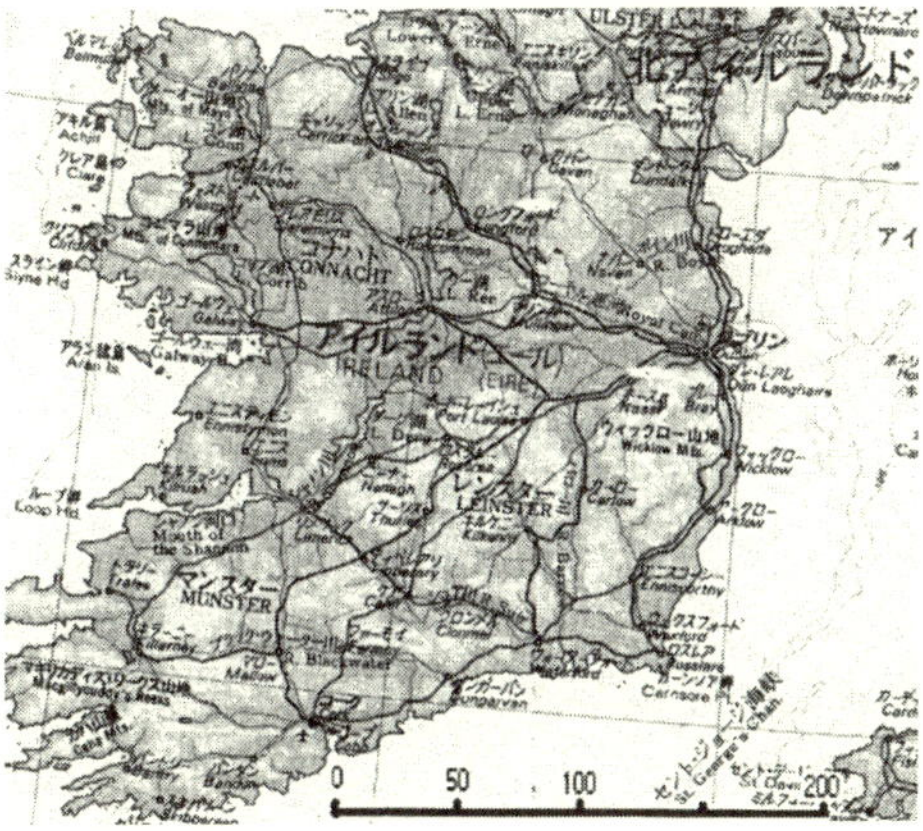

働いているという。ブームの後のことが心配になった。

七月一〇日（日）

ダブリン城を見た後、ヨットハーバーのある港で食事後、三時頃トパーズ号に戻り、急いで着替えて、トパーズ号下船、港の埠頭で船の出港を見送る。

ホテルに着くと五時半頃であった。ジャパングレイス東京本社から派遣された添乗員の竹内君がダブリンにも、韓国料理店があるとの情報を得ていたのでタクシーに乗って出かける。大衆食堂街の一角に「我離朗」＝アリランの看板の店である。

店の内装やメニューを見ると、中華料理も韓国料理も扱っていた。思うに、韓国料理一本では対象が少なく、ダブリンに住む中国人六万人をお客としてターゲットにするために中華料理も扱う必要があったのではないかと思われた。

パジョン（お好みの元祖）とサムギョッサル（豚肉を野菜で包む）を食べるが料理水準というべきか物足りなさすぎた。しかし竹内君は美味であるというので幸いであった。

しかしながら下船の開放感もあってか、ビールも飲む、韓国の焼酎も三本も飲みほす。

竹内君と一緒にホテルに向かう。Harcourt Hotel.

七月一一日（月）

朝三時半起床、四時空港に出発。E一三三四　DUB（ダブリン、アイルランド）SKF（ベルリン、ドイツ）一〇時半着。ベルリン市内のホテルチェクイン。Radisonn Hotel。

昼食後、ホテルの横の運河を隔てて、ベルリン大聖堂があるが、そのバス停からバスに乗ってかつてはベルリンの中心街で、旧東ベルリンの顔であった「菩提樹の木の下」という意味のウンター・デン。リンデン大道を抜けて、ブランデンブルク門に行く。

ベルリンの壁は、今や跡かたもなく一部は道路になっている。高見からベルリン市街が展望できるというので、二二階建て九〇ｍのビルから一望する。

ブランデンブルク門を基点にして見渡すと、東西ベルリンの境界線が区分できたが一目で、西側に商業ビルが立ち並び、東には新しい住宅郡が展開するという様子であった。東ベルリンが西ベルリンに完全に飲み込まれて消えたと言えよう。

いやかつては、社会主義緒国の中で最も模範生であった東ドイツが西ドイツに吸収されてしまって、歴史のページには残るが、その在りし日の姿は、跡形も見えないのは一抹の悲哀を感じざるを得なかった。

ポツタム広場からずっと歩いていたら、ジャンダーメンマルクト広場に出る。ベルリンで最も美しい広場といわれている。ベルリンの夏も暑い。一九八四年に再建されてコンサートホールとして、開かれたという立派な建築物の階段の日陰に座って休む。

この建物は一八二一年に建てられ、戦争で完全に崩壊してしまっていたが、これを再建したという擬古典主義の劇場ですばらしい建物である。

ホテルの近くに「かるがも博物館」があるので見に行ったが、驚いたことに正面玄関に入ると、ヨルダンで見た覚えのある「ペトラ遺跡」神殿の正面の巨大な建物とそっくりなものが聳えている。それこそ一目で仰天するような立派なものであった。

案内状を見るとやはりヨルダンの遺跡で「ペトラ遺跡」の近郊にあったものを根こそぎドイツの探検家が持ち帰ったものであった。その遺跡から発掘した数々の遺物も博物館に展示していた。これはもちろんドイツが強奪したものであることは言うまでもない。

それを堂々と誇らしげに展示している。彼らは中国の西域の敦煌莫高窟、キジル千仏洞、その他幾多の遺跡から四～一〇世紀の古文書や素晴らしい壁画などを切り取って持ち帰っている。イギリス、フランスと競うように奪い去った。まさに卑劣で許しがたく盗人猛々しい。

## ドイツ連邦共和国

### 七月一二日（火）

終日「ベルリン」観光。

午前九時半、私鉄で「ポツタム」に向かう。一時間程でポツタム駅に、タクシーで二〇分。フリードリヒ大王のサンスーシ宮殿を見る。次に本命の「ポツタム宣言」が表明された場所、シュロス　ツェツィーリエン・ホープ城訪ねる。会談の部屋や米・ソ代表の控室など見て廻る。この城は現在ホテルであり、上記「ポツダーマー・コンフェレンツ」の記念館でもある。英国風で、多くの中庭を有する木骨造りのこの城はプロイセン国の最後の城郭として建造された（一九一三～一七年）、名目は、ドイツ最後の皇帝ヴィルヘルム二世の婿である太子ヴィルヘルムと同妃の居城であった。なお城の名は太子の妃ツェツィーリエに因む。一九四五年七月一七日から八月二日に至り、当城に於いて、米英ソによるポツタム会議がもたれ、戦勝連合国の首脳達、即ち、トルーマン（米国）、チャーチル（のちエトリー、英国）、及びスターリン（ソ連）談合の下に諸問題が討議、そして議決された。この最後の日に表明されたのが「ポツタム宣言」であり、フランスはこの表明の数日後に「留保あるも同意」としている。

**【ポツタム宣言】**第二次世界大戦末の一九四五年七月二六日、

米・英・中三ヵ国首脳の名前で発せられた日本に無条件降伏を要求する共同宣言。

七月一七日、ベルリン郊外のポツタムPotsdamで米・英・ソの首脳が会談し（ポツタム会談）、ドイツ降伏後のヨーロッパ政策が検討され、米英代表によって対日宣言が協定され中国の同意を得た。ソ連は八月八日対日宣戦とともにこの宣言に参加。日本は八月一四日これを受諾。

その内容は、軍国主義の除去。日本占領、領土制限、軍隊の武装解除、戦争犯罪人の処罰と民主主義の復活強化。基本的人権の確立、軍需産業の廃止など。日本復興の基本的方針となった。

（写真９－８　ポツタム宣言をした会場）

朝鮮半島においては日本の植民地から解放される契機になったので「ポツタム宣言」は至恩となった。自分は小学二年の時で、敗戦の玉音を聞いてしばらくして朝鮮解放の現実が解った。のちに父から聞くと、独立運動、革命家の間では解放までに「宣言」の話が広まっていたという。その意義深い「ポツタム宣言」が表明されたポツタムの会談場に立ち首脳たちの写真を見ながら第二次世界大戦終結と朝鮮解放の歴史的転換の一幕を垣間見て多少、興奮を憶える。

**「ベルリン」**ドイツの首都。同国北東部、エルベ川枝流ハーフェル川とシュプレー川の合流点にある。人口三三九万人（一九九九）。第二次大戦前にもドイツの首都であったが戦後ブランデンブルク門を境に東西に二分され、西ベルリンは西独に属し、東ベルリンは東独の首都となった。一九九〇年の東西ドイツ統一で再びドイツの首都。

西ベルリンではティーアガルテン、シャルロッテンブルクなどの商業・住宅地地区を中心に、郊外のテーゲル、ジーメンスシュタットンなどの工業地帯を含む。国際会議所、市庁舎、シラー劇場、ベルリン自由大学、テンペルホフ空港などがある。

東ベルリンはブランデンブルク門から東へ延びるウンター・デン・リンデン街を中心に官庁・商業・住宅地区となってい

る。フンボルト大学（ベルリン大学）、オペラ劇場などがある。ベルリンは最初スラブベンド族の集落で、一二三〇年ごろドイツの植民地として創建。一三～一五世紀にはハンザ同盟の一員、一七世紀前半フリードリヒ・ウィルヘルムにより城壁が建設され、商工業もさかんとなった。

一八世紀前半フリードリヒ大王の時代にプロイセン王国の首都として発展し、一八七一年以降ドイツの首都。ワイマール共和国成立後は（ワイマール文化）の中心として栄え、音楽ではフルトウェングラーやシェーンベルク、演劇ではブレヒトらが活躍した。だが繁栄は長く続かず、世界恐慌、ヒトラーの台頭、一九三六年のベルリン・オリンピックを経て、第二次大戦では爆撃を受け、甚大な被害を受けた。一九四五年五月連合軍に占領され、戦後、米・英・仏・ソ四国の共同管理の後、東・西ベルリンに二分された。

一九四八年六月―一九四九年五月の間、ソ連により封鎖された。

## チェコ共和国

**七月一三日（水）晴　プラハ**

ホテルで朝食後　午後、一時二六分発ユーロライナ鉄道にてプラハ（チェコ）へ移動（約五時間）プラハに到着。Diplomat Hotel Prague ロビーは観光客でいっぱい。ヨーロッパ人、中国人、韓国人も多い。ホテルチェクイン。サウナあり。

ふた汗を流してさっぱりする。このホテルのサウナ入浴は有料で、日本円で約一四〇〇円。ドイツのホテルは無料で、しかもこのホテルのサウナより，はるかに立派であった。もうひとつ気にいらなかったがしかたがない。

今日は移動日などでホテルチェクイン案内の本を見て日本料理店に行く。ハマチ刺身一切れを食べてみると鮮度が劣るものだった。いなりと焼き鳥、ラーメンを食べるがラーメンが美味で幸いであった。

「チェコ」は正式名称―チェコ共和国 Czech Republic。

ヨーロッパ中央部にある共和国。国土は東西に長細く、西部のボヘミア盆地はラベ（エルベ）川の流域で、ズデ - テン、エルツ、ボヘミアの山地に囲まれる。東部のモルビア低地はドナウ川の支流モラバ川の流域。気候は温和な大陸性気候を示す。東欧では旧東ドイツと並ぶ工業国で、鉄鋼、自動車、電機、繊維、ガラス、ビールなどの工業が発達する。農業はラベル川の流域などが中心で、小麦、大麦、ジャガイモ、テンサイなどが主産物。森林資源に恵まれ、林業も重要。一九八九年の「ビロード革命」後、市場原理を導入した経済改革が実施され、国営企業の民営化も進められている。一九九六年東欧諸国の中では始めてＯＥＣＤ加盟を承認された。一九九九年NATOに加盟した。また、EUとは拡大候補の第一陣として二〇〇四年加盟。

**七月一四日（木）晴　日中は蒸し暑い。**

ホテルで朝食後、地下鉄で、まず旧市街の中心になる広場で大道芸人やコンサートチケット売り、観光客でいつも賑わっているらしい。その広場に、天文時計で有名な旧市庁舎がある。歴史は一一世紀までさかのぼるが、第二次世界大戦中に戦火で被害を受けため、現在見られるのは、大規模な修復された景観であるという。

（写真９－９　カレル橋）

内部にはさまざまな歴史画が飾られ、プラハの成り立ちが良く分かる。この建物の目玉は、一五世紀に作られた天文時計だ。毎正時には、死神が鐘を叩く音に合わせて、キリストの一二使徒が廻りだすからくり時計だ。この建物は高さ六九mの塔に、エレベータで登る。屋上展望台に上りプラハ市内を一望する。素晴らしい景観である。絵になっている。プラハ市自体がまるごと世界文化遺産に指定されているのが理解できた。

旧市街からプラハ城に向かう途中にヴルタヴァ川を東西に結ぶカレル橋がある。カレル橋は一三五七年、カレル一世の命により、コシック様式の石橋の建設が始まる。

当時二七歳の若き建築家P・バルレーシュが六〇年の歳月を費やして完成させた石橋は、全長五一六m、幅九、五mという大きなもので、三〇の聖像が並ぶ素晴らしい橋である。橋はいつも人並波で賑わっている。これからも五〇〇年使用可能と思わせるほどに重厚な石橋である。このカレル橋は半端なものではない。

まさに彫刻の展示場のおもむきである。

カレル橋を渡って、徒歩、市電（ワトム）、徒歩で高台のプラハ城にたどり着く。プラハの夏は暑い。日中はサウナで歩いている感じがする。中には上半身裸で歩く者、若い女性たちは見るに忍びない袖なし襟なし臍もまるみえの軽装。顔は面長で美人たちが多い。

「プラハ城」は教会や宮殿、庭園などを擁するこの城は九世紀後半にプシェミスル王家によって建設が始まり、一四世紀のカレル四世の時代に、ほぼ現在の威容を整える。

マティアーシュ門から城内に入り中庭を抜けると、ゴシック様式の二本の尖塔を持つ聖ヴィート大聖堂が見える。一四世紀にその建設が開始され、一九二九年、聖ヴァーツラフの殉教千年の年に、一応の完成した教会だ。第三礼拝堂の四万枚のガラス片からなるステンドグラスは圧巻、チェコの画家アルフォンス・ミュシャの作。大聖堂のステンドグラスは写真に収める。素晴らしいものだ。

城からの帰路、ペトシーン公園の展望、中には元横綱と変わらないほどの大男が見える。

街道でテントを張ってマッサージもしていたが時間があればしてもらいたかった。

夕食は時計台の広場の一角に、食堂のカフェ・テラスがずらっと並んでいるところで取る。食卓を見わたすと、男女ともにほとんどの人が、ビールの大ジョッキと生の切り身のサーモンのそれぞれの大盛皿を囲んで盛んな振る舞いがあった。満席でどこも座る余地なし。しかたなくがらんとした店内に入る。添乗員の竹内君と相談してサーモンとステーキを一人前ずつとって分けて食べることにしたが食べきれなかった。量が多い。ビールも大ジョッキ二杯を注文するが御代りなしとした。現地の人たち飲食の量はわれらの倍である。

ユーロライン列車の食堂車でも体験したが食事の量が多くて残した。食堂車の勤務員にビールの御代りをすすめられたが、ことわると不思議そうな顔つきをされた。

夕食後は音楽鑑賞。午前中時計台広場で購入したチケットを思い出して会場に行く。

弦楽四重奏団の演奏で昔馴染みの曲が何点かあった。シューベルトの「アベマリヤ」、ドヴォルザークの「新世界より」は良かった。プラハで特に印象に残ったのは他の中・欧国に比べ面長の美人が多いことだ。東に国境を接しているウクライナも美人揃いだが両国とも拮抗するほどの美人産地であると思われる。

## ハンガリー共和国

### 七月一五日（金）ブダペスト

ブダペストのホテルに到着したのは午後九時頃。ホテルの食堂は閉店だというので外食に出かける。夜ではあるが外灯が黄色のせいか街中が少し暗い感じがした。人通りも少なく、町並みが閑散としている。添乗員の竹内君がどこで聞いてきたのか、一〇分ほど行けば食堂街があるというので三〇分ほど歩いたが食堂はまばらでしかも皆閉店。唯一開店していたのが中華料理店であった。おもむきのある店構えではあるが古色蒼然した店であった。ともかくプラハで昼食したきりなので空腹であった。

何点か注文して食べて見るが何世代まえの伝統的な中華料理の味であった。この味は八〇年代初め北京の旧市外で食べた味と似ている。この店は相当古い店だと思った。

店を出るときに聞いて見るとブダベストで創業百年だという。ところでここだけではなくヨーロッパの国々でも商業地域の一等場所には必ず伝統的な中華料理店がある。

個人的な見解であるが、ただの中華料理店を営むというだけの存在でなく華僑たちの商業・情報センターのような役割も果たしているのではなかろうかと思うがどうであろうか。

## 七月一六日（土）

朝食のためにロビーに降りて見ると昨夜の暗い雰囲気が一変していて賑わいがあった。

朝食のバイキングだがカラフルの野菜もたっぷりとあり、豊かなメニューであった。

味も口になじむもので満足する。早々と外に出ると晴天であり、何よりも空気がきれい。タクシーでまずはドナウ川の西岸にある王宮の丘に行く。その一帯は小高い丘陵地帯でブダペストのシンボルであるブダ王宮を見る。その王宮の丘の広場の中央に三位一体の像があるが一八世紀に流行したペストから助かった人々によって建てられたものであるという。マーチャー教会もあるが精巧な装飾が施された鮮やかなモザイク屋根が特徴的な教会であるが中に入って見るとステンドグラスが素晴らしい。

（写真９－10　漁夫の砦からドナウ河と周辺の街並みが一望できる）

かつて、この城塞を守っていた漁師たちにちなんで名付けられた漁夫の砦はネオ・ロマネスク様式の白い尖塔を中心に、回廊で結ばれた丸い塔が続く建物である。その一階にあるカフェから、眼下にドナウ川、その先にはペスト地区のくさり橋とイシュトヴーン大聖堂や国会議事堂を中心とする街並みが広がるが、まさにビューポイントであり、すばらしい景観である。ブダペスト市全体が世界遺産に登録されている理由が分かる。

ケーブルで下りバスと市電に乗って、ドナウ川の対岸のペスト地区に行く。約二・五kmにわたって落葉樹の並木が続くアンドラーシ通りには、美術館や博物館やオペラハウスがある。短い滞在なので優雅な時間を過ごせないのはなによりも残念でならない。オペラハウスの前に英雄広場と市民公園が、広がっている。

英雄広場はマジャル民族が現在のハンガリーの地を征服してから、ちょうど一千年目にあたる一八九六年に造られた広場であるという。中央に立つ建国記念碑は高さ三五mもあり、大天使ガブリエルを頂きに、マジャル七部族の長がひかえている。記念碑を囲むように、歴代王や独立戦争に貢献した貴族など一四体の像が並んでいる。

くさり橋はドナウ川で隔てられたブダとペストを初めて結んだ橋である。ハンガリー近代化に尽力した一九世紀の貴族、セ・チェニ伯の命により造られ一八四九年に完成した。

第二次大戦で破壊されて、現在の橋は一九四九年に復元された。ブダ側、ペスト側にそれぞれ二頭のライオン像が設置されているのが特徴である。夜のライトアップは美しい。

有名な国会議事堂はハンガリーの建築家、シュテインドル・イムレの手により、二〇世紀初頭に完成したという。全長二六八m、面積一万七七四五平方mに及ぶ建物はバロック、オリエンタルなどさまざまな建築様式が見事な調和を生み出し、その美しさは芸術の城といわれる。ブダペスト市はプラハと同様に世界遺産に登録されている。

私的な見解であるがどちらかといえば、市の中心にのどかなドナウ川が流れるブダペストの方がプラハよりもその景観が美しく思われた。

買い物は王宮の丘のガラス製品店で初めて色合いの美しいビールグラスや家族のそれぞれのガラス製品を買う。ほかの店では手作りの刺繍物も買う。昼食は近くに花壇に囲まれたカフェ・テラスが印象的で、コーヒーとステーキ料理を楽しむ。東洋系であるのか料理も口味が合って幸いであった。一日中、市内観光しているうちに日暮れとなり、夜食をするが日本料理である。盛り合わせの刺身も新鮮で、ざるそばには、うずらの卵もついていて驚いた。食後、交響楽団のコンサート会場に時間ぎりぎり入る。立派な会場で三〇〇人ほどの聴衆で満席であった。見たところ音楽を楽しむのが、日常の習わしのようであった。

翌朝早く、サウナに赴く。ところがこのサウナの建物の規模に圧倒された。おそらく大阪の中之島公会堂に匹敵するほど大きなものだ。しかも大きな玄関の彫刻の装飾が半端なものではない。玄関を入るとそのロビーの大きさに驚く。まるで宮廷のようなおもむきであった。ロビーの右側はガラス張りの大きなプールがあり、二階に着替えのロッカーと休眠用のベットがある。浴槽は大きく、三八℃と三六℃の二つがある。冷水は八℃で少しこじんまりしたものである。サウナも大きい。時間あれば、マッサージもしたかったがユーロ列車の時間の都合でできなかった。残念である。ところでサウナで見るハンガリー人の中には相撲の小錦よりも大きな男たちが何人も見受けられて、それこそ驚きを禁じえなかった。

世間は広い！

「ハンガリー」はヨーロッパ中央部、ドナウ川の中流域にある共和国。国土はオーストリア、スロバキア、ウクライナ、ルーマニア、セルビア・モンテネグロ、クロアチア、スロベニアに囲まれる。

大部分が低平なハンガリー盆地で、北部に丘陵性の山地があり、最高点はマートラ山中のケーケシュ山（一〇一六ｍ）。中央部をドナウ川が南流し、東部はその支流ティサ川の流域である。西部には最大のバラトン湖がある。西岸海洋性と大陸性の中間的な気候を示す。第二次大戦までは遅れた農業国であったが、戦後人民共和国成立とともに経済の社会主義化、工業化が急速にすすめられた。工業の中では機械工業、化学工業の発展が著しく、車両、電気機械、化学肥料の製造が盛んである。

平壌市内の市電は八〇年代後半にハンガリーから導入したものであるが、なかなかのファッショナブルな代物ものであった。

鉄鋼、石炭、石油は不足し、輸入に依存するする部分が多い。耕地は国道の約六〇％に及び、小麦、トウモロコシなどの穀物が主で、ブドウの産も多い。ドナウ川、ティサ川、バラトン湖などの漁業も重要。

社会主義体制化でも東欧諸国のなかでは最も早くから経済改革が試みられ、一九八九年の体制転換後は市場原理導入に拍車がかかった。それはインフレ、失業をも招き、経済は混乱したが、一九九四年から経済成長に転じている。マジャル人（ハンガリー人）は東欧では唯一のアジア系民族で、九世紀末にハンガリー盆地に定住した。一説には匈奴のながれのフン族と言われている。

一〇世紀に統一国家を形成、一四―一五世紀には中欧随一の強国になった。一六世紀オスマン帝国の侵攻で国土は解体し、一七世紀末、全域がオーストリアのハプスブルク家の支配下に入った。一八世紀後半から民族的自覚が高まり、一八四八―一八四九年の独立反乱には失敗したが、一八九七年同君連合によりオーストリア・ハンガリー二重帝国を形成した。第一次大戦に敗れ、独立ハンガリーは国土の大半を失った（現在も在外ハンガリー人は四〇〇～五〇〇万人）。第二次大戦ではドイツに加担して敗れた。

　戦後社会主義政権が樹立されたが、ソ連に対する反発も強く、一九五六年ハンガリー事件が起きた。動乱のさなかに成立したハンガリー社会主義労働者党のカーダール政権は、対ソ友好を旗印に、政治、経済の安定化に努めたが、一九八八年カーダールは改革派に押され党書記長退陣を余儀なくされた。

　以降、カーダール時代までの一党独裁体制に終止符を打ち復数政党制の導入、市民の基本的人権の強化、ECとの経済貿易協力などを含む内政・外交面での急速な転換が進み、一九八九年には国名をハンガリー人民共和国からハンガリー共和国に改正した一九九八年の総選挙では中道右派が政権を握ったが、二〇〇二年には社会党など中道左派が巻き返した。一九九九年NATO（北大西洋条約機構）に加盟した。また、EU（ヨーロッパ連合）とは拡大候補の第一陣として一九九八年から加盟交渉を開始し、二〇〇四年には加盟した。

午後一時、鉄道にてウィーン（オーストリア）へ（約七時間）ウィーン着、午後五時、diplomat チェクイン。荷物をといた後、市内電車は環状線で市内を一週廻る。

## オーストリア共和国

「ウィーン」はオーストリアの首都で一州をなす。ウィーン盆地の北西にあり、市街の大半はドナウ川右岸、南は東アルプスの延長であるウィーナールトの丘陵地、ヨーロッパの旗号学問・芸術の一大中心で、機械、電子工業、織物、化学製品、工芸品などの工業の中心、水陸交通の要地でもある。

　古代ローマ軍団の駐屯地。一二七八年来ハプスブルク家*の支配を受け、その都として発展。一二三七年—一二八八年の間しばしば神聖ローマ帝国自由市となる。

　一三六五年にはウィーン大学が創設された。一四八六年—一四九〇年ハンガリー王の支配、一五二九年、一六八三年トルコ軍の攻囲を受ける。

　一八世紀マリア・テレジア治下に繁栄。一八〇六年、一八〇九年ナポレオン軍が占領。一八四六年、革命で市民が蜂起。第一次大戦後連邦共和国の首都になる。

　一九三八年—一九四五年ナチスが占領。一九四五年—一九五六年米英仏ソによって分割管理される。

　幅五八m長さ四kmの環状道路にかこまれた都心のショテファン大聖堂、新旧のホーフブルク（王城）、ブルク劇場、ウィーン国立歌劇場、ベルベデーレ宮、離宮シェーンフルンなど、ゴジック、ルネサンス、バロック様式の有名な建造物が多い。

　音楽においてもハイドンやモーツァルトからシェーンベルクにいたるまで多くの大作曲家を輩出した。演劇，文学では、ドイツ、フランス、イタリアなどの要素が入り混じり、独特な発展をとげた。人口一六〇万人（一九九八）。

**七月一八日（月）**

ホテルにて朝食。世界遺産にも登録されているというヴァッハウ渓谷を遊覧船に乗ってドナウ川を下るために、私鉄で、ウィーンから、一時間ほどで、メルクに到着。駅でタクシーを呼ぶがなかなか来ない。ここは田舎町である。駅から見える聖堂は風格がある。

添乗員に聞くと修道院だという。町のシンボルでもあるという修道院 Stifuti Melk は千年以上の歴史をもつ古い修道院。一八世紀に改装され、オーストリア・バロックの至宝といわれるほどの華麗なすがたになったという。ここは一七七〇年にマリ・アントネットがルイ一六世に嫁ぐ途中で、この修道院に一泊したという、いわれがある。

運転手が現れたが、相乗りであった。船着場は近くにあった一一時出航。「銀色に輝く帯」と呼ばれるヴァッハウ渓谷はドナウの流域、メルクからクレムスまでの三五㎞にわたる変化に富んだ景勝地であった。

＊「**ハプスブルク家**」ヨーロッパで長期にわたり権勢を誇った名門王家。一〇世紀半ばアルザス地方に起こり、その後拠点としたスイスの山城ハプスブルクの名が家名となった。

（写真９－11　ウィーン・ハプスブルク家　宮殿前）

一二七三年ルドルフ一世が初めてドイツ王となり、一四七三年神聖ローマ帝国皇帝に即位したフリードリヒ三世以後はほぼ一貫して帝位を独占した。

一五世紀末以後はネーデルランド、ハンガリー、ボヘミアを合わせ、一六世紀クール五世（一五一九年即位、一五二〇年神聖ローマ皇帝）の時にスペイン王位を兼ねて最盛期を現出するが、アウクスブルクの宗教和議後退位。その後、ハプスブルク家はオーストラリア系とスペイン系に分立することになる。

スペイン帝国ではフェリペ二世の時、全盛期を迎えるが、一七〇〇年に断絶、スペイン継承戦争を招いた。一方、オーストリアではマリア・テレジアが啓蒙君臨し、国民の信望を得た。一八〇六年ナポレオン戦争中、神聖ローマ帝国が崩壊すると、フランツ二世はオーストリア皇帝としてとどまり、フランツ・ヨーゼフ一世の時にはオーストラリア・ハンガリー二重帝国が成立。だが民族運動の高まりと、一九一八年の第一次世界大戦の敗戦に続くドイツ革命で、カール一世が帝位を失い没落した。

## ベルギー王国

### 七月一九日（火）

ホテルにて朝食。午前ブリュッセル（ベルギー）へ（約一二時間）

ブリュッセル着、Holiday Inn Brussels ホテルチェックイン。

ところでユーロラインの話だが中欧から東欧に行くにつれ列車はだんだんと旧式型に変わり、東欧から中欧に行くにつれてだんだんと列車は外装内装ともに粋なデザインの新しい列車に変貌して行く。考えるに、これは東欧との差別からくるというよりも乗客数とか料金の多少の違いにともなう経済的面にあるのではないかと思われたがどうだろうか。確認できなかった。もう一つ列車が東欧に入るとき、出るときに東欧各国の国境を越えると時には、多分公安関係者だと思われる人物たちがパスポートの検査に来る。

### 七月二〇日（水）曇天

朝方、小雨、風が吹き気温が下がる。半袖では寒い。

ホテルにて朝食。どうも風邪気味らしい。原因としてウィーンは暑くてホテル部屋の扇風機を一晩掛けっ放しにしたのが影響したかも知れない。

だいたい四星のホテルに冷房装置がなく扇風機とは話にならない。それだけではなくタクシーで到着するとポーターが出てきて部屋まで運んでくれるのが常識であるが、このホテルはポーターなしカートなしであった。印象が悪すぎた。添乗員にホテルの名前を「ドライ・ホテル」名付けると笑っていた。いくら合理化しているとはいえ、ホテルの基本的サービスを忘れるべきでない。

余談になったがブリュッセル市内は狭い。美術館を見る。立派な建物の割には良い作品はなかった。美術館を出て、グランプラス Grand Place 広場に出る。

立派な建物に尖塔二本が立っている市庁舎と対面に今は博物館になっているが元は王の住まいとして建てられたものである。

そこに広場があり、人も賑やかで、広場を抜ける道々に食堂や商店が並ぶ、偶然にも刺繍の壁賭けがある、ウインドで見かけ店内に入ると、長女、裕美の頼み物、探していた世界地図入りの刺繍壁掛けを見付ける。他ではなかったのがここで見付かりほっとする。

市電に乗って市内を車窓観光する。意外と黒人が多い。ベルギーの歴史の中でアフリカのコンゴを植民地化したが、第二次大戦後失う。ベルギーの面積は三万平方kmちょっとである。人口も一〇二一万人ほど。日本の九州より一万平方kmほど小さい。

この小国がコンゴを飲み込めなかったのだ。ヨーロッパ諸国の中でイギリス、スペイン、フランスなどの列強がアフリカ、西インド諸島南北アメリカと競って植民地化政策をおし進め、原住民を酷使するあまり種族絶滅したところもあり、労働力不足となり、それを補うため新たな奴隷を調達して、そして荒稼ぎした財宝でキリスト教の大聖堂なども競うように建てた。

アフリカから黒人奴隷を四〇〇万人も拉致して売り飛ばし、砂糖、コーヒー、紅茶栽培などをして稼ぎまくたった。そのなかから、この国の権力者たちは自分たちの「免罪符と利権」をまもるために、教会に大々的な寄贈をした。キリスト教の衣の中に「隠れクリスチャン」の偽善者たち、ヨーロッパの大聖堂を巡りながら、この偽善者たちと教会大司教たちの真の顔が見えてきた気がする。

ここで見かける黒人たちはそのような因縁からここに移住せざるを得なかったのだろう。

夕食は餃子、ラーメンを第一候補とでるが、夏のバカンスでお休みだ。

第二候補韓国料理の店に行く。立派な石造りの館に「Soul（ソウル）」というが看板、期待して入る。

焼肉はベルリンで懲りたので、メニュー見てサムギョッサルとパジョンを頼む。パジョンが先に出たので食べて見る。最初は上品な味に思えたがどうも家庭料理の味、平凡すぎる味、そこにサンギョッサルが出るが、豚肉だけである。ほかの薬味・味噌とか何点かの付き出しがまったくない。これでサムギョッサルとはいえない。出たのはサンチュ（チシャ）だけ。メニューの内容を知らずして商売をするとは呆れ返る。看板倒れといえる。早々と引き上げる。ベルリンの方がまだマシであった。

**【ブリュッセル】**　ベルギーの首都でブラバント州の州都。英語ではブラッセルズ（Brussls）。同国中央部。センヌ川に沿い、交通の要地。南方約一五kmにワーテルローの古戦場がある。

化学、皮革、食品加工、レース、敷物、などの工業行われ、印刷・出版も盛ん。王宮、ゴシックの市長舎、大学（一八三四年創立）サン・ミシェル大聖堂（一三～一五世紀）などがある。町の中心広場（グラン・プラース）は一九九八年世界文化遺産に登録された。

ＥＵ本部、ＮＡＴＯ事務局の所在地。一〇世紀に軍事基地として創建され、商業の中心となり、毛織物業も発達した。一二世紀ブランド公領となり、一五世紀にはその首都として人口約五万を数えた。一五三〇年ハプスブルク領ネーデルランドの首都となった。

一九世紀後半から二〇世（一九九九）紀始にかけて重要な国際会議の開催地となり、第一次世界大戦ではドイツ軍に占領された。

### イギリス（正式名称ーグレート・ブリテンおよび北アイルランド連合王国）

**七月二一日（木）曇天・気温下がっている。**

ホテルにて午前八時、朝食。もう一つ体調が良くない。どうも風引きらしい。午前中は見物にでず、土産物のトランクに収め方を工夫する。

ブルュッセル駅のロンドン行きプラットホームは、まったく飛行場での検査システムと変わらない。そして英国の入国ビザもここで済ます。

ブルュッセルーロンドン間一日八便。午後一時ブリュッセル発ロンドン着（約三時間）予定。昼食は列車料金込み。担当の乗務員は黒人女性であったがまずメニーを配り、つぎに前菜、飲み物（ワイン、ビール、シャンペンその他）、ポークかサーロイン選択、デザート、コーヒーか、紅茶等実に、味もサービスも洗練されているのに感心する

だがロンドン駅に着いてからのことだが、タクシーを待つのに二時間半。二週間前にテロがあったからか定かではないが、いたるところに警官たちが張っている。

待つ間にトイレに行くが、何処に行くのか質問するので、ＷＣだというとパスポートの検札をする。やっとたどり着いたＷＣは有料でしかもポンドのコインをガードに挿入する仕組みになっていた。近くに両替機もない。そのガード装置はピカピカと光る太い鋼管（金メッキ付き）の頑強なもので、客の便利性というよりも実利的管理器物で、まるでイギリスのプライドを自慢げにアピールするかのように見えたので無性に腹立つ。ホテルに入るまで、もよおすことがなかったのが幸いであった。

厳しい警戒であった。タクシー待ちとテロとの関係ついては、多少の影響があるとしても、これはあまりである。抜本の対策が待たれる。ホテルに着くとぐったりとなった。

ロンドン着後、Cropthorne Tara Hotel チェッイン。午後五

時頃到着。

## 七月二二日（金）晴

ホテルにて朝食。午前中にテムズ川の遊覧船で、約二時間遊覧。ホテルで昼食をするが地下鉄でテロあり、犯人らしき男が銃殺されたと報道があった。実を言うと添乗員が出掛ける前に、地下鉄、タクシーとどちらで行きますかと聞くので、タクシーで行くとした。

もしも地下鉄で行っていればテロ事件に巻き込まれるところであった。テロ事件発生の時間帯がちょうど同じ頃であったからだ。幸いであった。

タクシーでロンドンの見所を見て回るが、テロ事件のために官庁街も警備がきびしく近くに寄れなかった。観光客としては残念であった。

強行軍の旅の疲れがでたのか、まだ体の調子がもうひとつなので、ホテルで、休息するつもりでいたが、添乗員のはからいで、徒歩二分のところにある、ビルのスポーツセンターにサウナあるというので出かける。一五分砂時計を四回廻してすっきりする。

夕食はラーメン専科の日本食堂があるというので行って見る。ドイツで一度食べて以来なので楽しみであった。

メニューを見ると、ラーメンの種類も多彩であった、まず朝日ビール二本、餃子二人前、ぼくはチャーシュー麺、添乗員は味噌ラーメンを取る。東京人である添乗員が食べた後に、味はどうですかと聞くので、まずはスープにコクがない、つぎに麺が悪い、チャーシューの豚肉味は論外だと言った。あとで値段を聞くと、ラーメンはそれぞれ円に換算して三〇〇〇円以上だというので呆れ返る。にもかかわらず客はいっぱいであった。味はともかくラーメンに飢えた連中たちに違いない。それにしてもあまりのふがいなさに、店長らしき人物に、一言、「ロンドンで、いい商売をやってまんねんな」と大阪弁で皮肉る。

## 七月二三日（土）曇天

今日はいよいよジャマイカに向かう出発日なので、朝七時に、夕べのところで　サウナ入りして、ホテルで朝食。孫の泰・亮の土産がまだなので、午前中に中心部の商店街に出向いたが、昨日の地下鉄テロ現場の付近なので警戒がきびしく、とりやめにした。しかたなくホテルの売店で、ロンドン塔の写真入りティシャツがあったのでそれを買う。部屋に戻り荷造り開始する。

**【ロンドン】**英国の首都。イングランド南東部、テムズ川両岸にまたがる港市で、同国最大の都市。中心をなすシティで、ほかにウェスト・ミンスターなど一二区がカウンテケトやエセックスの一部など、ロンドン橋からほぼ半径二四kmの地域までを含むグレーター・オフ　ロンドン Greater London（シティの他三二区）が一九六五年に形成された。

この広域行政圏は一九八六年市議会とともに、サッチャー首相によって廃止され、行政事務は各区に移管された。英国の商工業・金融・文化・政治の中心であるだけでなく、世界の金融・保険の中心でもある。

シティ・ホルボーン、フィンズベリーなどが商取引・金融地区で、ロンバード街を中心にイングランド銀行や各国金融機関の店舗が密集する。

シティ西方のウェスト・ミンスター、ケンジントンなどからなり、バッキンガム宮殿、イギリス国会議事堂、諸官庁、ピカデリー・サーカスなどの繁華街や高級商店街、高級住宅地がある。シティ東方のイースト・エンドはかってスラム街であったが、第二次大戦の戦火を機に面目を一新、テムズ川河岸の渡津として発展し、ロンディニウム Londinium と呼ばれた。七世紀にはエセックス王国の主都。

一〇六六年、ウィリアム一世が即位して以来イングランドの首都となり、一二世紀末には自治が認められた。一六六六年大火により全市消失したが、復興以降は国際金融の中心となり、特に産業革命後の人口の都市集中に伴い急激に規模を拡大。世界の経済・政治の最大の中心地として繁栄したが、二〇世紀に入ってその地位をニューヨークに奪われた。約七二八万人（グレーター・ロンドン、一九九九）

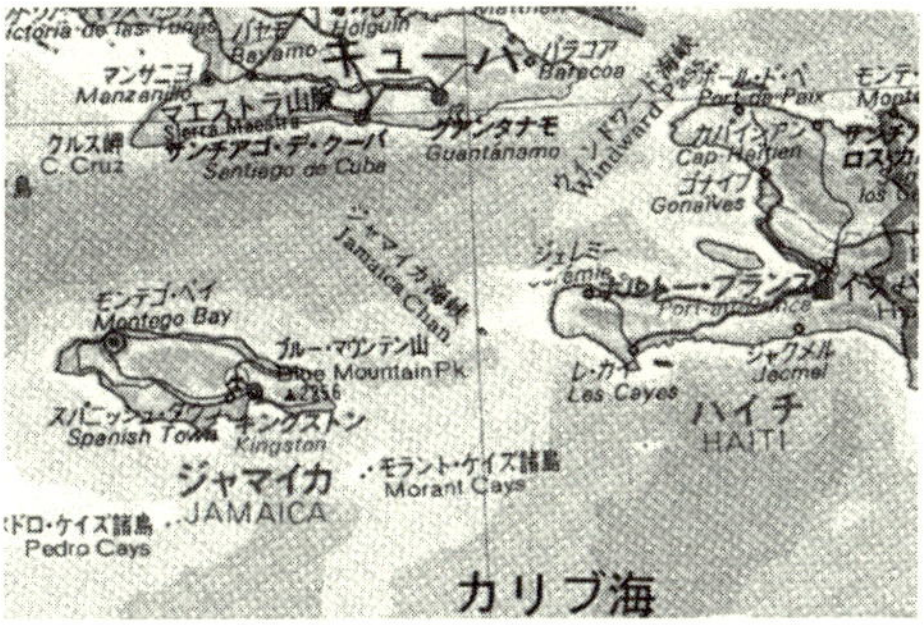


## ジャマイカ

午後　空港～移動

ＪＭ〇〇二ＵＲ（ロンドン）便でＭＢＧ（モンテゴベイ）に向かう。添乗員　竹内君ともに約二週間中・東欧をめぐり、有意義な旅であった。添乗員とはロンドン空港で別れて、一人でジャマイカに向かうことになった。空港内免税店や黒人の胡散臭い連中にからまられたら、あやうい英会語で対応できるか、どうかと添乗員は心配していたに違いないが無事にすごせた。ところで搭乗口の混みあいの待合所の日立つところに、韓国のサムスンの最新型の多分五〇インチの液晶テレビだが設置され放映していた。それとなく安堵の気持ちとなった。

ヒースロー空港で出国手続き、ジャマイカ空港着後の入国手続きを無事に終えることができた。スケジュールは、ほぼ予想どおりに収まった。現地でジャパングレイスから要員が出迎えにも来てくれたが　ローカル空港はいい設備と人材不足でお客が疲れる。

モンテゴベイ着後、いかにもローカル風な Toby' s Hotel にチェックイン。

**七月二四日　(日)**

ホテルで朝食。朝食の時にレセプションの周りを見ると、プールがあった。狭くつかるだけのもの。朝食は現金払いせよという。部屋の鍵は甘くて閉らないので紙を挟んで食事だけは済ます。一〇時過ぎクーラーが突然停止する。

窓を開けて半パンだけで過ごすが、汗の流れが止まらない。ともかく熱い。このままでは身体がもたないと思い、七月二五日「カリブ海満喫クルーズ」案内のチラシの裏面に緊急連絡先が書いているのを思い出して、携帯電話をかけるがその成果があった。一時間ほど待っていたら現地要員たちが駆けつけてきて部屋を変えてくれた。この時ばかりは国際携帯電話の威力を感じる。

明日の観光は、オプションで多分終わりだろうと予想。午後、ホテルにタクシーを呼んでもらい、モンテゴベイ市内と市外高級リゾート地を巡り、最後に眼下にモンテゴベイの国際空港見えるところのサテンでくつろぎホテルに帰る。一〇万都市だから狭い。

夕食はホテルの付近を歩いていると小さな中華飯店があったので入って見ると、韓国語が飛び交っていたので、驚いた。どうも店主が韓国の僑民であるらしい。しかも中南米の小さな島で食堂を営むこと事態が尋常ではない。

韓国語で話をかけると相手もさも驚いたらしい。それから仕事の合間に話合う。奥さんまで呼び出して話に加わらせた。現地に来て何年にもなるが韓国人に会うのはめったにないという。世界一周の航海で現地に寄ったということ、在日の僑胞であることを知って感激していた。客が一時、引けた時には同じ僑胞どうしの連帯のよしみで乾杯する。

彼の食堂の経営も良好のようでなによりであった。遥か彼方の中南米のとある島で楽しいひと時を過ごすことが出来て幸いであった。

**七月二五日（月）晴**

トパーズ号は予定通りに、モンテゴベイに入港。着岸後、船へ合流。仲間たちと一二日ぶりに船上の居酒屋「波平」で再会を祝う。その間の互いに過ごした旅の話が尽きない。仲間たちと再び船旅ができることは幸いであった。

**「キングストン」**はカリブ海のジャマイカの首都。ジャマイカ島南岸にあり、カリブ海屈指の貿易港。商業の中心で観光地でもある。西インド大学の本部、ボブ・マーレー博物館がある。港の対岸のポート・ロイヤルはネルソン提督が一年間勤務した海軍事基地。一六九二年創建、一九〇七年の地震で破壊された後、近代的な都市として再建。人口一〇万人。

**「ジャマイカ」**（Jamaic）一四九四年、コロンブスが訪れる。インディオの言葉ハイマカ（Xaimaca）「泉の湧き出るところ」が転訛した。石灰石の岩盤には地下洞窟が多く、地下水が豊富な環境がそのまま国名なった。発見者コロンブスは「サンチャゴ（聖ヤコブ）」と名づけたが、一九七〇年以降のイギリス統治下で変更された。

面積―一万〇九九一平万km、人口―二六〇万人（一九九五）住民―黒人七七％混血一五％、白人、インド人、中国人など。宗教―プロテスタント七五％、カトリック、英国国教会、ポコマニア（アフリカ原始宗教）。

西インド諸島西部、キューバ島の南方約一五〇km、カリブ海上の同名島を占め、イギリス連邦内の独立国。東部のブルー・マウンテンを主峰とする山脈から西部にかけて、標高九〇〇m前後の石灰石の高原地帯は涼しい。ときに、ハリケーンの被害があるが、農業が主で、サトウキビ、バナナ、ココナッツ、コーヒーを産する。世界有数のボーキサイト産地で、アルミナも製造する。観光収入も大きい。

一四九四年コロンブスが到達し、一五〇三年スペイン領となった。一六五五年英海軍が島を奪い、一八七〇年正式に英領とし、黒人奴隷を使ってサトウキビ、栽培を始めた。一九五六年自治権を与えられ、付近の他の英植民地と西インド諸島連邦を形成したが、一九六一年同連邦を離脱、一九六二年イギリス連邦の一員として独立した。以来、保守のジャマイカ労働党と左派の人民国家党の、二大政党のいずれかが政権を握ってきた。

**七月二六日（火）航海中。波荒れ、船揺れる。**

**カリブ海**

カリブ海は南米大陸北岸、西インド諸島、中央アメリカに囲まれ、大西洋の一部をなす海域。英語で Caribbean Sea。ユカタン海峡でメキシコ湾に、パナマ運河で太平洋に通ずる。約二六四万平方km。最大水深七〇九三m。名はカリブ族にちなむ。

この地域にはカリブ、アラワク、シボネイなどの先住民がいたが、一四九二年のコロンブス来航以後、スペイン人による苛酷な使役のため、一世紀後には、少数のカリブ以外は、ほぼ絶滅した。

一七世紀にはオランダ、フランス、英国などがスペイン支配に挑んで、小アンディル諸島を奪い、ジャマイカは英国に、イスパニオラ島（現ハイチ、ドミニカ）はフランスに帰属した。一七世紀半ば以降、大西洋奴隷貿易によるアフリカ黒人（一九世紀までに約五千万人）に依存した砂糖プランテーション*が各地に拡大。

一方、一八〇四年にはトゥサン・ルペルチュールらのハイチ革命で黒人共和国が独立した。一九世紀に入って英領をはじめとして奴隷解放が進むと、代わりにインド人が導入された。また米国は一八九八年の米西戦争に勝ってキューバ、プエルトリコを支配下に収めて以後、一九一四年にはパナマ運河を開くことなど、カリブ海政策を展開しはじめる。

一九五九のキューバ革命はこのような植民地支配を制止する契機となり、その前後カリブ海諸国の独立が続いた。

これらのいくつかの自治領は一九七三年カリブ共同体を発足させ、カリブ共同市場（ＣＡＲＩＣＯＭ）の形成をめざしている。

二〇世紀に入って、ジャマイカ出身のＭ・ガービーガ、米国の黒人とともにアフリカ帰還運動を組織し、マルティニク出身のセゼールが（ネグリチュード）を提唱するなど、父祖の地アフリカへの回帰をめざす活動が盛んになった。

また現代では、他民族混交文化のアイデンティティを（*クレオール）性として主張する運動もフランス語圏を中心に盛んになっている。

*プランテーション【Planntion】熱帯・亜熱帯地帯で、近世の殖民制度に始まった単一作物の大規模農業、およびその農園。先住民・黒人奴隷の安い労働力により、綿花・砂糖・ゴム、コーヒーなどを栽培。栽植農園。

*【クレオール】本国ではなく、中南米やカリブ海の植民地生まれのヨーロッパ人、特にスペイン人の称。クリオーリョ。多民族混合文化のアイデンティティを（クレオール）性として主張する運動もフランス語圏を中心に盛んになっている。

## パナマ共和国

**七月二七日　（水）曇天　午後、雨降り上がる。**

**「パナマ運河」はどのように機能するのか**

太平洋と大西洋を結ぶパナマ運河の長さは約八〇kmあり、アメリカ大陸とパナマ地峡の最も狭い部分に切り開かれた閘門式の運河です。

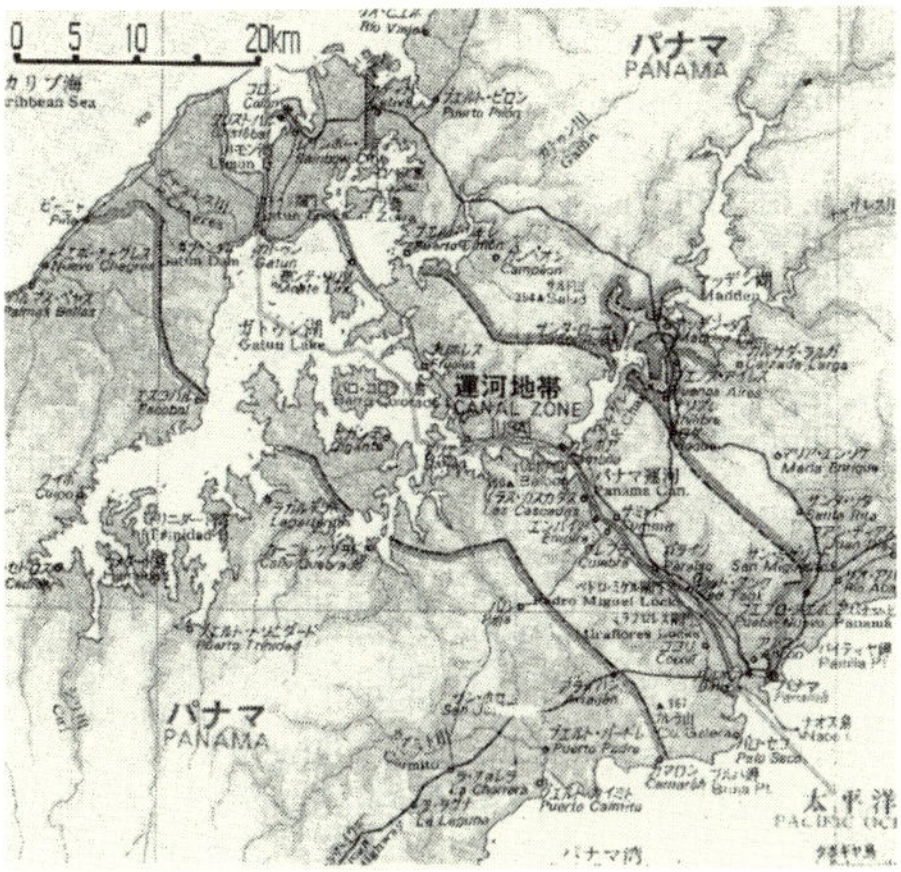


一九一四年八月一五日に国際航路として正式に開通して以来、八八万隻以上の船舶が通過した。パナマ運河には閘門が三か所あるが、平行に二組ずつあるため両方向の航行が可能である。閘門はいわば水のエレベータの役割を持ち、船舶を海抜二六mの高さにあるガトゥン湖まで上昇させ、大陸分水嶺を横断した後、パナマ地峡の反対側で船舶を再び海面まで降下させる。この作動にはガトゥン湖の貯水が利用される。

閘門チェンバーの扉が閉ると、重力によって上流から下流へ排水路を通って水がチェンバー内に流れ込み、船舶を持ち上げる。閘門を一回作動するためには約一億九七〇〇万リットルの淡水が必要であり、下流閘門で利用された後、海に流れる。

これらのすべての操作は、それぞれ三か所の閘門の上流チェンバー中央に建てられたコントロール室で行われる。

船舶は自力で運河を航行するが、閘門内では、電気機関車が船舶の航行を安定させる。機関車の数は船舶の規模により、四台から八台まで必要である。

火山活動が見られる。気候は北東貿易風の影響下にあり、熱帯、亜熱帯的、しばしばハリケーンが起こる。サンゴ礁、熱帯植物などの自然環境に恵まれ、サトウキビ、コーヒー、タバコの産地として著名。名は一四九二年コロンブスが上陸したバハマ諸島のサン・サルバドル島インドと誤認したことによる。

**七月二八日（木）朝、曇天のち雨、午後から晴。航行中。**

パナマ太平洋岸からコスタリカ沿岸を航海中。明日、午前七時頃コスタリカに入港予定。

午前中、散髪。午後洗濯。パナマ運河についてメモ追加。

**【パナマ運河】**は中米、パナマ中部のパナマ地峡を横断して太平洋と大西洋（カリブ海）を結ぶ運河。全長九三㎞。一九〇三年以来米国が永久租借していたが、一九七七年に新パナマ運河条約の締結により両国の共同管轄に移り、一九九九年にパナマに返還された（運河地帯）。閘門式運河で、カリブ海岸のコロンからガトゥン湖、ゲイリャード・カットを経て太平洋岸のバルボアに通じる。一八八一年フランスの運河会社がレセップスを中心に開鑿を始めたが、マラリヤや黄熱の流行と財政難のため、一八八九年破産し、これに関連して起こった大疑惑事件（パナマ事件）はフランス第三共和政の危機を招いた。

一九〇三年米国はパナマをコロンビアから独立させて運河建設権を買収、一九〇四年着工、ゴーサルズ大佐指揮下の米国工兵隊の手で一九一四年開通させた。

## 七月二九日（金）

【太平洋】は大西洋、インド洋と並ぶ世界三大洋の一つで、世界最大の大洋。英語ではPacific Ocean。アジア、オーストラリア、南極、南北アメリカ大陸に囲まれる海域。

東シナ海、東海（日本海）オホークス海、ベアリング海などの付属海を除いた大洋部の面積一億六五二四、六万平方kmで、付属海を合わせると全海洋面積の約五〇％を占める。インド洋との境はマレー半島スンダ列島、チモール島とオーストラリア北部のロンドン・デリ岬を結ぶ線、タスマニア以南では東経一四六度五五分線であり、大西洋との境は南アメリカのホーン岬とサウス・シェトランド諸島を結ぶ線である。

赤道を境にして南北太平洋に分けられる。平均深度四〇二八m、最深部はマリアナ海溝の一万〇九一五m。西縁は海溝と島孤で境とされ、東縁は海溝が少ない。

東太平洋海膨は南太平洋を斜めに二分し、カルフォルニア湾に上陸する。

海膨斜面により多数の断裂帯がある。多数の海盆に分けられる。海盆は典型的な太平洋地殻構造をもつ。知られる最高の堆積物は北大西洋海盆の下部白亜紀石灰質軟泥。

## 七月三〇日（土）晴

船は朝七時、「ブンダレナス」入港。深夜出航。今日は、自由行動をすること。

### コスタリカ共和国―首都サン・ホセ

中米、パナマの北に位置する小共和国。東はカリブ海、西は太平洋に臨む。国土は大部分高原状地帯で、火山が多い。気候は太平洋側が乾燥、カリブ側は高温多湿。住民の大部分が、スペイン系白人とその混血で、生活・教育水準は他の中南米諸国に比して高い。

農業が主で、コーヒー、バナナ、カカオを輸出、牛の畜産もある。米国資本の進出が著しい。一五〇二年コロンブスがコスタリカ（豊かな海岸の意）と命名。

一六世紀後半からスペイン領となった。一八二一年メキシコ帝国の一部として独立。

一八二四～一八三八年中央アメリカ連邦に属し、連邦解体後は一八四八年正式に独立した。一九四九年制定の現憲法は武装放棄を宣言し、軍隊をもっていない。

一九八七年、アリアス・サンチェス大統領は、中南米扮装の和平合意への努力を評価され、ノーベル平和賞を受賞した。面積五万一〇〇〇平方km。

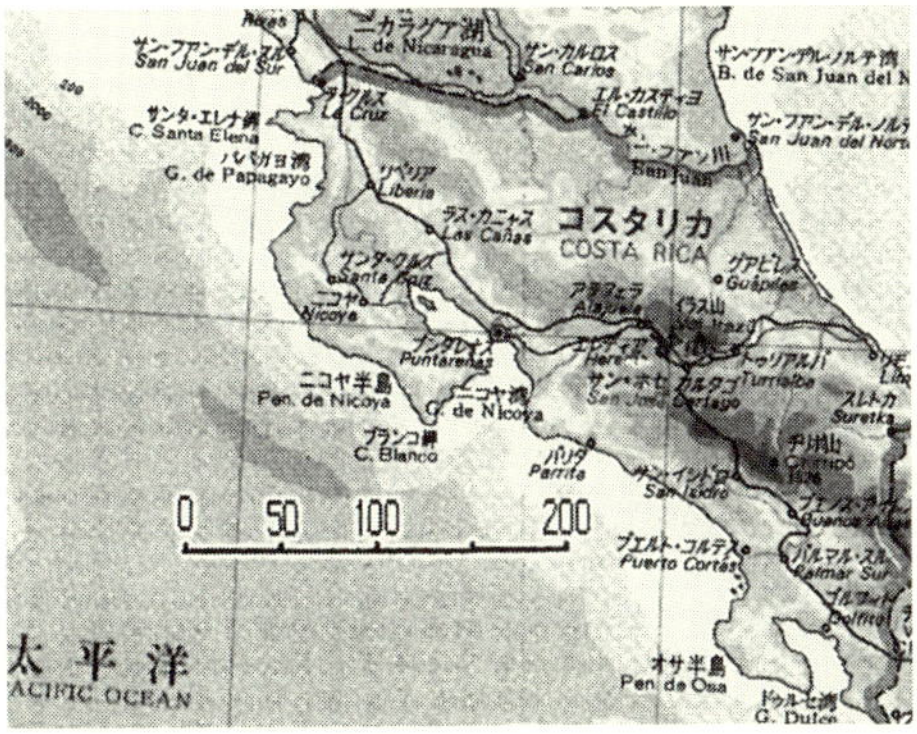


## 七月三一日（日）航海中

「サン・ホセ」中米、コスタリカの首都。同国中央部、標高一一七〇mの高原にあり、気候温暖。コーヒー、カカオなどの肥沃な農業地帯の中心で工業・商業活動が集中している。道路が国内各地に通じ、市街は幾何学的に設計されている。アメリカ産ヒスイ博物館がある。一七三六年創建。三三万人（一九九九）。

## 八月一日（月）航海中

カルフォルニア半島を過ぎる頃、夕闇の帳が下りて半島には黄色く見える明かりが灯る。それまで喫煙コーナーでイルカが泳ぐのを見ていた。その前にクジラを見たと言うひともいた。ところで　カルフォルニアは航海しながら見ていると島なのか半島なのかはっきりと区別するのは難しい。中世ヨーロッパの世界地図、そして朝鮮で製作された地図には南極大陸と同様に「カルフォルニア島」として描かれている。一八世紀に入って「島」ではなく「半島」であるとしたが一八世紀の中頃までヨーロッパでは依然として「カルフォルニア島」を描いた地図が製作されていた。ところでいったい誰が最初に「カルフォルニア島」を地図に残したのか？　詳しくは本書の序文、古地図に見るコリア、「カルフォルニア島」に書いているので参照願う。

カルフォルニアという名称そのものはスペイン語に由来しており、現在のカルフォルニア州は以前は、メキシコ領であった。ちなみに、スペイン帝国が全盛を謳歌していたとき、今日のテキサスから太平洋沿岸に至るアメリカ南部の広大な地域はスペイン領であった。その後、メキシコがスペインから独立し、一九世紀中盤のアメリカ―メキシコ戦争の結果、アメリカの領土になった。

　メキシコが失った地域は、今日のカルフォルニア、アリゾナ、ニューメキシコ、オクラホマ、テキサス、コロラド、そしてワイオミング州の一部で現在のメキシコ領土とほとんど変わらないほどの広大なものであった。

## 八月二日（火）　晴波荒れる　航海中

### メキシコ合衆国

中米の連邦共和国。北は米国と国境を接し、西は太平洋、東はメキシコ湾に面する。

　国土の大部分は東西のシエラ・マドレ山脈とその間のアンワク高原で、ユカタン半島を除き海岸平野は狭い。最高峰シトラ・マドレ山（五六九九ｍ）をはじめ火山が多い。

　海岸平野とユカタン半島は高温多湿であるが、高原地帯は温和なハン乾燥気候。住民の八割がメスソ（白人とインディオ）で、インディオは一割前後だが絶対人口はきわめて多い。農業では、トウモロコシ、小麦、綿花、サトウキビ、アルファルファ、バナナ、サイザルアサが多い。世界屈指の銀産国で、硫黄、石炭、亜鉛、鉛、マンガン、アンチモン、水銀、石油などの鉱産にも恵まれる。

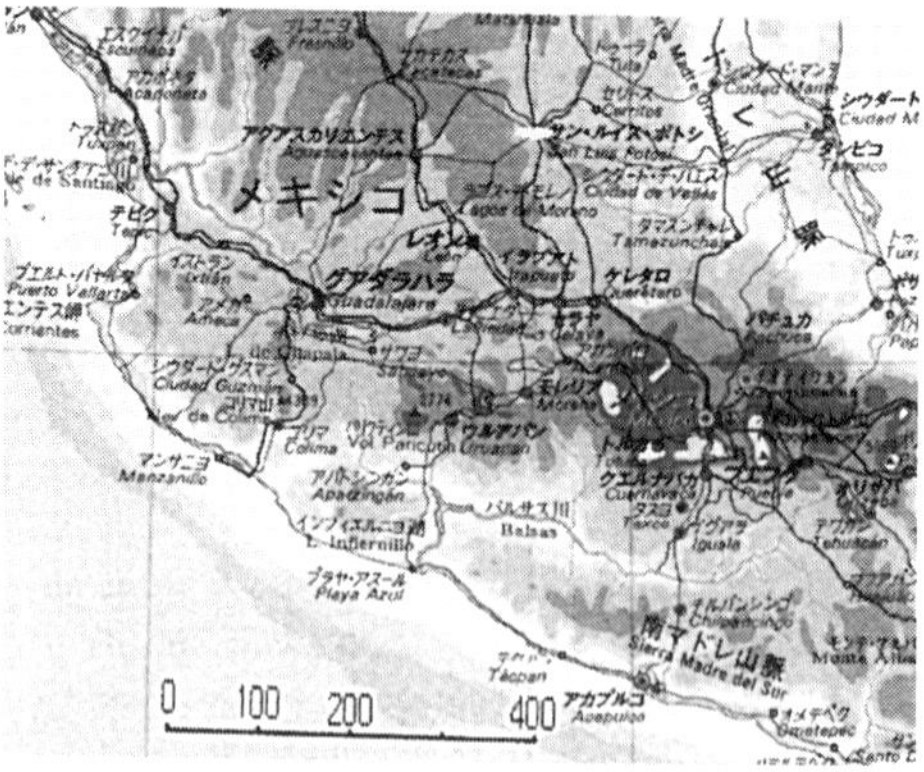


　一九六六年以後、五ヵ年計画によって工業化が進められ、一九三八年以来国有化されている石油、鉱業・石油化学のほか、自動車、食品加工、鉄鋼、ビールなどの工業が盛ん。

　エンコミンダ、アシエンダ等の封建制度が発達したが、一八一〇年のイダルゴ神父の革命を経て一八二一年帝国として独立。一八二四年共和制を採った。

サンタ・アナ独裁時代、米墨戦争で国土の半分を失い、一八五四年自由主義革命が起きた。一八六〇年代フランスの介入で一時帝政を採った。

二〇世紀初めのメキシコ革命後に政治・社会改革が急速に進み、中南米で最高度に達した国家に成長した。米国との親交を保ちつつキューバをはじめ共産圏諸国とも外交関係を結んでいる。一九三四年以来すべての大統領が選挙で選出され任期六年をまっとうして、ラテン・アメリカで最も安定した民主主義国といわれるが、一九八八年大統領選挙で野党が伸張するまでは事実上、制度的革命党（ＰＲＩ・一九四六結成）の一党独裁体制下にあった。

石油危機以降経済成長率は低下、インフレが続き、巨額の対外債務が累積したが、一九八二年に就任したデ・ラ・マドリ政権以降、国営企業の民営化、外資規制の緩和などの自由化政策で打開を図ってきたものの、一九九四年には大きな通貨危機に陥りＩＭＦなどの支援を受けた。一九九七年下院選挙ではＰＲＩは史上初めて単独過半数を割るに至った。

二〇〇〇年七月の大統領選挙では一九二九年の結党以来七一年間政権を維持してきた制度的革命党のラバスティダが敗れ、国民行動党のフォックスが当選した。

この間、米国との国境地帯ではマキドーラと呼ばれる輸出加工工業が一九七〇年代半ばから発展し、またブラセロという米国への季節出稼ぎ労働者のなかで、米国に定着するチカーノ（ヒスパニック）と称される人びとも少なくない。

一九九四年には北米自由貿易協定が発効し、米国との関係は深化しているが、同時に南部のチアバス地方で、これに反対するサバティスタ国民解放戦線の蜂起が起こる状況にある。

面積一九五万八〇〇〇平方km／人口一億〇七〇〇万人／首都メキシコ・シティ／主な言語＝スペイン語。

**八月三日（水）晴　アカプリコ入港**

午前、タスコへ移動（約三時間）。午後、銀の町タスコ見物。エスパニアが銀鉱を見つけ、おおいなる略奪、植民地化する過程で出来た町。

クエルナバカへ移動（約一時間半）市内観光。（カテドラルの日本二六聖人殉教壁画見学）。

一九時ホテル・ニッコー・メキシコにチェクイン、夕食、泊り。

**八月四日（木）晴**

午前、朝食後、テオティワカンへ移動（約一時間）遺跡観光（約二時間）。

西暦一五〇年から五世紀ころまでに建てられた王陵。ゲッアルパパロトルの宮殿。

月の広場、月のピラミット、太陽のピラミット、太陽の広場を見る。マヤ文明*が生み出した遺跡群。

*【マヤ文明】(Maya)　中央アメリカのユカタン半島からグアテマラ・ホンジュラスにかけて栄えた高度な都市文明。巨大なピラミットや神殿を中心に、すぐれた暦法・数学・絵文字・石彫などを特色とする。紀元三〇〇～九〇〇年頃に最盛期を迎え、一二〇〇年頃から衰退。

(写真９－12　マヤ文明が生み出した太陽のピラミット)

午後、メキシコ・シティ観光(ソカロ地区、国立宮殿「外環のみ」と壁画*を見る)

**「ディエゴ・リベラ」**(一八八六―一九五七)三大壁画家の一人、その作品は世界的に有名。一九二九―三五年にかけて描かれた国立宮殿(一五二三創建、一六九三再建)の大作は中央階段、回廊にあり、一九四五年―五一年の北階段の壁画は未完成に終わった。

*テクニックはフレスコ画風である。壁画のテーマは一―一〇まである。一、二の解説とその他のテーマを書いておく。テーマを見るだけでも、ただものの画家でないことがよく解る。素晴らしい壁画であることに感動する。

一、階級闘争―中心人物はカール・マルクス。両側に二つの未来のビジョン、つまり世界の破滅と発展。下方には四角の形で、ウオール・ストリート、僧侶の腐敗、教会の閉鎖、外国資本がある。右方には階級闘争。下方には反動とファシストが国民を攻撃、コロンブスの家来は原住民を搾取、マルクス主義の伝播者フリダとクリスティナ・カロの像、キリスト教の搾取と労働者の発展がえがかれている。

二、ケツアルコアトゥルの伝説―トルテカ、マヤ、アステカ文化の隆盛と征服前と土着文化の終焉。下方には太陽と月のピラミットがある。右方に伝統の新しい火の踊り、右から左に種種の芸術、天文学、聖戦が描かれている。

三、サボテンに止まる鷲。
四、テノチティトランの征服。
五、植民地時代。
六、メキシコの独立。
七、米国の侵略。
八、改革命。
九、フランスの侵略。
一〇、メキシコ革命。

この他に八のテーマの回廊の壁画が展開する。圧倒される。
その後、昼食を取り市内車窓観光をしながらメキシコ・シティ空港へ、空路、カプリコへ。

メキシコ・シティー、アカプルコ　一七時五分／一八時(MX)航空五二三便で帰船。

アカプルコ空港のある南側から、トパーズ号の停泊している北のアカプルコ港までの大きな湾であるが、湾全体が一大世界的リゾート地であった。船は深夜、アカプリコ出港。

「アカプリコ」メキシコ南部、太平洋岸の港湾都市で、国際的な保養地。植民地時代、マニラとの中継貿易で栄えたころの旧市街地と海浜に林立する。

**八月五日（金）航海中。**

これから一週間、長い航海して、カナダのバンクーバーへ。カナダについての勉強。

**【カナダ・Canada】**①

北米大陸の北半を占める。イギリス連邦内の独立国。

自然・住民国土面積はロシアに次ぐ第二位。国土の1／3がツンドラ、1／3がタイガで、残りは冷温帯に属する。住民の構成では、一九八〇年代ころからアジア系の移民が急増したため民族的多様化が著しい。先住民のインディアンは五五万人、イヌイット（エスキモー）は三六万人、カトリック教徒はフランス系に多く約四六%。

面積—九九七万〇六一〇平方km。人口一三〇七五万人(二〇〇〇)

首都—オタワ Ottawa（一〇一万人、一九九六、大都市域人口）

住民—フランス系二二・八%、イギリス系二〇・八%、ドイツ系三・四%、

イタリア系二・八%、中国二・二%

宗教—カトリック四六%。合同教会一七%。英国国教会一二%など。

言語—英語。フランス語（以上公用語）。通貨—カナダ・ドル Canadian Dollar.

元首―英女王エリザベス二世、総督クラークソン（一九九九年一〇月就任）が代行。

憲法―一八六七年のイギリス領北アメリカ法を基本とする一八六七―一九三一年憲法。

**八月六日　（土）　晴天　航海中**

波は穏やかで太陽の光に照らされ、きらきらと水平線彼方にまで光る。イルカが船のそばで飛び跳ねながら泳ぐのを見る。

「カナダ」②

経済・産業　耕地は陸地面積の八％以下であるが、西部のグレート・プレーンズを中心として、世界有数の小麦生産国で、中国などに輸出する。

酪農、リンゴ栽培も発達。毛皮獣の飼育も多い。森林は全国土の四六％で、タイガ、太平洋岸地帯を中心にパルプ、新聞用紙を産する。

水産業も盛んで、ニューファンドランド島沖は世界三大漁場の一つ。サケ、タラ、エビ、オヒョウなどの漁獲が多い。鉱物資源は豊富で、ニッケル、亜鉛の生産額は世界でも上位。銅、鉄、金、鉛、ウラン、プラチナなどもある。

石油輸入国であるが、アルバータ州にはばくだいなオイルサンドがあり、大規模な開発が行われている。第二次世界大戦後、急速な重工業化が行われ、機械、自動車、製紙、製鉄、製油、食品加工などの工業が発達。米国資本の進出が著しい。一九九四年には北米自由貿易協定（NAFTA）が発効している。

**八月七日　（日）　曇りのち晴　航海中　波穏やか**

「カナダ」③

歴史　一四九七年、カボットが欧州人として初めて発見。一六世紀にはフランスが探検、ニューフランスの名を与え、一六〇八年ケベック要塞を建設。一七―一八世紀植民地をめぐる英仏の諸戦争の結果、パリ条約（一七六三年）で英植民地になったが、一七七四年、ケベック法を制定して、フランス人の伝統尊重を約束した。一八六七年、英領北アメリカ条令で四州からなる連邦政府が成立。

一九三一年のウェストミンスター憲法で、イギリス連邦内の独立主権国家の地位が法的に確立した。フランス系住民が多数を占めるケベック州では、カナダからの分離・独立の是非を問う住民投票が一九八〇年と一九九五年に行われ、二度とも否決されたが、一九九五年には賛否の差が一％強に縮まった。政治面は首相、元首は英国王（現エリザベス二世）、総督が女王の名代としておこなわれているが、形式的である。

**八月八日　（月）　航海中**

今回の航海中に持参した本の中で、興味深く精読した一冊に『略奪の海　カリブ―もうひとつのラテン・アメリカ史―増田義郎著』岩波文庫がある。

①北アメリカの歴史は、コロン（コロンブス）の「発見」を境に、二つの対照的な時期に分けることができる。

第一の時期　まず人間居住のはじまりからヨーロッパ人との接触までの数万年間、この期間は、アメリカ大陸及びその周辺の島々が、他の大陸とほとんど接触なしに孤立していたので、そこで展開された人間の歴史も、それ自体のものとして扱うことができる。

第二の時期は一四九二年以降、「発見」に触発されてヨーロッパ人がアメリカ大陸を瞬く間に乗っ取り、旧世界の政治、経済組織の中にしっかりと組み入れてしまった近代。

はじめはエスパニャ、ポルトガル、つぎにイギリス、フランス、オランダ、最後にアメリカ合衆国が、アメリカ世界を呑み込み、世界経済のネットワークの中に位置づけたから、第一時期とは正反対に、この時期のどんな歴史現象を解釈するにも、それを包み込む外の脈略を顧慮に入れることがどうしても必要である。

本書では、この第二の時期のラテン・アメリカを扱い、はじめイベリア二国が占有したアメリカ大陸の広大な地域を、後発のイギリスが粘りつよくわがものにしようと三世紀間頑張りつづけたあげく、ついに一九世紀中に、わがものした経験を述べる、いわば壮大な国盗み物語りである。

**八月九日（火）航海中。**

②（承前）「私掠船の由来」読んで字のごとく、私的に略奪をおこなう船である。しかし公の免許状を持っている点が普通の海賊とちがう。

（一）一七世紀なかば、ヨーロッパ諸国が争い合い、カリブ海が各国間の闘争で騒然としていたとき、私掠船とは、国の政府、たとえばイギリスの場合海事法廷などが、交戦国の船、とくに商船を攻撃していいという「私掠免許状」を与えた、個人所有の船、とケネス・アンドルーズは定義している。攻撃の相手は敵国の船に限る。

（二）しかし、私掠船の概念は、はるかそれ以前からあった。宮廷、政府の有力者、ときには国王の認可のもとに、海上略奪行為をおこなう船がひろく私掠船と呼ばれ、多くの場合そうしたパトロンが出資者でもあった。はるかに古く、中世後期において、北海やバルト海で、イギリスの船はよくハンザ同盟の商船を襲った。

エリザベス朝においては、ホーキンズ、ドレイクなど、私掠船船長たちが大活躍をした。しかも一六世紀には、正式の宣戦布告がなされていなくても、イギリス私掠船は、フランスやエスパニャ商船をどんどん襲っている。

（三）私掠船は正規の海軍でないから、その点イギリスにとってはきわめて好都合で、エリザベス女王などは、これによって、エスパニャと交戦することなく相手の船を攻撃し、多くの富を略奪することができたのである。そこで、私掠船とは、政府、王室などの無言の許可ないし正式の免許状も持たない略奪専門の船で、敵国ないしそれに準ずる国の船、と広義に定義することができよう。イギリスはじつに狡猾である。

エリザベス朝（一五五八―一六〇三年）時代だった。エスパニャやポルトガルが海外帝国から運び込む富を収奪し、彼らの植民地を襲ってその財産を奪うことに国家の首脳部や大商人、航海者たちが専心し、せっせと資本を貯蓄した時代である。

イギリス人が、北アメリカやカリブ海に植民地を確保して、略奪以外の方法による富の蓄積を開始するのは、一七世紀にはいってからである。アイルランドの収奪が、イギリスの産業革命のための資本の蓄積に大きく寄与したと言われる。

エリザベス時代における海上活動による強国の富の略奪、アイルランドの収奪、そして一七世紀には、西インドにおける新しい収奪が、イギリス人の手で開始され、近代イギリスの経済的基礎が徐々にできあがってゆくのである。

**八月一〇日（水）曇りのち晴　航海中　波のうねり大。**

③（承前）ドレイクの私掠船は、一五七五年三月一日夕刻、赤道付近で*ポトシの銀を満載したエスパニャ船　カカフェーゴ号を追跡し攻撃を加え、結局四〇万ペソの金銀を奪い取った。

＊（ポトシ）――南米、ボリビア南部の鉱山都市。スクレの南西部約七〇km、アンデス山脈の東部、標高約四〇〇〇mの高地にある。一五四五年セロ・リコ銀山が発見され、一六一一年には人口一五万人を抱える新世界最大の都市になった。二〇世紀に入ってからはスズを主とし、銀、銅、鉛も産する。

一九八七年、世界文化遺産に登録。一一万八一五四人（一九九五）。

ドレイクのもたらした富は、六〇万ポンドという莫大な金額にのぼった。

エリザベス女王は、四七〇〇%の配当金を得たという。ゴールデン・ハインド号のもたらした富について、経済学者ジョン・メナード・ケインズは「貨幣について」（一九三〇）という論文の中でつぎのように言っている。

「ほんとのところ、ドレイクがゴールデン・ハインド号に乗せて持ち帰った略奪品が、イギリスの海外投資の源泉となり基礎となったと考えてよい。

エリザベス女王は、その配当金で外債を全部清算し、おまけに残金の一部（約四万二千ポンド）をレヴァント会社に投資した。

そして、このレヴァント会社の収益をもとに、一七、八世紀を通じ、その利益からイギリスの海外関係の基礎がつくられたところの東インド会社が組織されたのである。というわけで、エリザベス朝、ジェムズ一世朝（一五五八―一六二五）の経済発展と資本蓄積の実りの大部分は、こつこつと働く人間がもたらしたものというよりは、むしろ不当利得者のおかげである、といえることは、右の例から明らかであろう……世界史の一時代に、実業家や投機家や不当利得者にとって、これほど旨いチャンスが、これほど長くつづいた例はなかろう。この黄金時代に、近代資本主義は誕生したのである。」

**八月一一日　（木）　航海中**

いよいよわが世界一周（北周り）の船旅とオプショナルツアーは、明日、到着するバンクーバーで終了となる。八四日で二四カ国、三九都市を巡ったことになる。この中で初めて訪れた国々も多い。

東南アジアではベトナム、カンボジア、シンガポール、スリランカ。中近東ではヨルダン、エジプト。ヨーロッパではギリシャ、イタリア、スペイン、ノルウェイ、アイルランド、チェコ、ハンガリー、オーストリア、ベルギー、イギリス。中米ではパナマ、コスタリカ、メキシコ。西インド諸島ではジャマイカ等である。

中近東は今も不穏な状況にある、ヨルダンでは検問所に重装備の装甲車が機関銃の引き金に兵士が手を添えたまま警備している。

エジプトでは我々の観光バス一台ごとに武装した軍人が乗り込み警戒する。ピラミット周辺の警備もきびしい。自分がロンドン滞在中に地下鉄でテロがあった。イラクではいまも戦争が続行している。アフリカでもしかりである。

一連のこのような戦争、騒動は一六世紀からの海賊行為ための略奪、侵略、植民地化などの延長戦上にある欧米の武力による国際的資源の利権争奪に原因がある。

中近東のイスラエル、パレスチナ問題も含め、すべて圧倒的武力を背景にした欧米大国の石油利権争奪戦略に係わっている。

**カナダ**

**八月一二日　（金）　朝、バンクーバー（カナダ）入港。**

市内見物。バンクーバーは、一九八八年、在日商工連合会若手役員たちのカナダ・アメリカ経済視察の旅行の際にも来たことがある。当時日本はバブル経済の最中にあり、不動産にも関心が高かかった。同行した商工人の中には適当な良い不動産があれば投資したいという人もいた。ある不動産は日本の準大手建設会社が最近購入したところものもあった。

そこに出入りしている日本人たちをみると羽振りが良かった。私たちを迎え接待してくれた在カナダ僑胞商工人が市内案内した時に、世界万国博覧会場開催跡地を見たが港湾囲まれた景観の良い土地柄であったが、聞くとろによるとすでに、この広大な土地は中国華僑の持ち物になっているという、わたしたちが感心していると、かれら華僑の所有するカナダの一等地の商業地域の全面積は、日本列島ほどのものがあると聞いてさらに驚いたことがある。先ほど見た日本の建築会社の不動産とは桁違いであった。もうひとつの、エピソードを聞く。ある日、大きな売買不動産を見るために初老の華僑一人が自転車に乗ってやってきたが売主の相手はみすぼらしく見たのか応対もせず帰ってもらったという。

あとで聞くところによれば、その華僑はバンクーパーで大資産家であったという。一時の好況に煽られて豪華な自動車に乗って振舞うような成金でなく親子代々堅実な事業で築いた資産家であったという。

カナダの華僑たちの歴史は一〇〇年に及ぶと聞く。在日の商工人たちも見習うべき教訓であると思われた。

さていよいよ船旅が明日で終わることになった。神戸出航から明日カナダ到着までのその期間は八二日となる。その間に訪ねた諸国は二四カ国と三九都市となった。有意義な旅であった。

## 八月一三日（土）

八月一五日、祖国開放六十周年を記念して開かれる「筆の道で開く統一と相生の門」という韓国民族書芸交流展に参加するために、ソウルに向かう。

この交流展には南・北・中国・在日四者の同胞書芸家がそれぞれの作品を一堂に展示して集う意義深い書芸展である。

交流展に参加するために、仁川空港からタクシーで駆けつけて、午後五時の開会式に、なんとかぎりぎりに間に合い参加して、在日側を代表して祝辞を述べることができたことは、なによりも幸いであった。私の帰りを待ちわびていた在日の友人たちと夜半過ぎまで何軒ものバーをめぐり酒を傾けた。

# あとがき

五年前、私は『古代シルクロードと朝鮮』（雄山閣、二〇〇四）を脱稿して思ったことは、これは私にとって新たな発見でもあったということである。次の機会に是非『海のシルクロードとコリア』と題して、壮大な海のシルクロードを書いておきたいという思いに掻き立てられたからである。

それは唐の後期、八世紀以降、長安から陸路を利用して西域に向かう陸上シルクロードが衰退するとともに、海上シルクロードが定着していくからだ。

その原因はまずタラスの敗戦（七五一年）により唐朝の西域における支配権が弱まったことと、安史氏の乱（七五五～七六三年）以降、中央政府の地方行政掌握力が弱まったことである。陸上シルクロードが衰退し、海上シルクロードがその主役として登場すると、貿易の拠点もそれに対応して変遷した。

まず貿易拠点であるシルクロードの出発点が、唐朝の首都であった長安から、中国東部江南の揚州さらに南部地方都市である広州と泉州等に移動することになった。

この海上シルクロードにおける中国海運を主導した主役について、かつて駐日大使であったE・Oライシャワー博士は（日本語訳『円仁　唐代中国の旅―『入唐求法巡礼行記』の研究』田村完誓訳、講談社学術文庫）の「第八章　中国における朝鮮人」で次のように書いている。

「円仁が大陸で会った朝鮮人たちは、世界史の新しいそしてより劇的な歩みに参加していたといえよう。すなわち、彼らは世界海上貿易の初期の段階に加担しつつあったのである。現在では、すべてこれらは空輪の時代となりつつあるが、なおかつ、それは我々が住む世界貿易の同じ時代のはじまりであったに違いないのである」。

「中国東北部と新羅、そして日本間の貿易は大部分、新羅人の手中に掌握されていた」

「極東における制海権を朝鮮人が握っていた日は実際にはやがて限りがあるが、ともかく円仁時代には新羅人の人々が世界のこの部分における海上をなお支配していたのである」と喝破した。

インドの詩聖としてたたえられるタゴール（一八六一〜一九四一）は、その作品——「東方の灯」の冒頭でこううたっている。

　かつてアジアの黄金期に
　輝いた灯のひとつであったコリア
　その灯がふたたびともされるとき
　おまえは東方の輝く光になろう

タゴールがうたっている「アジアの黄金期」とはいったい、いつの時期をしめしているだろうか？
「アジアの黄金期」とはまさに、張保皐が活躍した時代から数世紀にわたり、アジアで繰り広げられた「大航海時代」であると考える。

その時代、高麗の船団は東アジアからインド洋にいたる海のシルクロードを航海し、遠くはアラビアからインド、東南アジア東中国海、そして高麗の港までを行き来していた。その時期アジアはかってなかったほど繁栄を謳歌しており、アジアを中心にした交易量は、同じ時期の世界の総交易量の大半を占めていた。その時期を「アジアの黄金期」と呼ぶことをためらわない。

ところで今回、張保皐を書くにあたって困惑したのは、どの本にも彼がいつ、どこで生まれて、育ち、父親が誰なのか知らしめるものがなかった。

元来、張保皐が海上活動に従事したという根拠は円仁日記に基ずくものであり、そして中国の新羅坊・新羅所などすべて「円仁日記」に記録された話である。それを根拠にして九世紀代の統一新羅を一つの海上国家と見るのが国際的通念であった。

ところが驚くことに新羅一千年史に国家間の朝貢貿易が記載されているだけで民間貿易に関する記録は皆無であった。民間貿易に関しては、統一新羅は完全な不毛状態であった。円仁日記に記録された新羅人たちの民間貿易を統一新羅に連結しようにも連結できる歴史的な連結の鐶が全然存在しない。にもかかわらず新羅を海洋国家といえようか？　率直にいえば「円仁日記」に記載された新羅人を無条件、統一新羅人と見たがために統一新羅が海上国家のように見えただけで、統一新羅それ自体が海上国家であったという根拠は何一つ探すことが出来ない。となれば、張保皐は果たして新羅人なのか？

そうでなければ昔から中国に住んでいた在中居民であったのかどうか、わからなくなってしまった。

金聖昊氏は著書『中国進出百済人の海上活動一五〇〇年』の序文のなかで次のように述べている。

「歴史とは新しい史料だから新しくなるのではなく、新しい解釈によっても新たらしくなることが分るようになった。

問い詰めて見れば、歴史学を職業とするプロ史学者たちは、すべてのことをよく知っているという前提のもとに、疑問の提起もなく解説調・訓詁調に、おおように本を書くが、古代史に限れば知らされたものより、知らされていない未知の事実がより多くある。

ゆえに趣味本位のアマチュアたちは、疑惑に充ちた謎々と気がかりを解くために本を書く。率直に言えば、知っているから本を書くのではなく、反対に気がかりて知らないがために本を書く。このことによって探検と彷徨、そして戸惑いがともなうことは不可避である」と。

私もアマチュアの一人としてこの思いに全的に同感する。

金聖昊氏は数々の施行錯誤の末に「海」という視角から探し出した古臭い関連資料などを年度（時間的連続性）と位置（地理的連続性）に従い整理して見た結果、驚くべき事実が表れたと言う。まさに感動的な出来事である。

この素晴らしい発見は、第二章での「円仁日記」に記載された朝鮮人（在唐新羅人）の実体であり、在唐新羅人のルーツを追跡可能な限り過去を追跡して見たものであり、朝鮮半島から中国に進出した後、消滅するまで跡付けして見たものである。

このストーリーの中に、中国に進出した海上勢力の後裔の朝鮮人なかに「円仁日記」に登場するる新羅人たち、張保皐、越州舟山群島新羅蕃の張文信、そのあとに続く高麗を創建した王建たちがいたことがはじめて分った。

さらに以前から文定昌・林承国氏たち在野史学者たちがまるで一つの蜃気楼のように描がいていた「大陸百済勢力の存在」ないし「中国分国説」が単なる荒唐無稽な妄想でなかったことが確認できた。

大陸沸流百済勢力に関して韓国では最近になって歴史教科書で部分的に扱われるようになったが、いまだ、その全貌について歴史的に定立していないという。

第一章　徐鉉佑氏の論文「古地図に見る世界とコリア」ではまず「混一彊理歴代国都之図（こんいつきょうりれきだいこくとのず）」をとりあげたが、李朝建国から一〇年目（太宗二年・一四〇二年）に制作されたこの地図には、アフリカの地名が三五余個所とヨーロッパの地名一〇〇余個所も記されている。これらの情報がこの程度でも記されていることは、当時の朝鮮の、世界に関する知識水準の高さを知る上で示唆するところもおおいということができる。

この地図は一九九二年、コロンブスの最初のアメリカ大陸への航海五〇〇周年を記念する行事で脚光をあび、またメンジース著書でアフリカが描かれている世界最初の地図として紹介されている。

次に「天下全輿総図」は二〇〇六年一月中旬、『世界日報』に掲載された短い記事によれば、その日、世界歴史を書き直さなければならないかも知れないほどの、古地図一枚がイギリス・ロンドンで公開されることになっていたという。

その記事は、古地図が一四一八年当時の世界の地理知識が描かれている中世・中国の地図で、驚くことに現在、わたしたちが目にする世界地図の地形がほとんど描かれているということであった。一四一八年といえば、コロンブスがアメリカ大陸に向けての最初の航海に出発したときよりも七四年も前である。

しかも朝鮮半島を中心に描かれている「天下全輿総図」を誰がいったい描いたのか？　謎は深まるばかりだがこの地図の公開が二〇〇五年に中国で国家的に繰り広げられた歴史上、有名な鄭和提督の最初の航海から六〇〇周年を記念する行事の延長線上で出てきたものであるが、世界的に権威ある雑誌『エコノミスト』によって公開された。

この原本地図である一四一八年に制作された「天下諸蕃識貢図」は「貢図」と名付けられているように、航海の結果に関する報告形式の地図である。

ところで「天下諸蕃識貢図」は中国・明時代第三代皇帝・成祖代、朝廷に献上された地図である。成祖代の年号である永楽一六年とある卜書き（説明文）がそれを表している。ということは「天下諸蕃識貢図」の制作者は明で暮らし、活動していたことになる。

そして重要な関心事は「天下全輿総図」の原本地図である「天下諸蕃識貢図」制作者と鄭和艦隊との関係だ。つまり彼は鄭和艦隊において、どのような存在であったのか、どのようにして航海の成果を示す地図の制作に携わったのかという問題である。

第一章第一節　世界をゆるがした地図（一五）に詳しく記した。

彼らは「天下全輿総図」の中心を朝鮮半島に置き、そしてそこが中心であることを強調するために垂直線に貫通され「高麗」と記した。

つまり原本「天下諸蕃識貢図」制作者の精神的根源であり母胎であるかれらのアイデンティーは「高麗」にあるということである。彼ら制作者は明で暮らし、活動した在中朝鮮人であったということである。

大航海時代の序幕はアジア勢が切り開いた。

「鄭和大船団」による大航海はコロンブス（アメリカ大陸の航海）、ヴァスコ・ダ・ガマ（南アフリカ希望峰からインド到達）、マゼラン（世界一周）の時期よりもはるかに早い時期のもであり、西洋のいわゆる大航海時代は、東洋の大航海の成果に基づたものと結論づけられる可能性が高いからだ。「天下全輿総図」に注目する理由はまさにこの点にある。つまりこの地図が鄭和艦隊による大航海（世界一周）を立証する強力な証拠になるからだ。

私の航海日記は鄭和艦隊による大航海が残した貴重な「天下全輿図」をよりどころに古代シルクロードをたどる旅は、神戸港を出航して、朝鮮海峡、東シナ海、南シナ海、インド洋、紅海、地中海、北大西洋、カリブ海、北太平洋、カルフォルニア島（半島）を確認して、カナダのバンクーパー港まで、その航海期間は八二日となった。その間に訪ねた諸国は二四ヵ国と三九都市であった。有意義な海のシルクロードの旅であった。

機会があれば残る航路も辿りたい。

前回の『古代シルクロードと朝鮮』今回の『海のシルクロードとコリア』も私が学生時代から学習してきた朝鮮の歴史からほどんど記述されなかった歴史的事実をプロ史学者たちが見逃したのか、疎外したのかわからないが、古代史に関して知られているものよりも未知の事実がもっと多いように思えた。

今回も前回同様に知らざる多くの新たな発見があった。しかもそのなかには、朝鮮の歴史において欠かすことが出来ない重要な歴史的事実等もある。中国の正史に記載されており、その中には関連記事として日本の文献にも記載されている課題にも傍観視されている事柄も多々見受けられた。本来は、在日の趣味本位のアマチュアとしての疑惑に満ちた謎と気がかりを解くための過程で結果として『両書』が生まれた。

今回、本書出版にあたり終始一貫して気配りをいただき、序文まで書いてくださった全浩天先生に、また本書を前回同様とりあげていただき出版してくださった雄山閣の宮田社長に御礼申し上げます。

また貴重な文献を御提供くださった諸先生方に御礼申し上げます。特に他の多くの関連文献で見られない斬新で充実した内容にもかかわらず韓国で絶版になっているのではないかと思われる金聖皐著『中国進出百済人の海上活動一五〇〇年』、と韓国作家徐鉉佑氏の論文「古地図に見る世界とコリア」という漆黒の闇を照らす灯台のように光る著作に導かれて念願の「海のシルクロードとコリア」を新たな視角で叙述することができた。両氏共に示唆されたことが多々あり尊敬の念を込めて感謝したい。

なお金聖皐著『前掲書』は、一三年前に出版されているので、収拾困難であったが、書芸交流で縁がある全州に住む呉民俊氏にお願いしたところ、中古本を探して調達していただいたこと、まことに感謝にたえない。

今回、脱稿した時に原稿を見ていただいた先学のアドバイスや友人たちの合評で励ましていただいたこと、皆様方に心からお礼申し上げます。

なお原稿の校正に尽力していただいた鄭喜昇氏、作図の張裕美氏に心からなる感謝を申し上げます。

最後に家庭を守り、事業の創業から今日まで戦友として、青年時代から書生気分が抜けない私を支え、今年、金婚式を迎た人生の伴侶である徐慶愛女史にこの本を捧げたいと思う。これからも共に、安らかな老いを過ごしたいものである。

## 参考文献


（全般）

『完訳・原文　三国史記』（改正版）　金富軾著・申奭鎬監修・金鐘権訳　明文社

『三国遺事』一然著・李載浩訳　ナラッマルスム出版

『日本書紀』校注　坂本太郎・家永三郎・井上光貞・大野晋　岩波文庫（一）～（五）

『古事記』益田勝実　岩波書店

『中国正史朝鮮列国伝』金聲九編訳　東文選

『日本史事典』　岩波書店

『世界史年表』　岩波書店

『新たに書いた　国史事典』チャンサンチョル・チャンキョンヒ編著

第一章

『古地図とコリア』徐鉉佑著　『統一評論』連載

『古地図』　呉サンハク　国立博物館名作選集一五

『わが古地図とその美しさ』ハンヨンウ、アンフィジュン、ベウソン著　ヒョヒョン出版

『世界史を変貌させたモンゴル　―時代史のデッサン―』　杉山正明著　角川叢書

『絵地図の世界像』広地利明著　岩波書店

『西洋と朝鮮』姜在彦著　朝日新聞社

『岩波講座　世界歴史（一二）遭遇と発見　異文化への視野』岩波書店

第二章

『古代文明交流史』鄭守一著　四季節出版社

『中国の大航海者　鄭和』寺田隆信著　清水書院

『古代シルクロードと朝鮮』張允植著　雄山閣

『中国進出百済人の海上活動一五〇〇年』金聖皐著　図書出版マルグンソリ

『海の道は高速道路であった』ユンミョンチョル著　四季節出版社

第三章・第四章

『円仁　唐代中国の旅―『入唐求法巡礼行記』の研究』エドウィン・O・ライシャワー著、田村完誓訳、講談社学術文庫

『中国進出百済人の海上活動一五〇〇年』金聖皐著　図書出版マルグンソリ

『朝鮮全史』（六）「中世編」社会科学院歴史研究所

『唐・羅　親善関係史』趙相斗・崔千植著　遼寧民族出版社

第四章

『中国進出百済人の海上活動一五〇〇年』金聖皐著　図書出版マルグンソリ

『海の帝国』イムジョンテ著　図書出版セギル

第五章

『中国進出百済人の海上活動一五〇〇年』金聖皐著　図書出版マルグンソリ

『海の帝国』イムジョンテ著　図書出版セギル

第六章

『中国進出百済人の海上活動一五〇〇年』金聖皐著　図書出版マルグンソリ

『張保皐と黄海海上貿易』ホイル・チエゼエス、カンサンテク・リチャンオク共著　国学資料院

第七章

『中国進出百済人の海上活動一五〇〇年』金聖皐著　図書出版マルグンソリ

『新編　高麗時代史』金庠基著　ソウル大学出版部

『高麗史日本伝』（上）（下）武田幸男編訳　岩波文庫

『姓氏総覧』「氏族　系譜」京和社

第八章

『中国進出百済人の海上活動一五〇〇年』金聖皐著　図書出版マルグンソリ

『新たに書いた百済史』李道学著　青い歴史

『百済と近肖古王』金キソップ著　ハッコン文化社

『初期朝日関係研究』金錫亨著　社会科学院出版社

『広開土王陵碑』朴時亨著　全浩天訳　そしえて

『世界の歴史』（六）「随唐帝国と古代朝鮮」礪波護・武田幸男著中央公論社

『日本天皇渡来史』渡辺光敏著　チェヒサン訳　知文社

『応神＝ヤマトタケルは朝鮮人だった・異説日本国家の起源』林順治著　河出書房新社

《著者略歴》

張　允植（ちゃん　ゆんしく）

1936年　大阪生まれ

1962年　立命館大学経済学部卒業

現　在　会社役員　東大阪市在住

著　書　『ロプ・ノール旅遊吟　古代シルクロードをいく』（1996年・海風社）

『古代シルクロードと朝鮮』（2004年・雄山閣）

2010年3月25日　発行　《検印省略》

海のシルクロードとコリア

著　者　張　允植

発行者　宮田哲男

発　行　株式会社 雄山閣

東京都千代田区富士見2－6－9

TEL 03-3262-3231 / FAX 03-3262-6938

振替 00130-5-1685　http: //www.yuzankaku.co.jp

印刷所　亜細亜印刷

製本所　協栄製本



ISBN 978-4-639-02134-6 C1022